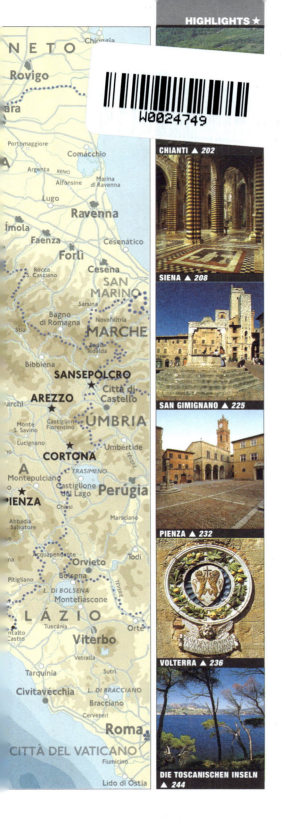

HIGHLIGHTS ★

FLORENZ
Es gibt kaum eine andere Stadt, die so viele Meisterwerke hervorgebracht hat und die selbst eins geworden ist. Die Jahrhunderte gehen vorbei, doch Florenz strahlt weiter.

PISA
Fällt praktisch mit dem Campo dei Miracoli zusammen, einer der höchsten Manifestationen städtischen Ehrgeizes. Doch gibt es in dieser Universitätsstadt noch viel mehr zu sehen.

LUCCA
Eine kostbare und einsame Stadt, die noch von einer intakten Ringmauer umgeben wird.

AREZZO
Einer der schönsten Plätze Italiens und der Zyklus ›Leggenda della vera Croce‹ sind nur zwei der Schätze dieser Stadt in der inneren Toscana.

SANSEPOLCRO
Die Stadt Piero della Francescas birgt einige Meisterwerke des großen Protagonisten der italienischen Renaissance.

CORTONA
Etruskische Mauern, gepflasterte Gassen, mittelalterliche Häuser und Palazzi aus Renaissance und Barock verschmelzen zu einer seltenen Harmonie.

CHIANTI
Wenn es ein Paradies für den Wein gibt, dann ist es der Chianti: ein kleines Gebiet zwischen Florenz und Siena.

SIENA
Ein immenses künstlerisches Erbe und eine wieder gefundene Vitalität. Siena ist der Beweis, dass Mittelalter und drittes Jahrtausend nebeneinander bestehen können.

SAN GIMIGNANO
Mauern und Türme bewachen die Via Francigena: Mehr als eine Stadt ist es emblematisch für mittelalterliche Urbanität.

PIENZA
Der Renaissance-Traum eines humanistischen Papstes, Pio II., vom Architekten Bernardo Rossellino verwirklicht.

VOLTERRA
Die dramatische Landschaft der Balze umgibt eine der besterhaltenen historischen Orte Italiens.

DIE TOSCANISCHEN INSELN
Eine Kette von sieben Inseln mit reicher mediterraner Vegetation.

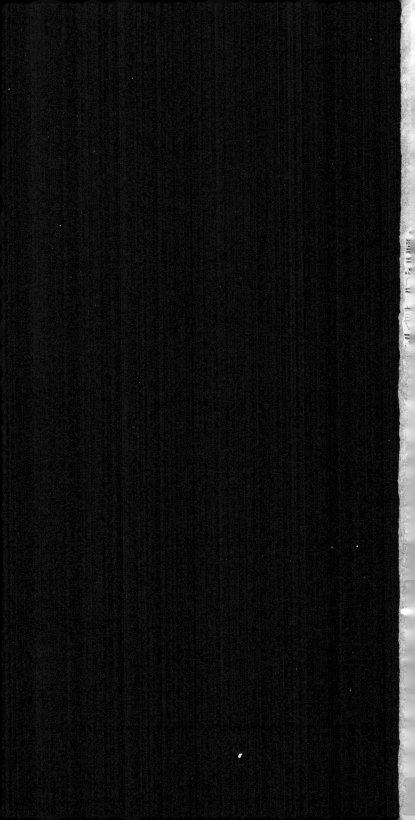

TOSCANA

DUMONT VISUELL

GEBRAUCHSANLEITUNG

● Wissenswertes im Überblick

NATUR Die Natur der Toscana: typische Biotope, Flora und Fauna der Landschaft, dargestellt von spezialisierten Autoren und Natur-Illustrateuren.

GESCHICHTE Der Einfluss der großen Geschichte auf die lokale. In einer Zeitleiste sind die wichtigsten Daten schnell zu finden. Darüber hinaus die Geschichte der toscanischen Sprache, der hohen wie der populären.

TRADITIONEN Gebräuche und Kleidung, die typisch für die Toscana und auch heute noch in Gebrauch sind.

ARCHITEKTUR Das gebaute Kulturerbe: Die städtischen Wohnhäuser und die großen zivilien, religiösen und militärischen Monumente werden nach Typ und Stil vorgestellt.

DIE TOSCANA VON MALERN GESEHEN Wie sich das Bild der Toscana in der Malerei formte, anhand einer Auswahl von Meisterwerken aus dem 14. Jh. bis heute.

DIE TOSCANA IN DER LITERATUR Eine Auswahl von Texten aus der Weltliteratur, nach Themen organisiert.

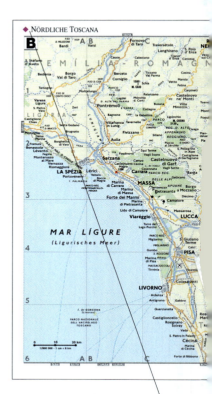

▲ Reiserouten

Jede der elf Routen beginnt mit einer Karte zum behandelten Gebiet.

★ **HIGHLIGHTS** Die bedeutendsten Sehenswürdigkeiten; hervorgehoben durch grau unterlegte Texte in den Randspalten.

♥ **EMPFEHLUNG** Vom Herausgeber wegen ihrer Bedeutung oder ihrer Faszination ausgewählte Orte.

THEMENSEITEN Jeweils eine Doppelseite zu einem wichtigen Thema oder einer außergewöhnlichen Sehenswürdigkeit, die eine vertiefende Darstellung lohnt.

◆ Praktische Informationen

Alle Informationen, die man zur Reisevorbereitung oder im Reiseland benötigt, sowie eine Bibliografie

SEHENSWÜRDIGKEITEN Adressen und Öffnungszeiten, übersichtlich präsentiert in tabellarischer Form.

ADRESSENVERZEICHNIS Eine Auswahl von Hotels und Restaurants durch Experten.

ANHANG Nachweis der Abbildungen, essentielle Bibliografie und Register der Namen und Orte.

REISEATLAS Karten zu den behandelten Gebieten sowie ein Stadtplan der Innenstadt von Florenz und der dazugehörige Kartenindex.

Die großen Karten im Anhang sind jeweils durch Buchstaben bezeichnet und mit einem Koordinatengitter versehen, die die Orientierung erleichtern (z. B. **B** C3).

Die kleine Karte verdeutlicht die Position der Überblickskarte innerhalb der Stadt oder Region.

Die Routenkarten zeigen die wichtigsten Orte und erleichtern so die Orientierung.

● ▲ ◆
Diese Symbole finden Sie oben auf den Seiten wieder. Sie kennzeichnen die verschiedenen Abschnitte des Reiseführers.

▲ AREZZO UND UMGEBUNG

AREZZO ▲
SAN FRANCESCO

1. Arezzo ▲ 184
2. San Sepolcro ▲ 190
3. Verna, Casentino und Einsiedeleien ▲ 194
4. Zu den Terre nuove ▲ 197
5. Die Valdichiana ▲ 198
6. Cortona ▲ 199

AREZZO: DREI ETAPPEN DER GESCHICHTE (◆ C 04)

Drei Phasen haben die Geschichte der Stadt geprägt: die etruskische, in der sich Aretium auf der Anhöhe entwickelte, die heute von der Kirche Santa Maria, der Festung und dem Dom begrenzt wird; die römische, als das Zentrum auf dem Hügel als wichtiger militärischer Stützpunkt an der Via Cassia wurde; und die Zeit der freien Kommune, die 1008 mit den ersten Konsuln begann und 1384 endete, als Arezzo endgültig von Florenz erobert wurde.

DAS KÜNSTLERISCHE HERZ DER STADT

Die Piazza San Francesco bildet zusammen mit der gleichnamigen Kirche eine der Sehenswürdigkeiten Arezzos und führt den Besucher gleichzeitig in die künstlerische Tradition der Stadt ein.

San Francesco. Im Zentrum des ältesten Stadtviertels entstand die Kirche San Francesco, in der sich u. a. die «Kreuzlegende», ein Meisterwerk Piero della Francescas (unten ein Ausschnitt), befindet. Der gotische Bau des 13. Jh. wurde zwischen 1318 und 1377 neu errichtet und Anfang des 20. Jh. restauriert. Die unvollendete gebliebene Fassade aus Stein und Ziegel (Teile der im 14. Jh. geplanten Verkleidung sind in Sockelhöhe erhalten) wird vom Campanile aus dem 15./16. Jh. über-

GIOSTRA DEL SARACINO
Auf der Piazza Grande findet jedes Jahr im Juni und im September die Giostra del Saracino statt. Das bereits für die Renaissance belegte Lanzenstechen wird seit seiner Wiederbelebung 1931 jährlich inszeniert.

Berühmte Aretiner
Viele Künstler trugen dazu bei, Arezzo berühmt zu machen, darunter auch Guittone d'Arezzo (1230-ca. 94), Pietro Aretino (1492-1556), Francesco Petrarca (1304-74) und Giorgio Vasari (1511-74; die Büste unten befindet sich auf dem Corso Italia in Arezzo). Der Architekt und Historiograf Vasari prägte zusammen mit dem Schriftsteller Aretino, seinem Zeitgenossen, die Geschichte der Stadt im 16. Jh.

Arezzo ist in vielfacher Hinsicht interessant, sei es wegen seiner Hügellage, sei es wegen seines vielfältigen künstlerischen Erbes, das intakt erhalten blieb. Obwohl mittlerweile viele Ecken der Stadt dem Kommerz übergeben wurden, schwebt über dem Stadtkern noch eine Ahnung vergangenen ländlichen Lebens. Rund um die Stadtmauern wachsen wie einst die Weinreben, drängen sich wie früher Olivenbäume. Die Kunstwerke sind hier Komplizen des Ortes und begleiten mit ihrem Zauber den Weg des Besuchers. Nicht zufällig haben die Maler des 19. Jh. Piero della Francesca (ca. 1492) zu ihrem Vorbild erkoren. Das ganze aretinische Land ist mit Kostbarkeiten übersät, einzigartig und unwiderholbar sind die großen Heiligtümer der Franziskaner und Kamaldulenser, die eindrucksvollen Festungen wie Civitella oder die idealen Städte der Renaissance wie das glanzvolle Sansepolcro. Von den Hügelstädten Mittelitaliens wurde nur Arezzo ganz auf der Sonnenseite einer Anhöhe errichtet, wodurch sich Licht und Schatten hier stets die Waage halten. Vier historisch bedeutsame Täler treffen sich bei Arezzo und machen es zu einem Ort der Begegnung und des Handels – das obere Tal des Arno, das Casentino, die Valdichiana und die Valtiberina. Durch seine strategisch günstige Lage war der Besitz der Stadt gleichbedeutend mit der Herrschaft über die Umgebung. Nicht umsonst eroberte Florenz Arezzo bereits 1384.

Palazzo del Governo
Im westlichen Teil Arezzos, im Viertel Poggio del Sole, steht der von Giovanni Michelucci 1938-40 errichtete Regierungspalast. Interessant ist er wegen der zitathaften Vermischung von Elementen wichtiger Monumente der Stadtgeschichte: angefangen bei der konkaven Krümmung, wie sie den Konvent der Olivetaner und Vasaris Loggien kennzeichnet, über die Bögen, die auf die Fassade von Santa Maria anspielen, bis zu den Statuen der Altane, die auf den Palazzo Arbergotti verweisen. Kurz: Man sieht vor sich einen modernistischen Bau, der wie die Architektur in einem metaphysischen Gemälde ins Auge springt.

Links: Im Vordergrund die Porta San Lorenzo. Im Hintergrund erhebt sich aus den dichten mittelalterlichen Gassen der Dom.

♥ Das Herz steht bei Sehenswürdigkeiten, die vom Herausgeber besonders empfohlen werden.

◆ D B3
Mithilfe der Koordinaten sind die Orte leicht auf der entsprechenden Karte im Anhang zu finden.

★ Der Stern kennzeichnet die großen Highlights unter den Sehenswürdigkeiten.

INHALT

VORDERE UMSCHLAGINNENSEITE Die Highlights
HINTERE UMSCHLAGINNENSEITE Die Toscana in Zahlen
UMSCHLAGKLAPPE Symbole
2 Gebrauchsanweisung
6 Rundgänge im Überblick
7 Autoren
8 Impressum

● Wissenswertes im Überblick

15 NATUR
16 Biogeografie der Toscana
18 Die Hügel von Florenz
20 Der Naturpark der Maremma und der Trappola-Sumpf
22 Der Toscanische Apennin
24 Küste und Inseln
26 Landwirtschaft und Gemüseanbau
28 Olivenbaum und Weinstock
30 Viehzucht

31 GESCHICHTE
32 Von den Anfängen bis zu den Kommunen
34 Guelfen und Ghibellinen
36 Aufstieg der Medici
38 Die Medici
40 Zeitalter des Absolutismus
42 Risorgimento und Einigung
44 Sprache
46 Volksdichtung

47 KULTUR UND TRADITIONEN
48 Keramik
50 Religiöse Feste
52 Weltliche Feste
54 Ribollita
56 Cacciucco
58 Käse, Wurst und Räucherfleisch
60 Brot, Süßwaren und Honig

61 ARCHITEKTUR
62 Geschlechtertürme und Innenhöfe
64 Plätze und Bürgerpaläste
66 Entstehung des Palazzo
68 Neugründungen und Idealstadt
70 Festungsstädte
72 Burgen und Villen
74 Garten-Architektur
76 Romanik
78 Gotik
80 Renaissance, Manierismus und Barock
82 Die Moderne
84 Die Fattoria

85 DIE TOSCANA – VON MALERN GESEHEN
86 Entdeckung der Landschaft
88 Städte unter dem Schutz der Heiligen
90 Idealbilder der Stadt
92 Aus den Skizzenbüchern
94 Die ›Macchiaiuoli‹
96 Die ›Maledetti‹

97 DIE TOSCANA IN DER LITERATUR
98 Als Toscaner geboren
100 Florenz
102 Siena
104 Von Ort zu Ort

▲ Reiserouten in der Toscana

115 FLORENZ
116 Florenz
126 *Die Uffizien*
134 *Bargello*
137 Panoramastraße
137 Von Fiesole zur Villa Gamberaia
138 Von Careggi nach Castello

139 DAS FLORENTINER HINTERLAND
141 Das Tal des Arno
143 Von Florenz in das Val di Pesa

145 PISA UND LUCCA
147 Pisa
150 *Die Skulpturen der Pisano*
154 Umgebung von Pisa
155 Von Pisa nach San Miniato
156 Lucca
159 Ebene von Lucca und Garfagnana

163 MASSA, CARRARA UND DIE APUANISCHEN ALPEN
165 Massa
165 Carrara
166 Lunigiana
168 Apuanische Alpen
169 Luxusstrände der Versilia
170 *Der Marmor der Apuanischen Alpen*

173 PRATO UND PISTOIA
175 Prato: industrielle Tradition
176 *Das Centro per l'arte contemporanea ›Luigi Pecci‹*
179 Pistoia: mittelalterliche Altstadt
181 Von Pistoia nach Collodi
182 Von Pistoia zum Abetone

183 AREZZO UND UMGEBUNG
185 Arezzo
190 Nach Sansepolcro
190 Sansepolcro
192 *Piero della Francesca: Bilder von göttlicher Harmonie*

194 La Verna, Casentino und Einsiedeleien
197 Richtung ›Terre nuove‹
198 Die Valdichiana
199 Cortona

201 CHIANTI
202 Das Chianti Fiorentino
205 Das Chianti Senese

207 SIENA
208 Siena
214 *Der Palio*
218 *Sienesische Meister des Trecento*
222 Im Norden Sienas
222 Im Süden Sienas

223 DAS SENESE
225 Von Siena nach San Galgano
228 Von Siena nach Chiusi
230 *Signorelli und Sodoma im Kloster Monte Oliveto Maggiore*

235 VON VOLTERRA NACH LIVORNO
237 Volterra
240 *Das Museo Etrusco ›Mario Guarnacci‹*
242 Massa Marittima
243 Piombino und Populonia
244 Die Toscanischen Inseln
245 Campiglia Marittima bis Livorno
247 Livorno

252 GROSSETO UND DIE MAREMMA
252 Grosseto
253 Von Roselle nach Punta Ala
254 Von Castiglione della Pescaia nach Orbetello
256 *Der Stein der Maremma*
258 Vom Monte Argentario bis Manciano
260 Von Pitigliano nach Montemerano

◆ Praktische Informationen

262 Reisevorbereitungen/Anreise
264 Unterwegs in der Toscana
265 Toscana von A bis Z
270 Feste und Veranstaltungen
271 Sehenswürdigkeiten
292 Adressen: Hotels und Restaurants
312 Literaturtipps

313 Abbildungsnachweis
319 Register
325 REISEATLAS
  A Florenz
  B Nördliche Toscana
  C Zentrale Toscana
  D Südliche Toscana und Toscanische Inseln

RUNDGÄNGE IM ÜBERBLICK

FLORENZ ▲ 115
Eine der meistbesuchten Kunst-Städte der Welt. Piazzen, Straßen, Palazzi und Kirchen sind Synthesen aus Mittelalter und Renaissance.

CHIANTI ▲ 201
Burgen, befestigte Dörfer, Villen und Fabriken im Land von Wein und Öl: eine Landschaft, die der Mensch in 3000 Jahren geschaffen hat.

DAS FLORENTINER HINTERLAND ▲ 139
Im Tal des Arno, das Land Leonardos, im Tal der Pesa durch Medici-Villen, Dörfer und klösterliche Siedlungen.

SIENA ▲ 207
Die Stadt des Campo und des Palio, des Doms, von Simone Martini und Santa Caterina: emblematisch für die italienische Zivilisation.

PISA UND LUCCA ▲ 145
Zwei große Städte der glorreichen Vergangenheit, die ein wilder Hass trennte, aber eine glanzvolle Romanik vereinigt.

DAS SENESE ▲ 223
Geschichten, Kunstschätze, Kunst- und Naturlandschaften säumen die Via Francigena zwischen dem Val d'Elsa und dem Monte Amiata.

MASSA, CARRARA UND DIE APUANISCHEN ALPEN ▲ 163
Von den weißen Stellen der Marmorbrüche in den Alpi Apuane zum Tyrrhenischen Meer.

VON VOLTERRA NACH LIVORNO ▲ 235
Wilde Natur und raffinierte Architektur im Innern, die antike Via Aurelia folgt aber der Küste: die Toscanischen Inseln.

PRATO UND PISTOIA ▲ 173
Zwei Städte, die bald mit Florenz verwachsen sein werden, die aber stolz auf ihre eigene kulturelle Identität sind.

GROSSETO UND DIE MAREMMA ▲ 252
Von der geometrischen Landschaft der fruchtbaren Küstenebene zu den Tuffstein-Hochebenen im Inland.

AREZZO UND UMGEBUNG ▲ 183
Ein Gebiet, das reich ist an religiösen Ansiedlungen und Heimat der Renaissance im östlichen Zipfel der Toscana.

AUTOREN

→ **AN DIESEM REISEFÜHRER HABEN ZAHLREICHE LANDESKENNER UND SPEZIALISTEN MITGEARBEITET.**

RAFFAELLA AUSENDA
Mailänder Kunsthistorikerin, die sich auf Keramologie spezialisiert hat, ist als Museumsberaterin tätig. Hat zahlreiche Aufsätze zur italienischen Keramik publiziert. *Autorin von ›Keramik‹.*

NICOLETTA BAZZANO
Doktorin der Geschichte des modernen Europa. Befasst sich mit der politischen Geschichte Italiens zwischen dem 16. und dem 17. Jh. *Autorin von ›Geschichte‹.*

GUYA BERTELLI
Architektin und Forscherin an der Facoltà di Architettura del Politecnico. Mitbegründerin des Institut pour l'Art et la Ville in Givors und Redakteurin der Zeitschrift ARC (1996-98). Ihre Werke und Projekte sind in Sammlungen und Spezialausstellungen erschienen. *Autorin von ›Die Moderne‹.*

MARIA NOVELLA BRENELLI
Kunsthistorikerin, in der Kulturförderung tätig und Autorin zahlreicher Beiträge über Tourismus und Kunst für verschiedene Zeitungen. *Autorin von ›Pisa und Lucca‹.*

ATTILIO BRILLI
Lehrt an der Universität von Siena. Einer der größten Experten für Reiseliteratur, hat die Werke Ruskins, Irvings, James', Whartons und anderer herausgegeben. Seine eigenen Werke sind in mehrere Sprachen übersetzt worden. *Autor von ›Von Fiesole zur Villa Gamberaia‹, ›Von Careggi nach Castello‹, ›Das Florentiner Hinterland‹ ›Massa, Carrara und die Apuanischen Alpen‹, ›Arezzo und Umgebung‹.*

ALBERTO CAPATTI
Lehrt Geschichte der französischen Sprache an der Universität von Pavia und ist Experte für Ernährung. Leitet die Zeitschrift ›Slow‹ der internationalen Vereinigung ›Slowfood‹. *Autor von ›Cacciucco‹.*

ENRICO CARACCIOLO DI BRIENZA
Der freiberufliche Journalist und Fotograf lebt in Castagneto Carducci und arbeitet mit italienischen und internationalen Zeitungen zusammen. Seine Spezialität ist der Fahrradtourismus: Verfasst Berichte von Fahrradreisen und arbeitet mit Reiseunternehmen und Hotels zusammen. *Autor von ›Von Volterra nach Livorno‹.*

LEONARDO CASTELLUCCI
Florentiner Fotograf und Journalist, Autor zahlreicher Publikationen zur Toscana. *Autor von ›Ribollita‹.*

MARIO CHIODETTI
Journalist und Fotograf, arbeitet mit Tageszeitungen und Zeitschriften zusammen. Hat verschiedene Ausstellungen mit Porträt- und Landschaftsfotografie veranstaltet. *Autor von ›Der Naturpark der Maremma und der Trappola-Sumpf‹.*

MAURO CIVAI
Wurde 1951 in Siena geboren, wo er auch studierte. Ab 1974 arbeitete er als Journalist, seit 1982 ist er Direktor des Museo Civico in Siena. Dort hat er auch zahlreiche Kulturereignisse und Ausstellungen organisiert. Ist Verlagsberater und Autor von Publikationen zu Kunst, Geschichte und volkstümlichen Traditionen in der Toscana. *Autor von ›Die Toscana - von Malern gesehen‹, ›Chianti‹, ›Siena‹ und ›Das Senese‹.*

FLAVIO CONTI
Architekt, zusammen mit seiner Frau Inhaber eines Büros, das sich mit Architektur, Restauration und Industrie-Design befasst. Dazu Lehrtätigkeit an der Universität und herausgeberische Aktivitäten. Hat etwa hundert Schriften zu Geschichte, Architekturgeschichte und Industrie-Design verfasst. Als Präsident des Istituto Italiano dei Castelli und Leiter der Zeitschrift ›Cronache Castellane‹ ist er auch mit der Erhaltung von Festungsarchitektur beschäftigt. *Autor von ›Architektur‹.*

MARTA DEL ZANNA
Magistra in Englisch an der Universität von Florenz. Arbeitet seit 1993 im Verlagsbereich, seit ihrem Umzug nach Mailand befasst sie sich vor allem mit touristischen Publikationen. Teilt sich fortwährend zwischen der Lombardei und der Toscana auf, um sich mit Reiseführern, Übersetzungen und moderner Kunst zu beschäftigen. *Autorin von ›Die Toscana in der Literatur‹.*

GIANLUIGI GAMBA
In Mailand geboren, lebt dort und hat sein Leben der Lehre und der Musik gewidmet. Neben dieser über 30-jährigen Tätigkeit hat er eine Leidenschaft für Parks entwickelt und zahlreiche Reisen in Italien sowie nach Großbritannien und Frankreich unternommen, wo er die wichtigsten Parks besichtigt hat. Eben hat er einen eigenen Garten am Lago d'Iseo realisiert. Verfasser und Übersetzer von Lehrbüchern und Büchern zur Musik sowie Herausgeber einer Enzyklopädie der Gartenkunst. *Autor von ›Garten-Architektur‹.*

LUCA GIANNINI
1960 in Mailand geboren, wo er auch studiert hat. Als Berater und Verleger hat er zahlreiche Publikationen entworfen und koordiniert. *Autor von ›Sprache‹ und ›Florenz‹.*

ALBANO MARCARINI
Stadtarchitekt, 1954 in Mailand geboren. Studiert Städte und Landschaften, entwirft Routen und Systeme für eine sanfte Mobilität. Hat verschiedene Publikationen für den Touring Club Italiano besorgt, darunter die neue ›Guida ai parchi e alle aree protette d'Italia‹. Publiziert in den wichtigsten touristischen Zeitschriften Wander- und Radrouten. *Autor von ›Biogeografie der Toscana‹ und ›Der Toscanische Apennin‹.*

MARCO MASETTI
Experte für Natur und Umwelt. *Autor von ›Die Hügel von Florenz‹.*

STEFANO MILIONI
Journalist, Gastronomie- und Reiseschriftsteller. War 15 Jahre lang Mitarbeiter der römischen Tageszeitung ›Il Messaggero‹ und Verfasser der gastronomischen Rubrik. Hat mit Gault Millau für die italienische Ausgabe und mit zahlreichen Zeitungen zusammengearbeitet. Autor vieler Publikationen zur Toscana. *Autor von ›Käse, Wurst und Räucherfleisch‹, ›Brot, Süßwaren und Honig‹, ›Landwirtschaft und Gemüseanbau‹, ›Olivenbaum und Weinstock‹, ›Viehzucht‹, ›Grosseto und die Maremma‹.*

ANGELO MOJETTA
Biologe, Magister an der Universität von Pavia, lebt und arbeitet in Mailand. Wechselnde Tätigkeiten als Herausgeber, in der Popularisierung naturkundlicher Forschung und Forschungen in den Bereichen Süß- und Meerwasserbiologie. Hat zahlreiche Bände zu Unterwasserfauna und -flora geschrieben, die in mehrere Sprachen übersetzt wurden. *Autor von ›Küste und Inseln‹ und ›Der Marmor der Apuanischen Alpen‹.*

CORINNE PAUL
Kunsthistorikerin und Expertin für italienische Literatur des 16. Jh. *Autorin von ›Guelfen und Ghibellinen‹.*

ITALO SORDI
1936 in Mailand geboren. Seine Arbeit im Bereich der volkstümlichen Traditionen befasst sich mit der materiellen Kultur und vorindustrieller Technologie, dem traditionellen Theater und besonders den volkstümlichen Ritualen wie dem Karneval. Zu diesem Thema hat er zahlreiche Studien für die Discoteca di Stato, die Soprintendenza ai Beni Culturali di Milano, die Regione Lombardia und die Regione Sardegna durchgeführt. *Autor von ›Religiöse Feste‹, ›Weltliche Feste‹, ›Volksdichtung‹.*

CLAUDIO ZANINI
In Triest geborener Lehrer für Maltechniken. Als Maler hat er zahlreiche Ausstellungen in Italien und im Ausland gehabt sowie an Publikationen zur Toscana mitgewirkt. Er hat auch für das Theater geschrieben und mit dem Fernsehen der italienischen Schweiz zusammengearbeitet, Erzählungen veröffentlicht und verschiedene CD-ROMs zu Kunst und Tourismus. *Autor von ›Prato und Pistoia‹.*

IMPRESSUM

GALLIMARD
- **PRÄSIDENT-GENERALDIREKTOR**
Antoine Gallimard
- **DIREKTOR**
Philippe Rossat
Assistenz: Sylvie Lecollinet und Anne-Josyanne Magniant
- **REDAKTIONELLE LEITUNG**
Nicole Jusserand
Assistenz: Catherine Bourrabier
- **REDAKTIONELLE KOORDINATION**
Laure Raffaëlli-Fournel
- **PARTNERSCHAFTEN**
Marie-Christine Baladi, Manuèle Destors, Jean-Paul Lacombe
- **PRESSE UND WERBUNG**
Blandine Cottet
- **FOREIGN RIGHTS**
Gabriela Kaufman

DUMONT
- **VERLEGERISCHE LEITUNG**
Gottfried Honnefelder
- **CHEFLEKTORIN REISE**
Maria Anna Hälker
- **KOORDINATION DER REIHE »VISUELL«**
Gabriele Kalmbach

TOSCANA VISUELL
- **REDAKTION**
Alda Venturi, Marco Del Freo, Anna Ceruti
- **REALISATION**
Asterisco, Mailand
- **ENTWURF**
Fiammetta Badalato
- **BILDRECHERCHE**
Irvana Malabarba, Pupa Bologna
- **ILLUSTRATIONEN**
UMSCHLAG: Alfonso Goi
NATUR: Annalisa Durante, Jean Chevallier, François Desbordes, Claire Felloni, John Wilkinson
ARCHITEKTUR: Marina Durante, Jean-Philippe Chabot, Didier Domagala, Domitile Heron, Pierre de Hugo, Bruno Lenormand, Maurice Pommier, Michel Sinier
KARTOGRAFIE: Servizio Cartografico del Touring Club Italiano
ROUTENKARTEN: Flavio Badalato
- **KOORDINATION**
Luca Giannini

- **DEUTSCHE FASSUNG**
ÜBERSETZUNG AUS DEM ITALIENISCHEN:
Claudine Didier (Natur, Traditionen, Chianti, Grosseto, Prato/Pistoia),
Andrea C. Theil (Maler, Florenz, Arezzo),
Bernd Weiß (Geschichte, Architektur, Pisa/Lucca, Massa, Siena, Volterra)
BEARBEITUNG: Martin Klaus, Norbert Grust
ÜBERSETZUNG PRAKTISCHER TEIL:
Martin Klaus, Norbert Grust
BEARBEITUNG DES LITERATUR-KAPITELS: Inka Schneider, Martin Klaus
REDAKTIONELLE KOORDINATION & SATZ: Hans E. Latzke
Redaktionsbüro, Bielefeld

Die Deutsche Bibliothek – CIP-Einheitsaufnahme
Toscana /[Übers.: Claudine Didier ...
Red.: Hans E. Latzke ...]
- Köln: DuMont, 2001 (DuMont Visuell : Reiseführer)
Einheitssacht.: Guide Gallimard Toscane <dt.>
ISBN: 3-7701-4950-5
NE: Latzke, Hans E. ... [Red.]; EST

Alle Angaben erfolgen ohne jegliche Verpflichtung oder Garantie des DuMont Buchvlags oder der Verlage Touring Editore, Milano, und Gallimard-Nouveaux Loisirs, Paris. Für Änderungen und Fehler, die trotz der sorgfältigen Überprüfung aller Angaben nicht vollständig auszuschließen sind, können wir leider keinerlei Verantwortung oder Haftung übernehmen.

Die Reihe wurde konzipiert von Pierre Marchand.

© 2001 Editions Nouveaux Loisirs, Paris, für die Weltrechte
Realisierung: Touring Editore s.r.l., Milano
© 2001 DuMont Buchverlag, Köln, für die deutsche Ausgabe.
Alle Rechte vorbehalten
ISBN : 3-7701-4950-5
Druck und buchbinderische Verarbeitung: Editoriale Lloyd, Trieste (Italien)

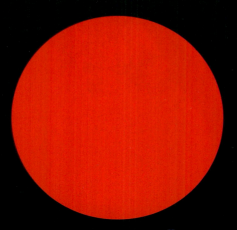

Wissenswertes im Überblick

- 15 NATUR
- 31 GESCHICHTE
- 47 KULTUR UND TRADITIONEN
- 61 ARCHITEKTUR
- 85 DIE TOSCANA – VON MALERN GESEHEN
- 97 DIE TOSCANA IN DER LITERATUR

Umgebung von Fonterutoli in Toscana, ca. 1915-20

Strand von Marina di Carrara, Anfang des 20. Jh.

Blick vom Palazzo Vecchio auf den Dom von Florenz, Anfang des 20. Jh.

Natur

16 **BIOGEOGRAFIE DER TOSCANA**
Albano Marcarini
18 **DIE HÜGEL VON FLORENZ**
Patrick Jusseaux
20 **DER NATURPARK DER MAREMMA UND DER TRAPPOLA-SUMPF**
Mario Chiodetti
22 **DER TOSCANISCHE APENNIN**
Albano Marcarini
24 **KÜSTEN UND INSELN**
Angelo Mojetta
26 **LANDWIRTSCHAFT**
Stefano Milioni
28 **OLIVENBAUM UND WEINSTOCK**
Stefano Milioni
30 **VIEHZUCHT**
Stefano Milioni

● BIOGEOGRAFIE DER TOSCANA

Eine Bergkette mit mehr als 2000 m hohen Gipfeln, zwischen den Bergen gelegene Talbecken, einzelne Bergmassive wie die Alpi Apuane (Apuanischen Alpen) oder der Pratomagno, die Hügel aus dem Pliozän – all dies bildet die Topografie der Toscana. Hinzu kommt ein dichtes Wassernetz, dessen größte Flüsse der Arno, der Tiber und der Ombrone sind. An den Küsten wechseln sich Sandstrände (in der Versilia) und hohe Klippen (in der Maremma) ab. Die Vegetation ist entsprechend vielfältig: mediterrane Macchia, Tannenwälder im Apennin, Steineichenwälder, Zypressen und Olivenbäume.

Das Chianti
Die von Weinreben durchzogene Landschaft des Chianti (▲ 201) ist überall auf der Welt für ihre Weine, ihr mildes Klima und ihre grünen Hügel berühmt.

Die Crete Sienesi
Die kahlen, trockenen Lehmhügel der Crete (▲ 228) bilden eine Ausnahme in der toscanischen Landschaft. Die grauen Lehmböden eignen sich als Saat- und Weideland.

Die Küsten
Die 328 km der toscanischen Küste sind vielfältig und bieten außergewöhnlich schöne Landstriche wie den Monte Argentario (▲ 258) oder die Monti dell'Uccellina (▲ 255). Sie sind das Ergebnis einer kontinuierlichen Aushöhlung der Gesteinsformationen am Rande des Tyrrhenischen Meeres, die bereits im Pliozän begonnen hat und bis heute andauert.

Die mediterrane Macchia
Im dichten Gehölz der Macchia wachsen nicht nur Steineichen, sondern auch wohlriechende Pflanzen und Kräuter (Erdbeerbaum, Mastixstrauch, Heidekraut, Myrte). Die Macchia ist auf den Hügeln an der Küste sehr verbreitet, sie dehnt sich aber auch bis ins Landesinnere aus, zum Beispiel ins Arno-Tal.

Die Klöster
Beschaulich liegen Klöster und Einsiedeleien in der toscanischen Hügellandschaft, wo Religion und Natur verschmelzen. Ideale Orte, wenn man allein sein und in sich gehen möchte.

Niederschläge

400-600
700-1000
1000-1500
1600-2300

Kleinstädte
Die toscanischen Kleinstädte liegen oft auf einem Bergsporn oder dehnen sich auf einem Kamm aus. Ihr Reichtum an Kunstschätzen verbindet sich mit einer urbanen Struktur, die die Harmonie der Landschaft noch hervorhebt.

Die Hügellandschaft
Die Hänge der Toscana sind ›Menschenwerk‹ – angelegt, um Ackerland zu gewinnen.

Die Wälder des Casentino
Vor der Kulisse des Apennin erstrecken sich die ausgedehnten Tannenwälder (▲ 194) von Vallombrosa, Camaldoli und La Verna. Sie sind mit ihren jahrhundertealten Bäumen und ihrer majestätischen Kraft Ausdruck der perfekten Schöpfung der Natur.

Bildlegende

- Alpi Apuane (Apuanische Alpen)
- Appennino Toscano (Toscanischer Apennin)
- Trogtäler zwischen den Bergen der Toscana
- Pliozän-Hügel
- Berge und Hügel des toscanischen Antiapennins
- Küstenebene der nördlichen Toscana
- Schwemmlandebene der nördlichen Toscana
- Inseln, Strände und Vorgebirge des Tyrrhenischen Meers
- Trockengelegte Ebenen am Tyrrhenischen Meer

● Die Hügel von Florenz

Florenz liegt in einer von Hügeln eingefassten Schwemmlandebene mit sehr fruchtbaren Böden.

Inmitten der Hügel von Florenz (▲ *137*) entfaltet sich eine vielfältige Landschaft mit großen Agrarflächen, die von naturbelassenen Oasen unterbrochen werden. In den Wäldern sind sowohl Laub abwerfende Bäume (Winter-, Flaum-, Zerr- und Steineiche) als auch mediterrane Pflanzen heimisch: Baumheide, Myrte, Pistazie und Zistrose. An den Südhängen dehnen sich Flächen mit Pinien und Strandkiefern aus, deren Früchte, Harz und Holz man früher nutzte. Alte Bauernhöfe und Burgen zeugen vom traditionellen Gemüse- und Getreideanbau, früher in Halbpacht ausgeübt und auch heute noch in der Gegend um Florenz verbreitet.

Mäusebussard (Buteo buteo)
Jagt im Spähflug vor allem kleine Nagetiere, verschmäht aber gelegentlich auch Eidechsen nicht.

Smaragdeidechse (Lacerta viridis)
Liebt sonnige Plätze. Kann schmerzhaft beißen, wenn man sie zu fangen versucht.

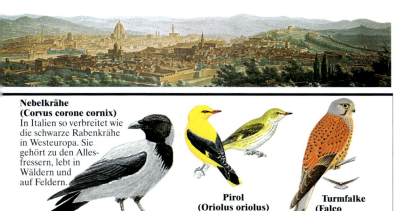

**Nebelkrähe
(Corvus corone cornix)**
In Italien so verbreitet wie die schwarze Rabenkrähe in Westeuropa. Sie gehört zu den Allesfressern, lebt in Wäldern und auf Feldern.

**Pirol
(Oriolus oriolus)**
Kehrt Ende April in die Toscana zurück. Er ist selten zu sehen, jedoch leicht an seinem typischen Gesang zu erkennen.

**Turmfalke
(Falco tinnunculus)**
Nistet in verfallenen Gebäuden und alten Nestern der Nebelkrähe.

**Waldkauz
(Strix aluco)**
Nachts ertönt sein Ruf in den Eichenwäldern.

**Zypresse
(Cupressus sempervirens)**
15 bis 20 m hoch, stammt ursprünglich aus Westasien und wurde von den Römern in Italien eingebürgert.

**Wintereiche
(Quercus petraea)**
Großer, in europäischen Wäldern heimischer Baum. Bevorzugt trockene Böden.

**Edelkastanie
(Castanea sativa)**
Für karge Böden typischer Baum, wächst isoliert oder in Gruppen.

**Pinie
(Pinus pinea)**
Kerne werden beim Backen und Kochen verwendet.

**Strandkiefer
(Pinus pinaster)**
Aus dem Harz wird Terpentin hergestellt.

● DER NATURPARK DER MAREMMA UND DER TRAPPOLA-SUMPF

Die Ucellina-Küste.

Der südlich von Grosseto zwischen der Via Aurelia und dem Meer gelegene Naturpark der Maremma (▲ 255) wurde unter Verzicht auf menschliche Eingriffe im Zustand der letzten Jahrzehnte erhalten. Zu diesem Gebiet gehören der Trappola-Sumpf, die Mündung des Flusses Ombrone und die Monti dell'Ucellina. Als Maremma wird der meist ebene Landstrich entlang der toscanischen Küste bezeichnet, den häufige Überschwemmungen sumpfig werden lassen. Der Trappola-Sumpf zeichnet sich durch eine spärliche Mischvegetation mit halbtrockenen Wiesen, mediterranem Macchiawald und Pinienhainen aus. Zahlreiche Wasservögel lassen sich während ihrer Wanderung hier nieder. Im nördlichen Teil des Parks überwiegen sandige Küsten, während im südlichen Teil felsige Abschnitte mit Klippen und kleinen Buchten vorherrschen.

Steineiche (Quercus ilex)
Kommt als Busch in der Macchia oder als 20 m hoher Baum vor.

Pinie (Pinus pinea)
Mit ihrer unverkennbaren schirmartigen Krone steht sie an den Küsten. Die Kerne sind beim Menschen sehr beliebt.

Myrte (Myrtus communis)
Immergrüner, stark duftender Strauch. Aus den Beeren wird ein aromatischer Likör hergestellt, die aus den Blättern gewonnene Essenz für Parfüms verwendet.

Blüte in den Dünen der Maremma (▲ 252). Die an der Sandküste heimische Vegetation hat besondere Eigenschaften. Sie kann auf sehr salzhaltigen Böden überleben (z. B. an Stränden) und auf lockerem Untergrund wie Sanddünen wachsen.

Der Fluss Ombrone im Trappola-Sumpf (▲ 255). Das Sumpfgebiet ist exemplarisch für die feuchten Küstenstreifen der Toscana. Hier findet man die typische Fauna der Sümpfe, überwinternde Vögel und vom Nahrungsreichtum angelockte Säugetiere (Füchse, Dachse, Biberratten).

Wildschwein (Sus scrofa)
Lebt in Herden, die aus Mutter- und Jungtieren unterschiedlichen Alters bestehen. Mit dem Rüssel durchwühlt es den Boden und hinterlässt dabei tiefe Furchen.

Blaumerle (Monticola solitarius)
Nistet in Felsspalten oder in verfallenen Gemäuern. Das Männchen hat ein wunderschönes blaugraues Gefieder.

Strand-Pankrazlilie (Pancratium maritimum)
Die großen weißen Blüten dieser Pflanze schmücken die Sanddünen an der Küste.

Stachelschwein (Hystrix cristata)
Eins der größten Nagetiere Italiens. Lebt unterirdisch in kleinen Gruppen und ist nachtaktiv.

Sumpfschildkröte (Emys orbicularis)
Lebt vor allem in stehenden oder langsam fließenden Gewässern. Oft an der Wasseroberfläche zu entdecken.

Wanderfalke (Falco peregrinus)
Nistet an Felswänden. In hohem Tempo erbeutet er im Flug mit spektakulären Attacken Vögel mittlerer Größe.

DER TOSCANISCHE APENNIN

Die Apenninen
Ansicht der Apenninen vom Casentino aus betrachtet auf einem Aquarell des 19. Jh.

Rothirsch
Typisch für den Apennin. Früher vielfach gejagt, vermehren sich die Bestände heute wieder.

Der toscanische Abschnitt des Apennins *(Appennino Toscano)* zeichnet sich durch eine eher sanfte Topografie aus: eine Reihe parallel angeordneter Talbecken zwischen Gipfeln, die im Durchschnitt zwischen 1700 und 2000 m hoch sind, teilweise aber auch nur etwa 1500 m erreichen und eine stetig abfallende Wasserscheide bilden. Dieser Verlauf bestimmt auch die Vegetation. Dominierender Bestandteil sind Buchenwälder, die die zwischen 800 bis 900 m und 1400 bis 1700 m hoch gelegenen Hänge bedecken. In geringerer Höhe wechseln sie sich mit Weißtannen ab. Weiter talwärts folgen vom Menschen angelegte Kastanienwälder, und schließlich die Laub abwerfenden Eichen, die die Grenze zwischen der Mittelmeer- und der Gebirgsvegetation bilden.

Steinpilz
Der *porcino* gilt auch in Italien als sehr beliebter Speisepilz.

Pfifferling
Der trichterförmige *gallinaccio* ist ebenfalls ein beliebter Speisepilz.

Fliegenpilz (Amanita)
Von leuchtender Farbe, giftig.

Schleiereule
Nachtvogel mit sehr feinem Gehör.

Gartenbaumläufer
Auf der Suche nach Insekten klettert er sehr geschickt an Baumstämmen hoch.

Mauswiesel
Kleines Raubtier, das vor allem Mäuse und Wühlmäuse jagt.

Salamander
Lurchart, die sich bevorzugt in feuchten Wäldern aufhält.

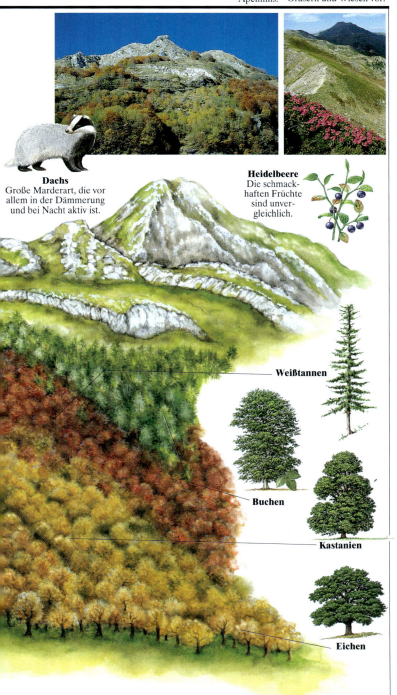

Dichte Wälder
Ausgedehnte Wälder bedecken einen großen Teil des Toscanischen Apeninns.

Gebirgswiesen
Auf den Gipfeln herrscht eine niedrige Vegetation mit kleinen Sträuchern, Gräsern und Wiesen vor.

Dachs
Große Marderart, die vor allem in der Dämmerung und bei Nacht aktiv ist.

Heidelbeere
Die schmackhaften Früchte sind unvergleichlich.

Weißtannen

Buchen

Kastanien

Eichen

● KÜSTE UND INSELN

Provencegrasmücke Samtkopfgrasmücke Zwergohreule

Die Küste der Toscana ist deutlich zweigeteilt: der Norden mit weniger Anhöhen und vornehmlich Sandstränden und der südlich von Livorno liegende Teil, in dem abwechselnd sandige und felsige Abschnitte zu finden sind. Die sieben Inseln des *Arcipelago Toscano* runden diesen Rahmen ab. Sie bilden einen Bogen in dem tiefblauen, durchsichtig schimmernden Meer zwischen Livorno und dem Monte Argentario und sind durch den Nationalpark des Toscanischen Archipels (▲ *244*) geschützt. Die geografischen Unterschiede bilden die Grundlage für eine sehr vielfältige Flora und Fauna, deren gemeinsamer Nenner jedoch stets das Meer ist. An sandigen Abschnitten und in der Ebene findet man Stranddünen und Küstenpinien, an felsigen Abschnitten und auf den Inseln dominiert die mediterrane Macchia mit Steineichenwäldern – vor allem auf Elba und Gorgona. Dazu kommen zahlreiche endemische Pflanzen des Archipels, wie das Elba-Veilchen *(Viola corsica ilvensis)*, das Capraia-Leinkraut *(Linaria capraria)* und die Capraia-Kornblume *(Centaura gymnocarpa)*. Die Artenvielfalt der Fauna ist ebenfalls beeindruckend, und das Naturspektakel setzt sich unter Wasser fort. Bunt gefärbte Algen und Wirbellose bevölkern die Felswände unterhalb der Meeresoberfläche und schaffen somit Lebensbedingungen für zahllose Fische.

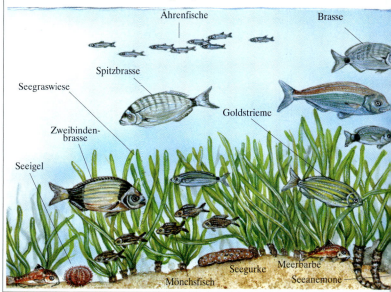

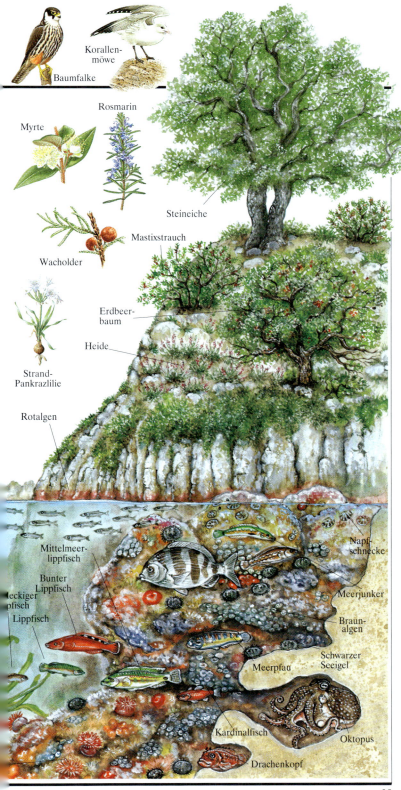

🔴 LANDWIRTSCHAFT UND GEMÜSEANBAU

Fagioli al fiasco (Weiße Bohnen mit Olivenöl, Salbei und Knoblauch in Chianti-Flasche gekocht): ein rustikales Gericht, das die Lebensart der Toscana charakterisiert.

Durch die jahrhundertealte Tradition des Zusammenlebens von Landbesitzern und denjenigen, die den Boden bearbeiteten, hat sich eine starke, tief verwurzelte volkstümliche Kultur in der Toscana ausgebildet, und die Bauern dieser Gegend sind ein lebendiger Menschenschlag, der stets bereit ist, Neues auszuprobieren. Im Laufe der Jahrhunderte hat sie eine vielfältige Landwirtschaft entwickelt, die die unterschiedlichen strukturellen und klimatischen Bedingungen dieser Gegend optimal auszunutzen vermag. Will man die Toscaner provozieren, so spricht man nicht von der toscanischen Küche, sondern von ihrem ›Kochen‹. In der Tat ist dies aber eine Hommage an die Produkte dieser Region, die so vielfältig und von so ausgezeichneter Qualität sind, dass man sie nicht erst viel bearbeiten muss, um sie zu kulinarischen Höhepunkten zu machen.

Köstliche Pilze
In einem Gebiet, das zu 42 % von Wäldern bedeckt ist, sind Pilze natürlich im Überfluss vorhanden. Am meisten geschätzt werden die Steinpilze der Amiata-Hänge zwischen Seggiano und Piancastagnaio sowie aus dem äußersten Norden der Region, von den Bergen zwischen Pontremoli und Borgotaro in der Provinz Parma.

Kastanien
Kastanienwälder finden sich im gesamten Apennin und an den Hängen des Monte Amiata. Die Kastanie ist somit eine sehr verbreitete Frucht, und die Toscaner beanspruchen mit ihrer traditionellen Streitlust fast in allen Gebieten, die besten zu haben. Bekannt ist jedoch vor allem das Gebiet des Mugello, dessen Kastanien sogar die Schutzbezeichnung (DOP) der EU verliehen bekamen.

Die Fabrik des Schönen
Bei Pistoia machte man die Schönheit toscanischer Gärten zu einer Industrie: Blumen und Pflanzen der Toscana werden auf Märkten in ganz Europa verkauft.

Bohnen aus der Toscana
Cannellini-Bohnen und toscanische Küche lassen sich kaum voneinander trennen. Die besten Anbaugebiete sind die kalkhaltigen Böden der Bergregionen, die vom Fluss Cecina durchquert werden, sowie einige (Feinschmeckern wohlbekannte) Gebiete, wie die Region zwischen Pitigliano und Sorano und Montemerano in der Provinz Grosseto.

Der Gemüseanbau
Der Anbau von Gemüse, vor allem Karden, Blumenkohl, Tomaten und Fenchel, konzentriert sich auf die Hügel von Lucca und Pistoia und die Flussebene des Arno. Von hier stammt auch ein weiteres Wahrzeichen der toscanischen Küche, der Schwarzkohl, ohne den eine traditionelle Ribollita nur eine beliebige Suppe wäre.

Karde
Der *cardo* ist ein Gemüse für verwöhnte Gaumen, die den rustikalen Geschmack zu schätzen wissen.

Blumenkohl
Steht zwar im Schatten ›Ihrer Majestät‹, dem Schwarzkohl, behauptet sich aber als grundlegender Bestandteil der bäuerlichen Küche.

Schwarzkohl
Wenn er nicht so gut schmeckte, könnte man ihn auch als dekorative Zierpflanze schätzen.

Fenchel
Der frische Fenchel mit den fleischigen Blättern mildert den kräftigen Geschmack rustikaler toscanischer Gerichte.

Tomaten
Die Tomaten sind selten Hauptbestandteil toscanischer Gerichte, durch sie erhalten jedoch auch die einfachsten Gerichte den letzten Pfiff.

Die Ähre der Ceres
Dinkel wurde ohne Unterbrechung auf den Feldern der Garfagnana in der Provinz Lucca angebaut. Nachdem diese Urform des Weizens wieder neu entdeckt wurde, wird sie heute überall erzeugt, die Bauern im historischen Anbaugebiet ließen ihre Qualität jedoch mit einer Schutzbezeichnung (Denominazione di Origine Protetta) kennzeichnen.

● OLIVENBAUM UND WEINSTOCK

Weinreben und Olivenhaine: das markanteste Zeichen, das der Mensch auf den Hügeln der Toscana hinterlassen hat.

Olivenbaum und Weinrebe sind die beiden Pfeiler der bäuerlichen Kultur der Toscana. Es dauert Jahre, bis diese beiden Baumgewächse Früchte tragen. Einen Weinberg oder eine Rebe legt man nur dann an, wenn man sich dauerhaft in einer Gegend niedergelassen hat. Gutes Olivenöl und guter Wein erfordern also nicht nur ein mildes Klima und einen geeigneten Boden, sondern auch eine festgefügte soziale Umgebung, stabile Beziehungen zwischen Volk und Machthabern, zwischen Landbesitzern und Landarbeitern. Dann müssen die Früchte geerntet werden, und großes Wissen über Verarbeitungstechniken und Erfahrung ist erforderlich, um Olivenöl und Wein auf dem hohen Niveau der Toscana herzustellen.

Die Olivenernte
Die Oliven, diese bescheidenen und zugleich wertvollen Früchte, werden von Hand von den Zweigen gezogen, nachdem man dicht geflochtene Netze unter den Bäumen ausgelegt hat, damit auch keine einzige Frucht verloren geht. Anschließend werden sie auf Gitter gelegt, damit kein Schimmel und keine unerwünschte Fermentation entstehen.

Grünes Gold
Würzig und delikat: zwei widersprüchliche Eigenschaften, die das toscanische Olivenöl kennzeichnen, das gerade wegen seiner Fähigkeit, Eleganz mit einem starken geschmacklichen Charakter zu verbinden, so erfolgreich werden konnte. Dazu kommt, dass die Unterschiede von Klima und Böden der verschiedenen Gebiete so unterschiedliche Öle hervorgebracht haben, dass die Bestimmungen der geschützten Ursprungsbezeichnung (DOP) neben der allgemeinen Aufschrift ›Toscano‹ auch acht Untergebiete der Produktion unterscheiden: Colline della Lunigiana, Colline Lucchesi, Monti Pisani, Montalbano, Colline di Firenze, Colline di Arezzo, Colline Senesi und Seggiano.

Die Etiketten stehen nicht nur für einen Wein, sondern für Familien, Schlösser, und verweisen sogar auf historische Ereignisse, die es wert sind, erzählt zu werden.

Der Trebbiano
Aus dieser überall verbreiteten, robusten Rebsorte werden Allzweckweine hergestellt, die zwar von angenehmem Geschmack sind, aber wenig Persönlichkeit haben. Edlere Rebsorten haben es daher leicht, sich qualitativ abzuheben und liefern traditionsreiche Weine, wie der Vernaccia di San Gimignano oder der liebliche, perlende Moscadello di Montalcino, den der Dichter Francesco Redi in seinem Werk *Bacchus in Toscana* besang.

Der Vin Santo
Im Vin Santo spiegelt sich exakt das Wesen der Toscaner wider: stark und intensiv, fähig, große Leidenschaften oder tiefste Abneigung hervorzurufen. Entgegen aller önologischen Regeln wird er anstatt in schattigen Kellern auf heißen Dachböden affiniert. Er trotzt jedoch allen Torturen und entfaltet am Ende ein Bouquet an Duft und Geschmack, das ihn einzigartig macht.

Der Sangiovese
Der Sangiovese ist die historische Urform aller großen toscanischen Weine, eine Rebsorte mit ausgeprägtem Charakter, die sich aber an unterschiedliche Bedingungen anpassen kann. Aus der Sangiovese-Rebsorte werden drei große italienische Weine hergestellt: der Chianti, der Brunello di Montalcino und der Vino Nobile di Montepulciano. Weitere ›kleinere‹ Weine stehen diesen in nichts nach: Carmignano, Morellino di Scansano, Montecarlo und Pomino.

Die Weinlese
Eine heitere Atmosphäre, aber auch harte Arbeit: die wenigen Tage der Weinlese entscheiden über die Früchte der Arbeit eines ganzen Jahres.

Die Weinkeller
Die Stille im Halbdunkel der Weinkeller täuscht. Im Innern der Fässer reift der Wein zu einem köstlichen Nektar mit tausendfachen geschmacklichen Reizen.

VIEHZUCHT

Giovanni Fattori
›Bauer mit Schweinen neben einem Ochsenkarren‹

In der Toscana sind Geschichte, Gebräuche und das Land so stark miteinander verwoben, dass auch Wissenschaft und Technologie den Früchten einer jahrhundertelangen Evolution ihren Tribut zollen müssen. ›Viehzucht‹ lässt anderswo an Gentechnologie denken. Hier dagegen folgt die Viehzucht auch heute noch nahezu unabänderlich den Typologien, die sich in Jahrhunderten durchsetzen konnten.

Chianina-Stier
Die Chianina-Rasse bewahrt bis heute die körperlichen Merkmale des in prähistorischen Höhlenzeichnungen abgebildeten *Bos Primigenius*. Die bereits von Römern geschätzten Rinder werden unter strenger Kontrolle im Gebiet zwischen Arezzo, Siena und Pisa gezüchtet. Sie liefern äußerst schmackhaftes Fleisch.

Maremmana-Kuh
Entlang der Küste ist die Maremmana-Rasse sehr verbreitet. Diese starke, kräftige autochthone Rinderrasse ersetzte jahrhundertelang landwirtschaftliche Maschinen und gehört heute zum exklusiven Club der sieben edlen italienischen Rassen.

Wildschwein
In der Maremma trug die Einzäunung ausgedehnter Macchia- und Waldflächen dazu bei, dass auch das Wildschwein den typischen Prozessen der Tierzucht unterzogen werden konnte. Die Tiere, die hier allerdings eher unter Kontrolle gehalten anstatt gezüchtet werden, beliefern regelmäßig einen Markt, der noch ein Nischendasein führt, sich aber ständig ausweitet.

Schafe
Einwanderung aus Sardinien hat in den letzten 40 Jahren dafür gesorgt, dass die Tradition der Schafhirten in der Toscana überdauern konnte. Seit der Etruskerzeit erleben die Schafzucht und ihre Produkte nur geringfügige Veränderungen, die vor allem der Qualität der Schafskäse zugute kommen, die sich von den vielen anderen Sorten in Italien weiterhin unterscheiden.

Fischzucht
Nachdem in der Lagune von Orbetello jahrhundertelang Aale gezüchtet wurden, sind heute moderne Fischzuchtanlagen entstanden, in denen Seebarsche, Goldbrassen und andere Speisefische gezüchtet werden.

Geschichte

32 VON DEN ANFÄNGEN BIS ZU DEN KOMMUNEN
Nicoletta Bazzano

34 GUELFEN UND GHIBELLINEN
Corinne Paul

36 AUFSTIEG DER MEDICI
Nicoletta Bazzano

38 DIE MEDICI
Corinne Paul

40 ZEITALTER DES ABSOLUTISMUS
Nicoletta Bazzano

42 RISORGIMENTO UND EINIGUNG ITALIENS
Nicoletta Bazzano

44 SPRACHE
Luca Giannini

46 VOLKSDICHTUNG
Italo Sordi

GESCHICHTE

524 Griechen von Cumae (Kyme) besiegen Etrusker bei Ariccia

| 900 v. Chr. | 600 | 300 | 200 | 90 | 0 |

900–700 v. Chr. Villanova-Kultur in Mittelitalien

7.–6. Jh. Entwicklung der etruskischen Kultur, Ausdehnung nach Campanien

396 Römer erobern Veii

295 Römer besiegen Etrusker und Samniten bei Arezzo

90 v. Chr. Bewohner von Tuscia erhalten römisches Bürgerrecht

Von den Anfängen bis zu den Kommunen

Frühgeschichte

Fossilien, Muscheln und versteinerte Korallen zeugen davon, dass die Toscana einst von Wasser bedeckt war. Nach dem Absinken des Meeresspiegels schufen zahlreiche Flüsse durch Erosionsprozesse ausgedehnte Schwemmlandebenen, die heute das Landschaftsbild der Region prägen. So entstanden auch die ausgedehnten Sumpfgebiete entlang der Küste. Die ersten menschlichen Ansiedlungen sind für das Mittelpaläolithikum nachgewiesen, und zwar weitab von den gefährlichen Sumpfgebieten an Flussufern, in Höhlen oder Schluchten. Archäologische Funde deuten auf die Besiedlung durch indogermanische Stämme während des gesamten 2. Jt. v. Chr. hin. Sie besaßen bereits Kontakte zu anderen Völkern des Mittelmeerraums, wie die Funde mykenischer Waren in den Tolfa-Bergen beweisen. Im ausgehenden 2. Jt. tauchte im Gebiet zwischen Arno, Tiber und dem Tyrrhenischen Meer die Villanova-Kultur auf. Archäologen betrachten sie als einen Vorläufer der etruskischen Kultur.

Etrusker

Der große griechische Historiker Herodot schrieb im 5. Jh. v. Chr., dass die Etrusker, oder Tyrrhener (griech. *tyrrhenoi*), noch vor dem Trojanischen Krieg auf die italische Halbinsel gelangt seien. In der Tat weist die etruskische Sprache einige Ähnlichkeiten mit Sprachen Kleinasiens auf. Die glanzvolle Kultur der Etrusker konnte sich im 8. Jh. v. Chr. durch Vermischung dieser eingewanderten Stämme mit den Ureinwohnern entwickeln. Die Siedlungen aus prähistorischer Zeit wandelten sich zu richtigen Städten, die bis ins 5. Jh. v. Chr. hinein von den *lucumi* (von etrusk. *lauchume,* König) regiert wurden, deren politische Macht später auf eine Oligarchie adliger Familien überging. Die etruskischen Städte fanden nie eine gemeinsame politische Struktur, sie bildeten vereinzelte Bündnisse. Der größte Bund war der Zwölfstädtebund von Cerveteri, Veii, Tarquinii, Vulci, Vetulonia, Rusellae, Populonia, Volsinii, Clusium, Perusia, Arretium und Volterra. Die Etrusker waren als Handelsleute ebenso berühmt wie als Piraten gefürchtet und kontrollierten – nicht zuletzt durch die Gründung von Kolonien an der Küste Campaniens – das gesamte Gebiet des nach ihnen benannten Tyrrhenischen Meeres. Ab dem 5. Jh. sahen sie ihre Vorherrschaft durch das Eindringen der Griechen bedroht. Nach dem Sieg über eine griechische Flotte mit Unterstützung Carthagos (540 v. Chr.) wurden sie schließlich in der Seeschlacht vor Kyme von Hieron, dem Tyrannen von Syrakusa, geschlagen (474 v. Chr.). Um die Verbindungen zu den Zentren Campaniens aufrechtzuerhalten, besetzten etruskische Städte Teile Latiums. Mehrere latinische Städte wurden seit dem 7. Jh. von etruskischen Herrschern regiert; auch in Rom saß eine etruskische Dynastie aus Tarquinii auf dem Thron.

Tuscia

Unter den Tarquiniern begann Rom jene expandierende Position einzunehmen, die die Stadt auch nach Gründung der Republik beibehielt. Der siegreiche Krieg gegen Veii (405–396 v. Chr.) ermöglichte es Rom, sein Herrschaftsgebiet bis in die Gegend des heutigen Pisa auszuweiten. Ab der zweiten Hälfte des 3. Jh. v. Chr. verbündeten sich die etruskischen Städte mit Rom. Sie stellten Soldaten und Schiffe bereit und zahlten finanzielle Abgaben. Als Dank für ihre Loyalität im Bürgerkrieg erhielten die Bewohner Tuscias 90 v. Chr. das römische Bürgerrecht. In der Zeit der Republik erlebte die Tuscia aber trotz der Gründung großer Städte wie Florentia und des Baus der Konsularsstraßen, die die Verbindung zur Urbs sicherten, eine Zeit des wirtschaftlichen Niedergangs, den auch die Bemühungen des Augustus – er erhob die Tuscia zur ›VII regione‹ – nicht aufhalten konnten. Ende des 3. Jh. n. Chr. vereinte Kaiser Diocletian in der Verwaltungsreform Tuscia mit der Region Umbria und stellte ihr einen *corrector* mit Amtssitz in Florentia vor.

		1074 Mathilde von Canossa Markgräfin von Tuszien	**1284** Genua besiegt Pisa bei Meloria		**1378** Aufstand der ciompi (Wollarbeiter) in Florenz
500 n. Chr.	**700**	**1000**	**1200**	**1300**	**1350**
568 Langobarden fallen in Italien ein	**774** Herrschaft Karls des Großen. Gründung der Markgrafschaft Tuszien	**1015** Feldzug Pisas gegen die Sarazenen	**1260** Niederlage der florentinischen Guelfen bei Montaperti	**1348** Pest in Italien	

LANGOBARDEN UND FRANKEN

Nach dem Zusammenbruch des Weströmischen Reichs war die Tuscia (Toscana) Teil des Ostgotenreichs von Theoderich und ging nach 568 an die Langobarden über. Für sie war die Kontrolle über die Region wichtig, da sie die Verbindung zwischen ihrer Hauptstadt Pavia und den südlicher gelegenen Grafschaften Spoleto und Benevento sicherte. Schließlich wurde der größte Teil Mittelitaliens von Byzanz kontrolliert. Die Tuscia wurde ein Zentrum des Christentums: Lucca war aber im 6. Jh. ein bedeutender Bischofssitz, und im 9. Jh. verbreitete der irische Bischof San Donato in Fiesole die Klostertradition. Nach seinem siegreichen Italienfeldzug schuf Karl d. Gr. (774) die Markgrafschaft Tuszien (Tuszien), die sich von Siena bis zum Apennin erstreckte.

DIE SEEREPUBLIK PISA

Pisa, das sich ab dem Jahr 1000 für rund 200 Jahre der Herrschaft der Markgrafen entziehen konnte, erlebte eine ruhmreiche Zeit. Als Dank für die Bereitstellung von 120 Schiffen für den ersten Kreuzzug erhielt Pisa Handelsprivilegien in den christlichen Häfen der Levante und weitete sein Herrschaftsgebiet durch die Eroberung der Balearen aus (1114-15). Der maritimen und wirtschaftlichen Vorherrschaft Pisas setzte Genua in der Seeschlacht bei Meloria (1284) ein Ende. Pisa war danach nicht mehr in der Lage, zum einstigen Ruhm und Glanz zurückzukehren.

DIE MARKGRAFEN VON TUSZIEN

Das Wirken der Markgrafen von Tuszien trug maßgeblich zum Erstarken der Region während der Auseinandersetzungen zwischen Papsttum und Kaiser bei. Der Markgraf Hugo (Ugo, 953-1001) verlegte seine Residenz von Lucca nach Florenz und

bescherte der Stadt nach dem Bedeutungsverlust unter den Langobarden eine neue Blütezeit. Markgräfin Mathilde (1046-1115) spielte eine wichtige Rolle als Vermittlerin zwischen Papst Gregor VII. und Kaiser Heinrich IV.: Im Januar 1077 erteilte der Papst dem exkommunizierten Kaiser nach seiner Buße vor der Burg Mathildes in Canossa die Absolution.

DIE KOMMUNEN

Ab dem Jahr 1000 setzte in Florenz, Siena, Lucca, Arezzo und Pistoia ein wirtschaftlicher Aufschwung ein, der mit einer neuen politischen Ordnung einherging. Die reichsten und einflussreichsten Bürger, Richter, Notare und Kaufleute gründeten Gemeinschaften und leisteten den *feodus communis* (gemeinsamer Schwur). Nach und nach erlegte die so entstandene Kommune die Herrschaft den restlichen Bürgern der Stadt auf und wandelte sich von einer privaten Vereinigung zu einer politischen Institution. Im Kampf zwischen Pontifikat und Kaiser standen die Städte Lucca, Pistoia, Pisa und Siena auf der Seite des Kaisers. Die ghibellinischen Städte mussten sich allerdings der dauernden Angriffe des guelfischen Florenz erwehren, das unter dem Vorwand, die Verbündeten des Kaisers zu bekämpfen, alle toskanischen Städte bedrohte. Die Ausdehnung des florentinischen Machtbereichs konnte vorübergehend von Siena durch den Sieg bei Montaperti (1260) gestoppt werden. Florenz setzte seine Expansion jedoch in den folgenden Jahrzehnten fort und unterwarf die Städte Arezzo (1298), Pistoia (1329), Prato (1351) und Pisa (1406).

GUELFEN UND GHIBELLINEN

Die Kämpfe zwischen Guelfen und Ghibellinen hatten ihren Ursprung vor allem im Konflikt zwischen den Staufer-Kaisern und den Herzögen von Bayern, die sich als Gegner des Kaisers im Investiturstreit mit Rom verbündeten. Als sich auch die italienischen Kommunen gegen den Kaiser stellten, weitete sich der Konflikt nach Italien aus. Die beiden Lager behielten die Namen der zwei Fraktionen bei, die Auseinandersetzungen waren jedoch Machtkämpfe zwischen Städten und Familien.

Investiturstreit
Im Jahr 1059 untersagte Papst Nikolaus II. die Investitur der Bischöfe durch Laien, was von seinen Nachfolgern bestätigt wurde. Daraufhin ließ Kaiser Heinrich IV. Papst Gregor VII. absetzen (1076). Der exkommunizierte, in Canossa wieder in die Kirche aufgenommene Kaiser zwang den Papst, Rom zu verlassen (1084). Der Streit endete erst mit dem Wormser Konkordat (1122).

Ursprung der Namen
Die Bezeichnung ›Ghibellinen‹ leitet sich von der Staufenburg ›Waibling‹ ab, ›Guelfen‹ stammt hingegen von ›Welf‹, dem Ahnherrn der Herzöge von Bayern.

1076-1122 Investiturstreit.
1138-1254 Dynastie der Staufer-Kaiser.
1195-1266 Herrschaft über Sizilien.
1154-83 Krieg zwischen Kaiser Friedrich I. Barbarossa und den italienischen Kommunen.
1167 Kommunen vereinen sich, unterstützt von Papst Alexander III., im Lombardenbund gegen Barbarossa.
1216 Florenz wird in den Konflikt gezogen.
1226 Erneuerung des Lombardenbunds.
1237 Friedrich II. schlägt die lombardischen Städte.
1237-40 Herrschaft der Ghibellinen in Florenz.
1240-60 Guelfen herrschen über Florenz.
1250 Stadt trägt als Wappen das welfische Symbol mit roter Lilie vor weißem Grund. Die vertriebenen Ghibellinen tragen das gleiche Wappen mit umgekehrten Farben.
1258 Manfred, unehelicher Sohn des Kaisers, entreißt seinem Vetter Konrad von Schwaben das Königreich Sizilien und führt die Ghibellinen in Italien an.
1260 Schlacht von Montaperti. Manfred, Heerführer der Ghibellinen, besiegt Florenz.
1260-68 Ghibellinen herrschen erneut in Florenz.
1265 Karl von Anjou folgt dem Ruf des Papstes und zieht nach Italien.
1266 Schlacht von Benevento. Karl von Anjou besiegt mit Unterstützung der Guelfen Manfred und tötet ihn. 1268 besiegt er Konradin bei Tagliacozzo und besteigt den Thron Siziliens.
ca. 1300 Guelfen spalten sich in weiße und schwarze Guelfen.

Farinata degli Uberti
Nach dem Sieg in Montaperti beschloss Manfred, Florenz zu zerstören. Farinata degli Uberti drohte jedoch, die Stadt mit Waffen zu verteidigen, und konnte sie so vor seinen ghibellinischen Verbündeten beschützen.

Schlacht von Montaperti
1260 schlug Siena, unterstützt von den florentinischen Ghibellinen und Manfred, das Heer von Florenz bei Montaperti. Die Ghibellinen kehrten unter der Führung von Farinata degli Uberti in die Stadt zurück.

Kriege zwischen den Städten
Anfangs waren die Kommunen im Kampf gegen den Kaiser vereint. Doch sie zerstritten sich über außenpolitische Fragen; Rivalitäten zwischen den Familien schürten zusätzlich den Streit, in dem sich bald Guelfen und Ghibellinen gegenüberstanden. Florenz blieb mit kurzen Unterbrechungen Hochburg der Guelfen.

Schwarze und weiße Guelfen
Nach dem Sieg über die Ghibellinen spalteten sich die Guelfen in eine schwarze und eine weiße Fraktion. Die Weißen lehnten die Hegemonie des Papsttums ab. Sie wurden 1302 verbannt, kehrten jedoch 1311 zurück – nicht jedoch Dante und einige Begleiter.

Blutiges Osterfest
Um den Sanktionen der Kommune zu entgehen, versuchten die Cliquen der Buondelmonti und der Amidei 1216 in Florenz, ihrem eigenen Zwist den Anschein eines politischen Konflikts zu geben. Sie lösten einen Streit aus, der sich bald auf die gesamte herrschende Klasse der Stadt ausdehnte. Als Akt der Versöhnung wurde eine Heirat zwischen den beiden Familien vereinbart. Nachdem er sich zur Heirat einer Donati hatte überreden lassen, blieb Buondelmonte jedoch der Trauung fern. Aus Rache ließen ihn die Donati am Osterfest töten.

GESCHICHTE

1400	1460	1470	1490	1510	1515
1434 Cosimo il Vecchio wird *gonfaloniere* (Bannerträger) und Markgraf der Toscana	**1469** Lorenzo il Magnifico wird Herr von Florenz	**1478** Verschwörung der Pazzi gegen die Medici	**1494** Medici werden aus Florenz vertrieben	**1512** Giuliano de' Medici kehrt nach Florenz zurück und übernimmt die Herrschaft	

AUFSTIEG DER MEDICI

DIE SIGNORIEN

Anfang des 15. Jh. war die Toscana unter den drei großen Stadtstaaten Lucca, Florenz und Siena aufgeteilt. Einflussreiche Kaufleute ermöglichten es Lucca und Siena, ihre Autonomie gegenüber Florenz zu verteidigen, wo die Familie der Medici eine vorherrschende Rolle zu spielen begann. Der Aufstieg der Medici, die mit Handel und Wechselgeschäften zu Reichtum gelangt waren, wurde durch die Unterstützung, die sie innerhalb der Oligarchie der Stadt erfuhren, begünstigt. Die Wahl von Cosimo il Vecchio zum *gonfaloniere* der Republik (1434) begründete schließlich ihre jahrhundertelange Vorherrschaft in Florenz.

LORENZO IL MAGNIFICO

Lorenzo (● 39), Enkel von Cosimo il Vecchio, bestimmte 1469-92 die Geschicke der florentinischen Republik. Er folgte dabei der Politik seines Großvaters und seines Vaters Piero, der 1464-69 der Stadt vorstand, und behielt die informelle, aber straffe Kontrolle über die Regierung der Republik. Nach der Verschwörung der Pazzi, die seinem Bruder Giuliano das Leben kostete (1478), verfolgte er gegenüber den anderen Mächten Italiens eine weise und ausgewogene Politik, die der Stadt Wohlstand und Frieden sicherte. Seinem Mäzenatentum, das ihm den Beinamen ›il Magnifico‹ (der Prächtige) einbrachte, verdankte Florenz seine Stellung als kulturelles Zentrum Europas. Die Stadt wurde zu einer Wiege des Humanismus, und die größten Meister jener Zeit schufen mit ihrer Kunst ein neues Bild der Stadt: Brunelleschi, Donatello, Alberti, Ghiberti, Masaccio, Botticelli, Piero della Francesca, Leonardo da Vinci und Michelangelo hinterließen im mediceischen Florenz Denkmäler ihres Genies und der Renaissancekunst.

DIE REPUBLIK FLORENZ

Nach dem Tod Lorenzos folgte ihm sein schwacher Sohn Piero ins Amt. Da er sich im Italienfeldzug Karls VIII. von Frankreich allzu willfährig zeigte (1494), jagten ihn die Florentiner aus der Stadt. Herausragende Persönlichkeit in den ersten Jahren der Republik Florenz, die nach der Vertreibung der Medici ausgerufen wurde, war der Dominikanermönch Girolamo Savonarola. In scharfen, apokalyptischen Predigten klagte er den heidnischen Charakter der Renaissance an und versuchte, seine Zeitgenossen zu einem frommen und asketischen Lebenswandel zu bewegen. Als er allerdings Papst Alexander VI. Borgia der Unmoral bezichtigte, wurde er 1497 exkommuniziert. Da die Exkommunikation die gesamte Stadt Florenz bedrohte und die Einwohner der auferlegten strengen Disziplin überdrüssig waren, nahmen sie den Pater gefangen. Die Palleschi, Fürsprecher der Medici, und die Arrabbiati verbündeten sich gegen die Piagnoni, die Verteidiger Savonarolas. Der Dominikaner wurde schließlich des Betrugs und der Gotteslästerung beschuldigt und inmitten der Piazza della Signoria auf dem Scheiterhaufen verbrannt (1498). Die Republik existierte noch ein Jahrzehnt unter der Führung Pietro Soderinis, der 1502 zum *gonfaloniere* auf Lebenszeit gewählt wurde.

| **1540** Palazzo della Signoria wird Residenz der Medici | | **1560** Beginn der Bauarbeiten an den Uffizien unter Vasari |

1520 — 1530 — 1540 — 1550 — 1560 — 1570

1527 Vertreibung der Medici und Neugründung der Republik | **1537** Cosimo I. de' Medici, Herzog von Florenz | **1548** Eröffnung der Biblioteca Laurenziana | **1555** Republik Siena wird Herzogtum Florenz einverleibt | **1561** Orden der Stephansritter bezieht Hauptquartier in Pisa

DAS HERZOGTUM FLORENZ

1512 übernahm Giuliano de' Medici mit Unterstützung von Papst Julius II. wieder die Signoria von Florenz. Ihm folgte sein illegitimer Sohn Ippolito (1516), dessen Herrschaft allerdings nur kurz dauerte. Als die Plünderung Roms durch kaiserliche Landsknechte im Jahr 1527 bekannt wurde, verjagten die Florentiner die Medici erneut aus der Stadt und führten wieder die republikanische Ordnung ein. Der Frieden von Cambrai zwischen Karl V. und Franz I. von Frankreich (1529) enthielt auch das Versprechen des Kaisers, die Rückkehr der Medici nach Florenz militärisch zu unterstützen. So setzten die kaiserlichen Truppen die Herrschaft der Medici wieder ein. Mit der Rückkehr der Familie wurden auch die Institutionen der Republik abgeschafft und ein Prinzipat eingeführt. Um die Vorherrschaft der Medici zu festigen, verlieh Karl V. Alessandro de' Medici den Titel ›Herzog von Florenz‹ (1530). Die Republiken Lucca und Siena blieben außerhalb des Machtbereichs der Familie, auch wenn einige Festungen an der Küste von spanisch-kaiserlichen Truppen besetzt waren.

KRIEG GEGEN SIENA

1537 ließ Lorenzino de' Medici seinen Vetter Alessandro umbringen. Cosimo I. übernahm daraufhin die Führung und leitete eine umfassende Umstrukturierung der ehemals republikanischen Institutionen ein. Die Befugnisse der einzelnen Räte wurden stark eingeschränkt. Die Privatsekretäre des Herzogs bildeten nun die eigentlichen Machtzentren der Regierung, ebenso die *Pratica segreta*, ein eher informeller Rat, der sich aus adligen Vertrauenspersonen des Herzogs zusammensetzte. Nach Jahrzehnten vergeblicher Bemühungen eroberte im Jahr 1555 – während des Kriegs zwischen Kaiser Karl V. und Franz I. von Frankreich – das florentinische Heer Cosimos I. mit Hilfe spanisch-kaiserlicher Truppen Siena. Die Stadt und ihr Umland wurden Territorium des Herzogtums, das sich in der Mitte des 16. Jh. beinahe über die gesamte Region erstreckte. Zu den Ausnahmen gehörten lediglich das Prinzipat Piombino, der so genannte *Stato dei Presidi* – er bestand aus einigen Küstenfestungen, die den Spaniern gehörten – sowie Lucca, wo die Oligarchie, die seit dem Mittelalter die Fäden zog, die bestehenden republikanischen Strukturen beibehielt.

DAS GROSSHERZOGTUM

Im Jahr 1569 verlieh Papst Pius V. Cosimo I. den Titel des Großherzogs. Dieser Titel ging durch Erbfolge auf dessen Sohn Francesco I. über, der sein Vater bereits im Jahr 1564 mit in die Regierungsverantwortung gerufen hatte. Auch die Großherzöge waren darum bemüht, die mäzenatische Tradition des Hauses fortzuführen: Wenige Kilometer vor Florenz entstand die wundervolle Villa di Pratolino inmitten eines großen Landschaftsparks. In Florenz selbst wurde die Galleria degli Uffizi fertig gestellt (▲ *125*), die die Kunstwerke der Familie aufnehmen sollte. Die Freigiebigkeit der Medici stand allerdings im Widerspruch zu der eingeschränkten politischen Autonomie des Großherzogs, der ein treuer Verbündeter des spanischen Königs war. Der Versuch von Großherzog Ferdinand, der seinem Bruder Francesco I. im Jahr 1587 nachfolgte, das traditionelle Bündnis mit dem spanischen König aufzulösen und sich stattdessen Frankreich anzunähern, brachte jedoch nicht den erhofften Erfolg. Die Lage wurde dadurch erschwert, dass die städtischen Manufakturen der Apenninenhalbinsel unter immer größer werdenden Schwierigkeiten litten – auch die toskanischen waren davon betroffen. Vor allem der Textilsektor verlor im Laufe des 17. Jh. seine traditionellen Absatzmärkte, die er sich in der Levante erobert hatte.

● Die Medici

Wappen
Die Söldner der Medici zogen mit dem Kampfschrei »palle, palle, palle« ins Gefecht. Sie bezogen sich dabei auf die ›Bälle‹ im Familienwappen, das jedoch tatsächlich *bisanti* zeigt, Münzen byzantinischen Ursprungs. Das Wappen orientierte sich zudem am Zeichen des Arte del Cambio, der Wechsler- und Bankierszunft, der die Medici angehörten.

Die Familie der Medici stammte aus dem Mugello, einer Region bei Florenz, und ließ sich im 12. Jh. in der Stadt nieder. Ab Mitte des 13. Jh. kam sie mit Handel und Wechselgeschäften zu Reichtum. In der Person Salvestros trat sie während des Aufstands der Wollarbeiter (● 33) für das Kleinbürgertum ein. Als eigentlicher Begründer der Dynastie gilt Giovanni di Bicci, der reichste Bankier Italiens. Innerhalb von 150 Jahren brachten es die Medici von erfolgreichen Kaufleuten zu einer Adelsfamilie, aus deren Reihen drei Päpste und zwei französische Königinnen stammten.

Giovanni di Averardo, genannt Bicci (1360-1429)

Cosimo il Vecchio (1389-1464)

Der große Geschäftsmann überwacht persönlich alle Geschäfte und vergrößert das eigene Vermögen. An der Spitze des Widerstands gegen die Oligarchie genießt er große Zustimmung im Volk und kann aus dem Hintergrund regieren. Er fördert Literatur und Künste.

Piero il Gottoso (1416-69)

Ein ebenso erfolgreicher Geschäftsmann wie sein Vater. Folgt ihm an die Spitze der Republik (1464-69).

Giovanni (1421-63)

Carlo († 1492)

Lorenzo il Magnifico (1449-92)

Giuliano (1453-78)

Piero II. (1472-1503)
Verfügt nicht über den Reichtum und die politischen Gaben des Vaters und wird aus Florenz vertrieben.

Giovanni (1475-1521), Papst Leo X. (ab 1513)
Humanistisch gebildet, misst er Literatur und Künsten große Bedeutung bei. Als Mann von unbestreitbarer Sittsamkeit wird er Papst, fördert in seinem Amt aber die Günstlingswirtschaft.

Giuliano, Herzog von Nemours (1479-1516)

Ippolito, Kardinal (1511-35)

Giulio (1478-1534), Papst Clemens VII. (ab 1523)
Seine gegen Karl V. gerichtete Politik führt nach der Plünderung Roms zur Vertreibung der Medici aus Florenz.

Lorenzo II., Herzog von Urbino (1492-1519)

Alessandro (1511-37)
Auf Drängen von Papst Leo X. zum Herzog von Urbino ernannt, herrscht er 1513-18 in Florenz. Die Regierung übt jedoch Kardinal Silvio Passerini aus. Als Herzog von Florenz (1532) beauftragt er Benvenuto Cellini, neue Münzen zu prägen, die sein Antlitz tragen und den alten Florin ablösen sollen. Er wird von seinem Vetter Lorenzino ermordet.

Caterina de' Medici (1519-89)
Als Gattin von Heinrich II. von Frankreich wird sie Regentin im Jahr 1560, als der König beim Lanzenturnier stirbt. Sie behält Macht und Einfluss auf die Staatsgeschäfte, als ihre Söhne Karl IX. und Heinrich III. auf den Thron folgen. Ihre Politik soll für den Beginn der Religionskriege, die Frankreich in eine tiefe Krise stürzten, verantwortlich gewesen sein, doch gelang es ihr, die Monarchie zu retten.

Lorenzo il Magnifico
Lorenzo (● 36) war mehr als nur ein Mäzen, er war ein Intellektueller, der den Humanisten nahe stand. Als schlechter Verwalter, aber hervorragender Diplomat schuf er sich eine wichtige Stellung als Vermittler zwischen den italienischen Mächten. Um eine eigene Fürstendynastie zu gründen, heiratete er Clarice Orsini aus dem ältesten römischen Adelsgeschlecht. Er festigte die Stellung der Medici, indem er seinen 14-jährigen Sohn Giglio zum Kardinal berufen ließ.

Maria de' Medici
Im Jahr 1600 wurde Maria de' Medici als zweite Frau Heinrichs IV. Königin von Frankreich.
Nach dem Tod ihres Mannes, Heinrich IV. von Frankreich, ließ sich Maria mit allen Vollmachten ausstatten. Sie überließ die Regierung jedoch Concino Concini und schwächte so die Monarchie. Ihr Sohn Ludwig XIII. ließ Concini 1617 ermorden und schickte die Mutter ins Exil. Zweimal zog sie, unterstützt von der Fronde, gegen ihren Sohn in den Krieg.

heiratet Piccarda di Odoardo Bueri

Lorenzo (1395-1440)

Pierfrancesco (1430-76)

Lorenzo (1463-1503), Signore von Piombino

Pierfrancesco (1487-1525)

Lorenzino (1514-47)
Lässt Alessandro ermorden – ob aus persönlichen oder aus politischen Motiven, wie Musset annimmt, ist nicht bekannt. Alessandro hatte seine Familie in den Ruin getrieben, das Attentat erscheint dennoch sinnlos.

Giovanni (1467-98)

Giovanni dalle Bande Nere (1498-1526)

Seit dem Tod Leos X. kleidet er sich in schwarze Farben, daher der Beiname. Von Machiavelli und Pietro Aretino verehrt, ist er der führende italienische Staatsmann. Nach der Schlacht gegen den Herzog von Ferrara wird ihm ein Bein abgenommen. Er stirbt Tage später.

Cosimo I. (1519-74)
Von einer rebellischen Stadt sagt er: »Besser man tötet alle Einwohner, als die Stadt zu verlieren.« Er ist aber auch Kunstliebhaber und beauftragt Vasari mit der Ausschmückung des Palazzo Vecchio und dem Bau der Uffizien.

Francesco I., Großherzog der Toscana (1541-87)

Maria de' Medici (1573-1642)

Ferdinand I., Großherzog der Toscana (1549-1609)

Cosimo II., Großherzog der Toscana (1590-1621)

Leopold, Kardinal (1617-75)

Ferdinand II., Großherzog der Toscana (1610-70)

Cosimo III., Großherzog der Toscana (1642-1723)

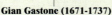

Gian Gastone (1671-1737)
Letzter Großherzog aus dem Hause der Medici. Er bleibt ohne Erben und hält sich von der Politik fern. Allerdings schafft er die Todesstrafe und die politische Polizei ab.

Anna Maria Luisa (1667-1743)

Geschichte

- **1583** Gründung der Accademia della Crusca
- **1600**
- **1610** Galilei veröffentlicht Ergebnisse astronomischer Studien
- **1612** Das Vocabolario della Crusca wird veröffentlicht
- **1730**
- **1737** Ende der Medici. Die Toscana geht an das Haus Lothringen
- **1760**
- **1765** Leopold I. (Pietro Leopoldo) erlässt Reformen
- **1780**
- **1783** Gründung der Accademia dei Georgofili
- **1787** Codice Leopoldino
- **1790**

Zeitalter des Absolutismus

Zögerliche Wirtschaftsentwicklung

Zu Beginn des 17. Jh. versuchte die Toscana, eine führende Rolle in der politischen Landschaft Europas einzunehmen. Unter den Nachfolgern von Cosimo il Vecchio zeigte allerdings nur Ferdinand echtes Interesse an den politischen, wirtschaftlichen und kulturellen Entwicklungen im Prinzipat. Er versuchte die zentralistische Politik Cosimos I. fortzusetzen und gab der Wirtschaft wichtige Impulse. Der Hafen von Livorno wurde für ausländische Schiffe und Waren geöffnet und entwickelte sich bald zu einem bedeutenden Handelsplatz, auch wenn die Warenströme nun hauptsächlich über die Atlantikrouten und nicht mehr über das Mittelmeer nach Europa gelangten. Dank neuer Gesetze stieg Livorno zur zweitgrößten Stadt der Toscana auf, in der sich zahlreiche Betriebe niederließen. Auch Prato konnte mit seiner florierenden Textilindustrie der ausländischen Konkurrenz standhalten und wurde zum größten Manufakturenzentrum der Region. Die Medici versuchten jedoch, durch strenge Regelungen die Textilbetriebe von Florenz zu schützen. Mit zahlreichen und oft kurzfristig gewährten Begünstigungen für die Handwerkerzünfte sicherten sie der Stadt in vielen Sektoren die Vormachtstellung. Für die anderen toscanischen Städte war diese Position kaum zu erreichen: Den dort lebenden Patriziern lag oft mehr an der Häufung von Adelstiteln als am wirtschaftlichen Leben der Region. Am aktivsten zeigte sich der Provinzadel noch bei Strafexpeditionen gegen die Piratenschiffe der Türken und Sarazenen sowie beim Schutz der eigenen Schiffe im Tyrrhenischen Meer, oft gemeinsam mit dem Orden der Stephansritter, der sein Hauptquartier in Pisa hatte.

Die letzten Medici

Im Laufe des Seicento (17. Jh.) schwand die Macht der Medici langsam, bis Anfang der Settecento der Besitz des Großherzogs zu einem Spielball im Machtkampf der großen europäischen Reiche wurde. Keiner der beiden Söhne Cosimos III. hinterließ einen Erben. Mit dem Tod des letzten Medici, Gian Gastone, wurde das Schicksal des Prinzipats von den Großmächten Europas besiegelt, die es in den Friedensverträgen des polnischen Erbfolgekrieges untereinander aufteilten (1738). Mit Franz Stephan von Lothringen, dem Gatten der Habsburgerin und einzigen Tochter von Kaiser Karl VI., Maria Theresia, geriet die Toscana unter die Herrschaft des Hauses Lothringen.

Aufklärung und Restauration

Die aufgeklärte Toscana

Franz Stephan von Lothringen begrenzte die Übernahme des Prinzipats auf einen kurzen Ehrenbesuch in Florenz 1739 und überließ die Regierungsgeschäfte einem Regentenrat aus Lothringern und Lombarden. Sein Sohn Leopold (Pietro Leopoldo), der jüngere Bruder von Kaiser Joseph II., nahm als Nachfolger die Regierung des Großherzogtums selbst in die Hand, unterstützt von Beratern wie Pompeo Neri und Francesco Gianni. In Kirchenangelegenheiten stand ihm der Bischof von Pistoia, Scipione de' Ricci, zur Seite. Während seiner ganzen Regierungszeit 1765–90 agierte Leopold I. entsprechend dem Ideal eines aufgeklärten Herrschers. Besondere Aufmerksamkeit widmete er der Frage des Grundbesitzes, die mit einem geeigneten Programm und unter Mitwirkung der Betroffenen angegangen wurde. Der Getreidehandel im Staat wurde liberalisiert (1766), die Maremma – eine kaum bewohnte und von Malariasümpfen durchzogene Schwemmlandebene zwischen Arno und Ombrone – in ein Getreideanbaugebiet verwandelt, dessen Erträge auch ins Ausland exportiert werden durften. 1770 erfolgte die Abschaffung der Zünfte, die die Weiterentwicklung der Manufakturwirtschaft blockierten, sowie die Einrichtung der ›Camera di Commercio delle Arti e delle Manufatture‹, der Handelskammer der Zünfte und Manufakturen. Im letzten Jahrzehnt seiner Herrschaft versuchte Leopold I., die Aufteilung der Latifundien zu fördern. So verkaufte er große Teile des großherzoglichen Bodens, um die Schicht der kleinen Grundbesitzer auf dem Land zu vergrößern und die landwirtschaftliche Nutzfläche auszuweiten. Seine reformerischen Bestrebungen fanden auch in einem neuen Strafgesetzbuch Niederschlag, dem nach ihm benannten ›Codice Leopoldino‹. 1790 jedoch bestieg er als Leopold II. den Kaiserthron und verließ die Toscana.

1821 Gründung der Zeitschrift ›Antologia‹		**1846** Erste Telegrafenleitung Italiens zwischen Florenz und Pisa

1800	1810	1820	1830	1840	1850
1807 Napoleon annektiert die Toscana	**1815** Restauration Habsburg-Lothringens in der Toscana	**1824** Leopold II., Großherzog der Toscana			**1848** Studenten und Professoren der Universität Pisa kämpfen in Curtatone und Montanara

KÖNIGREICH ETRURIEN

Mit der Abdankung von Leopold I. übernahm sein Sohn Ferdinand III. den Titel des Großherzogs. Er konnte die Besetzung der Toscana durch die napoleonischen Besatzungstruppen im März 1799 nicht verhindern. Die von dem französischen Kommissar Reinhard eingesetzte provisorische Regierung war jedoch nur wenige Monate im Amt. Bereits im Juli stellten die österreichischen Truppen die Regierung im Namen Ferdinands III. wieder her: Ein Quadrumvirat aus Vertrauten des Großherzogs regierte während seiner mehrmonatigen Abwesenheit in dessen Namen. Im Vertrag von Lunéville (1801) wurde das Großherzogtum Toscana als ›Königreich Etrurien‹ Ludwig I. von Bourbon-Parma zugesprochen. Er vereinte das Reich mit dem Stato dei Presidi, konnte jedoch nicht beide gemeinsam verwalten und überließ die Regierungsgeschäfte in diesem Teil seiner Gattin Maria Luisa. Nach seinem Tod führte sie die Herrschaft als Regentin ihres Sohnes Ludwig II. weiter. 1807 besetzten die französischen Truppen erneut die Toscana, und Napoleon setzte eine provisorische Regierung unter General Menou ein.

Im Jahr darauf wurde die Region dem Kaiserreich eingegliedert. Die Regierung übernahm Napoleons Schwester Elisa Bonaparte Baciocchi, die bereits Herzogin von Lucca und Fürstin von Piombino war. 1809 wurden die Toscana und die Gebiete von Lucca und Piombino wieder ein Großherzogtum, blieben aber weiter unter ihrer Führung. Nachdem auf dem Wiener Kongress 1814 die Restauration Ferdinands III. von Habsburg-Lothringen beschlossen wurde, regierte dieser die Toscana mit Unterstützung des Ministerpräsidenten Vittorio Fossombroni.

DIE TOSCANA NACH DER RESTAURATION

Die Wiederherstellung des Codice Leopoldino durch Ferdinand III. war nicht unbedingt ein Rückschritt, denn das von Leopold I. (Pietro Leopoldo) aufgestellte Gesetzbuch folgte dem Geiste der Aufklärung und kannte bereits die Prinzipien der Zentralisierung, der Abschaffung von Privilegien und der Gleichheit aller Bürger vor dem Gesetz, die auch den Code Napoleon beseelten. Zudem orientierte sich die Regierung des wieder eingesetzten Großherzogs an modernen Kriterien zur Förderung der Wirtschaft. Dazu zählten ein entschlossenes Programm zur Urbarmachung, die Gewährung von weit reichenden Handelsfreiheiten und die Unterstützung der lokalen Industrien (Seide, Wolle und vor allem Schwerindustrie). In rein politischer Hinsicht versuchte Ferdinand III. jedoch, eine strenge Kontrolle über alle Regierungsgeschäfte auszuüben, und wehrte sich gegen demokratische Tendenzen, vor allem gegen eine Beteiligung des Volks bei der Wahl der lokalen Regierungsvertreter.

GESCHICHTE

1861 Ricasoli bildet Regierung des Kgr. Italien
1865-71 Florenz wird Hauptstadt. Sanierung der Stadt
1869 Erwerb der Insel Montechristo von England

1859 Leopold II. verlässt die Toscana
1860 Volksabstimmung für den Anschluss an das Königreich Piemont-Sardinien
1866 In Florenz wird ›Società italiana per l'educazione popolare‹ gegründet
1884 Cholera-Epidemie
1898 Streiks gegen Brotpreiserhöhung

RISORGIMENTO UND EINIGUNG ITALIENS

FLORENZ – KULTURELLES ZENTRUM DES RISORGIMENTO

Die öffentliche Meinung folgte nicht mehr der reaktionären Politik des Großherzogs. Stattdessen begann sie, auf eine Verfassungsänderung zu hoffen, die die Macht des Souveräns einschränkte und einen Katholizismus förderte, der nicht die Restauration unterstützte, sondern eine Rückkehr zum ›reinen‹ Glauben anstrebte. Die Intellektuellen trafen sich in dem 1819 von Giampiero Viesseux in Florenz gegründeten Literatur- und Diskussionskreis und arbeiteten an Programmen, die die Versöhnung von Katholizismus und Liberalismus im Rahmen eines gemäßigten Konstitutionalismus, die Modernisierung der Wirtschaft und die Verbesserung der Agrartechniken zum Ziele hatten.

Ab 1821 erschienen die Artikel der führenden Denker des Clubs – Gino Capponi, Carlo Ridolfi, Niccolò Tommaseo und Rafaello Lambruschini – in der Zeitschrift ›Antologia‹, die Giampiero Viesseux ins Leben gerufen hatte. Als die Zeitschrift 1833 auf Anweisung aus Wien nicht mehr erscheinen durfte, verbreiteten neue Schriften wie ›Il Giornale agrario‹, ›Guida dell'educatore‹ und ›Archivio storico italiano‹ die neuen Ideen zur Sozialpolitik, Bildung und Förderung der Wissenschaften.

DER LETZTE GROSSHERZOG

Leopold II. bestieg 1824 den großherzoglichen Thron und bemühte sich, die Politik seines Vaters fortzuführen. In seine Regierungszeit fallen die Urbarmachung der Maremma, die Unterstützung des Handels in Prato und Livorno durch den Bau einer Eisenbahn und 1846 die Errichtung der ersten Telegrafenleitung auf der Italischen Halbinsel zwischen Florenz und Pisa. In den letzten Monaten des Jahres 1847 gewährte der Großherzog auf den öffentlichen Druck hin die Aufstellung einer Bürgerwehr, eine Volksversammlung und eine Ausweitung der Pressefreiheit.

1848 wurde angesichts der revolutionären Ereignisse, die die Halbinsel erschütterten, eine Verfassung *(statuto)* erlassen. Letztendlich verhinderte sie nicht die Vertreibung des Großherzogs, der aber schon im Jahr darauf mit Hilfe österreichischer Truppen in die Stadt zurückkehren konnte.

DIE EINIGUNG ITALIENS

In den 1850er Jahren verbreitete sich auch in der Toscana die Idee von der Einheit Italiens. Im April 1859 fand eine große Volkskundgebung unter der Führung des Mazzini-Anhängers Giuseppe Dolfi statt, die den Großherzog zur Abdankung zwang. Vittorio Emanuele II. von Piemont-Sardinien nahm die ihm von den Toscanern angebotene Herrschaft allerdings nicht sofort an. Erst im Jahr 1860 fiel die Entscheidung, nachdem das Volk sein Votum gefällt hatte: Im März sprachen sich die Toscaner mit 366 571 gegen 19 869 Stimmen für den Anschluss an das Königreich Piemont-Sardinien aus.

FLORENZ WIRD HAUPTSTADT

Als die ›römische Frage‹, ob Rom endgültig zur Hauptstadt des neuen Königreichs Italien werden sollte, im Jahr 1865 noch nicht entschieden war, wurde Florenz zum provisorischen Sitz von Regierung und Parlament erklärt. Nach dieser relativ kurzen Phase und nachdem sämtliche Institutionen nach Rom verlegt worden waren, begann der wirtschaftliche Niedergang von Stadt und Region. Sie erholten sich nur langsam, als die Industrie und das Manufakturwesen einen Aufschwung erlebten.

1921 Gründung des Partito Comunista d'Italia in Livorno

1925 Erste Ausgabe der Zeitschrift ›Non mollare‹ in Florenz

1944 360 Zivilisten als Racheakt in Sant'Anna di Stazzema ermordet

1944 Deutsche sprengen alle Brücken von Florenz mit Ausnahme des Ponte Vecchio

1966 Viele Tote und große Schäden nach Arno-Hochwasserkatastrophe

1990 Der schiefe Turm von Pisa für Besucher gesperrt

1993 Bombenattentat in der Via dei Georgofili. Uffizien schwer beschädigt

1996 Überschwemmungen in Versilia und Garfagnana

1999 Weltgipfel der Linksparteien in Florenz

DIE TOSCANA SEIT DER JAHRHUNDERTWENDE

INDUSTRIE UND ARBEITER

In den letzten Jahren des 19. Jh. und den ersten Jahrzehnten des 20. Jh. konnten sich in den großen Industriezentren der Region starke Gewerkschaften bilden, die für bessere Lebensbedingungen der Arbeiter und die Verbreitung der sozialistischen Prinzipien selbst in kleinen Bauerndörfern eintraten. Brennpunkte waren die Orlando-Werften in Livorno, die Wollwebereien in Prato, die Papiermühlen der Lima und die Industriebetriebe in Larderello. In dieser Zeit bildete sich auch jene Wählertradition heraus, die vor allem fortschrittliche Parteien bevorzugt und die sich bis heute gehalten hat.

DIKTATUR DER FASCHISTEN

Nach dem Aufstieg Benito Mussolinis 1922 musste sich die Toscana dem faschistischen Joch beugen. Der Widerstand gipfelte in der Herausgabe der Zeitschrift ›Non mollare‹, die jedoch bald eingestellt wurde. Meist wurde er von den Überfällen der ›Schwarzhemden‹ im Keim erstickt. 1925 begingen sie bei ›Strafexpeditionen‹ in Florenz eine Reihe abscheulicher Morde. Während des Zweiten Weltkriegs hatten vor allem der Hafen von Livorno sowie Pisa und Florenz unter den Bombardements zu leiden, bei denen zahlreiche Menschen starben und viele Gebäuden zerstört wurden.

RESISTENZA

1943 bildeten sich mit der Entmachtung des Faschismus die politischen Parteien im Untergrund wieder neu. Sie führten einen Partisanenkampf, der nach dem 8. September in einen offenen Krieg gegen die Deutschen und die Verbände der Repubblica Sociale mündete. Auch in der Toscana kam es zu Repressalien gegen die Zivilbevölkerung durch die deutschen Truppen, die von den Angriffen der immer besser organisierten Freiheitskämpfer stark bedrängt wurden. Nach dem Krieg sprach sich die Toscana wie die anderen Regionen Mittelitaliens im Referendum von 1946 klar für die Einführung der Republik aus.

DIE TOSCANA HEUTE

Die Region genießt heute wieder internationales Ansehen. Sie verdankt dies in erster Linie dem Tourismus sowie der wirtschaftlichen und sozialen Struktur des klein- und mittelständischen Handwerks, dessen Erzeugnisse in die ganze Welt exportiert werden, darunter vor allem Luxusgüter wie Pelze und Stoffe. Zudem haben die Städte der Toscana nicht nur ihre Kunstwerke aus Mittelalter und Renaissance bewahrt, sondern auch ihr Stadtbild, das in vielen anderen Städten des Landes dem Größenwahn der Planer weichen musste. Bildungsreisende und Touristen aus der ganzen Welt fühlen sich von dieser Atmosphäre angezogen. Die Villen und Gutshöfe liegen inmitten einer bezaubernden Landschaft mit milden Wintern und angenehmen Sommern und sind besonders für wohlhabende Engländer und Deutsche Refugien geworden, in denen sie Zuflucht vor der Hektik der modernen Großstädte und den Kontakt mit der Natur suchen. Der Tourismus ist hier unweigerlich mit der Zukunft der Region verknüpft. Sie ist nicht nur für ihre Kunstwerke und Landschaft berühmt, sondern auch für eine engagierte Kulturpolitik, die im Maggio Musicale von Florenz einen alljährlichen Höhepunkt und ein Fest von internationalem Rang besitzt. Es ist eine der wichtigsten und bedeutendsten Veranstaltungen des Jahres.

SPRACHE

URSPRUNG

Die Erinnerung an Dante Alighieri (1265-1321), Francesco Petrarca (1304-74) (▲ 187) und Giovanni Boccaccio (1313-75) (▲ 144) liegt nahe, da diese drei Großen der italienischen Literatur als Gründerväter einer neuen Sprache gelten, des Italienischen. Alle drei hatten ihre Wurzeln in der florentinischen Kultur, prägten sie aber gleichzeitig mit ihren Werken.

Unabhängig von dieser Tatsache scheint es jedoch kaum vorstellbar, dass in den anderen Regionen Italiens eine Form des florentinischen oder toscanischen Dialekts gesprochen wurde. Dennoch war es so, mit dem Ergebnis, dass das Hochitalienisch über Jahrhunderte eine reine Schriftsprache für eine kleine Schicht Gebildeter blieb.

DIE ›SPRACHFRAGE‹

Die drei großen Schriftsteller des 14. Jh. haben zwar die Ausdrucksformen der florentinischen Sprache geprägt, doch schon im folgenden Jahrhundert entfachte vor allem Leonardo Bruni (1374-1444) die Diskussion um das anzuwendende Modell: Sie wird als die ›Sprachfrage‹ bezeichnet. Auf die Frage »Welche Sprache soll man sprechen und schreiben?« gab es unterschiedliche Antworten: Niccolò Machiavelli (1469-1527) empfahl das zeitgenössische Florentinische, Pietro Bembo (1470-1547) in seinem Werk ›Prose della volgar lingua‹ (1525) die alten, von Petrarca und Boccaccio entworfenen Modelle für Prosa und Poesie, und Baldesar Castiglione (1478-1529) schlug in ›Cortegiano‹ (1528) eine Hybridsprache aus den an den italienischen Höfen geläufigen Sprachen vor. Dies waren aber bei weitem nicht die einzigen Vorschläge: Manche gaben dem Senesischen den Vorzug oder entwarfen Modelle aus anderen toscanischen Sprachen. Aber gegen Ende des 16. Jh. siegte der Archaismus Bembos über alle anderen Entwürfe.

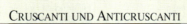

CRUSCANTI UND ANTICRUSCANTI

Zu Beginn des Seicento lebte die Diskussion nach der Veröffentlichung des ›Vocabolario degli accademici della Crusca‹ (1612) wieder auf. Die 1538 in Florenz gegründete Accademia della Crusca war von Leonardo Salviati (1540-89) zur Erfassung und Verteidigung des Florentinischen bewogen worden. Der Großteil der Polemik spielte sich zwischen ›Cruscanti‹ und ›Anticruscanti‹ ab, wie die Gegner der Accademia bezeichnet wurden; sie bezichtigten die Akademie in Florenz eines pedantischen Purismus. Unter den Gegnern befand sich Daniello Bartoli (1608-85), offizieller Geschichtsschreiber des Jesuitenordens und einer der größten Prosaiker des Jahrhunderts. Antrieb für die Modernisierung war die wissenschaftliche Prosa. Die Schriften Galileo Galileis (1564-1642) sind eine wunderbare nicht-rhetorische und dialektische Interpretation des Florentinischen im 16. Jh. Auf der Seite der Crusca (der er auch angehörte) stand Francesco Redi (1626-98), Arzt und Biologe aus Aretino, ein Experte für Sprachen und Autor der berühmten Dithyrambe ›Bacco in Toscana‹ (1685).

Die vier Schaufeln zeigen die persönlichen Embleme der Mitglieder der Accademia della Crusca. Sie stellten die Pseudonyme dar, hinter denen sich die Mitglieder verbargen. Die Motive beziehen sich auf Getreide, da die Akademie die Reinheit der Sprache (den Weizen) von den Unreinheiten (der Spreu, ital. *crusca*) trennen wollte.

Die Ausweitung des Toscanischen über die Grenzen der Provinz hinaus ist das wahre linguistische Problem des 18. Jh., da die Syntax des Französischen als internationaler Sprache auch in Italien großen Einfluss ausübte. Auf den theoretischen und praktischen Liberalismus vieler Autoren des 18. Jh. reagierte das beginnende 19. Jh. mit einer puristischen ›Rückkehr zur Ordnung‹ (erneut das sehr alte Modell des literarischen Florentinischen). Auch noch in der Mitte des 19. Jh. war das florentinische Modell erkennbar, wenn ein Schriftsteller wie Alessandro Manzoni (1785-1873) »das Tuch im Arno spülen«, also die Sprache von den ›Unreinheiten‹ des Lombardischen und der ländlichen Sprache reinigen wollte. Sein Vorschlag (das zeitgenössische Florentinische der Bildungsschicht) wurde jedoch als neuer Akademismus angeprangert. Die Diskussion um die Sprachfrage endete im 19. Jh. mit der Analyse des Forschers Graziadio Isaia Ascoli (1829-1907): Nur die Verbreitung von Ideen und Kultur, nicht aber das Erstellen von Modellen führe zur sprachlichen Einheit.

Die Italiener sprechen Italienisch

Im Jahr 1861 (dem Jahr der Einigung) sprachen ca. 0,8 % der männlichen Bevölkerung Italienisch: Kaum mehr als 150 000 Menschen konnten einen einfachen Satz in der Sprache Dantes, Petrarcas und Boccaccios bilden, ihn lesen und ihren Namen ohne Fehler schreiben. Aus dem Paradoxon eines Staates, der ohne eindeutige sprachliche Identität entstand – das Motto ›Italien ist erschaffen, jetzt müssen wir die Italiener erschaffen‹ galt auch für die Sprache –, fand man erst 150 Jahre später einen Ausweg: Der Fernseher war das entscheidende Kommunikationsmittel, mit dem die Überwindung der italienischen Dialekte gelang. Das toscanisch-florentinische Modell konnte sich erst behaupten, als das Fernsehen und die Massenmedien sich durchsetzten. Nun begann man in Italien jene Sprache zu sprechen, die von Linguisten als ein regionales Hochitalienisch bezeichnet wird: eine Sprache mit einer vereinfachten Syntax, deren Vokabular auch aus dem lokalen Sprachschatz schöpft. Dies zog schwerwiegende Folgen nach sich, die sich allerdings nicht den Massenmedien zuschreiben lassen: Die starke Verstädterung, die Binnenwanderung und das Verschwinden der patriarchalischen Familienstruktur zugunsten der Kleinfamilie bedeuteten den Bruch mit der Heimat und den Traditionen; dazu zählte auch der Dialekt, den man jahrhundertelang gesprochen hatte.

Die ›Resistenza‹ des toscanischen Dialekts

Das Italienische unterscheidet zwischen geschriebener und gesprochener Sprache, das Toscanische wehrt sich noch entschiedener gegen eine Homogenität. Das liegt auch an der privilegierten Stellung (beinahe Übereinstimmung zwischen Dialekt und Sprache) des Florentinischen und Toscanischen, die es einem Toscaner ermöglicht, auch ohne große Vorbildung einen Text aus dem 14. Jh. zu lesen und weitgehend zu verstehen. Möglich ist dies unter anderem aufgrund der ›langsameren‹ Entwicklung des Italienischen im Vergleich zu anderen westlichen Sprachen wie dem Französischen oder Englischen. Die ›Resistenza‹ des Toscanischen zeigt sich auf drei Ebenen: Syntax, Aussprache und Lexik. In der Syntax zeichnet es sich z. B. durch die Beibehaltung des Konjunktivs, des zweiten Futurs *(futuro anteriore)* und des Präteritums *(passato remoto)* aus. In der Aussprache unterscheidet es sich bis heute vom ›lombardischen Modell‹: So werden betonte Vokale wie in *bène* (offenes ›e‹) ausgesprochen und nicht, wie ansonsten üblich, *béne* (geschlossenes ›e‹), das Gegenteil gilt für *perché* anstelle von *perchè*. Was das Vokabular betrifft, so erstaunt oft die Verwendung von Wörtern, die dem Alltag einer längst vergangenen Zeit entspringen.

VOLKSDICHTUNG

DIE SPRACHE DER VOLKSLIEDER

Im Gegensatz zu anderen Regionen Italiens, deren Dialekte sich von der italienischen Schriftsprache deutlich unterscheiden (● 46), stimmt der Dialekt der Toscana beinahe mit dem Hochitalienischen – der Sprache der Literatur – überein. So konnte sich eine andernorts kaum vorstellbare Annäherung zwischen Landbevölkerung und toscanischen Schriftstellern vollziehen, die sich in Werken wie ›Divina Commedia‹ von Dante Alighieri, ›Gerusalemme liberata‹ von Tasso oder ›Adone‹ von Marino zeigt. Noch überraschender bestimmt die toscanische Volkskunst auf diese Weise nicht nur die Sprache, sondern auch die literarische Technik der Versbildung. Die toscanischen Bänkelsänger (unten) haben unzählige Erzählungen zu den verschiedensten Themen in italienischer Versdichtung verfasst: vom Alltag über Satiren zu Politik und Sitten bis hin zu weltlichen und religiösen Legenden. Diese Verbindung mit der Sprache der Poesie erfährt ihre Vollendung in den sehr geschätzten Darbietungen der *improvvisatori*, die in Form eines Wettbewerbs abgehalten werden. Dabei geben die Zuschauer das Thema vor – beispielsweise ›die Blonde und die Braunhaarige‹, ›Stadt und Land‹, manchmal auch aktuelle politische Themen –, und die beiden Kontrahenten müssen dann ›im Widerstreit‹ das Thema ausarbeiten. Jeder von ihnen singt abwechselnd eine Oktave, deren Reim in der nächsten aufgegriffen werden muss.

THEATER

In der toscanischen Volkskunst nahm und nimmt das Volkstheater eine außergewöhnlich bedeutende Rolle ein. Vor allem außerhalb der Städte konnte es sich weiterentwickeln. Die Texte, die normalerweise in Versen und nach traditionellen Motiven gesungen werden, werden meist von lokalen Autoren, von Bauern oder Handwerkern auf Hochitalienisch verfasst. Auf diese Weise setzt sich die große literarische Tradition der Toscana fort, die an die Klassiker der Poesie anknüpft. Diese Theaterstücke sind in ihrer Form genau festgelegt und decken ein breites Spektrum an Themen ab, die immer von ›hohen‹ Modellen abgeleitet sind. Sie sind epischer, dramatischer oder komisch-satirischer Natur und enthalten Verweise auf Geschichte und Kultur. Die Stücke greifen auf das Repertoire der Volksliteratur und -bräuche zurück, setzen zum Beispiel Epiphanias, Karneval und Fastenzeit ebenso schauspielerisch um wie Weihnachten oder die Passion. Die Darbietungen sind sehr sehenswert und von überraschender Lebendigkeit. Das gilt für alle Feste, wie den Maggio (unten), den Bruscello (links), die Befanata, Zingaresca oder die Segavecchia.

Kultur und Traditionen

48 KERAMIK
Raffaella Ausenda
50 RELIGIÖSE FESTE
Italo Sordi
52 WELTLICHE FESTE
Italo Sordi
54 RIBOLLITA
Leonardo Castellucci
56 CACCIUCCO
Alberto Capatti
58 KÄSE, WURST UND RÄUCHERFISCH
Stefano Milioni
60 BROT, SÜSSWAREN UND HONIG
Stefano Milioni

● KERAMIK

Einen ersten Höhepunkt erlebte die Majolika-Produktion im 14. Jh. in Städten wie Siena und Florenz; dort wurden Schüsseln, große Henkelkrüge aus Terrakotta *(orci)* und zylindrische Apothekerkrüge *(albarelli)* für Krankenhäuser hergestellt. In Pisa, Siena, Montelupo und Cafaggiolo brachte die neue Ausdrucksform der Renaissance besonders hochwertige Majoliken hervor. Ruhm erlangte die Produktion von Cafaggiolo, einer vom Ende des 15. Jh. bis etwa 1570 bestehenden Werkstatt nahe dem Medici-Schloss (▲ *137*). Die Vorliebe für orientalische Keramiken veranlasste die Medici im 16. Jh., die Entstehung der ersten europäischen Werkstatt für Weichporzellan in Florenz zu fördern. Der Versuch scheiterte zwar, ebnete jedoch der 1737 in Doccia gegründeten Ginori-Manufaktur den Weg (▲ *137*).

Cafaggiolo-Teller
Auf dem Teller (41 cm Durchmesser) ist von grünen Zweigen eingerahmt das Wappen der Familie Tornabuoni abgebildet. Ein Zweig bezieht sich wohl auf das Medici-Emblem und symbolisiert die Allianz der beiden großen Florentiner Familien. Die Dekoration enthält chinesische Porzellanmotive in Weiß und Blau und ›Verzierungsknoten‹, die aus Symbolen der militärischen (Köcher und ›antike‹ Schilde) und kulturellen Macht (Bücher) der Stadtherrschaft, der ›Signoria‹, bestehen. Die Rückseite enthält den Schriftzug ›Chafaggiuolo‹ mit dem Zeichen ›SP‹.

Krug mit Relief in ›Zaffera‹-Farbe
Die Majolikavase wurde in der ersten Hälfte des 15. Jh. in Florenz hergestellt. Ihre Verzierung wurde in der ›Zaffera‹-Technik ausgeführt: Blaue Farbe wurde reliefartig auf einen braunen Untergrund aufgetragen. Die stark stilisierten Tier- und Pflanzenmotive erinnern an die Muster orientalischer Stoffe. Die Henkel sind auf der Unterseite mit Sternchen verziert. 15 solcher Vasen finden sich auch auf dem Emblem des Santa-Maria-Nuova-Krankenhauses in Florenz.

Porzellan der Ginori-Manufaktur

1737 gründete Karl I. Ginori die bedeutendste Manufaktur für Hartporzellan in Italien. Der berühmteste Maler der frühen Periode war der Wiener Karl Wendelin Anreiter, der Tafelgeschirr in kräftigen Farben verzierte. Auf dieser Schale ist eine orientalisch gekleidete Figur abgebildet, die an die Zeichnungen des Malers Jacopo Ligozzi aus dem 16. Jh. erinnert.

Porzellan der Medici-Manufaktur

Francesco de' Medici gründete am Casino di San Marco eine Werkstatt zur Nachahmung weißen chinesischen Porzellans. Mit Künstlern (darunter Bernardo Buontalenti) und Alchimisten entwickelte er ein Material, das dem sehr nahe kam.

Auf die Rückseiten der wenigen erhaltenen Stücke ist die Kuppel von Santa Maria del Fiore gezeichnet (▲ *119*). Die Formen erinnern oft an die von den Medici geförderte Goldschmiedekunst. Die Verzierungen orientieren sich dagegen an chinesischen Vorbildern und an den kunstvollsten Majolikamotiven der damaligen Zeit.

Galileo Chini

Nach der Vereinigung mit der Richard-Manufaktur 1896 verließ Chini die Ginori und gründete in Florenz die Brennerei ›San Lorenzo‹. Seine Keramiken sind Ausdruck eines fruchtbaren Dialogs zwischen sensibler Malkunst und der Suche nach neuen Formen sowie dem Experimentieren mit neuen Materialien. Das Ergebnis sind Meisterwerke des italienischen Jugendstils. Chini gewann den Grand Prix auf der Weltausstellung von Paris im Jahre 1900, was ihm beträchtlichen Ruhm einbrachte.

Tondino Senese

Im frühen 16. Jh. wurden die Arbeiten eines Sieneser Töpfers, Mastro Benedetto, berühmt. Dieser kleine dekorative Teller, *tondino* (›kleine Platte‹) genannt, ist in der Mitte mit einem Emblem aus der Renaissance verziert und enthält einen Vers aus einem Sonett von Petrarca: »*Altro diletto che imparar non trovo*« (»Keine andere Freude als das Lernen finde ich«). Die Bordüre besteht aus einem eleganten ›Weiß auf Weiß‹-Motiv, das die unterschiedliche Dicke der Zinnoxid-Glasur wie Stickerei aussehen lässt.

Große Vase mit Pfauen

Der Erfolg der Ginori-Manufaktur in Doccia dauert bis heute an. 1896 übernahm sie der Mailänder Industrielle Augusto Richard, der sie in Società Ceramica Richard-Ginori umbenannte. Unter Luigi Tazzini wurde die Produktion ab 1900 an den Art Nouveau (Jugendstil) angepasst. Ein Grund für den Erfolg war die Zusammenarbeit mit bedeutenden Modellierern, die sich von berühmten Bildhauern wie Leonardo Bistolfi inspirieren ließen und den Anschluss an stilistische Innovationen anderer großer europäischer Porzellanmanufakturen suchten.

RELIGIÖSE FESTE

Mitglieder einer Bruderschaft der Weißen Büßer in einer Karfreitagsprozession.

Die religiösen Feste des katholischen Kalenders werden in vielen Städten mit aufwändigen und prunkvollen Feierlichkeiten begangen, die das gesamte Stadtbild verändern: zum Beispiel an Fronleichnam in Camaiore (Provinz Lucca, ▲ *172*), wo Teppiche aus buntem Sägemehl die Straßen bedecken, oder an den Lichterfesten ›Volto Santo‹ am 13. September in Lucca und am 16. Juni in Pisa (Verehrung des hl. Rainer von Pisa), wenn Abertausende Öllämpchen die Gebäude schmücken und die ganze Stadt verzaubern. Auch in ländlichen Gegenden und in den Tälern werden die religiösen Traditionen gepflegt.

Religiöse Theateraufführungen
Weihnachten, am Dreikönigsfest und in der Karwoche ist die Aufführung religiöser Episoden in Versform sehr verbreitet. Die Schauspieler der Compagnia del Maggio in Buti (Provinz Pisa, ▲ *46)* stellen die ›Überquerung des Jordan‹ dar.

Prozessionen während der Karwoche
Die Atmosphäre der Umzüge ist sehr eindrucksvoll: Oft finden sie nachts statt und werden nur von den Fackeln beleuchtet, die von den Gläubigen andächtig getragen werden. Sie folgen dem Kreuz und anderen Symbolen des Leidens Jesu in der Prozession.

Scoppio del carro
Das Fest ›Explosion des Wagens‹ stammt aus der Zeit der Kreuzzüge und findet am Ostersonntag auf der Piazza di Santa Maria del Fiore in Florenz statt. Erklingt in der Kirche das ›Gloria‹, fährt ein von kleinen Raketen angetriebenes Wägelchen in Form einer Taube auf den von weißen Ochsen gezogenen *carro,* so dass die Feuerwerkskörper explodieren.

Prozessionen auf dem Meer

In Porto Ercole (Provinz Grosseto, ▲ 258) wird am 2. Juni das Fest des hl. Erasmus, des Schutzpatrons der Seeleute, gefeiert: Die Figur mit den Reliquien des Heiligen wird von Seeleuten in einer nächtlichen Prozession an Bord eines bunt beflaggten Schiffes gebracht.

Festliche Feuer

In der Toscana ist das Entfachen eines Feuers bei religiösen Festen sehr verbreitet. Zum Beispiel am 19. März, am Ehrentag des hl. Joseph, der in Pitigliano (Provinz Grosseto, oben) mit einem großen Feuer begangen wird (▲ 260). In Camporgiano (Provinz Lucca) wird das aus immergrünen Zweigen bestehende Feuer (oben) in der Weihnachtsnacht angezündet, während die Glocken festlich läuten.

Fronleichnamsprozession

Einige Tage vor dem Fest werden in Camaiore (Provinz Lucca) die Straßen, durch die die Prozession ziehen wird, von erfahrenen Helfern und vielen Freiwilligen verziert. Buntes Sägemehl wird mit Hilfe spezieller Schablonen so auf den Straßen angeordnet, dass jedes Jahr neue Teppiche mit dekorativen Mustern und sogar ganze Szenerien mit religiösen Motiven entstehen.

Feste in der Nacht

Zehntausende Öllämpchen, die an den Fassaden und um die Fensterrahmen herum angeordnet sind, verzaubern das Stadtbild zum Fest des ›Volto Santo‹ in Lucca und des hl. Rainer in Pisa (▲ 153).

WELTLICHE FESTE

Knappe in historischer Tracht der Renaissance beim ›Palio Marinaro‹ in Porto Santo Stefano (▲ 258).

Die traditionellen Feste der Toscana sind geprägt von der historischen Bedeutung der Region, der Städte und der ländlichen Gegenden. Thema vieler toscanischer Feste ist eine Schlacht, ein Rennen oder ein Zweikampf. Sie reichen von spektakulären Großereignissen – wie dem Palio in Siena (▲ 214), dem Gioco del Ponte in Pisa (▲ 152) oder dem historischen Fußballspiel in Florenz – bis hin zu kleinen, aber fantasievollen Veranstaltungen wie dem Bravio delle botti in Montepulciano, bei dem Vertreter der verschiedenen Viertel der kleinen Stadt darum wetteifern, schwere Fässer ins Ziel rollen zu lassen. All diese Feste spiegeln jedoch die zahlreichen Kämpfe wider, die die gegnerischen Parteien in den toscanischen Stadtstaaten entzweiten. Diese weit zurückreichenden Feierlichkeiten wurden oft erst nach längerer Unterbrechung wieder zum Leben erweckt, als das Interesse an der eigenen Tradition neu erwachte.

Symbole des Sieges
Der Preis für die Sieger traditioneller Wettkämpfe in historischen Kostümen hat im Allgemeinen symbolischen Charakter. In Siena z. B. besteht er aus einem *palio:* einer Art Banner, das von ortsansässigen Künstlern verziert wird und das dem Wettkampf selbst seinen Namen gibt.

Karneval in Viareggio
Der auf das Jahr 1873 zurückgehende Karneval von Viareggio (▲ 172) erlangte Weltruhm. In den Umzügen ziehen riesige, von ortsansässigen Handwerkern geschaffene Wagen mit satirischen Darstellungen aus dem politischen und sozialen Leben vorüber.

Balestro del Girifalco
Bei Wettkämpfen im Armbrustschießen *(balestro)* muss eine Zielscheibe in Form eines Jagdfalken *(girifalco)* getroffen werden. Von historischen Festen der Toscana nicht mehr wegzudenken sind die Darbietungen der Fahnenschwinger, die sich stets großen Publikumsandrangs erfreuen.

Calcio Storico
Das traditionelle ›Fußballspiel‹ ist eine Art Vorläufer von Rugby und American Football. Es wird am 24. Juni mit Teams aus 27 Spielern gespielt. Früher wurden die Spiele bei Besuchen ausländischer Fürsten auf den Plätzen von Florenz ausgetragen.

Giostra del Saracino
In Arezzo (▲ 186) wetteifern Turnierreiter in historischen Kostümen und Rüstungen um die *lancia d'oro*, die ›goldene Lanze‹. Dabei stehen sich Zweiergruppen gegenüber, die die verschiedenen Stadtteile repräsentieren. Sie versuchen, mit einer Lanze eine Puppe zu treffen, die einen legendären muslimischen Fürsten darstellt.

Giostra dell'Orso
Die Zielscheibe wird von einem Bären, dem Wappentier der Stadt Pistoia (▲ 179), gehalten. Reiter, die die vier Stadtteile vertreten, müssen sie mit der Lanze berühren. Das Turnier wird am Ehrentag des hl. Jakob, dem 25. Juli, ausgetragen.

Gioco del Ponte (Brückenspiel)
Auf der Ponte del Mezzo, die die Ufer des Arno in Pisa (▲ 152) verbindet, kämpfen eine nördliche (Tramontana) und eine südliche (Mezzogiorno) Mannschaft gegeneinander. Ziel ist es, den Gegner auf das andere Ende der Brücke zu drängen. Der Wettkampf ist die sportliche Form oftmals blutiger Kämpfe, die sich die beiden Lager in der Geschichte lieferten.

GASTRONOMIE
RIBOLLITA

Die toscanische Küche ist rustikal. Die wichtigsten Zutaten sind Olivenöl mit einem besonders kräftigen Geschmack und weiße Bohnen, was den Toscanern den Spitznamen ›Bohnenfresser‹ bescherte. Olivenöl und Bohnen bilden auch die Grundlage der Ribollita, eines ländlichen Gerichts, das traditionell mit saisonalem Gemüse in so großer Menge zubereitet wurde, dass es für eine ganze Woche reichte. Es wurde täglich aufgewärmt, woraus sich der Name ableitet: *Ribollita* heißt ›wieder gekocht‹.

2. Karotte, Sellerie, Tomate und Lauch grob hacken und in den Topf zu den Zwiebeln geben.

3. Sobald alles goldgelb angedünstet ist, alle Bohnen, den Schinken und etwa 2 l Wasser hinzufügen.

6. Diese passieren, bis ein festes Püree entsteht.

7. Das Püree zusammen mit dem grob zerkleinerten Rotkohl zu den übrigen Zutaten geben und bei kleiner Hitze weiter köcheln lassen.

10. Die Suppe mit einer Kelle in die Terrine mit den Brotscheiben füllen und mit frisch geriebenem Parmesan bestreuen.

Zutaten (für 6-8 Personen)
1,2 kg frische weiße Bohnen
100 g toscanisches Olivenöl
500 g Rotkohl, 3 Zwiebeln (wenn möglich, rote), 1 Stange Sellerie mit Blättern, 1 Karotte, 1 Stange Lauch, 1 Tomate, 2-3 Knoblauchzehen, Rosmarin, Thymian
2 Scheiben roher Schinken oder durchwachsener Bauchspeck
6-8 Scheiben Brot
frisch geriebener Parmesan, Salz, Pfeffer (nach Belieben)

1. Die Zwiebeln und 1/2 Knoblauchzehe fein hacken und mit 4 Esslöffel Öl in einem Topf andünsten.

4. Mit Salz und Pfeffer würzen, dann bei kleiner Hitze unter häufigem Rühren kochen lassen, bis die Bohnen weich sind und das Wasser teilweise verdunstet ist.

5. Den Schinken entfernen und etwa 5 Esslöffel Bohnen aus dem Topf nehmen.

8. Restliches Öl in einen Topf geben und einen Rosmarinzweig, eine Prise Thymian und 2 bis 3 zerdrückte Knoblauchzehen darin 5 Min. frittieren. Anschließend alles in die Suppe geben.

9. Brotscheiben im Backofen oder auf dem Grill rösten. Mit einer Knoblauchzehe einreiben und den Boden einer Suppenschüssel damit belegen.

Ribollita

Die übrig gebliebene Suppe kann am nächsten Tag leicht verändert serviert werden. Die erkaltete Suppe in eine feuerfeste Form geben, mit frischen Zwiebelscheiben belegen und mit 30 ml Olivenöl beträufeln. Bei mittlerer Hitze in den Ofen schieben und so lange erwärmen, bis die Zwiebeln goldbraun gebraten sind. Sofort servieren.

GASTRONOMIE
CACCIUCCO

Der Cacciucco ist eine typische Fischsuppe, wie sie in Livorno und Viareggio zubereitet wird. Der Name geht auf das türkische *kaçukli* zurück, was ›kleine und gewöhnliche Fische‹ bedeutet, die Hauptzutaten des Gerichts. Cacciucco ist eine Variante des *brodetto* von der Küste der Romagna und der römischen *zuppa alla marinara*. Auch wenn es seit Ende des 19. Jh. zur gutbürgerlichen Küche gehört, ist es ein typisches Gericht der Fischer. Man hat es auf den Booten zubereitet und in den einfachen Gaststätten serviert. Aus diesem Grund isst man es auch heute noch warm auf Brotscheiben.

Geeignete Fische:
Kleiner Drachenkopf, Knurrhahn, Blauflossen-Knurrhahn, Glatthai, Meeraal, Bärenkrebse oder Heuschreckenkrebse; nach Bedarf auch Meerbarben, Umberfische, Grundeln.
Die kleinen Fische werden mit Köpfen zubereitet, die großen werden zerkleinert.
Neben Bärenkrebsen sind kleine Pfeilkalmare und Tintenfische empfehlenswert.
1 kg Fisch für 4 Personen.

1. Sellerie, 1 Zwiebel, 2 Knoblauchzehen und 1 Pfefferschotenspitze fein hacken und mischen.

2. Mischung in großer Pfanne in Olivenöl goldgelb anschwitzen.

3. Bärenkrebse, nach Belieben Tintenfische und Pfeilkalmare, hinzufügen und anbraten.

4. Lorbeerblatt hinzufügen, nach und nach 2 Esslöffel starken Essig sowie 1 Glas Rotwein angießen und erhitzen, bis Hälfte der Flüssigkeit verdampft ist.

5. 700 g gehäutete, von Samen befreite und grob zerkleinerte Flaschentomaten unterrühren und bei kleiner Hitze etwa 10 Min. köcheln lassen.

6. Glatthai, Knurrhahn, Drachenkopf, Blauflossen-Knurrhahn, Meeraal und Heuschreckenkrebse ebenfalls in die Pfanne geben. Mit Salz und Pfeffer abschmecken und mind. 20 Min. garen.

7. Am Ende des Kochvorgangs gehackte Petersilie darüber streuen.

8. Einige Brotscheiben rösten, mit einer Knoblauchzehe einreiben und in tiefe Teller legen.

9. Beim Servieren muss man gut darauf achten, dass alle Fisch- und Meeresfrüchte-sorten auf den einzelnen Tellern vertreten sind.

10. Zum Cacciucco passt gut ein junger Rotwein.

KULINARISCHE SPEZIALITÄTEN
KÄSE

In einem so reichen, fruchtbaren und vom Klima begünstigten Landstrich wie der Toscana waren die Bewohner nicht darauf angewiesen, Nahrungsmittel zu konservieren. Daher ist die Palette gastronomischer Spezialitäten nicht so reichhaltig wie in anderen Regionen; die Käse- und Wurstsorten zum Beispiel unterscheiden sich nur geringfügig. Unendlich scheint dagegen die Vielfalt der Süßigkeiten zu sein. Dies dürfte vor allem daran liegen, dass sie traditionell bei religiösen Festen und bei Volksfesten in großer Menge verzehrt werden.

Käse

Die typischen Käsesorten der Toscana werden vor allem auf der Grundlage von Schafsmilch hergestellt und bieten je nach Region und Reifegrad eine faszinierende geschmackliche Bandbreite. Angefangen mit dem *Pecorino* und dem *Caciotta toscana*, der unter Zusatz von Kuhmilch hergestellt wird, kann man sich über den *Pecorino senese* und den *Pecorino della Garfagnana* langsam den Gipfeln des Geschmacks annähern. Weiter geht es mit dem *Pecorino di Montagna* von den Weiden der Amiata-Hänge bis hin zum einzigartigen *Pecorino di Pienza*. Mit etwas Glück kann man zwischen Mai und Juni verschiedene Sorten *Raveggiolo* probieren: frischen Schafskäse von vollem und mildem Geschmack, der innerhalb weniger Tage nach der Herstellung verzehrt werden muss.

Pecorino senese

Pecorino di Pienza

Pecorino della Garfagnana

Pecorino di montagna tipo Amiata/Seggiano

Raveggiolo

KULINARISCHE SPEZIALITÄTEN ●
WURST UND RÄUCHERFISCH

Finocchiona
Zwar wurde der toscanische Schinken mit der *Denominazione di Origine Protetta* (DOP), einer geschützten Herkunftsbezeichnung, versehen. Doch die toscanische Fleischspezialität schlechthin ist die Finocchiona. Die mit Fenchelkörnern gewürzte, weiche Wurst ist ein Gaumenschmaus für Genießer.

Buristo (Mallegato)
Sehr verbreitet ist die Buristo (oder Mallegato), eine aus Schweinekopf, -blut, -fett und -innereien bestehende Wurst, die je nach Region mit verschiedenen Gewürzen, Rosinen, Pinienkernen, Zitronenschale und Zitronat hergestellt wird.

Lardo di Colonnata
Von allen Wurstwaren ist Speck aus Colonnata (▲ *169*) in den Apuanischen Alpen am begehrtesten. Gelagert wird er in Marmorwannen, die mit Knoblauch eingerieben wurden. Dabei wechseln sich die Speckschichten mit einer Beize aus Salz, Pfeffer, Knoblauch, Rosmarin und Salbei ab. Nach sechs Monaten kann er, in dünne Scheiben geschnitten, auf warmen Crostini serviert werden.

Salumi di cinghiale (Wildschweinwurst)
Ob Schinken, Salami oder Würstchen – in der Region um Siena und in der Maremma erfreut sich Wildschweinwurst großer Beliebtheit. Die Vielfalt an Reifegraden und Gewürzen ist nahezu unendlich.

Conserve ittiche (Räucherfisch)
Zu den Spezialitäten aus der Gegend um Orbetello kommen zwei Fischkonserven ›nach traditioneller Art‹: *anguille sfumate* (● *30*) – Aal, in einer Pfeffersauce gebeizt, mit Fenchel, Lorbeer, Rosmarin und Thymian geräuchert – und *sgombro affumicato* – Makrele, die abwechselnd in Salzlake eingelegt und geräuchert wird und für ihren raffinierten würzigen Geschmack bekannt ist.

KULINARISCHE SPEZIALITÄTEN
BROT, SÜSSWAREN UND HONIG

Brot
Trotz Industrialisierung hat das toscanische Weißbrot seinen ursprünglichen Geschmack bewahrt. Es wird ohne Salz hergestellt und in Form länglicher Laibe als *filone* oder *pagnotta,* 500 bis 1500 g schwer, verkauft. Je weiter man nach Süden kommt, desto häufiger trifft man anstelle des *pane toscano* auf das *pagnotta maremmana,* das ähnlich aussieht, jedoch mit Salz zubereitet wird. Fast überall, vor allem zur Osterzeit, kann man auch das nach dem toscanischen Wort für Rosmarin benannte *pane di ramerino* probieren: Brötchen mit Rosinen und Rosmarinblättchen, die seit dem Mittelalter zur Karwoche hergestellt werden

Pane toscano

Pagnotta maremmana

Honig
Die toscanischen Bienenzüchter wenden Klassifikationen aus dem Weinbau für ihre Honigproduktion an und erzielen höchste Qualitätsstandards. Der toscanische Honig ist in allen Blütenvarianten erhältlich, wobei der größte Anteil aus der Region um Siena und Grosseto, vor allem aber aus der Gegend um Montalcino stammt.

Panforte di Siena

Buccellato

Süßspeisen
Die Bandbreite der Süßspeisen ist riesig: *brigidini* (Eiweißgebäck mit Anis) aus Valdinievole, *africani* (Gebäck mit Schokolade) aus Greve, *befanini* (Sandgebäckfiguren) aus Viareggio, *buccellato* (Hefekranz mit Gewürzen) aus der Lucca-Gegend und *ossi di morto* (Mandelgebäck) aus Montalcino. Berühmt sind *biscottini di Prato,* Biskuitstangen, die zum Wein gegessen werden, *ricciarelli* (Mandelgebäck) und *panforte* (Torte mit Trockenobst) aus Siena.

Befanini di Viareggio

Ricciarelli

Cantuccini

Architektur
Flavio Conti

PROFANE ARCHITEKTUR
- 62 GESCHLECHTERTÜRME UND INNENHÖFE
- 64 PLÄTZE UND BÜRGERPALÄSTE
- 66 ENTSTEHUNG DES PALAZZO
- 68 NEUGRÜNDUNGEN UND IDEALSTADT
- 70 FESTUNGSSTÄDTE
- 72 BURGEN UND VILLEN
- 74 GARTEN-ARCHITEKTUR
  Gianluigi Gamba

SAKRALE ARCHITEKTUR
- 76 ROMANIK
- 78 GOTIK
- 80 RENAISSANCE, MANIERISMUS UND BAROCK

ARCHITEKTUR DES 20. JH.
- 82 DIE MODERNE
  Guya Bertelli

LÄNDLICHE ARCHITEKTUR
- 84 DIE FATTORIA

GESCHLECHTERTÜRME UND INNENHÖFE

Eine mittelalterliche Stadt
Detail eines Gemäldes von Simone Martini zu Ehren von Guidoriccio da Fogliano, Palazzo Pubblico in Siena (▲ *211*): Darstellung einer mittelalterlichen Stadt mit Geschlechtertürmen und Befestigungsmauern.

Dicht aneinander gedrängte Wohnhäuser, aus denen eine Reihe hoher Türme aufragt: Diese Silhouette der toscanischen Stadt des Mittelalters haben einige Orte bis heute bewahrt. Ihr Grundriss setzte sich meist aus einem Gefüge verschachtelter Häuser mit Innenhöfen zusammen, die sich nach antikem Schema um einen freien Zentralplatz anordneten. Die Türme dienten reichen Bürgern und Adligen der Stadt als Wohnburgen und waren zugleich Sinnbild für die Macht der Familie. Fehden innerhalb der Städte waren üblich – der Turm einer unterlegenen Familie wurde als Zeichen der Schmähung gestutzt.

Wohnhaus mit Innenhof
Der Aufriss zeigt die typische Struktur eines Stadthauses mit Innenhof: sehr unterschiedliche, schmale Häuser werden durch zahlreiche Galerien aus Holz zusammengefasst.

Grundriss eines Hauses mit Innenhof
Der chronische Platzmangel in den Städten und die Unebenheiten des Geländes verliehen diesen Häusern oft komplizierte Grundrisse. Zudem musste bei den im Laufe der Jahrhunderte vorgenommenen Umbauten stets die Lage benachbarter Höfe berücksichtigt werden.

Oberste Maxime: Verteidigung

Der vor kurzem restaurierte kleine mittelalterliche Ort Gargonza (▲ 198) vermittelt uns ein Bild der mittelalterlichen Toscana: Viele kleinere Ortschaften, deren erste Sorge der Verteidigung galt, lagen verstreut in der Landschaft.

Bürgerliche Wohnhäuser

Unten ein Detail des Gemäldes *Tributo* von Masaccio in der Chiesa Santa Maria del Carmine von Florenz (▲ 129). Der Maler stellte hier skizzenhaft, aber doch mit großer Genauigkeit die Bürgerhäuser damaliger Zeit dar. Ihre unregelmäßigen Formen wandeln das zugrunde liegende Schema in zahlreichen Variationen ab. Im Gegensatz zu den strengen Adelspalästen besaßen die bürgerlichen Wohnhäuser eine lebendige Formenvielfalt.

Beispiel einer mittelalterlichen Stadt

San Gimignano (unten, ▲ 225) entstand zwischen dem 9. und 12. Jh. zu beiden Seiten der Via Francigena. Als sich gegen Ende des Mittelalters die Handelswege verlagerten, verlor die Stadt an Bedeutung. Dennoch hat sie ihr Aussehen und ihre Gebäude aus mittelalterlicher Zeit vollständig bewahrt; darunter auch einige der rund 70 Geschlechtertürme, die einst das Stadtbild bestimmten.

Stolze Schutztürme

Die florentinischen Geschlechtertürme der Castagna, Marsili und der Amadei (oben) sind ein gutes Beispiel für die Wohnburgen der Patrizierfamilien. Sie verliehen den mittelalterlichen Städten Mittel- und Norditaliens und vor allem der Toscana ihr typisches Aussehen.

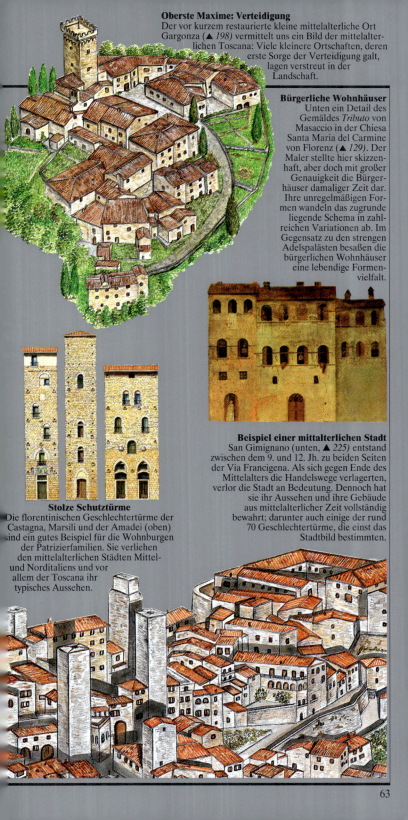

PLÄTZE UND BÜRGERPALÄSTE

Darstellung der Piazza della Signoria in Florenz (▲ 125). Als Symbol der Autokratie bestimmt die Reiterstatue Cosimos I. den wichtigsten Ort der kommunalen Tradition.

In einer Welt, in der das städtische Leben eine so große Rolle spielte wie in der Toscana des Mittelalters, kam den architektonischen und städtebaulichen Elementen (ein Platz für weltliche und geistige Feste sowie den Markt, der Palazzo Pubblico für die Stadtverwaltung) nicht nur eine funktionale sondern auch eine symbolische und repräsentative Bedeutung zu. Sie prägten das Bild der Stadt: Kommunalbauten und -plätze gehören meist zu den charakteristischen Wahrzeichen des Ortes und behielten ihre Funktion auch noch dann bei, als das politische System, dem sie entsprachen, an Bedeutung verloren hatte. Sie beeinflussten zudem wesentlich das Aussehen später errichteter Bauten. So entwickelte sich ein sehr abwechslungsreiches urbanes Gefüge von ebenso großem historischem wie künstlerischem Interesse. Es war ein ›Spiegel‹ (und oft auch der Stolz) der jeweiligen Gemeinschaft.

Die Synthese einer Stadt
Der Campo in Siena (▲ 210) bildet das unbestrittene Zentrum dieser Stadt. Die drei langen Straßen, entlang derer der Ort wuchs, münden in diesen Platz. An der Stirnseite thront der Palazzo Pubblico, dessen stolzer Turm, die Torre del Mangia, hoch in den Himmel ragt. Hier wird auch das wichtigste Schauspiel der Stadt ausgetragen, das den Stolz aller Sieneser zum Ausdruck bringt, der Palio (▲ 214). Der Platz wird weder für geistliche Feste noch für Märkte genutzt. Er steht ganz im Zeichen der Politik und der Traditionen dieser Stadt.

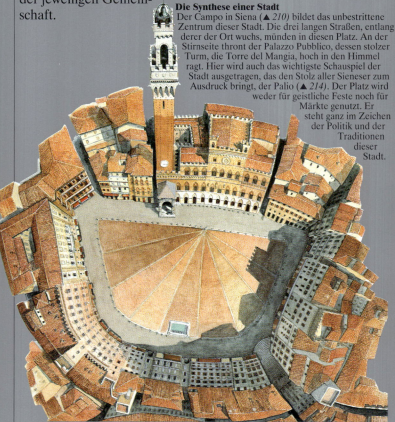

Zentrum der Macht
In einigen Städten wird der Hauptplatz vom Palazzo Pubblico bestimmt. In Florenz ist dies der Palazzo Vecchio (▲ *123*) mit seinem hohen Turm und einer ebenso strengen wie massigen Fassade. Der Palast wurde 1301 als Palazzo dei Priori von den Würdenträgern eingeweiht.

Gemeinschaftsplatz
In Pistoia liegen die Sitze weltlicher und geistlicher Macht am selben Platz: Dom **(1)**, Palazzo del Podestà **(2)** und Palazzo Comunale **(3)** verteilen sich rund um die Piazza del Duomo.

Urbane Szenografie
Der Palazzo dei Cavalieri in Pisa (▲ *149*) wurde im 16. Jh. von Vasari im Auftrag Cosimos I. de' Medici entworfen und liegt an der gleichnamigen Piazza. Diese nimmt das Vorbild städtischer Plätze aus früheren Jahrhunderten auf und ist als große freie Fläche angelegt. Sie wird jedoch von einem öffentlichen Gebäude dominiert, das eine völlig andere Realität zum Ausdruck bringt: den Aufstieg einer herrschenden Dynastie zu absolutistischer Macht und die Verwandlung des alten Stadtzentrums und seiner Gebäude, das nun dem neuen politischen System huldigen sollte.

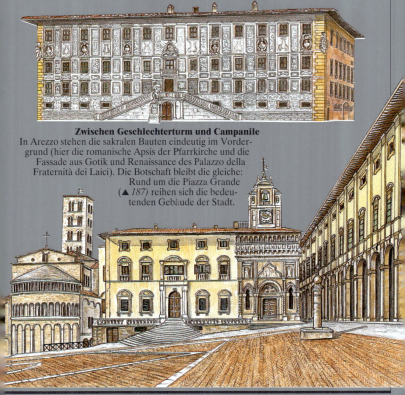

Zwischen Geschlechterturm und Campanile
In Arezzo stehen die sakralen Bauten eindeutig im Vordergrund (hier die romanische Apsis der Pfarrkirche und die Fassade aus Gotik und Renaissance des Palazzo della Fraternità dei Laici). Die Botschaft bleibt die gleiche: Rund um die Piazza Grande (▲ *187*) reihen sich die bedeutenden Gebäude der Stadt.

● Die Entstehung des Palazzo

Zwischen Fassade und Dach
Das auskragende Gesims der mittelalterlichen Bauten wird in der Renaissance durch ein dekoratives ›Kranzgesims‹ von großer plastischer Wirkung ersetzt. Es schließt das Gebäude nach oben ab.

Die Geschichte der Architektur wurde zum Teil in der Toscana geschrieben. Hier entstand nach antiken Vorbildern der private Palast – auch das Wort *palazzo* leitet sich aus dem Lateinischen ab. Aber als Wohnhaus der Adligen und reichen Kaufleute wurde er erstmals während der Renaissance genutzt. Als Modell diente das römische *domus,* von dem man den meist quadratischen Grundriss mit Zentralhof übernahm. Während die römischen Wohnhäuser der Antike nur ein Stockwerk aufwiesen, hatte der Palazzo drei. Meist ist er als monumentaler Baublock entworfen, dessen Fassaden erst vom Rustica-Mauerwerk *(Bugnato rustico)* und schließlich vom Spiel architektonischer Ordnungen rhythmisiert wurden.

Palazzo Tolomei (▲ *220*)
Anfang des 13. Jh. von Jacopo und Tolomeo Tolomei erbaut und vielleicht der älteste Bürgerpalast Sienas sowie einer der ältesten der gesamten Toscana. Die Fassade ist nach gotischer Tradition mit spitzbogigen Zwillingsfenstern aufgelockert.

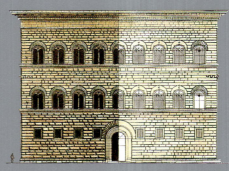

Palazzo Strozzi (▲ *129*)
Der von Benedetto da Maiano 1489 begonnene und von Simone del Pollaiolo, genannt il Cronaca, fortgeführte Bau ist ein Meilenstein der profanen Renaissancearchitektur. Die Schwellung des Bossenwerks der Fassade nimmt von Stockwerk zu Stockwerk ab. Das imposante ›römische‹ Gesims schließt den Bau auf monumentale Weise nach oben hin ab.

Palazzo Rucellai (▲ *129*)
Ab ca. 1455 von Bernardo Rossellino nach einem Entwurf von Alberti in Florenz errichtet. Er weist eine Fassade mit *bugnato gentile,* d. h. glatter Struktur, auf. Dominierende Elemente sind hingegen die Pilaster, die die Fassade strukturieren. Es war der erste Palazzo, der nach den Prinzipien der antiken Architekturordnungen geplant war.

Biforen-Fenster
Die klassische Form des Zwillingsfensters der Renaissancepaläste stellt eine Variante der bereits in der Gotik eingesetzten spitzbogigen Doppelfenster dar.

Giebelfenster
Das von Michelangelo 1517 entworfene Fenster an der Eckloggia des mediceischen Palazzo Riccardi in Florenz hat die Form einer Tempelfront und hebt sich deutlich vom Rest der Fassade ab.

Aedicula-Fenster
Fenster im Erdgeschoss des Palazzo Nonfinito in Florenz: eine abgeschlossene Form, die sich von der Architektur abhebt.

Palazzo Uguccioni
Eine gekonnte Nachbildung römischer Häuser: Rustica-Mauerwerk an der Basis, von Doppelsäulen rhythmisierte obere Stockwerke. Der Palazzo bildet die florentinische Version der zwischen 1549 und 1559 von Bramante und Rafaello erbauten römischen Paläste, die zu dieser Zeit die architektonischen Maßstäbe setzten.

Palazzo Medici-Riccardi (▲ *121*)
Der 1444 von Cosimo il Vecchio bei Michelozzo in Auftrag gegebene Palazzo wurde zum Vorbild der Bürgerpaläste in Florenz und schließlich ganz Italiens. Sein Zentrum bildet der schmuckvoll ausgestattete Innenhof. Die klassischen toscanischen Rustica-Fassaden mit nach oben abnehmendem Relief weisen eine eindrucksvolle Strenge auf. Der Palazzo wurde im 17. Jh. vergrößert und dabei auch der Originalgrundriss verändert.

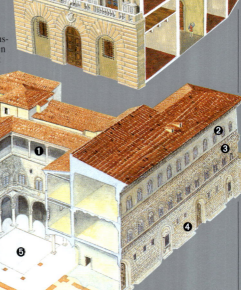

1. Loggia
2. Glatte Fassade
3. *Bugnato gentile*
4. *Bugnato rustico*
5. Hof

● Neugründungen und Idealstadt

Im ausgehenden Mittelalter ließen die toscanischen Kommunen – und in geringerem Maße auch die Feudalherren – neue Städte gründen, die vor allem die Grenzen ihres Herrschaftsgebietes sichern oder aber Arbeitskräfte aus benachbarten Gebieten anlocken sollten. Solche Neugründungen entstanden auch noch in der Renaissance, dann aber geprägt von den zahlreichen theoretischen Studien zur ›città ideale‹. Viele Architekten jener Zeit versuchten in ihren Traktaten, die Formen der Stadtgestaltung jenem neuen, mathematisch und rational umschriebenen Weltbild anzupassen, das sie gerade entwarfen. Auf diese Weise entstanden z. B. Pienza, Terra del Sole oder Livorno.

Von Türmen gekrönt
Monteriggioni (▲ 225), zwischen Siena und Poggibonsi gelegen, kontrollierte einst die Via Cassia. Dante stattete dem von den Sienesern im 13. Jh. als Vorposten gegen Florenz errichteten Ort einen Besuch ab und erwähnte ihn in einem Gedicht. Er ist das ideale Beispiel einer Neugründung, umgeben von einer mit quadratischen Türmen bewehrten Mauer.

Antropomorphe Architektur
Eine gut geplante Zitadelle entspricht einem wohl proportionierten Menschen – diese anthropomorphe Vorstellung der Architektur stimmt mit den Ansichten der Antike überein, die im Menschen das ›Maß aller Dinge‹ sah, und ist hier in einer Zeichnung von Francesco di Giorgio Martini erkennbar. Sie beeinflusste die Stadtbaukunst der Renaissance.

Die Sonnenstadt
Plan von Terra di Sole, einer im 16. Jh. von Florenz neu gegründeten Stadt an der Grenze zur Romagna. Der perfekt rechteckige Plan mit großen Eckbastionen ist der Inbegriff der ›Idealstadt‹, die in zahlreichen Traktaten der Renaissance beschrieben wird. Sie wurde auch mit dem antik anmutenden Namen Eliopoli (›Sonnenstadt‹) bezeichnet, eine Anspielung an die Macht des Großherzogs Cosimo I., der ihren Bau in Auftrag gegeben hatte.

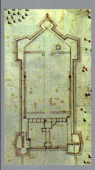

Theorie nimmt Gestalt an
Der Plan der Zitadelle von Poggio Imperiale (▲ 137) im 18. Jh. Entworfen wurde sie Ende des 15. Jh. von Giuliano da Sangallo, der die theoretischen Vorstellungen von Francesco di Giorgio Martini aufgriff. Zu sehen sind die vorspringenden Eckbastionen – als Kanonenplattformen –, die damals die traditionellen runden oder quadratischen Ecktürme ersetzten.

1. Bischofspalast
2. Palazzo Pubblico
3. Palazzo Piccolomini
4. Palazzo Ammannati

Studie einer ›Idealstadt‹ mit achteckigem Grundriss des sienesischen Architekten Francesco di Giorgio Martini.

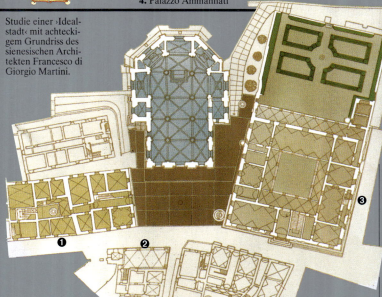

Zu Ehren des Papstes

Nach seiner Wahl zum Papst ließ Pius II. (Enea Silvio Piccolomini) 1458 seinen Geburtsort, das mittelalterliche Städtchen Corsignano, in eine prächtige Renaissancestadt verwandeln, die von da an zu seinen Ehren den Namen Pienza trug (▲ 233). Der Architekt Bernardo Rossellino wurde mit Ausbau und Verschönerung der Stadt beauftragt, die vor allem in jenem Platz Ausdruck fand, um den sich ihre bedeutendsten Baudenkmäler anordnen: die Kathedrale, der Bischofspalast und der Palazzo Pubblico. Die Umsetzung ist ein bestechendes Beispiel für die neue Formensprache der Renaissance, die sich nahtlos in den noch mittelalterlichen Gebäudekontext des kleinen Ortes einfügte.

Stadt der Freiheit

Von Livorno (▲ 247) ist das exakte Gründungsdatum bekannt: »Zur XVI. Stunde 2/3 und 8 Minuten« des 28. März 1577, das ihr Erbauer, Bernardo Buontalenti, festhalten ließ. Die Anlage, umgeben von Bastionen und Wassergräben, ist typisch für die Spätrenaissance. Den Bewohnern wurden Steuererlass und Straffreiheit gewährt, was Menschen aus allen Gegenden anzog. Auch im Mittelalter warb man bereits auf diese Weise für neu gegründete Städte.

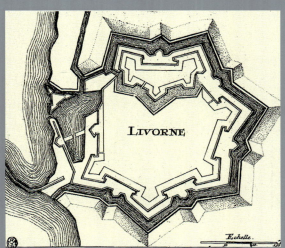

FESTUNGSSTÄDTE

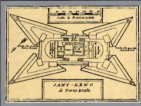

Feuerblume
Plan des Forts San Filippo in Porto Ercole (▲ 258) mit vier mächtigen Bastionen, die das Längsfeuer der Kanonen verteilten: eine wahrhaft uneinnehmbare ›Feuerblume‹.

Im 15. und 16. Jahrhundert waren es vor allem Architekten der Toscana, die die vorspringende Bastion und die bastionierte Front entwickelten und somit die architektonische Lösung für eine erfolgreiche Abwehr von feindlichen Artillerieangriffen und die eigene Verteidigung mit Kanonen lieferten. Diese Verteidigungssysteme veränderten das Bild der Stadt grundlegend. Sie war nun in einen Festungsgürtel eingeschlossen, der oft die Ausmaße der eigentlichen Stadt übertraf und sie in regelrechte ›Kriegsmaschinen‹ verwandelte. In der Toscana gibt es noch viele und beeindruckende Beispiele solcher Städte.

Dauerhafter Schutz
Gesamtansicht Luccas (▲ 159) mit Mauergürtel. Der äußerst wehrhafte Verteidigungsring um die Stadt wurde in jahrzehntelanger Arbeit und mit enormem finanziellen Aufwand errichtet, sicherte aber der kleinen Republik über Jahrhunderte das Überleben. Die noch heute beinahe vollständig intakte Festungsanlage hat die Stadt zudem vor den Sünden der modernen Stadtplanung bewahrt.

Eine gigantische Kriegsmaschine
Ansicht Grossetos (▲ 252) aus der Luft. Die Stadtmauern sind zum Großteil erhalten. Mit dem Aufkommen der Kanone waren mächtige Festungsanlagen notwendig geworden. Sie mussten der Feuerkraft der neuen Waffen stand halten, gleichzeitig erforderte die gesteigerte Reichweite der modernen Artillerie ein aufwendiges Verteidigungssystem. Zu den Bastionen und Kurtinen kamen nun auch Ravelins, Lünetten, Tenailles, gedeckte Gänge und Glacis. So entstand ein gigantischer Komplex von bezaubernder Geometrie, dessen Struktur, im Gegensatz zu der der älteren Burgen, für einen Laien unüberschaubar blieb.

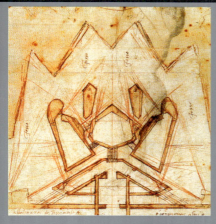

Skizzen von Verteidigungsanlagen aus den Notizbüchern des sienesischen Architekten Francesco di Giorgio Martini, einem der großen Festungsarchitekten der Renaissance.

Pläne eines Genies
Handzeichnung der Befestigungsanlage San Miniato in Florenz (▲ *137*) von Michelangelo. Nachdem man den begnadeten Künstler zum Inspektor der florentinischen Wehranlagen berufen hatte, studierte er eingehend die Auswirkungen der neuen Kriegstechniken auf die Festungsarchitektur und zeigte geniale Lösungen auf (so entwarf er z. B. für Mauern, die starkem Beschuss ausgesetzt waren, einen ›elastischen‹ Schutzüberzug – der sehr viel wirkungsvoller war als ein starrer.

Schutz der Tore
Die drei Zugbrücken zum Schutz der Porta San Pietro in Lucca. Das Tor selbst wurde durch einen Ravelin gegen Kanonenbeschuss gesichert.

Das Herz der Verteidigung
Die Santa Croce-Bastion in der typischen Herzform, die wesentlich effizienter war als die alten Rundtürme. Sie schützte einen Teil der Stadtmauer von Lucca.

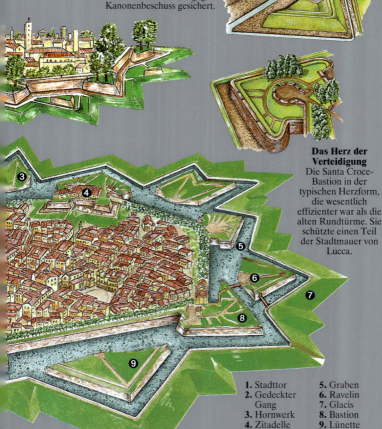

1. Stadttor
2. Gedeckter Gang
3. Hornwerk
4. Zitadelle
5. Graben
6. Ravelin
7. Glacis
8. Bastion
9. Lünette

BURGEN UND VILLEN

Petraia

Pratolino

Cafaggiolo

Lappeggi

Im Mittelalter sicherten die Feudalherren und die Kommunen ihre Gebiete mit Burgen, ummauerten Städten oder befestigten Siedlungen. In der Renaissance entstanden mit der Ausdehnung und Festigung der städtischen Macht anstelle von Burgen oft prunkvolle Villen inmitten weitläufiger Gartenanlagen. Die Gärten in Italien waren nach geometrischen Mustern angelegt, die Landschaft von Architekten geplant. Besonders prunkvoll waren die Gärten der Medici-Villen sowie der Adelsvillen, die in den Hügeln um Lucca entstanden.

Die Villen der Medici
Um 1598 beauftragte Großherzog Ferdinand I. den wahrscheinlich in Carrara geborenen flämischen Maler Giusto Utens damit, die wichtigsten Villen der Familie in den Lünetten des Salons der Villa von Artimino (▲ *138, 143*) zu ›porträtieren‹. Alle Gemälde entstanden in der Vogelschau und liefern uns ein getreues Bild eines epochalen Phänomens der italienischen Renaissance, welches die Medici-Villen darstellten.

Ein Hort der Ruhe
Die Medici-Villa Poggio in Caiano (▲ *142*), im Westen von Florenz – das ehemalige Kastell der Feudalherren – wurde in den 1580er Jahren zu einer befestigten Villa umgebaut. Den einzigen Hinweis auf das ehemalige Kastell bildet vielleicht die Strenge des Hauses auf dem Grundriss eines H, das von einer quadratischen Umfriedung umschlossen ist. Sie ist das perfekte Bild einer Renaissancevilla, ein wahrer ›Hort der Ruhe‹, in dem sich der Edelmann inmitten einer von Menschenhand geschaffenen und ›geordneten‹ Natur in gepflegten Gesprächen, philosophischen Diskussionen oder künstlerischen Darbietungen ergehen konnte.

Castello dell'Imperatore (▲ 178)

Das zwischen 1237 und 1248 von den Architekten Friedrichs II. erbaute Kastell in der Stadtmitte von Prato entstand wahrscheinlich über einer ehemaligen Festung der örtlichen Grafen. Sie gehört zu den wenigen Bauten, die Kaiser Friedrich II. in Mittel- und Norditalien errichten ließ und besitzt mit ihrem streng geometrischen Grundriss sowie der gewissenhaften, ja fast übertriebenen Ausführung die typischen Merkmale der zeitgenössischen Kaiserburgen Süditaliens wie Castel del Monte oder Castello Ursino in Catania.

Kastell eines Feudalherren

Poppi (▲ 196) im Casentino gehörte zu den bevorzugten Aufenthaltsorten der Grafen von Guidi, eine der bedeutendsten toscanischen Adelsfamilien. Gegen Ende des 12. Jh. ließen sie dort ein mit Zinnen bewehrtes Kastell errichten, das von einem hohen Turm überragt wird. Es stellt eine Art Archetyp der toscanischen Feudalbauten dar.

Die Villen um Lucca

Die im 16. Jh. errichtete, in den beiden nachfolgenden Jahrhunderten jedoch stark umgebaute Villa Mansi in Segromigno (▲ 160) zählt zu den schönsten lucchesischen Villen. Den Park entwarf Filippo Juvarra im ausgehenden Barock. Er wurde im 19. Jh. im Stil des damals vorherrschenden Naturalismus verändert.

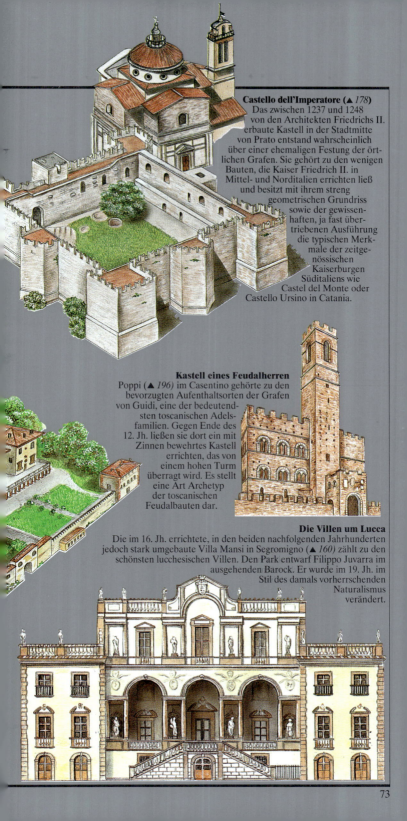

Garten-Architektur

Diese Zeichnung aus dem *Hypnerotomachia Poliphili* (Venedig 1499, links unterhalb) stellt eine Weinpergola mit Marmorsäulen dar.

Als wichtiges Gestaltungselement der Landvillen, die für die Adelsherren eine unverzichtbare Ergänzung ihrer Stadtpaläste darstellten, erlebte die toscanische Gartenarchitektur ab dem 16. Jh. ihre Blütezeit. Obwohl viele Gärten nur noch zum Teil erhalten sind – vor allem aufgrund der Umgestaltung zu Landschaftsparks englischen Stils im 19. Jh. –, lassen sie sich dank der zahlreichen Aufzeichnungen und Abbildungen rekonstruieren. In seinen Schriften hat der Renaissancekünstler Leon Battista Alberti (1404-72) auch die Prinzipien des Gartenbaus festgehalten. Wichtigste Elemente bildeten offene Galerien, Obsthaine, von Efeu umrankte Zypressen, Pergolas mit Marmorsäulen, rechtwinklig angelegte Wege mit Hecken und Büschen, die nach der *Ars topiaria* beschnitten waren, sowie Grotten, Vasen, Statuen und Wasserspiele.

Villa Garzoni Der szenografisch angelegte Garten der Villa Garzoni (▲ *181*) in Collodi gewährt uns Einblick in die Vorlieben der Toscana des 18. Jh. Der an einem Hang gelegene Garten besteht aus einem kleinen Wald, einem Freilichttheater und einer Brücke über den Bach. Am Eingang geht das Parterre nach französischer Art in eine Freitreppe mit Terrassen über. Letzere sind mit Vasen, Wasserfällen, Statuen und Pflanzen geschmückt. Der Entwurf (1786) stammt von dem Architekten Ottaviano Diodati.

Die Villa Castello (▲ 138)
Die von Giusto Utens Ende des 16. Jh. ausgemalte Lünette zeigt eine detaillierte Ansicht dieser mediceischen Villa. Der Entwurf der Gärten wurde 1540 bei dem Bildhauer Niccolò Pericoli, genannt Il Tribolo, in Auftrag gegeben. Vasari beschrieb ihn als den ›schönsten und am herrlichsten ausgeschmückten Garten Europas‹. 1580 besuchte auch Michel de Montaigne diesen Garten und lieferte eine begeisterte Beschreibung.

Der Pinocchio-Park
Der Park (▲ 181) entstand in den 1970er Jahren nach einem Entwurf des Architekten Zanuso, des Bildhauers Consagra und des Gartenarchitekten Pietro Porcinai. Er liegt in einem Tal am Eingang von Collodi und ist als Weg zwischen alten Hecken mit Skulpturen und Wasserspielen angelegt. Der Weg erzählt die Geschichte der von Carlo Lorenzini erdachten Märchenfigur.

Die Grotte Buontalentis
Die große und mit Stuck, Plastiken und Fresken ausgeschmückte Grotte empfängt die Besucher am Eingang der Boboli-Gärten (▲ 128) in Florenz, dem herrlichsten Park der Toscana. Ihre Form aus dem 18. Jh. blieb beinahe unverändert erhalten.

Villa Gamberaia
Von den Gärten der Villa Gamberaia (▲ 138) in Settignano genießt man einen herrlichen Ausblick über die Hügel der Toscana. Diese gelungene Rekonstruktion eines Renaissancegartens entlang einer Längsachse, schließt mit Exedren ab. Die das Parterre bildenden Beete wurden im 19. Jh. jedoch durch Wasserbecken ersetzt.

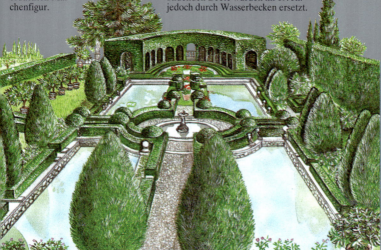

SAKRALBAU: ROMANIK

Die romanische Architektur der Toscana (vorwiegend sakrale Bauten) lässt sich in eine Vielzahl von Schulen unterteilen, die man anhand der charakteristischen Merkmale unterscheiden kann: in Florenz verwendete man farbigen Marmor, in Pisa und Lucca bevorzugte man elegante Arkadengalerien, die Schule von Siena zeichnete sich durch ihre strengeren Töne aus. Aber auch Abwandlungen der von den Mönchsorden ›importierten‹ lombardischen und französischen Schulen sind zu erkennen. Viele Bauten verweisen auf die Architektur der Spätantike und des frühen Christentums (besonders in Florenz und Pisa) und können so als Proto-Renaissance bezeichnet werden.

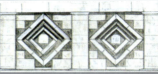

Die Raute
Die Entstehung des Rautenornaments lässt sich auf kulturelle Einflüsse aus Armenien oder Kappadokien zurückführen. Jedenfalls zählt es zu den typischen Elementen der pisanischen Romanik und ist vor allem an Außenmauern zu sehen.

Der Blendbogen
Ein typisches Dekorelement der Romanik ist der toscanische Blendbogen, der entweder mit weißen und schwarzen Linien oder mit polychromen geometrischen Mustern wie am Dom zu Pisa (▲ 147) anzutreffen ist.

Ein zweifaches Wunder
Die *Torre pendente,* der ›Schiefe Turm‹ von Pisa (▲ 148), ist in zweifacher Hinsicht ein Wunderwerk: Seine Statik lotet die Grenzen des Möglichen aus und seine Eleganz ist von einzigartiger Leichtigkeit. Der Bau sollte der Kathedrale als Glockenturm dienen und war gerade erst begonnen worden, als sich schon das bedrohliche Absinken des Untergrundes bemerkbar machte und die Neigung verursachte. Die Architekten versuchten, diese mit einer ›Gegenneigung‹ im oberen Teil des Turmes auszugleichen. Die Leichtigkeit der Form verdankt er hingegen den sechs Stockwerken mit den charakteristischen Loggien, dem wichtigsten architektonischen Element der pisanisch-lucchesischen Romanik.

Loggien
Die übereinander angeordneten Loggien der Kirche San Michele in Foro (▲ 157) von Lucca zeigen das typische Motiv der pisanisch-lucchesischen Romanik, die mit großer figurativer und farblicher Freiheit umgesetzt wurde.

Bichromie
Die Fassade der Badia Fiesolana ist in einen späteren und weit größeren Bau eingebettet und ein exzellentes Beispiel für den Einsatz von mehrfarbigem Marmor, der die romanischen Bauten von Florenz kennzeichnet.

Antike Vorbilder
Der Aufriss von San Miniato al Monte (▲ 137) in Florenz zeigt die Ähnlichkeiten mit einer frühchristlichen Basilika und beweist, dass die florentinische Romanik auch in der Gliederung von der Antike beeinflusst war.

Der ›Schöne San Giovanni‹
Der achteckige Bau des Baptisteriums von San Giovanni in Florenz (▲ 120) gehört in Größe und Komplexität zu den bedeutendsten Bauten der florentinischen Romanik. Das typische Farbenspiel der Inkrustationen von weißem und grünem Marmor ergänzt die architektonische Ordnung der Wände nach antikem Vorbild (in der Renaissance nahm man sogar an, das Baptisterium stammte aus römischer Zeit). Das Innere ist mit bezaubernden Mosaiken geschmückt, die es zu einem der bedeutendsten Beispiele dieses Stils in Italien werden ließen.

Eremitage Camaldoli
Die regelmäßig angeordneten Mönchszellen in Hüttenform (▲ 195) bringen den strengen Charakter der Frömmigkeit in der Toscana zum Ausdruck. Die Eremitage unterscheidet sich deutlich vom Prunk der großen Kathedralen.

Sant'Antimo (▲ 229)
An der Klosterkirche von Sant'Antimo sind die Berührungspunkte zur Klosterarchitektur des Burgunds zu erkennen. Der Grund dafür ist vielleicht in der Herkunft der Auftraggeber zu suchen, die ihren Baustil in die Toscana mitbrachten.

SAKRALBAU: GOTIK

Das Kruzifix von Cimabue wird in der Kirche San Domenico (▲ *188*) in Arezzo aufbewahrt und zählt zu den Meisterwerken der toscanischen Gotik.

In der toscanischen Gotik existierten mehrere Strömungen nebeneinander. Eine der kleineren, aber dennoch bedeutsamen, lehnte sich an das französische Vorbild an. Sie ist beinahe ausschließlich in den Klosterbauten, vor allem der Zisterzienser, anzutreffen. Eine zweite, für viele die wichtigste, übernahm die im nördlich der Alpen verbreitete Ornamentik und setzte sie prunkvoll an noch romanischen Bauten ein. Eine dritte war wiederum für die Bettelorden typisch und vereinte, vor allem in den großen Stadtkirchen, gotische Lösungen wie Spitzbögen mit schlichten Formen.

Zum Ruhme der Stadt
Giovanni Pisano entwarf zwischen 1284 und 1296 den oberen Teil der Fassade des Doms von Siena (▲ *213*). Er zeigt die typischen Merkmale der italienischen Gotik, die der Ornamentik des neuen Baustils weitaus größere Aufmerksamkeit widmete als der Struktur. Die Kirche sollte lediglich als Übergangslösung für eine größere Kathedrale dienen, die zwar begonnen, aber nie fertig gestellt wurde.

Die Zisterzienserabteien
Die mächtigen Überreste der Abtei von San Galgano
(▲ 228) weisen klare Einflüsse des französischen
Baustils auf, den die Zisterziensermönche in die
Toscana gebracht hatten. Sie erbauten die
Abtei zwischen 1224 und 1288.

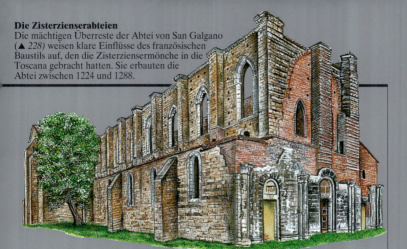

Ein steinerner Schrein
Die kleine und höchst schmuckvolle pisanische Kirche Santa Maria della Spina (▲ 153) steht heute am Lungarno. Bei Baubeginn 1323 lag sie noch direkt am Ufer des Arno.

Der Campanile von Giotto
Der Campanile der Kirche Santa Maria del Fiore in Florenz (▲ 119) wurde von Giotto entworfen und zwischen 1334 und 1359 erbaut. Mit seinem schlanken und prunkvollen Profil gilt er als ein vollendetes Beispiel der Gotik Mittelitaliens.

Predigerkirchen
Die Kirchen der neuen Bettelorden, z. B. Santa Maria Novella in Florenz (▲ 130), wurden als Predigerkirche gestaltet, mit großen Schiffen und kleinem Presbyterium. Die Säulen lagen weit auseinander, damit sie nicht den Blick versperrten.

Tempel des Wortes
Bei der Kirche Santa Croce in Florenz (▲ 136) verzichtete man, wie oft bei französischen Kirchen, auf Gewölbe. Sie wurden durch Sparrendächer ersetzt, was die Baukosten senkte. Nur der den Mönchen vorbehaltene Chor und die Chorkapellen sind überwölbt.

SAKRALBAU: RENAISSANCE, MANIERISMUS, BAROCK

Sparsamere Ornamentik
Die Architektur der Renaissance ›umrahmt‹ Skulpturen und Malereien stets mit gekehlten Profilbändern.

Die Aufmerksamkeit, die man in der Toscana seit jeher der antiken Architektur widmete, mündete in der Renaissance (›Wiedergeburt‹) in eine gewissenhafte Rückkehr zur Formenlehre der Antike. Dies führte zu grundlegenden Änderungen in Struktur und Ornamentik von Gebäuden, die bis heute Gültigkeit behalten haben. Die von den toscanischen Architekten ausgearbeiteten Formen und Konzepte verbreiteten sich auf der ganzen Welt und wurden weiterentwickelt. Auf diese Weise entstanden der Manierismus und der Barock. Für die Toscana waren jedoch stets Schlichtheit und zurückhaltende Formen charakteristisch, was auch noch in verspielten Epochen wie dem Barock spürbar blieb.

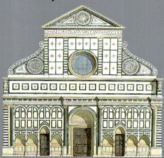

Alt und neu
Leon Battista Alberti bereicherte bei der Fassade von Santa Maria Novella in Florenz (▲ 130) den für das florentinische Mittelalter typischen, bichromen Inkrustationsstil mit zwei antiken Ordnungen und setzte riesige Voluten vermittelnd an die Seiten.

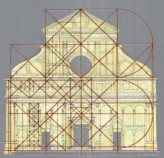

Proportionslehre
Die Renaissancearchitektur basierte vor allem auf klaren geometrischen Verhältnissen. Dimensionen und Proportionen erhielt man durch die Anwendung von Ordnungslinien, durch die sich alle Teile miteinander harmonisch verbinden ließen. Hier die Studie der Fassade von Santa Maria Novella (▲ 130).

Gemäßigtes Barock
Die sehr lange Fassade des Kartäuserklosters Certosa di Pisa (▲ 154) im florentinischen Vorort Calci ist ein Beispiel für die toscanische Auffassung des Barock. Ein großartiger Bau mit Sinn für Zurückhaltung und klarer Raumaufteilung.
Im Gegensatz zu anderen Regionen, die sich nicht so stark an antiken Vorbildern orientierten, findet man in der Toscana kaum Beispiele für die üppigen Formen des Barock.

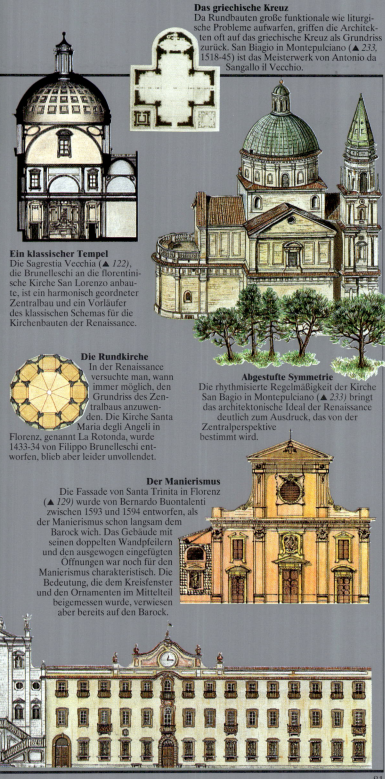

Das griechische Kreuz
Da Rundbauten große funktionale wie liturgische Probleme aufwarfen, griffen die Architekten oft auf das griechische Kreuz als Grundriss zurück. San Biagio in Montepulciano (▲ 233, 1518-45) ist das Meisterwerk von Antonio da Sangallo il Vecchio.

Ein klassischer Tempel
Die Sagrestia Vecchia (▲ 122), die Brunelleschi an die florentinische Kirche San Lorenzo anbaute, ist ein harmonisch geordneter Zentralbau und ein Vorläufer des klassischen Schemas für die Kirchenbauten der Renaissance.

Die Rundkirche
In der Renaissance versuchte man, wann immer möglich, den Grundriss des Zentralbaus anzuwenden. Die Kirche Santa Maria degli Angeli in Florenz, genannt La Rotonda, wurde 1433-34 von Filippo Brunelleschi entworfen, blieb aber leider unvollendet.

Abgestufte Symmetrie
Die rhythmisierte Regelmäßigkeit der Kirche San Bagio in Montepulciano (▲ 233) bringt das architektonische Ideal der Renaissance deutlich zum Ausdruck, das von der Zentralperspektive bestimmt wird.

Der Manierismus
Die Fassade von Santa Trìnita in Florenz (▲ 129) wurde von Bernardo Buontalenti zwischen 1593 und 1594 entworfen, als der Manierismus schon langsam dem Barock wich. Das Gebäude mit seinen doppelten Wandpfeilern und den ausgewogen eingefügten Öffnungen war noch für den Manierismus charakteristisch. Die Bedeutung, die dem Kreisfenster und den Ornamenten im Mittelteil beigemessen wurde, verwiesen aber bereits auf den Barock.

ARCHITEKTUR DER MODERNE

Die toscanische Architektur im 20. Jh. ist von einer ausgeprägten Dialektik zwischen Tradition und Neuerung gekennzeichnet, die sich in der Abfolge unterschiedlicher Phasen äußerte: der Futurismus, der sich auch den Tendenzen des Art Nouveau öffnete; die Krise zwischen den beiden Weltkriegen, in der konservative Auffassungen dem Weg in die Moderne gegenüberstanden; die Ungewissheit der 50er und 60er Jahre, die durch den Wiederaufbau geprägt waren; die Verwirrung in jüngerer Zeit, die sich im Individualismus und in der Autonomie einzelner Bauwerke zeigt. Der gesamte Zeitraum ist durch das Schaffen einiger bedeutender Architekten nachzuzeichnen, die die architektonische und städtebauliche Entwicklung des 20. Jh. beeinflusst haben: Michelazzi, André, Coppedè, Michelucci, Nervi, Morandi, Ricci, Savioli, Carmassi.

Sakralbau
Völlig neue Raumverhältnisse prägen die Kirche San Giovanni Battista in Campi Bienzio (1964) von Giovanni Michelucci. Sie ist für ihre Lage nahe der Autostrada del Sole bekannt, was ihr zur Zeit des Baus den spöttischen Beinamen *chiesa al cento all'ora* ›Kirche der 100 km/h‹ einbrachte. Die Suche nach neuen Volumen führte zum Bau eines großen ›Zeltdaches‹ aus

Beton, das den schweren Mantel aus Mauerwerk abschließt und eine himmelwärts strebende Linie erzeugt.

Plastische Dynamik
Die florentinische Villa Bayon in San Gaggio (1964-66) bedient sich mit dem großen Dachrumpf einer ins Extreme gesteigerten Plastizität. Volumen und Masse werden durch die Leere zwischen Unterbau und Dach noch vergrößert.

Moderne Architektur
Der vom ›Gruppo Toscana‹ 1932-34 erbaute Bahnhof Santa Maria Novella in Florenz (▲ 130) spiegelt die strengen Regeln des *razionalismo,* der italienischen Form des Internationalen Stils, wider. Der kubische Baukörper interpretiert das Verhältnis zwischen Form, klarer Struktur und Funktionalität im Hinblick auf die sozialen und gesellschaftlichen Bedürfnisse jener Zeit.

Experimentalismus der 60er Jahre

Im Spannungsfeld zwischen der Tendenz der *informali* und der Sprache des *brutalismo* wird der *sperimentalismo* der 60er Jahre vor allem von Architekten wie Leonardo Ricci und Leonardo Savioli propagiert, beide Schüler von Michelucci. Zu ihren wichtigsten Werken zählen die Bauten im Dorf Monterinaldi nahe Florenz, die Casa Man in Forte dei Marmi und die Villa Balmain (rechts) in Marciana Alta auf Elba, die Leonardo Ricci 1958 entwarf.

Konstruktiver Strukturalismus

Die Dialektik zwischen bautechnischen Prinzipien und ästhetischen Lösungen zeigt sich in der Architektur des städtischen Stadions von Florenz (1929-32) von Pier Luigi Nervi. Ausdrucksstark die Plastizität der Eingangstreppe, die gewagte Lösung der Tribünenüberdachung und die strukturelle Verbindung der tragenden Elemente.

Im Zeichen der Tradition

Massimo Carmassi widmet seine Aufmerksamkeit der traditionellen Kultur und gehört zu den größten Vertretern der zeitgenössischen toscanischen Architektur. Seine in den 60er Jahren begonnene Suche gründet auf dem engen Zusammenhang zwischen dem Gebrauch lokaler Materialien und einem ›regionalen‹ Formenschatz, den er jedoch ›modern‹ interpretiert (Wohnhäuser in Pontedera Vecchia, Detail der Fassade, 1998-99).

Ländliche Architektur: Die Fattoria

Die Faszination der Toscana geht, wohl noch mehr als von ihren bezaubernden Städten, von der geordneten Schönheit der Landschaft aus, von den seit Jahrhunderten bewirtschafteten Landgütern. Im Zentrum jedes Guts stand, solide gebaut, die *fattoria*, das Haus des Gutsverwalters, der für den Besitz verantwortlich war. Diese für die Toscana typischen Gebäude sind zwischen Burg, Villa und Hof einzuordnen. Der Eingang wird oft von einem gedrungenen Turm überragt. Fattorien fügen sich meist harmonisch in die Landschaft ein und scheinen gar aus ihr gewachsen. Im Laufe der Zeit haben sie für viele Landhäuser Mittelitaliens das Vorbild abgegeben.

Casa Rossa
Großherzog Pietro Leopoldo ließ sie 1765 für Leonardo Ximenes erbauen, der für die Trockenlegung der Maremma verantwortlich war. Das Gebäude kontrollierte gleichzeitig die drei Schleusen, über die das Wasser aus dem Auffangbecken ins Meer geleitet wurde.

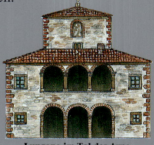

Lungano im Tal des Arno
Ein Bauernhaus aus dem Arno-Tal mit übereinander angeordneten Loggien und großem Taubenturm in der Mitte. Es handelt sich um die ›Luxusausgabe‹ eines in der östlichen und mittleren Toscana verbreiteten Haustyps.

Haus eines Halbpächters
Ungewöhnlich, doch für die Mezzadrien der Gegend um Florenz charakteristisch, ist der große Portikus mit übereinander angeordneten Flachbögen. In diesen meist kleinen Häusern lebte normalerweise die Familie des Halbpächters (*mezzadro*).

Die toscanische Fattoria
Dies ist ein besonders eindrucksvolles, aber in Konzeption und Funktion durchaus typisches Beispiel der klassischen toscanischen Fattoria: Der kompakte Bau, in dem Wohnräume, Ställe und Pferde untergebracht sind, steht inmitten eines weitläufigen Gutes. Hier lebte der Verwalter *(fattore)* als Vertreter des Besitzers, der in der Stadt ansässig war. Die Form entwickelte sich aus den alten Burgen, an die noch der Turm erinnert, der sich oft über der Mitte des Gebäudes erhebt und meist als Taubenschlag oder als überdachte Aussichtsterrasse genutzt wurde.

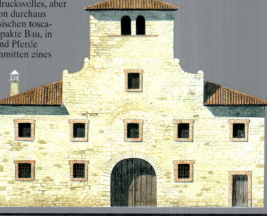

Die Toscana – von Malern gesehen
Mauro Civai

- 86 ENTDECKUNG DER LANDSCHAFT
- 88 STÄDTE UNTER DEM SCHUTZ DER HEILIGEN
- 90 IDEALBILDER DER STADT
- 92 AUS DEN SKIZZENBÜCHERN
- 94 DIE ›MACCHIAIOLI‹
- 96 DIE ›MALEDETTI‹

Die Toscana – von Malern gesehen
Entdeckung der Landschaft

»Was für eine einmalige Region. Der kulturelle Reichtum, den sie hervorgebracht hat, und die Schönheit der Natur strahlen nahezu göttliche Harmonie aus.«

Bruno Cicognani

Es scheint, dass es die Zufriedenheit der Menschen aus der Toscana mit sich und ihrer Heimat war, die dazu führt, dass in den bedeutenden Städten Florenz, Siena und Pisa die Mauern von Palästen und Kirchen mit Bildern von toscanischen Landschaften und Städten bemalt wurden.

Von Ambrogio Lorenzetti (nachweisbar 1319-47) etwa stammt das Fresko ›Auswirkungen der Guten Regierung‹ (1338-40, ▲ 211) im Saal des Friedens im Palazzo Pubblico von Siena (1). Zu sehen sind die befestigte Stadt mitsamt dem Umland und, dargestellt mit großer Liebe zum Detail, auch die Menschen in ihrem Alltag. Die Wände der Wohnungen sind reich verziert; Fenster und Balkone sind mit Vasen und Blumen geschmückt, die von Frauen hingebungsvoll gegossen werden. Alles in dem Bild, bis hin zu den sanft gewellten, dicht mit Wein bepflanzten Chianti-Hügeln und den kahlen Anhöhen der Crete, ist mit jener minutiösen Sorgfalt gemalt, die einem erfahrenen Kartografen zur Ehre gereichen würde.

Die Stadtansicht von Pisa (1. Hälfte 14. Jh., ▲ 147) in der Kirche San Nicola (3) ist ganz auf wirkungsvolle Repräsentation angelegt. Im Stadtviertel, das an den Arno grenzt, erkennt man die Monumente, die schon damals berühmt und zugleich auch der Stolz der Pisaner waren: der bereits zu jener Zeit Schiefe Turm (▲ 148) und die Fassade der wunderbaren Kathedrale mit ihren Zwerggalerien (▲ 147).

In der Stadtdarstellung des ›Tafelbilds von San Marco‹ (2) von Beato Angelico (ca. 1400-55) im Museo di San Marco in Florenz (▲ 131) sind sind die typischen Merkmale der eleganten Idealstadt vereint; sie erscheinen in der Ferne wie das Gelobte Land.

1	
2	3

Die Toscana – von Malern gesehen
Städte unter dem Schutz der Heiligen

Im 15. Jh. setzte sich eine malerische Gestaltung und Ikonografie durch, die in den folgenden Jahrhunderten großen Erfolg hatte. Im Zentrum steht dabei die Stadt im Schutz der väterlichen Hand eines Heiligen.
Der immer stärker gewordene Glaube der Toscaner jener Zeit an die Möglichkeiten des Menschen geht nun über in fromme Ergebenheit. Größere und kleinere Städte wurden dem Schutz eines hohen Patrons anvertraut.

Dies zeigt etwa das Fresko von Sano di Pietro (1406-81), mit dem im Palazzo Pubblico von Siena (▲ 211) die alte und untypische ›Biccherna‹ (diesen eigenwilligen Namen trug die dortige die Finanzbehörde) ausgestattet wurde: ›Der hl. Petrus Alessandrinus segnet und schützt Siena‹ (1). Zu sehen sind auf dem Gemälde, das wie ein Reliefmodell wirkt, die vornehmsten Bauten, der Dom (▲ 213) und der Palazzo Comunale (▲ 211), der von unbezwingbaren Mauern eingeschlossen ist.

In einem Tafelbild des Museo Civico in San Gimignano (3) übergibt Taddeo di Bartolo (1362-1422) den Schutzheiligen eine Stadt (▲ 225), die an zahlreichen Details wie der Turmsilhouette erkennbar ist.

Auch das Bild ›Ein Engel übergibt Colle Val d'Elsa dem hl. Marziale‹ (2) von einem florentinischen Maler Ende des 16. Jh. zeigt Ecken und Gebäude der Stadt im Herzen (▲ 227) der Val d'Elsa, die man noch heute wieder erkennt.

1	2
	3

»Siena drängt sich zu Füssen des Doms, der die Stadt wie eine Glucke von oben beschützt, verkleidet mit Streifen aus weissem und schwarzem Marmor.«
                                                    Bino Sanminiatelli

DIE TOSCANA – VON MALERN GESEHEN
IDEALBILDER DER STADT

Mit der Ausdehnung des Medici-Staats begann für die Toscana im 16. Jh. eine lange Phase des Friedens und der politischen Stabilität. Es gab bereits sehr brauchbare kartografische Arbeiten, z. B. Francesco Vannis (1563-1610) Stadtplan von Siena (▲ *298*) aus dem Jahr 1600, bis heute eine der sorgfältigsten und gelungensten Arbeiten. Zur gleichen Zeit entstand das Gemälde ›Der selige Ambrosius Sansedoni erbittet den Schutz der Jungfrau von Siena‹ (**1**), das heute in der Kirche Fontegiusta (▲ *220*) hängt. Es zeigt Siena als sonnige, friedliche Stadt aus einer ungewöhnlichen Perspektive. Ganz vorne das massige Bauwerk des alten Spedale di Santa Maria della Scala (▲ *216*), im

»Grosseto, ein kleiner Marktflecken mit niedrigen Häusern, war bis zum Ende des 19. Jh. von Mauern umschlossen.«

Enrico Guadagni

Jahre 832 gegründet. Besonders bedeutsam waren die Befestigungen, die schließlich nicht nur zur Verteidigung an den Grenzen des Medici-Staates dienten, sondern auch zur Kontrolle der unterworfenen Städte.

Auf dem Bild von Ilario Casolani (2) aus dem frühen 17. Jh., ›La Madonna in Gloria‹, sieht man den Ort Grosseto (▲ 252) aus der Kavalierperspektive (Vogelperspektive). Die gesamten Gebäude der Ortschaft sind umschlossen von der mächtigen Stadtmauer des Baldassare Lanci.

| 1 | 2 |

DIE TOSCANA – VON MALERN GESEHEN AUS DEN SKIZZENBÜCHERN

Ab dem 17. Jh. wurde Italien wegen der wachsenden Beliebtheit der so genannten ›Gran Tour‹ immer öfter von ausländischen Reisenden besucht, vor allem von englischen oder französischen Literaten und Künstlern. In der Toscana war die Begegnung mit der Renaissance natürlich Pflicht. Sie rief lebhafte Emotionen hervor und hinterließ intensive Eindrücke, die als Notizen und in Form von Zeichnungen in sanften und verträumten Farben die Skizzenbücher füllten.

Jean-Baptiste Corot (1796-1875) malte 1835 Florenz von den Boboli-Gärten aus gesehen (**1**, ▲ *128*). Trotz des romantisierenden Blicks ist die ›Stadt der Lilie‹ ziemlich wirklichkeitsgetreu wiedergegeben.

John Ruskin (1819-1900) förderte bei den Angelsachsen die Wertschätzung der gotischen, bis dahin eher als ›primitiv‹ empfundenen Kunst. Von seinen Reisen brachte er akkurat geführte Tagebücher mit vielen Zeichnungen und Aquarellen mit. In der ›Vedute von Florenz‹ (**2**) scheint die Stadt von einer leuchtenden, fast erdfahlen Atmosphäre verschluckt zu werden.

Auch Le Corbusier (1887-1965) hinterließ Bilder von seinen Toscana-Reisen, zu denen die Impressionen aus Fiesole (**3**, ▲ *137*) gehören. In wenigen Strichen erfasste er mit Sorgfalt die alten Gebäude, würdevoll umrahmt von Zypressen.

»Diese Landschaft [die Hügel von Florenz] ist von der Schönheit einer antiken Medaille oder eines kostbaren Gemäldes: ein perfektes, ausgewogenes Kunstwerk.«

Anatole France

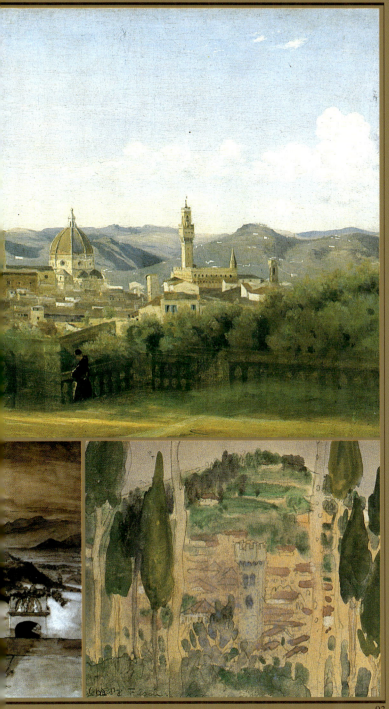

DIE TOSCANA – VON MALERN GESEHEN
DIE ›MACCHIAIOLI‹

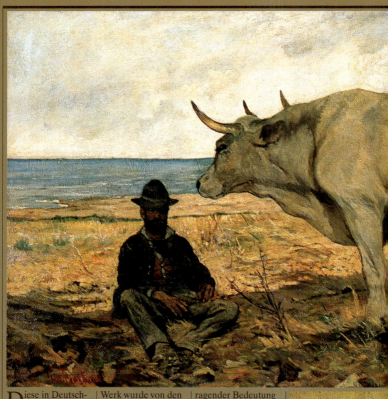

Diese in Deutschland nur wenig bekannte italienische Kunstbewegung des 19. Jh. nahm in gewisser Hinsicht den französischen Impressionismus vorweg. Der bedeutendste Vertreter der *Macchiaioli*, der ›Fleckenmaler‹, war Giovanni Fattori (1825-1908). Der Ursprung dieser Schule liegt nicht zufällig in der Toscana, zwischen Livorno (▲ 247) und Grosseto (▲ 252) und damit nahe am Tyrrhenischen Meer.

Genau dieses Meer, das wunderbar am Ende eines rauen und herben Landes aufzuschimmern scheint, ist Schauplatz von Giovanni Fattoris Bild ›Riposo‹ (1). Das 1887 entstandene Werk wurde von den harten Lebens- und Arbeitsbedingungen der Bauern in der Maremma (▲ 255) inspiriert. Es kommentiert sie nicht großspurig, zeugt aber vom vollen Bewusstsein um die Entbehrungen der Menschen, die an Malaria litten und von Armut gezeichnet waren, aber dennoch ihre Würde bewahrten.

Mit der berühmten ›Rotonda bei den Palmieri-Bädern‹ (2) von 1866 schafft Fattori eine Art antiakademisches und veristisches Manifest für die Macchiaioli-Strömung. Im Gegensatz zu anderen zeitgenössischen Malern wählt er keine Themen mit herausragender Bedeutung oder mit historischem Bezug. Die Farbe ist in großen, dicht gedrängten Flecken aufgetragen (daher ›Fleckenmaler‹). Im Mittelpunkt des Bildes steht nicht die Damenwelt im damals beliebten Badeort, sondern – durch die Farbe akzentuiert – das stille Tyrrhenische Meer. Es zieht sich quer durch das gesamte Bild und dehnt sich auch ein Stück weit in der Horizontalen aus, darin exakt auf den Betrachterstandpunkt abgestimmt.

»Die zahllosen wilden Rinderherden, so lebendig verewigt in den Bildern und Radierungen von Giovanni Fattori, sind heute völlig verschwunden.«

Lorenzo Viani

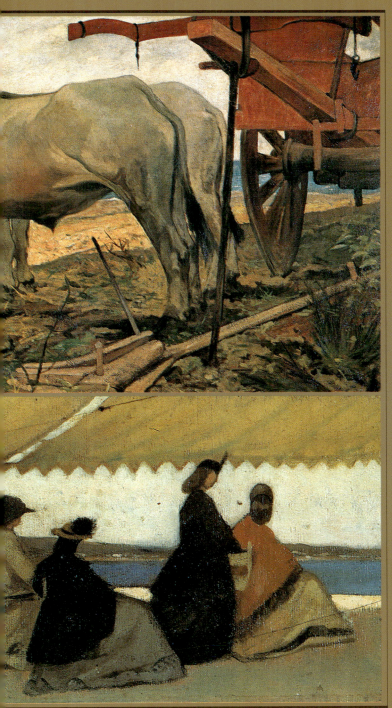

Die Toscana – von Malern gesehen
Die ›Maledetti‹

Als *Maledetti toscani* (›Verdammte Toscaner‹) bezeichnet man eine weitere regionale Strömung, die diesmal aber der Moderne verpflichtet ist.

Das Florenz von Ottone Rosai (1895-1957) ist gekennzeichnet von intimen Stadtvierteln mit kleinen Gassen, in denen das Volk arbeitet, wo sich die Menschen treffen und auf einfache Weise die Zeit vertreiben. Seine ›Piazza del Carmine‹ (**2**) von 1920 suggeriert die Weitläufigkeit und strikte Monumentalität von Stadträumen der Renaissance. Zugleich aber ist der Eindruck dem zeitgenössischen Empfinden entsprechend aktualisiert.

Auch der ›verdammte‹ Mino Maccari (1898-1990) hat in seinem Werk ›Paesaggio‹ aus dem Jahr 1928 (**1**) typische Kennzeichen der toscanischen Landschaft vereint: Bauernhäuser und rechteckige Scheunen sind in der sonnendurchfluteten Atmosphäre eines Sommernachmittags gezeigt, dessen Hitze aus dem Bild zu dringen scheint und für den Betrachter fast hautnah spürbar wird.

Die Toscana in der Literatur
Marta Del Zanna

98 ALS TOSCANER GEBOREN
100 FLORENZ
102 SIENA
104 VON ORT ZU ORT

Die Toscana in der Literatur
Als Toscaner geboren

Als Toscaner geboren

Curzio Malaparte (1898-1957), mit bürgerlichem Namen Kurt Erik Suckert, war politischer Aktivist, Journalist, Schriftsteller und Verbindungsoffizier der amerikanischen Armee. In Verdammte Toskaner *(1956) hält Malaparte in lebhaftem, häufig ironischem und respektlosem Ton eine Lobrede auf die Toscaner. Auf seinem Grab ist zu lesen: »Ich bin aus Prato, bin zufrieden damit, aus Prato zu sein, und wäre ich nicht als Prateser geboren, wollte ich überhaupt nicht auf der Welt sein.«*

"So entsteht der Verdacht, daß alles, was in der Toskana als ein Wunder an Leichtigkeit und Reinheit erscheint, die Toskaner, Menschen und Heilige, geschaffen haben und nicht die Natur: den Arno draußen an den Cascine, die Höhe von Fiesole, den Hügel von Bellosguardo und die von Artimino, von Poggio a Caiano, von Montepulciano, und Valdiniévole, und die Giottozeichnung der Höhen um Montevarchi und Certaldo, und die erste Biegung der Straße ins Mugello, knapp außerhalb Calenzano, und die Kreidefelsen der Orcia Morta und die waldigen Schultern des Amiata und des Cetona.

Selbst wo die Natur die Dinge allein gemacht zu haben scheint, ohne die Mithilfe der Toskaner, spürst du die Hand Giottos, Leonardos, Filippo Lippis, Sandro Botticellis, Pieros della Francesca; doch die Wolken, die Bäche, die Flüsse, alles was fließt, was vorüberzieht, sogar die Silberfarbe, die der Wind im Vorüberstreichen auf den Steinen und dem Laub der Bäume hinterläßt, stammen von der Hand irgendwelcher Heiligen. Die Balze-Schlucht von Volterra ist bestimmt von Masaccio, der Hügel von Fossombrone bei Prato ist bestimmt von Filippino, der ja aus Prato stammte, und niemand kann mir ausreden, daß die Höhen von Torrita und Sinalunga der heilige Bernardino schwellen ließ, als er in Montepulciano, in San Giovanni d'Asso, in Sarteano mit warmem, treibendem Hauch seine leichten, sanften Worte sprach, die über den Olivbäumen aufstiegen wie helle Luftbläschen. [...]

Denn auch die einfachsten, bescheidensten, gewöhnlichsten Dinge besitzen in der Toskana ihre ganz bestimmten kraftvollen Eigenschaften, die sie eben zu kleinen Wundern machen. Was man anderswo als Wunder bezeichnete, ist bei uns nichts anderes als die Dinge entsprechend tun, mit geringem Aufwand, ohne den Sinn für menschliche Maße und Ausmaße zu verlieren, ohne die Kunst zu verlernen, die großen Dinge mit dem Sinn für die Geringfügigkeit des Menschen zu tun, und die kleinen und bescheidenen Dinge mit dem Sinn für menschliche Größe: das heißt mit dem Gefühl für die wundervolle Harmonie, welche das

> »Wir sind durch viel bevölkerte Dörfer einfacher, gastfreundlicher und ungehobelter Fischer gekommen, ein Volk wie jenes, das die Häfen der Odyssee bevölkerte.«
> JEAN GIONO

"Verhältnis zwischen den großen Dingen und den kleinen Dingen, zwischen den irdischen und den göttlichen lenkt. [...]

Schaut, wie sie die Dinge nach der Statur des Menschen machen, auch die größten, wie sie Häuser, Paläste, Türme, Kirchen, Plätze und Straßen bauen, mit engen Toren, gerade groß genug, um hindurchgehen zu können, ohne die Stirn zu neigen, Fenster, an denen man eben stehen, aber nicht sich mit dem ganzen Körper hinausbeugen kann, Straßen im Verhältnis zur Höhe der Häuser, und Kirchen, daß die Leute gesenkten Hauptes eintreten und daß man niederkniet statt zu rezitieren, zu singen, mit den Armen zu fuchteln und sich die Lunge aus dem Hals zu schreien wie in den Theatern. Und schaut, wie sie niemals die Einsicht in die menschlichen Proportionen verlieren, nicht einmal wenn sie die Kuppel von Santa Maria del Fiore in den Himmel wölben. [...]

Und wenn die Paläste und die Türme dir auf den ersten Blick den Gedanken eingeben, daß die Toskaner ein Volk von Riesen seien, wenn du dann die Häuser ansiehst, in denen das Volk lebt, ißt, schläft, winzig kleine Häuser, dann wunderst du dich, daß die gleichen Menschen, die Santa Maria del Fiore, den Bargello, den Palazzo della Signoria, den Turm des Arnolfo, die Torre della Mangia, den Palazzo Strozzi, den Palazzo Pitti, San Lorenzo, Santa Maria Novella errichtet haben, in solch kleinen Häusern wohnen können, mit den niedrigen Türen, den schmalen Fenstern, doch alles in solcher Harmonie entworfen, mit so deutlichem Sinn für die Statur oder, besser gesagt, für die Natur des Menschen, daß du, einmal hineingelangt, zwar mit gestreckter Hand die Decke berühren kannst, sie dir aber größer erscheinen als der Palazzo Pitti. [...]

Dieses gilt nicht nur für die Architektur, sondern für die ganze toskanische Kunst, angefangen bei der Literatur; welche wie jene Häuser gemacht ist, von denen ich eben sprach, die von außen wie Kinderhäuser aussehen, aber drinnen lebt man in Weite, und prüfst du das Knochengerüst, die innere Ordnung, so bemerkst du, daß es eine Literatur ohne Verschwendung ist, mit einer so peinlichen, aufs Kleinste bedachten Sorgfalt gearbeitet, mit einem solchen Sinn für Proportionen, daß auch die winzigsten Einzelheiten dir großartig vorkommen, die bescheidenste kleine Wölbung wie ein Triumphbogen. Um dessen inne zu werden, genügt es, sich unter das Volk Franco Sacchettis zu mischen oder unter die liebenswürdigen Edelleute Dino Compagnis, in Gesellschaft ihrer scharfzüngigen, handgreiflichen Florentiner durch die Straßen zu spazieren, ihrer Pisaner, Sienesen, Aretiner und Lucchesen, um von denen aus Prato und Pistoia, aus Empoli und San Miniato, aus Fucecchio und Pontedera zu schweigen; genügt es, die Häuser zu betreten, in den Osterien zu sitzen, eine Messe oder einen Markt zu besuchen, an ein Kloster anzuklopfen oder an einer Straßenecke stehenzubleiben, um einem schönen Aufstand oder irgendeinem hübschen Totschlag zuzuschauen, genügt es, einer Prozession oder einem Leichenzug zu folgen."
CURZIO MALAPARTE, *VERDAMMTE TOSKANER*,
ÜBERSETZT VON HELLMUT LUDWIG. STAHLBERG, KARLSRUHE 1957

GESCHICHTE UND ALLTAG IN FLORENZ

Stendhal, eigentlich Henri Beyle (1783-1842), lebte viele Jahre in Italien. Sein Rom, Neapel und Florenz *gehört zu den Klassikern der Reiseliteratur. Seine erste Begegnung mit Florenz löste in ihm eine so starke Gemütsbewegung aus, dass er ein körperliches Schwächegefühl empfand. Später nannte man dieses bei besonders empfindsamen Kunstbetrachtern gelegentlich vorkommende Phänomen auch ›Stendhal-Syndrom‹.*

"Als ich vorgestern den Apennin hinunterfuhr und mich Florenz näherte, hatte ich starkes Herzklopfen. Wie kindisch! An einer Wegbiegung tauchte mein Blick schließlich in die Ebene, und ich sah in der Ferne die dunkle Masse von Santa Maria del Fiore mit der berühmten Kuppel, dem Meisterwerk Brunelleschis. – Dort haben Dante, Michelangelo, Leonardo da Vinci gelebt! sagte ich mir. Das ist also die edle Stadt, die Königin des Mittelalters! In ihren Mauern wurde die Kultur wiedergeboren; dort hat Lorenzo de' Medici so gut die Rolle des Königs gespielt; an seinem Hofe hatte zum ersten Male seit Augustus das militärische Verdienst

Die Toscana in der Literatur
Florenz

nicht den Vorrang. Schließlich drängten sich die Erinnerungen in meinem Herzen allzusehr; ich fühlte mich außerstande, klare Gedanken zu fassen, und überließ mich deshalb meinem Wahn, wie an der Seite einer geliebten Frau. [...]

Ich befand mich schon bei dem Gedanken, in Florenz zu sein, und durch die Nähe der großen Männer, deren Gräber ich eben gesehen hatte, in einer Art Ekstase. Ich war in die Betrachtung edelster Schönheit versunken, die ich ganz dicht vor mir sah und gleichsam berühren konnte. Meine Erregung war an dem Punkt angelangt, wo sich die himmlischen Gefühle, die uns die Kunst einflößt, mit den menschlichen Leidenschaften vereinen. Als ich Santa Croce verließ, hatte ich starkes Herzklopfen; in Berlin nennt man das einen Nervenanfall; ich war bis zum Äußersten erschöpft und fürchtete umzufallen."

STENDHAL, *ROM, NEAPEL UND FLORENZ*, ÜBERSETZT VON KATHARINA SCHEINFUSS.
RÜTTEN & LOENING, BERLIN 1985

Rainer Maria Rilke (1875-1926) kannte Italien von Kindheit an und kehrte 1897 dorthin zurück. In diesem Jahr hatte er Lou Andreas-Salomé, seine Geliebte, kennen gelernt, die entscheidenden Einfluss auf den jungen Dichter ausübte. Für sie schrieb er im Frühjahr 1898 das Florenzer Tagebuch, *in dem er von seinen Eindrücken berichtet und seine Begegnungen mit der Kunst und Architektur der Renaissance schildert.*

"Am ersten Abend war ich des Bewußtseins froh, daß mein Hiersein nach Wochen zählen wird; denn ich fühlte: Florenz erschließt sich nicht wie Venedig dem Vorübergehenden. Dort sind die hellen, heiteren Paläste so vertragsselig und beredt, und wie schöne Frauen verharren sie immerfort am Spiegel des Kanals und sorgen, ob man ihnen das Altern nicht anmerkt. [...] Anders in Florenz: Fast feindlich heben die Paläste dem Fremden ihre stummen Stirnen entgegen, und ein lauschender Trotz bleibt lange um die dunklen Nischen und Tore, und selbst die klarste Sonne vermag nicht seine letzten Spuren zu löschen. – Ganz seltsam wirkt, besonders inmitten des aufrichtigen Lebens der modernen Straßen, in denen das Volk seine Feste feiert und seine Geschäfte schreit, diese mißtrauische Wehrhaftigkeit der alten Bürgerpaläste, dieser breiten, riesigen Bürgerbogen mit ihrem ewigen Ernst, der versteinert scheint in den Furchen der mächtigen Quadern. Wenige und sparsame Fenster mit einem Schmuck, dessen Glanz höchstens dem Lächeln eines verschüchterten Kindes ähnelt, unterbrechen das schwere Schweigsamsein und fürchten sich, etwas von dem Sinn zu verraten, der diese Mauern beseelt. [...]

Hast du aber einmal das Vertrauen dieser Paläste errungen, so erzählen sie dir gern und gütig die Sage ihres Daseins in der herrlichen, rhythmischen Sprache ihrer Höfe. Auch da scheint die Architektur immer bis in die guten Denkmale der Hochrenaissance hinein ihre ernste Würde bewahrt zu haben. Aber die abweisende Verschlossenheit ist dem verständigen und bewußten Sich-Anvertrauen trefflicher Menschen gewichen, welche ohne Pose und ohne Ängstlichkeit geben, im Gefühl, daß doch nur der Beste ihr Bestes empfängt; denn nur ihm kann es durch das Begreifen zum Besitze werden."

RAINER MARIA RILKE, *DAS FLORENZER TAGEBUCH*.
INSEL-VERLAG, FRANKFURT/M. 1982

Helmut Krausser (geb. 1964) lässt seinen preisgekrönten Roman Melodien (1993) *im Florenz zur Zeit des Fra Savonarola beginnen. Der Protagonist Castiglio, der nach der ›absoluten Musik‹ sucht, die die Harmonie der Sphären abbilden kann, gerät in eine Razzia der Kindersoldaten des Mönchs, der alle ›Eitelkeiten‹ aus der Welt schaffen will.*

"Castiglio riß im richtigen Moment die Tür auf. Der Junge, die Hand zum Klopfen erhoben, erschrak vor der hohen, dürren Gestalt, den tiefen Augenrändern, dem verklebten schwarzen Haar, den schmalen, weißgepreßten Lippen. Castiglio war vierundzwanzig Jahre alt. Man hätte ihn eher auf das Doppelte geschätzt.

»Und?«

Der Junge, schwankend vor Bedeutungsschwere, verhaspelte sich, stammelte, verschluckte die Wörter.

> »Der Gott, der die Hügel von Florenz schuf, war ein Künstler: Goldschmied, Bildhauer, jemand, der Bronze bearbeiten konnte; Maler war er auch. Kurz, dieser Gott muss Florentiner gewesen sein.«   Anatole France

»Hä?«

Der höchstens Elfjährige faßte sich schließlich und ratterte Auswendiggelerntes herunter. »Bürger! Heute werden auf dem Signorenplatz eitle Dinge und Werke dem Feuer überbracht. Gebt heraus, was davon in Eurem Besitz sein mag!«

Castiglio lächelte und nickte. Das ging nun schon zwei Jahre so.

»Was ist denn diesmal gefragt?«

Der blonde Junge besann sich und leierte die Liste ab, die er sich im Morgengrauen exakt hatte einprägen müssen.

»Zunächst Larven, falsche Bärte, Spiegel, Schleier und alle Arten von Haartouren, Toilettegeräte der Damen, Brennscheren, Parfüm, Maskenkleider – «

Raffiniert, dafür den letzten Karnevalstag zu wählen, dachte Castiglio.

» – ferner Lauten, Gamben, Harfen, Tricktracks, Schachbretter, Spielkarten, Liederbücher, Zauberzettel, Manuskripte, in denen sich Miniaturen finden, prunkvolle Pergamentdrucke und von den Werken der Poetae: der Pulci, der Arlotto, Boccaccio, Ferri, Naso, Plautus und Ariphantones!«

»Aristophanes«, verbesserte Castiglio.

»Ja. Des weiteren jedwede Gemälde weiblicher Schönheit, vor allem solche mit nackten Brüsten, es sei denn, es säße ein Jesuskind darauf; und Porträts, die man zur Ergötzung und Verewigung fertigen ließ. Dies alles soll im Beisein der Signorie auf einer großen Pyramide brennen!«

Der Knabe holte tief Luft. Castiglio verneigte sich und gab mit einer devoten Handbewegung den Weg ins Innere der Hütte frei, die nur an den zwei zum Fluß gerichteten Seiten aus Stein gebaut war. »Von alldem besitz' ich nichts.«

Zögernd trat der Junge über die Schwelle und sah sich um. Ein dunkles, niedriges, spinnwebverwebtes Zimmer, rußgeschwärzt und karg ausgestattet. Über den beiden aus halben Faßdauben geschreinerten Stühlen hingen abgetragene Kleider voll Flickwerk. Der Vorhang über dem Bettgestell war an vielen Stellen gerissen, die Kerzen auf dem Pult bestanden aus billigstem Talg. Vor die Fenster waren roh gegerbte Häute gespannt.

Kotgeruch. Der feuchte Bretterboden trug grüngraue Schimmelspuren. Leere Nischen gähnten aus den Mauern. Der Junge deutete auf das gute Dutzend Bücher und lederne Schriftrollen, die im steinernen Eck auf einem Schemel postiert waren. »Was ist *damit?*«

Castiglio beugte sich zu ihm hinab. Sein Tonfall wurde höflich, verlor jeden überheblichen Klang. »Geh hin, unterzieh sie deiner Prüfung! Wirst sehn, keins gehört zu den von dir erwähnten. Die Rollen enthalten medizinische Schriften, welche man noch nicht in der neuen Art gedruckt hat. Die Bücher sind Leihgaben der Akademie, wonach du den Doktor Salvini befragen kannst.«

Die Toscana in der Literatur
Siena

Der Junge beherrschte von den Buchstaben nur den einen, mit dem sein Name begann, dennoch trat er näher und tat, als mustere er die Buchdeckel genau.

Castiglio hätte ihm am liebsten kräftig in den Hintern getreten, doch wäre das halbem Selbstmord gleichgekommen.

Von der offenen und freundlichen Art des Hausherrn angetan, murmelte der Knabe ein kurzes »Gut!«, genoß noch einen Moment seinen machtvollen Rundblick und rannte weiter."

Helmut Krausser, *Melodien*.
Fischer TB, Frankfurt/M. 1994

Vasco Pratolini (1913-91) wuchs in Florenz auf. Die stark autobiografisch gefärbte Chronik einer Familie *ist die Geschichte zweier Brüder, die früh getrennt werden und erst als Erwachsene zusammenfinden, durch den Tod des Jüngeren aber bald wieder getrennt werden. Pratolini lässt hier den älteren Bruder in einem rückblickenden inneren Monolog eine Art narratives Requiem an den jüngeren richten.*

"Ich wohnte in der via Ricasoli, neben dem Notausgang des Kinos ›Modernissimo‹. Es war spät am Abend, vielleicht neun. Gegenüber brannte die Kugellampe eines Milchladens; aus dem erleuchteten zweiten Stockwerk kam Tanzmusik. Es war noch kalt, man sah den Mond und Sterne. Am Ende der Straße, über den Häusern, standen Kuppel und Apsis von Santa Maria del Fiore.

Wir gingen am Palazzo der Zeitung La Nazione vorüber zum Domplatz.

»Wie hast du meine Adresse erfahren?«

»Ich habe im Einwohnermeldeamt gefragt.« Du lächeltest.

»Brauchst du ein richtiges Abendessen?«

»Abends bin ich nur ein leichtes Essen gewöhnt. Wir könnten etwas im Stehen bei ›Beccatelli‹ nehmen.«

Du warst wirklich anders, als ich mir dich immer noch vorstellte, du warst ein Freund. Ich hakte dich unter.

Das Lokal war fast leer. Giovanni Becattelli saß gelangweilt an der Kasse. Zwei Gäste aßen, die Teller auf den Marmor-Fenstersimsen. In der Ecke an dem einzigen Tisch saßen Vittorio, der Zeitungsverkäufer von der Piazza, und seine Frau, beide sehr dick, vielleicht litten sie an Wassersucht, und der alte Krawattenhändler, der an Händen und Füßen ständig Schmerzen hatte.

»Gehst du oft hierher?« fragte ich dich.

»Der Sohn des Wirts war mein Schulkamerad.«

Giovanni freute sich, als er uns eintreten sah. Zuerst vermutete er nicht, daß wir zusammengehörten.

»Ciao«, sagte er zu dir. »Wieso bist du um diese Zeit noch nicht zu Hause?«

Du warst ein wenig verlegen geworden, hattest aber rasch deine reservierte Haltung wiedergefunden. »Ich bin mit meinem Bruder zusammen«, sagtest du. Giovanni schüttelte den Kopf, genau wie deine Freunde.

»Seit wann hast du einen Bruder?«

»Seit wir geboren sind«, sagte ich."

Vasco Pratolini, *Chronik einer Familie*, übersetzt von
Charlotte Birnbaum. Beck & Glückler, Freiburg i. Br. 1988

Palio in Siena

Carlo Fruttero und Franco Lucentini, die unzertrennlichen Turiner Krimi-Autoren, suchen sich für jeden Roman eine Stadt als Rahmen der Handlung aus. Hier stellt der berühmte Sieneser Palio den farbenprächtigen Hintergrund für die Szene.

"Das Los reguliert den Palio [...]. Der karmesinrote Tambour der Turm-Contrade, der in diesem Moment gerade unter dem Fenster des Anwalts die Trommel rührt, und die Bannerträger der Wölfin, die ihre schwarzweißen Seidenbanner fünfzig Meter weiter vorn schwenken, defilieren aufgrund einer Losentscheidung in dieser Reihenfolge, und eine andere Losentscheidung wird bestimmen, in welcher Reihenfolge die Pferde an den Start gehen werden.

Und der »Berber« der Giraffe, der dort drüben unter Valerias Balkon so nervös mit den Hufen im Sand scharrt, daß ihn sein »Barbaresco« kaum halten kann, gehört keineswegs der Contrade, er ist nicht vom Kapitän und vom Prior der Giraffe ausgewählt und gekauft worden. Keins der Pferde gehört den Contraden. Vor jedem Palio examiniert eine eigens zu diesem Zweck gebildete Kommission zwanzig Halbblüter, wählt zehn davon aus und weist sie per Los den Contraden zu, die am Rennen teilnehmen werden. So wird vermieden, daß sich die reichsten Contraden immer die besten Rennpferde sichern (aber es kann auch vorkommen, daß ein und dieselbe Contrade dreimal hintereinander denselben müden Klepper erhält).

Valeria, das weiße Pünktchen drüben auf dem Balkon, findet sich im Labyrinth der Mechanismen und Möglichkeiten des Palio nicht zurecht. Gestern (nein, vorgestern), als Guidobaldo sich locker über diese Mechanismen erging, war sie ganz Ohr: schmale Lippen, große Zustimmungsgesten, eine Flut von Aha, Soso, Na so was, Nein wirklich, Verstehe ... Aber sie verstand nichts, der Anwalt kennt seine Frau. [...]

Für ein Konversationshandbuch über den Palio
Guidobaldo: »Siena hat siebzehn Contraden, aber nur zehn davon beteiligen sich am Palio.«
Valeria: »Ach wirklich? Und wieso?«
Guidobaldo: »Die Rennbahn um den Platz ist eng, unregelmäßig, voller Auf und Ab und gefährlicher Kurven (lange Fußnote über die mörderische San-Martino-Kurve). Was meinen Sie, was passieren würde, wenn da siebzehn Pferde gleichzeitig losgaloppierten? Sie würden nicht mal zwanzig Meter weit kommen, ohne zu stürzen.«
Valeria (sich die Hände vor die Augen schlagend): »Die armen Tiere!«
Guidobaldo: »Deswegen machen bei jedem Palio nur zehn Contraden mit, und die sieben anderen haben das Recht, im nächsten Jahr mitzumachen, und so weiter.«
Anwalt: »Und die übrigen drei, die bis zehn noch fehlen?«
Guidobaldo: »Die werden aus den zehn Teilnehmern des letzten Jahres ausgelost.«
Anwalt (nach einer schnellen Überschlagsrechnung): »Aber dann kann es doch vorkommen, daß drei Contraden regelmäßig jedes Jahr teilnehmen und vier nur jedes dritte Jahr mitmachen dürfen.«
Guidobaldo: »Sicher, aber was wollen Sie machen? Das ist das Los.«
Valeria: »Unglaublich!«"

Carlo Fruttero und Franco Lucentini,
Der Palio der toten Reiter, übersetzt von
Burkhart Kroeber. Piper, München 1986

● DIE TOSCANA IN DER LITERATUR
VON ORT ZU ORT

PISA

Charles Dickens (1812-70) bereiste Italien 1844 nicht so sehr als humanistischer Bildungsbürger. Als Gerichts- und Parlamentsreporter interessierte er sich häufig für den Alltag und die Arbeitswelt der kleinen Leute, die er lebendig und humorvoll zu schildern verstand. Ironisch kontrastiert er das Pisa der Schulbücher mit dem echten.

"Von der Höhe jenseits Carraras bezaubert der Blick auf die flache Ebene mit Pisa als Mittelpunkt und Livorno als purpurnem Fleck in der Ferne. Das fruchtbare Land und die ausgedehnten Olivenwälder, die man durchquert, machen die Fahrt genußreich.

Der Mond schien hell, als wir uns Pisa näherten, und eine gute Weile konnten wir hinter der Stadtmauer den schiefen Turm sehen, wie er sich in dem fahlen Licht als schräge Silhouette abzeichnete, das schattenhafte Original der altbekannten Bilder in Schulbüchern, wenn von den Weltwundern die Rede ist. Wie die meisten Dinge, die in ihren ersten Assoziationen mit Schulzeit und Schulbüchern verknüpft sind, empfand ich ihn entschieden als zu klein. Er ragte längst nicht so hoch über die Mauer, wie ich gehofft hatte. Es war wieder einmal eine der zahlreichen Enttäuschungen, die Mr. Harris, der Schulbuchverleger an der Ecke von St. Paul's Churchyard in London, seinen Lesern bereitete. Sein Turm war Fiktion, und dieser war Wirklichkeit, die beim Vergleich den kürzeren zog. Immerhin wirkte er kühn und sehr eigenartig und wich von der Senkrechten genausoweit ab, wie Mr. Harris es dargestellt hatte. Was mir besonders an Pisa gefiel, waren die Stille, die große Torwache mit nur zwei kleinen Soldaten, die fast menschenleeren Straßen und der Arno, der hübsch artig mitten durch die Stadt fließt. So verargte ich Mr. Harris nichts mehr, zumal ich seine guten Absichten anerkennen mußte; vielmehr verzieh ich ihm schon vor dem Abendessen und machte mich voller Zuversicht am nächsten Morgen auf den Weg, um mir den Turm anzusehen.

Ich hätte es besser wissen sollen, doch irgendwie hatte ich erwartet, er werfe seinen langen Schatten auf eine den ganzen Tag über belebte Straße. Infolgedessen war ich überrascht, ihn abseits vom Verkehr auf einem ruhigen, mit weichem Rasen bewachsenen Platz zu finden. Aber die Gruppe von Bauten auf und um diesen grünen Teppich, nämlich der Dom, der schiefe Campanile, das Baptisterium und die Friedhofshallen des Campo Santo, bildet eine so auffallende und schöne Einheit, wie sie nirgends sonst anzutreffen ist. Und weil sie sich am Rande des Lebens und Treibens der Stadt abgesondert und zusammengeschlossen haben, machen diese Gebäude einen ehrfurchtgebietenden Eindruck. Es ist die architektonische Essenz einer reichen alten Stadt, deren unedle Bestandteile, das heißt alle profanen Aktivitäten samt deren Lokalitäten, herausgefiltert wurden.

Ein Reiseschriftsteller vergleicht den Turm mit den landläufigen Abbildungen des Turms zu Babel in Bilderbüchern. Es ist eine glückliche Analogie und vermittelt einen besseren Begriff von dem Bau als seitenlange umständliche Beschreibungen. Die Anmut und Schwerelosigkeit der Struktur sind unübertrefflich, und der Gesamteindruck ist einzigartig. Wenn man die sanft steigende und daher bequeme Treppe hinaufgeht, fällt einem die Neigung nicht weiter auf. Erst wenn man oben ist, merkt man sie und hat das Gefühl, auf einem Schiff zu sein, das sich infolge der Ebbe übergelegt hat. Sozusagen auf der Leeseite, wenn man sich also vom Umgang hinauslehnt und sieht, wie der Schaft gegen die Basis zurückweicht, ist die Wirkung verblüffend. Einen nervösen Besucher sah ich, der sich nach dem Blick in die Tiefe unwillkürlich gegen den Turm stemmte, als wolle er ihn aufrichten. Im Innern verwirrt der Blick vom Boden hinauf wie durch eine schiefe Röhre. Die Abweichung von der Senkrechten ist jedenfalls so stark, daß selbst dem Touristen mit der am höchsten gespannten Erwartung nichts zu wünschen übrigbleibt.

»Das etruskische Volterra, die ›Stadt des Windes und des Bruchsteins‹, sitzt auf der Balze, als hätte es der Berg ausgespien.«

Bino Sanminiatelli

99 Prozent der Leute, die sich auf dem Rasen an seinem Fuße zu Rast und Betrachtung der umliegenden Bauwerke ausstrecken, würden sich instinktiv nicht gerade auf der Seite der Neigung lagern; so bedrohlich ist der Turm gekippt.**"**
Charles Dickens, *Bilder aus Italien,* übersetzt von Ulrich C. A. Krebs. Hugendubel, München 1981

Volterra

Im April 1927 machte sich David Herbert Lawrence (1885-1930) zur letzten seiner Reisen nach Etrurien auf, weil er sich von der etruskischen Zivilisation angezogen fühlte und hoffte, dort den Sinn für Leben und Tod zu erfahren. Die Seiten, die aus dieser Reise entstanden, sind ein Mittelding zwischen Reisebericht und spirituellem Testament.

"Die etruskischen Darstellungen verfolgen uns. Diese Leoparden mit ihren langen heraushängenden Zungen, diese wallenden Seepferdchen, diese in Flanke und Nacken getroffenen, zusammengekauerten, gefleckten Rehe ergreifen Besitz von der Phantasie und lassen sie nicht mehr los. Und wir sehen das wogende Meeresufer, die umherschießenden Delphine, den gewandten Taucher, den kleinen Mann, der hinter ihm so eifrig den Felsen hinaufklettert. Dann die bärtigen Männer, die während des Banketts auf ihren Ruhebetten lagern – wie halten sie das geheimnisvolle Ei empor! Und die Frauen mit dem kegelförmigen Kopfputz – wie seltsam neigen sie sich vor, mit Liebkosungen, die wir nicht mehr kennen! Die nackten Sklaven beugen sich fröhlich über die Weinkrüge. Ihre Nacktheit ist eine Kleidung eigener Art, ungezwungener als Gewandung. Aus den Kurven ihrer Glieder spricht Lebensfreude – eine Freude, die die Glieder der Tänzer, ihre großen, langen, ausgestreckten, bis zu den Fingerspitzen tanzenden Hände noch tiefer erfaßt hat, in einem Tanze, der von innen aufbrandet, wie eine Strömung im Meere. Als wenn sie die Strömung eines starken andersartigen Lebens überflutete, die sich von der seichten Strömung unserer Gegenwart unterscheidet: als ob sie ihre Lebenskraft aus Tiefen gewännen, die uns versagt sind.

Doch in wenigen Jahrhunderten verloren sie ihre Vitalität. Die Römer saugten ihnen das Leben aus. Es scheint fast, als ob es der Widersetzlichkeit gegen das Leben, der Anmaßung und Überheblichkeit, wie die Römer sie kannten – einer Kraft, die notwendig moralisch ist oder die die Moral als Deckmantel für ihre innere Verwerflichkeit mit sich führt –, immer gelänge, das natürliche Blühen des Lebens zu zerstören. Und doch gibt es noch immer einige wilde Blumen und Geschöpfe.

Das natürliche Blühen des Lebens! Für menschliche Wesen ist das nicht so einfach, wie es klingt. Hinter aller etruskischen Lebendigkeit steht eine Lebensreligion, für die die führenden Männer tiefe Verantwortung trugen. Hinter all dem Tanz stand eine Schau und eine Wissenschaft vom Leben, eine Auffassung vom Weltall, die bewirkte, daß Menschen ihre Fähigkeiten ausschöpften.**"**

D. H. Lawrence, *Etruskische Orte,* übersetzt von Oswald v. Nostiz. Wagenbach, Berlin 1999

● DIE TOSCANA IN DER LITERATUR
VON ORT ZU ORT

DER ARGENTARO

In seinem 1933 erschienen Italienischen Reisebuch, *einer Sammlung kurzer Essays über seine Reise durch die italienischen Regionen, beschreibt Corrado Alvaro (1895-1956) die enge Bindung der Menschen an ihren Herkunftsort, indem er die Landschaft, Leute und Traditionen mit emphatischer Neugier charakterisiert. Diese Themen, die ihm am Herzen liegen, gehören zu den schönsten Seiten seines Werks.*

"Ich kenne eigensinnige, geduldige Menschen, deren Kraft fast naturgegeben zu sein scheint. Die Bewohner des Argentaro gehören dazu, sie bilden eines von vielen Kapiteln des italienischen Epos der Arbeit. Ein so schöner, strahlender, klangvoller, heiterer Name – der Argentaro! Dieses karge Vorgebirge, auf dem dort, wo es den geringsten Schutz, das kleinste Mäuerchen oder auch nur etwas Wasser gibt, Orangenbäume wachsen, hundert Meilen nördlich von Rom, wo man, wo es nur möglich ist, einen Gemüsegarten oder einen Weinberg anlegt, auf engem Raum und doch üppig, mühsam und hart, aber sauber, stets kämpfend, aber jedes Jahr neue Kinder hervorbringend, wie ein niemals aufhörender Glaube an das Morgen. Das Leben ist voll von Leuten, die vorbeigehen, reisen, eine immerwährende Pilgerfahrt auf der Suche nach dem Tagesverdienst. In jedem anderen Land wäre der Argentaro wohl entvölkert, verzweifelt, kahl und wild. Da er sich jedoch in Italien, in der Toscana, in der Maremma befindet, entreißt er der Natur Jahr für Jahr etwas Neues. Monat für Monat entsteht ein neues Haus, Jahr für Jahr fährt eine neue Flottille Seefahrer aufs Meer hinaus. Diejenigen, die es nicht können, warten und laufen dorthin, wo sie der Natur und den Menschen etwas abgewinnen können.

Zu Fuß gehen die Menschen im Morgengrauen zu den sanften Flüssen, den sandigen Ufern hinunter, wo der wild tobende Winter Baumstämme hinterlassen hat, gut, um etwas Feuer zu machen, und wo sich die Koffermuscheln in den Sand gegraben haben. Am Abend kehren sie zurück. [...] Auf solche Art verbrachte Tage, immer auf der Suche nach dem Guten und Nützlichen, verleihen allem eine besondere Farbe, der Landschaft, den Menschen, die in Scharen auf Fahrrädern vorbeiziehen, den Kindern und Alten, die zu Fuß gehen, den kleinen Mädchen, die hinter ihren Vätern sitzend auf Eseln reiten."

CORRADO ALVARO, *ITINERARIO ITALIANO*, FÜR DIESE AUSGABE ÜBERSETZT VON C. DIDIER. BOMPIANI, ROM, MAILAND 1941

ELBA

Der deutsche Historiker Ferdinand Gregorovius (1821-91) lebte lange in Italien und verfasste dort auch seine Wanderjahre in Italien, *eine Sammlung kurzer, lebendiger und genauer Skizzen seiner Reiseerfahrungen. Als Historiker kam er auch nicht umhin, die Insel Elba zu besuchen, um dem Andenken Napoleons seine Ehre zu erweisen.*

> »GEGENÜBER DER KÜSTE VERSCHWOMMEN DER ARCHIPEL.
> ELBA, DAS ANTIKE ILVA, DIE GEFEIERTE INSEL DES EISENS, INNEN
> GEBIRGIG, MILD IM KLIMA, MIT LIEBLICHER VEGETATION.«
>
> BRUNO CIGOGNANI

"Einmal in der Woche macht zur Sommerszeit das toskanische Staatsdampfschiff ›Giglio‹ die Fahrt nach Elba, Regierungsdepeschen und Passagiere hinüberzubringen. Sie dauert, von Livorno aus, gegen fünf Stunden, weil sie über Piombino geht, wo das Schiff eine Weile anlegt. Immer längs der tuskischen Küste, an den Maremmen hinsegelnd, erfreut man sich der grünen und weitausgedehnten Niederung, die sich zum Meere senkt und nach dem Lande zu durch das Gebirge geschlossen wird, welches die Gegend von Volterra durchstreicht. Türme an solchen Stellen, wo ein Landungsplatz sich befindet, wenige kleine Hafenorte, einige Fabrikgebäude und zerstreut liegende Campagnahäuser unterbrechen den einförmigen Strich der Maremmen, welche von Arbutusbuschwäldern und Myrten grünen und in ihrem Dickicht die reichste Jagd von Wildschweinen hegen. Zur Zeit der Etrusker standen auf dieser Küste reiche, große und durch ihre Kultur mächtige Städte von Volterrae ab bis nach Cäre und bis Veji in die Campagna von Rom hinunter. [...]

Je näher man Elba kommt, desto rauher erscheinen seine Felsen; von Ortschaften ist kaum eine Spur zu sehen, außer einem kleinen Hafenort, den man linker Hand liegen läßt. Die Ufer schroff und von einer finstern Majestät. Hoch oben, auf der höchsten Spitze eines Berges, steht kühn ein grauer und uralter Turm, vom Volk Torre di Giove genannt, ein ehrwürdiges Wahrzeichen für den Schiffer, der auf diese Napoleonsinsel zusteuert.

Nun fliegt das Schiff um ein braunes Vorgebirge, und nicht gering ist die plötzliche Überraschung. Denn mit einemmal zeigt sich der große schöne Golf von Porto Ferrajo, ein herrliches Halbrund, amphitheatralisch von hohen Bergen eingefaßt, deren Abhänge bis zum Meer bedeckt sind mit Gartenhainen und Villen, mit Landgütern und Kapellen, in reizender Landschaft, unter Zypressen, hohen Aloeblumen und grünschattigen Maulbeerbäumen. Zur Rechten wird der Golf von einer Halbinsel umzogen, deren Isthmus sehr schmal ist, und auf dieser liegt in imposanter Haltung Stadt und Hafen Porto Ferrajo, das alte Argons und das spätere Cosmopolis, ein schönes Denkmal des glücklichen Cosmus I. aus dem Hause Medici, und das Gefängnis Napoleons.

Ich betrat die Stadt mit dem Gefühl, in eine historische Idylle einzutreten. Die großen und ernsten Linien des schönen Golfs haben etwas Feierliches von majestätischer Ruhe, die Stadt auf der Halbinsel, so graziös toskanisch, so lieblich und so klein, hat alles von ländlicher Einsamkeit und weltabgeschiedenem Wohlbehagen. Die Straßen sind zusammengedrängt, doch überschaulich; die kleinen Plätze und grünen Orangengärten, die sich frei und luftig den Berg hinaufziehen, laden zum Bleiben ein. Die ganze Stadt schimmert in einer hellen gelben Grundfarbe, welche zu dem frischen Grün der Bäume und dem tiefen Blau des Meeres heiter stimmt. Ein herrlicher Aufenthalt für entthronte Könige, ihre Memoiren zu schreiben!"

FERDINAND GREGOROVIUS, *WANDERJAHRE IN ITALIEN*.
C. H. BECK, MÜNCHEN 1967

● Die Toscana in der Literatur
Von Ort zu Ort

Lucca

Heinrich Heine (1797-1856) ist vor allem als Lyriker bekannt geworden, der romantische Themen ironisch pointiert behandelte. In seinen Reiseberichten, z. B. in Die Bäder von Lucca, *polemisiert er gern gegen seine deutschen Zeitgenossen.*

"Ich ging zu Fuße, längs den schönen Bergen und Baumgruppen, wo die goldnen Orangen wie Sterne des Tages aus dem dunklen Grün hervorleuchteten und Girlanden von Weinreben, in festlichen Windungen, sich meilenweit hinzogen. Das ganze Land ist dort so gartenhaft und geschmückt wie bei uns die ländlichen Szenen, die auf dem Theater dargestellt werden; auch die Landleute selbst gleichen jenen bunten Gestalten, die uns dann als singende, lächelnde und tanzende Staffage ergötzen. Nirgends Philistergesichter. Und gibt es hier auch Philister, so sind es doch italienische Orangenphilister und keine plump deutschen Kartoffelphilister. Pittoresk und idealisch wie das Land sind auch die Leute, und dabei trägt jeder Mann einen so individuellen Ausdruck im Gesicht und weiß in Stellung, Faltenwurf des Mantels, und nötigenfalls in Handhabung des Messers, seine Persönlichkeit geltend zu machen. Dagegen bei uns zulande lauter Menschen mit allgemeinen gleichförmlichen Physiognomien; wenn ihrer zwölf beisammen sind, bilden sie ein Dutzend, und wenn einer sie dann angreift, rufen sie die Polizei."

Heinrich Heine, *Italien*.
Insel, Frankfurt/M. 1988

Der Journalist Guido Piovene (1907-74) wurde in den 40er Jahren unter anderem durch seinen Briefroman Briefe einer Novizin *(1941) bekannt. 1957 veröffentlichte er* Reise in Italien, *aus der die folgende Beschreibung Luccas stammt.*

"Wer an die Lucchesia denkt, sieht den ausgedehnten Landstrich vor sich, der sich zwischen den Bergen und dem Meer erstreckt, wo Gemüsegärten und Anbauflächen bis zu den berühmten Touristenbadeorten Viareggio und Forte dei Marmi vorstoßen. [...]

Lucca ist die einzige italienische Stadt, die vollständig von einem Bollwerk wie von einem Ring umschlossen ist. Dieses wurde zwischen dem 16. und 17. Jh. errichtet und verdeckt die Stadt vor den Blicken desjenigen, der sich von der Ebene her nähert. Dieses Bollwerk wird von einer herrlichen Allee durchzogen, und von verschiedenen Aussichtspunkten aus kann man nach außen hin entweder die sanfte Ebene der Umgebung von Lucca oder die Berge im Hintergrund betrachten. Blickt man dagegen nach innen, sieht man die Stadt fast wie in einem Becken gelegen. Dann erkennt man nach und nach Kirchen, Paläste und Türme, bis hin zum Turm der Guinigi, auf dessen Spitze sich, wie als Referenz an die ihn umgebende Natur, einige große wilde Steineichen befinden. Die vom Bollwerk aus gesehene Stadt lässt an eine Art Bank denken, in der sie in den Jahrhunderten des Glanzes aufbewahrt wurde, während der von den Bewohnern durch die Herstellung von Seidenstoffen, das Bankwesen und den Handel angesammelte Reichtum in Kirchen und Paläste umgewandelt wurde."

Guido Piovene, *Viaggio in Italia*, übersetzt von C. Didier. Arnoldo Mondadori Editore, Mailand 1957

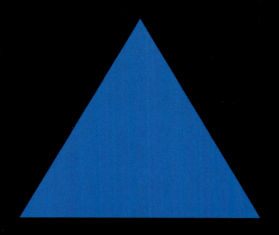

Reiserouten in der Toscana

- **115** FLORENZ
- **139** DAS FLORENTINER HINTERLAND
- **145** PISA UND LUCCA
- **163** MASSA, CARRARA UND DIE APUANISCHEN ALPEN
- **173** PRATO UND PISTOIA
- **183** AREZZO UND UMGEBUNG
- **201** CHIANTI
- **207** SIENA
- **223** DAS SENESE
- **235** VON VOLTERRA NACH LIVORNO
- **251** GROSSETO UND DIE MAREMMA

▲ Maremma Landschaft bei Volterra ▼

▼ Weinfelder im Chianti Landschaft im Senese ▶

▲ Grosseto

▲ Abtei von San Galgano ▼ Pienza

▲ Lucca

▲ Monteriggioni ▼ Pistoia

▲ Viticcio, Elba

▲ Golf von Baratti ▼ Costa dell'Argentario

Florenz

116 FLORENZ
Luca Giannini
126 DIE UFFIZIEN
Luca Giannini
134 BARGELLO
Luca Giannini
137 PANORAMASTRASSE
Luca Giannini
137 VON FIESOLE ZUR VILLA GAMBERAIA
Attilio Brilli
138 VON CAREGGI NACH CASTELLO
Attilio Brilli

▲ FLORENZ

1. Florenz ▲ *117*
2. Die Panoramastraße ▲ *137*
3. Von Fiesole zur Villa Gamberaia ▲ *137*
4. Von Careggi bis Castello ▲ *138*

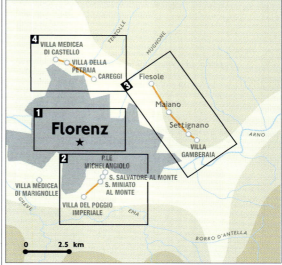

David
Diese biblische Gestalt wurde in der Florentiner Renaissance mit am häufigsten dargestellt. Sie verkörpert die Intelligenz, die über die rohe Kraft siegt, und war seit den ersten Medici ein Emblem der Stadt (● *38*). Michelangelos David (1502-04) steht in der Galleria dell'Accademia (▲ *132*).

Die faszinierende Mischung aus Geschichte, Kultur, Kunst und Landschaft, für die Florenz und die Toscana weltweit berühmt sind, ist die Folge einer tausendjährigen Kulturgeschichte. Die hier vorgeschlagenen Rundgänge führen in diese Geschichte ein. Von den Palästen, Gärten und unzähligen Kunstwerken ist schon in jeder denkbaren Weise geschrieben worden, seit Jahrhunderten in jeder Sprache. Überall in der Welt werden die Meisterwerke studiert, die über die Zeit den kulturellen Reichtum von Florenz bildeten. Meisterwerke, die nicht nur in Museen stehen, sondern überall in der Stadt: Jede Straßenecke, jeder Museumssaal, jede Palastfassade bietet dem Besucher kostbare steinerne Zeugnisse der Vergangenheit. Oder aber Werke, die den

> »ES GIBT KEINEN ORT [IN FLORENZ], AN DEM NICHT DER EDLE, ERHABENE GEIST DER MEDICI WEHT.«
>
> FRANZ GRILLPARZER

Eindruck erwecken, sie seien soeben den Händen der Künstler entsprungen. Der Name der Stadt Florenz ist mit tausend anderen Namen verbunden: Giotto, Michelangelo, Brunelleschi, Leonardo ... Die Geschichte von Florenz ist die Geschichte des menschlichen Genies, das der nie endenden Suche nach Schönheit verfallen ist.

DIE SPUREN DER GESCHICHTE (◆ B F4 C B2)

Im 9. Jh. v. Chr. ließen sich Italiker der Villanova-Kultur dort nieder, wo der Mugnone in den Arno fließt. Die Römer gaben dem Ort urbanen Charakter. Mit den Byzantinern und Langobarden wuchs Florentia, das im 3. Jh. mehr als 10 000 Einwohner zählte, zu einer bescheidenen Stadt heran, die unter der karolingischen Herrschaft ihr intellektuelles und wirtschaftliches Gepräge erhielt. Die wachsende Bevölkerungszahl erforderte eine Stadterweiterung und den Bau einer neuen Stadtmauer 1173-75, die den unter Mathilde von Canossa 1078 errichteten Mauerkreis ersetzte und das linke Arno-Ufer mit einschloss. Dank der erfolgreichen Handels- und Bankgeschäfte konnte die Stadt im 13. Jh. ihre Vormachtstellung erhalten, obwohl Kämpfe zwischen Guelfen und Ghibellinen (● *33, 34*) und zwischen den Wohlhabenden und dem niederen Volk tobten. Der Reichtum brachte eine architektonische und künstlerische Blüte hervor. Die Überschwemmung von 1333 und die Hungersnot mit der Pest 1348 dezimierten jedoch die Bevölkerung, und die Wirtschaft wurde zurückgeworfen. 1378 wurden die Aufstände der Wollkrempler und -färber grausam niedergeschlagen. Im 15. Jh. erstarkte die Wirtschaft neu, Florenz konnte seinen Herrschaftsbereich ausdehnen und die künstlerische Revolution der Renaissance begann.

Die Zeit der Medici (● *36*). Die Auseinandersetzungen um die Oligarchie der Kaufleute und Händler erleichterten Cosimo il Vecchio de' Medici die Machtübernahme (1434). Er sollte seiner Familie für drei – nicht immer friedliche und ruhmreiche – Jahrhunderte die Herrschaft über Florenz

KULTURERBE DER MENSCHHEIT ★
Florenz ist die Inkarnation eines Ideals, das der Renaissance, also einer bestimmten Lebensart und Denkweise. Florenz steht nicht nur für die Kultur, sondern für die Identität Italiens, dessen Sprache, Literatur, Malerei, Skulptur und Architektur hier geprägt wurden. Die Stadt wird von fast 9 Mio. Besuchern jährlich besichtigt, und die Uffizien (▲ *124, 126*) zählen zu den 20 meistbesuchten Museen der Welt. 1982 wurde die Florentiner Altstadt von der Unesco zum Weltkulturerbe erklärt.

Geld und Bauprojekte
Bis 1252 war der pisanische Marco auch die Währung der Florentiner. In diesem Jahr begann man jedoch in der Münze neben dem Palazzo Vecchio, eine eigene Goldmünze herzustellen, den Florin. Er zeigte auf der einen Seite das Abbild Johannes des Täufers, des Stadtheiligen, auf der anderen die florentinische Lilie. Bald beherrschten die Florentiner Wechsler das europäische Kreditgeschäft. Ihr Wohlstand ließ den Palazzo della Signoria und den Dom entstehen. Weil der sakrale Bau statt mit Geldern der Kirche mit denen der Staatskasse entstand, wurde er zum stolzen Ausdruck der Florentiner Identität.

117

FLORENZ
PIAZZA DEL DUOMO

Die ›Verbrennungen der Eitelkeiten‹
Mit dem Aufruf an die Florentiner, sich zu reinigen, ließ Fra Savonarola auf der Piazza della Signoria Scheiterhaufen für Schmuck, Bücher, Bilder und anderes ›Heidnisches‹ (▲ *100*) errichten. Mit seinen furchtbaren Prophezeiungen und Predigten gegen die Korruption entflammte er das niedere Volk, doch zum Schluß brachte dies ihn selbst ins Feuer. Am 23. Mai 1498 entzündeten die kirchlichen Würdenträger den Scheiterhaufen für den Mönch auf der Piazza della Signoria. Damit starb ein fundamentalchristlicher Prediger, der wie kaum ein anderer eine Bedrohung für die in Reichtum schwelgende Kurie der römischen Kirche dargestellt hatte.

vererben. Es folgte ein kurzes republikanisches Intermezzo, das die geißelnden Predigten des Fra Savonarola vorbereitet hatten. Dann drückte Cosimo I., der seine Macht seit 1537 unter dem Schutz der Spanier gefestigt hatte und seit 1569 erster Großherzog der Toscana war, der Stadt die Zeichen seines Absolutismus auf. Er vertraute Vasari den Bau der Uffizien und den Umbau des Palazzo Vecchio in die herzogliche Residenz an. Nach dem Erlöschen der Medici-Dynastie ging die Macht 1737 an die Großherzöge von Lothringen (● *40*) über, die den progressiven Forderungen der Aufklärung folgten und wirtschaftliche, verwaltungstechnische und zivilrechtliche Reformen durchsetzten. Der letzte Großherzog, Leopold II. (● *42*), musste 1859 abdanken. Per Volksentscheid wurde die Toscana mit dem Königreich Sardinien vereint.

Florenz heute. Nachdem Florenz 1865 Hauptstadt Italiens (bis 1870) geworden war, musste die Stadt ihre historische Anlage der neuen Rolle entsprechend verändern. Florenz wurde eine große Baustelle, dehnte sich ins Hinterland aus und öffnete sich zu den Hügeln hin. Anfang des 20. Jh. nahm der Tourismus stetig zu und kündigte bereits seine überwältigende Bedeutung für die Stadt an, die heute eins der Hauptreiseziele in Italien ist. Dennoch ist Florenz ein lebendiges Kultur- und Universitätszentrum geblieben.

PIAZZA DEL DUOMO (◆ **A** D3)

Das Ensemble von Dom, Baptisterium und den beiden Plätzen, die die Bauwerke umgeben, ja fast schützend umschließen, erhielt erst im 20. Jh. seine gegenwärtige Gestalt.

Loggia del Bigallo. An der Ecke zur Via de' Calzaiuoli steht ein Musterbau mit seiner großzügigen Loggia (1352-58), den Biforien des Obergeschosses und den spitzbogigen Tabernakeln. Hier hatten die Erzbruderschaften der Misericordia und des Bigallo ihren Sitz, die sich um die Pflege von Waisenkindern kümmerten.

»Als [ich in Florenz einzog], schien es mir, als blickten Dante, Petrarca, Machiavelli, die Pazzi, die Poliziano, die Michelangelos und tausend andere aus den Fenstern der düsteren Paläste [...].« Alphonse de Lamartine

SANTA MARIA DEL FIORE ★
Der großartige Innenraum, der Merkmale der Spätgotik mit der Tradition der Klassik vereint, überwältigt den Besucher mit der Pracht seiner Ausstattung: darunter 44 Glasfenster (14.-15. Jh.), Fresken (Reiterstandbild von Giovanni Acuto, 1395-1436), Reliefs (Zanobius-Schrein von Lorenzo Ghiberti, 1442) und Skulpturen (Holzkruzifix von Benedetto da Maiano, 1497).

Duomo (Santa Maria del Fiore). Die Domkuppel (oben) war nicht nur ein geniales architektonisches Werk, sondern auch Symbol Florentiner Ambitionen. Der unermüdliche Arnolfo (der den Dom entwarf und die Arbeiten 1296 begann) und Francesco Talenti (Bauleiter ab 1356) hatten den Florentinern eine grandiose Kirche hinterlassen, der jedoch die Kuppel fehlte. Sie zu errichten stellte Brunelleschi vor ein derart schwieriges Problem, dass es ihn ein Leben lang beschäftigte. Indem er aus seinen leidenschaftlichen Studien der römischen Architektur schöpfte, löste er das Problem mit zwei kühnen Neuheiten: den Verzicht auf tragende Rippen und die Konstruktion einer zweischaligen, selbsttragenden Kuppel, deren hohler Zwischenraum begehbar ist. So erreichte er sein Ziel, ohne die baukünstlerischen Vorstellungen des Arnolfo zu verändern, der gotische Elemente (Spitzbögen, hohe Fenster) sensibel mit weiten, sorgfältig ausgestalteten, lichten Räumen verbunden hatte, die genauso wie die Kuppel Erinnerungen an antike Bauten wachriefen. Das Ergebnis ist ein wahres Meisterwerk in Stil und Architektur: Für die Kuppel mussten leichte Materialien und ein spezieller, schnell trocknender Mörtel verwendet werden; dazu kam wegen der fehlenden tragenden Rippen ein neu entwickeltes Gerüst. Die Arbeiten an der Kuppel begannen am 7. August 1420 und endeten 1436.

Giottos Campanile (● 79). Giotto verdanken wir die Idee und die Realisierung des unteren Stockwerks mit den achteckigen Platten. 1334 übernahm er die Bauleitung, die er bis zu seinem Tod 1337 behielt. Danach wurde sie Andrea Pisano übergeben, einem Künstler, der zusammen mit Luca della Robbia die Reliefs ›Erbsünde‹ und ›Erlösung durch die Arbeit‹ entwarf. Das gesamte zweite Stockwerk ist ein Werk Pisanos, dessen Hand im eigenen Charakter der Dekoration mit dem Rautenmuster und den allegorischen Figuren der Planeten, der Tugenden, der Freien Künste und der Sakramente spürbar wird. 1348-59 hatte Francesco Talenti die Leitung inne. Er realisierte die letzten drei Geschosse und ersetzte den Pyramidalabschluss des Erstentwurfs durch einen Horizontalabschluss. Giottos Turmplan war im Vergleich zu traditionellen Ausführungen sehr originell: Der schlanke Bau wird von achteckigen Pfeilern gefasst und durch zwei übereinander sitzende Biforien und ein hohes Triforienfenster ganz oben aufgelockert.

FLORENZ
PIAZZA DEL DUOMO

Porta del Paradiso
Die vier Bronzereliefs von Lorenzo Ghiberti (1425) schmückten die Osttür des Baptisteriums. Die Originale sind heute im Museo dell'Opera del Duomo.

Zuccone
Donatellos Prophet Habakuk entstand für den Campanile des Doms und steht heute im Museo dell'Opera del Duomo. Der Künstler schuf mit ihm eine derart realistische Figur, dass er die Marmorskulptur einmal wütend stieß und anschrie: »Sprich schon, du Schwachkopf!« Vielleicht nennen die Florentiner die Statue deswegen bis heute ›Zuccone‹ (Dummkopf).

Battistero di San Giovanni (● 77). Das Baptisterium, 1059 geweiht, ist ein Bau der Florentiner Romanik und das vielleicht älteste sakrale Gebäude der Stadt. Die kristalline Klarheit seines achteckigen Grundrisses wird durch die geometrische, weiße und grüne Marmorinkrustation des Außenbaus betont. Die mit Tympana und Rundbögen abschließenden Fenster beziehen sich auf die Antike. Die große Kuppel im Inneren ruht auf Mauern mit Pilastern und Säulenarkaden, darüber sitzen Scheinbiforien. Zur kostbaren Ausstattung des Baptisteriums zählen die Mosaiken der Chorkapelle (13. Jh.) und die Bronzetüren (oben) mit biblischen Szenen von Andrea Pisano und Lorenzo Ghiberti (▲ *135*).

Museo dell'Opera del Duomo. Die Bauhütte, Opera genannt, die die Errichtung und die Instandhaltung des Florentiner Doms leitete, entstand 1296. Ab 1331 unterstand sie der Zunft der Wollkaufleute, von der man das Wappen übernahm. Ihr heutiges Gebäude steht nahe der Werkstätte des Architekten Ghiberti. Seit 1891 beherbergt das ›Museum der Bauhütte‹ Kunstgegenstände, die im Zusammenhang mit dem Dom stehen: Es zeigt Florentiner Skulptur vom Ende des 13. bis zum 14. Jh. mit Originalwerken, die einst den Dom, das Baptisterium und den Campanile schmückten: die Statuen der früheren Domfassade (Arnolfo di Cambio, Donatello, Nanni di Banco); die unvollendete ›Pietà‹ von Michelangelo; die marmornen Sängerkanzeln von Luca della Robbia und Donatello; die Reliefs (Andrea Pisano, Luca della Robbia) und Figuren (Andrea Pisano, Donatello, Nanni di Bartolo) des Campanile,

FLORENZ
DIE BAUWERKE DER MEDICI

die Holzfigur der gepeinigten Magdalena und die Statue des Habakuk, der im Volksmund ›Zuccone‹ heißt, von Donatello. Dieser große Bildhauer, der eigentlich Donato di Betto Bardi hieß, schuf 1418-25 viele Figuren für Dom und Campanile.

DIE BAUWERKE DER MEDICI (◆ A D3)

Zwischen dem 15. und 16. Jh. veränderten die Medici das Gebiet nördlich des Doms. Sie ließen ihre Familienresidenz (ab 1659 im Besitz der Riccardi), den Komplex von San Lorenzo, das Kloster San Marco und andere kleine Gebäude errichten.

Palazzo Medici-Riccardi. Michelozzo baute 1444-62 den Prototyp des aristokratischen Wohnsitzes der Toscana (● 67) der Renaissance im Auftrag Cosimos des Älteren (▲ 123), nachdem der ein zu gewagtes Projekt Brunelleschis abgewiesen hatte. Die mittelalterliche Formensprache wird hier durch die Geometrie des Gebäudes mit rhythmischen Fensterachsen, mehreren horizontalen Achsen und unterschiedlichen Inkrustationen (Rustica- und glatte Quader, glatte Wände), die die Abfolge der Geschosse betonen, erneuert. Der Palast auf quadratischem Grundriss hat einen Innenhof. Vor seiner Erweiterung 1670 war er ein Kubus mit nur zehn Fenstern auf jeder Seite und entsprach dem symmetrischen Baustil.

San Lorenzo (● 81). Vor der einfachen, roh behauenen Fassade ahnt man nicht, welche Schätze die Basilika (Inneres 1420-70) birgt. Sie war Symbol der Macht der Medici, die sich statt einer traditionellen Familienkapelle einer ganzen Basilika rühmen durften. Tatsächlich ist San Lorenzo eine der am reichsten ausgestatteten Florentiner Kirchen. Sie wurde über den Resten eines 393 vom hl. Ambrosius geweihten Baus errichtet. Der Raum mit seinen exakt abgestimmten Proportionen und Achsen geht auf Brunelleschi zurück. Dieselbe Klarheit beherrscht auch den Aufbau der Sagrestia Vecchia (›Alte Sakristei‹, 1421-26), des schlichten kubischen Raums mit Schirmkuppel. Die Bedeutung der einzelnen geometrischen Elemente wird von den dunklen Gesimsen und Donatellos Stuckdekoration noch hervorgehoben. Letztere entsprach Brunelleschis Vorstellung aber nicht, weil sie die Harmonie seiner Architektur störte. Vom zweigeschossigen ersten Kreuzgang (rechts) gelangt man zur Bibliothek.

Biblioteca Laurenziana. Clemens VII. gab 1523 die Bibliothek des Klosters bei Michelangelo in Auftrag, vollendet wurde sie 1568 von Ammannati und Vasari. Sie bietet zahlreiche geniale räumliche Lösungen und birgt die größte italienische Manuskript-Sammlung. Beachtenswert sind das Vestibül, wo mit dem Kontrast von Stein und Putz gespielt wird, die von

Zu Ehren der Medici
In der Kapelle Medici-Riccardi freskierte Benozzo Gozzoli 1459-60 im Auftrag von Piero il Gottoso die Wände mit dem ›Zug der hl. drei Könige‹: Die Gesichter der Figuren sind zum Großteil Porträts der Medici und anderer Personen des Hofes. Die Szenen erinnern an das Unionskonzil in Florenz 1439.

SAN LORENZO ★
Die Kunstwerke der Basilika entstanden in der Zeit zwischen dem 14. und dem 19. Jh. Zu den bedeutendsten zählen die ungewöhnliche Madonna mit Kind (um 1382) aus Holz, die Giovanni Fetti zugeschrieben wird, der Sakramentsaltar (um 1460), eine feine Marmorarbeit von Desiderio da Settignano, die zwei unvollendeten Bronzekanzeln (1460-66) von Donatello und die Innenfassade (1523) von Michelangelo.

FLORENZ
PIAZZA DELLA REPUBBLICA

DIE GRABMÄLER DER NEUEN SAKRISTEI ★
Michelangelo plante die Neue Sakristei als monumentalen Bau zur Glorifizierung der Medici-Dynastie und zugleich für die Grabmäler der jungen Herzöge Lorenzo und Giuliano (über den Voluten des Grabmals befinden sich die Figuren ›Nacht‹ und ›Tag‹, rechts), die Neffe bzw. Drittgeborener Lorenzo il Magnificos waren. Die beiden sind wie klassische Helden gezeigt, die tugendhaft und einsam der Unabwendbarkeit des Schicksals gegenüberstehen.

Michelangelo entworfene Treppe und der Lesesaal, dessen Fläche mit der Linearität des Vestibüls kontrastiert.

Die Medici-Kapellen. Michelangelo hatte die Ablehnung seines Fassadenentwurfs für San Lorenzo als Affront empfunden. Zur Entschädigung beauftragten ihn Leo X. und Giulio de' Medici 1520 mit der Realisierung der Sagrestia Nuova (›Neue Sakristei‹, ● *81),* der Grabkapelle der Familie Lorenzo il Magnificos. Die Gliederung des Raums durch graue Elemente ist eine deutliche Hommage an Brunelleschi. 1640 errichtete Matteo Nigetti die Kuppel der Kirche und das riesige achteckige Mausoleum, die Capella dei Principi (›Fürstenkapelle‹). Diese vollständig mit Porfyr und seltenem, kostbarem Marmor aus dem Opificio verkleidete Kapelle ist der prunkvollste Raum des Florentiner Barock und das letzte architektonische Zeugnis des Glanzes der Großherzöge.

PIAZZA DELLA REPUBBLICA (◆ A D3)

Die Piazza war schon das Zentrum der römischen Stadt. Der rechteckige ›Platz der Republik‹ ist gut vom umliegenden Straßengewirr zu unterscheiden, das Giuseppe Poggis Erneuerungsplan des 19. Jh. überstand. Die stark befahrene Via de' Calzaiuoli, die Verbindung zwischen den beiden Denkmäler-Zentren von Florenz, entstand mit den Umbauten des 19. Jh., die von der historischen Stadt nur den Namen übrig ließen.

Piazza della Repubblica. Der große leere Platz ist das beste Beispiel für die Einfallslosigkeit des Plans von 1881. Der alte Markt über dem ehemaligen römischen Forum wurde zerstört, um ihn zu vergrößern und ›dekorativ‹ zu gestalten.

Die Tabernakel von Orsanmichele
Zwischen den Fenstern des Außenbaus von Orsanmichele befinden sich Edicolen, die mit Statuen der einzelnen Zunftheiligen ausgestattet wurden. Das Ergebnis ist eine Art Freilicht-Museum für Florentiner Skulptur des 15.-17. Jh. mit Werken von Verrocchio (›Der ungläubige Thomas‹, 1467-88), Ghiberti (›Hl. Matthäus‹, 1419-22), Nanni di Banco (›Quattro Santi Coronati‹, nach 1413), und Giambologna (›Hl. Lukas‹, 1506).

Orsanmichele. Die Kirche ist praktisch der einzige Florentiner Bau im Stil der europäischen Spätgotik. Sie ersetzte die alte Loggia des Getreidemarkts (Arnolfo di Cambio, 1290), daher der ungewöhnliche zweistöckige Aufbau: Der obere Stock mit hohen Gewölben und großen Fenstern diente als Speicher und ist heute Sitz des Museo di Orsanmichele; der untere wurde nach der Schließung der äußeren Arkaden mit Triforen als Kirche der Madonna geweiht.

Palazzo Davanzati. Der große nüchterne Palast des 14. Jh. (links) lässt in seinen (stilecht restaurierten) Räumen und dem Museo della Casa Fiorentina (seit 1956 im Palazzo) die Atmosphäre einer mittelalterlichen Adelsresidenz nacherleben. Im typischen mittelalterlichen Florentiner Palazzo befanden sich im Erdgeschoss Läden und Lagerräume, im *piano nobile* die Empfangsräume und Appartements, im zweiten Obergeschoss die Räume für die übrige Familie und im dritten die Dienstbotenräume und die Küche. Anders als bei den älteren, wehrhaften Geschlechtertürmen erlebt man bei diesem Palast den üppigen Reichtum in Florenz zur Gründerzeit zu Beginn des 14. Jh. 1578 kaufte Bernardo Davanzati das Gebäude, das bis 1838 im Besitz seiner Familie blieb. 1904 erstand Elia Volpi den Palast, gab ihm seinen einstigen Glanz zurück und stattete ihn mit seinen Kunstsammlungen aus.

Florenz ▲
Piazza della Signoria

Piazza della Signoria (◆ A D4)

Wie in Siena (▲ *210*) war das politische und bürgerliche Zentrum von Florenz von Anfang an (13. Jh.) eine völlig ›weltliche‹ Piazza, auf der die Regierungsgebäude nicht mit dem Bischofspalast oder der Kathedrale konkurrieren mussten.

Palazzo Vecchio (● *65*). 1540 zog Cosimo I. im früheren Amtssitz der republikanischen Regierung ein und unterstrich damit die Vereinigung der Macht in seinen Händen. Als der Palazzo Pitti 1565 die neue herzogliche Residenz wurde, hieß der Palast an der Piazza della Signoria fortan ›der alte‹. Arnolfo di Cambio entwarf ihn als Festung, doch das Innere glorifiziert den Absolutismus der Medici, vor allem den Cosimos I., der Vasaris Erfindungsreichtum seine selbstverherrlichenden Ambitionen ließ. Vasari war sensibel genug, die schroffe Fassade beizubehalten. Stattdessen baute er das Innere vollständig um, wobei er die Arbeit unzähliger Künstler koordinierte. Sie statteten das Quartiere degli Elementi aus (1555-58), dann die Räume von Leo X. (1555-62) und Eleonoras (1558-65), schließlich den pompösen Salone dei Cinquecento (›Salon der Fünfhundert‹), die raffinierten

Die Sammlung zeitgenössischer Kunst Alberto della Ragione
Die Ausstellung in einem Palazzo an der Piazza della Signoria zeigt Kunstwerke, die nach den künstlerischen Höhepunkten der Renaissance angenehm in das 20. Jh. zurückführen. Hier begegnet man Werken der bedeutendsten italienischen Künstler des vergangenen Jahrhunderts. Der Sammler hat sie 1970 der Stadt geschenkt.

Der Palazzo Vecchio von den Uffizien aus gesehen

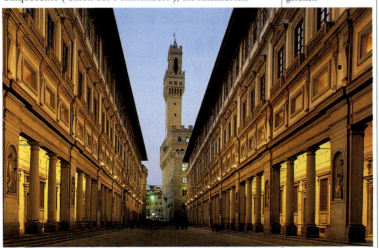

Der Stadtstaat der Volksregierung
Seit 1282 gab es eine Ratsversammlung (Priorat). Die darin vertretenen Vorsteher der verschiedenen Zünfte hatten praktisch die Macht in Florenz. Anfangs waren es drei, nach der Entstehung neuer Zünfte sechs, dann zwölf und zeitweise sogar sechzehn. Auch Dante war einmal Prior, vom 15. Juni bis zum 15. August 1300.

Florenz
Uffizien

BOTTICELLI IN DEN UFFIZIEN ★

Kein Künstler war enger mit den Medici (● 36, 38) verbunden als Sandro Botticelli (1445-1510). Unter seinen Bildern in den Uffizien werden sie vor allem in der ›Anbetung der hl. Drei Könige‹ (1475) in Szene gesetzt: Die Könige zeigen die Gesichter Cosimos und seiner Söhne Piero und Giovanni; unter den Anwesenden sind auch Giuliano und Lorenzo erkennbar, Botticelli selbst, Angelo Poliziano und Pico della Mirandola. ›Der Frühling‹ (1477-78; ▲ 127) und ›Geburt der Venus‹ (1482-84, unten ein Ausschnitt), Allegorien, die er für die Villa von Careggi (▲ 138) malte, verbildlichen hingegen das Klima während der Regierung von Lorenzo il Magnifico.

stanzini, darunter die Schatzkammer Cosimos I. (1559-61) und das Studierzimmer Francescos I. (1570-75). Eine neue Sensibilität hatte sich bereits einige Jahre früher angekündigt: 1534, als Michelangelo endgültig Florenz verließ, wurde die Skulpturengruppe ›Herkules und Cacus‹ von Baccio Bandinelli vor dem Palazzo Vecchio aufgestellt: Deren zur Schau gestellte Muskelkraft zeigt im Vergleich zu Michelangelos ›David‹ (der hier nur in Kopie zu sehen ist, das Original ist seit 1873 in der Galleria dell'Accademia) deutlich, wie sich das kulturelle Klima in Florenz zwischenzeitlich gewandelt hatte.

Loggia della Signoria. Das Gebäude wird auch Loggia dell'Orcagna oder dei Lanzi genannt, weil im 16. Jh. die Schweizer Landsknechte im Dienst Cosimo I. hier untergebracht waren. Die drei weiten Spitzbogenjoche (1376-82) zeugen bereits von einer Vorliebe für lichte, offene Räume, wie sie Brunelleschi später in klassischer Manier bauen sollte. Die Loggia wurde ursprünglich für öffentliche Zeremonien errichtet und später in eine Skulpturenwerkstatt, schließlich in ein Freilichtmuseum umgewandelt, in dem heute der ›Raub der Sabinerinnen‹ von Giambologna thront, und in dem nach der langen Restauration auch Benvenuto Cellinis ›Perseus‹ wieder zu sehen ist.

Uffizien (◆ A D4)

Der Piazzale und der Palazzo. 1560 begann Vasari auf Wunsch Cosimos I. mit der Errichtung eines Gebäudes für die Verwaltungsbüros neben dem Palazzo Vecchio: Zwei parallele Flügel mit eleganten Portici mit dorischen Säulen liegen zwischen der Piazza della Signoria und dem Arno. Sie umgrenzen einen langen, schmalen Raum, fast einen Salon unter freiem Himmel, den am Ende eine lichte Serliana abschließt. Sie krönt eine offene

FLORENZ
PALAZZO PITTI UND DER BOBOLI-HÜGEL

Corridoio Vasariano
Vasaris Korridor war der letzte Bauabschnitt (1565) des Vorhabens, eine Blick- und Verbindungsachse zwischen Piazza della Signoria und Palazzo Pitti zu schaffen. Der Großherzog gelangte von seiner Residenz zu einem geheimen Fenster, von dem aus er ungesehen die Versammlungen im Palazzo Vecchio beobachten konnte. Im Falle eines Aufruhrs konnte er schnell die Boboli-Gärten und von dort das sichere Refugium in der Palazzina del Belvedere erreichen.

Loggia mit Blick auf den Arno und die Hügel zur einen, mit der malerischen Blickachse zur Piazza della Signoria zur anderen Seite. Francesco I. bestimmte 1580 den zweiten Stock als Privatmuseum und übergab den Auftrag für die achteckige Tribunale an Buontalenti. Die Kunstsammlungen wurden von seinen Nachfolgern erweitert.

Die Galleria (▲ *126*). Die Uffizien sind heute eins der größten Museen der Welt. Zuerst eine Sammlung antiker Skulpturen und historischer Porträts, wandelte sich das Museum Dank der Medici, die auch naturalistische Gegenstände, Waffen sowie technisch und wissenschaftlich interessante Objekte sammelten. Ende des 18. Jh. begannen die Lothringer mit der Umstrukturierung der gewaltigen Menge von Ausstellungsstücken, die die Zeit von der Antike bis zum 18. Jh., mit dem Corridoio Vasariano sogar bis zum 20. Jh., abdecken. Die Ausstellungsräume sind u. a. wegen des Bombenanschlags vom 27. Mai 1993 gründlich saniert worden.

OLTRARNO: PITTI UND DER BOBOLI-HÜGEL (♦ **A** C5 D5)

Seit dem hohen Mittelalter, als der Ponte Vecchio die einzige Brücke der Stadt war, wimmelt es auf dem linken Arno-Ufer von Märkten und Handwerksbetrieben. Der volkstümliche Charakter des Viertels Oltrarno zeigt sich besonders im Kontrast zum kargen Palazzo Pitti, zu den religiösen Zentren Santo Spirito und del Carmine und den Adelsresidenzen.
Ponte Vecchio. An der schmalsten Stelle des Flusses gab es wohl seit der Antike eine Brücke. Die heutige ›alte Brücke‹ wurde 1345 errichtet, und selbst die deutsche Armee wagte es bei ihrem Rückzug 1944 nicht, sie zu zerstören. Oberhalb der Goldschmiedeläden, die im 16. Jh. die der Schlachter und Gemüsehändler ablösten, verläuft der Korridor Vasaris.
Palazzo Pitti. Der größte Florentiner Palast, mit dessen Errichtung der Kaufmann Luca Pitti 1457 begann, war drei Jahrhunderte lang Residenz der Medici, danach der Lothringer und schließlich, als Florenz Hauptstadt Italiens war, der

GIARDINO DI BOBOLI ♥
Brunnen und Wasserspiele, Wäldchen, Zypressenalleen, Grotten und Terrassen, ein Amphitheater, eine Insel und eine Unmenge bukolischer Statuen und solcher im klassischen Stil bilden die Ausstattung des Parks. Er diente ursprünglich auch als ›botanische Versuchsanstalt‹ des großherzoglichen Hofs: Hier kultivierte man erstmals Kartoffeln, später Jasmin, Zwergorangen und andere Obstbäume aus aller Welt. Die 45 Hektar große herrliche Landschaft überragen die Festung Belvedere und der Palazzina della Meridiana.

125

▲ Die Uffizien (Galleria degli Uffizi)

In eins der wichtigsten Museen der Welt kann man nur hineinschnuppern. Der vorgeschlagene Rundgang deckt knapp 100 Jahre Florentiner Renaissance-Malerei ab. Machiavelli sagte einst über diese einmalige Kulturepoche: »Was für eine Provinz, geboren, um tote Dinge zum Leben zu erwecken, durch die Poesie ebenso wie durch die Malerei oder die Skulptur.«

Masolino und Masaccio
›Hl. Anna mit Maria, dem Kind und Engeln‹ (um 1424). Die Komposition des Gemäldes wurde von Masolino (1383?-1440) vorgegeben, der die hl. Anna und die Engel malte. Masaccio (1401-28) fügte dem Bild dann die Jungfrau und das überaus kräftige Jesuskind hinzu. Die Gestalten Masaccios drängen raumfüllend alle anderen Bildelemente in den Hintergrund, der ganz das strahlende Antlitz der Madonna im Zentrum betont.

Paolo Uccello (1397-1475)
Der visionäre Künstler erfindet in ›Die Schlacht von San Romano‹ (1456-60), ein Auftragswerk von Cosimo de' Medici (● 36) zur Feier des Siegs von Florenz über Siena (1432), eine nächtliche Landschaft aus der Vogelperspektive. Sie dient als Hintergrund für ein Spiel mit geometrischen Formen, die mit den Lanzen in ihren unterschiedlichen Winkeln kommunizieren.

Filippo Lippi (um 1406-69)
Der Karmeliterfrater Lippi, der während Masaccios Arbeit in der Brancacci-Kapelle Noviz im Carmine-Konvent (▲ 129) war, ist ein Malerbruder, aber ein völlig anderer als Beato Angelico: Er geht ganz auf im profan-klassischen Florentiner Stil der Mitte des 16. Jh. Beeindruckt von Donatellos Kunst und der Malerei Masaccios, wie die Figur des Jesuskindes im Bild ›Madonna mit Kind und Engeln‹ (um 1465) belegt, wird er höchst populär wegen seiner Madonnengestalten. Maler nachfolgender Generationen lernten aus seinen Bildern viel über das Zusammenspiel von Licht, Farbe und weicher Linienführung.

Antonio Pollaiolo (1431-98)
Er war neben seinem Bruder Piero (um 1443-96) und Andrea del Verrocchio (1435-88) der einflussreichste Künstler im Florenz der 1460/70er Jahre. In seiner Tafel ›Herkules und Hydra‹ spiegelt sich seine Verwurzelung in der Florentiner Kultur in der ersten Hälfte des Quattrocento: Scharf umrissene, dynamische und vor Energie strotzende Körper werden monumental vor dem Hintergrund einer lichten, analytisch-präzise gemalten Landschaft präsentiert.

Leonardo da Vinci (1452-1519) Leonardo war erst ca. 20 Jahre alt, als er die herrliche ›Verkündigung‹ (1472-75) malte, mit der er über das in Verrochios Werkstatt Gelernte hinauswuchs. Hier ist bereits erkennbar, dass er Umrisse, anders als die Florentiner Schule, nicht mehr als Grenzen verstehen will. Zu diesem Zweck studiert er intensiv Licht und Schatten wie etwa beim von Bäumen im Gegenlicht umschlossenen Engelsgesicht: das Prinzip des *sfumato*.

Sandro Botticelli (1445-1510) Er dokumentiert das kulturelle Klima im Florenz zu Zeiten von Lorenzo il Magnifico (● *36*) am besten. Dies zeigt der für einen anderen Medici, Lorenzo di Pierfrancesco, gemalte ›Frühling‹ (1477-78), der mit der ›Geburt der Venus‹ in der Villa di Castello (▲ *138*) hing. Inspiriert von neoplatonischer Doktrin, die christliche und atheistische Lehren verband, stellt das Werk in andächtigem Ton und bewusst den Raum negierend die himmlische Liebe dar.

Michelangelo (1475-1564)
Die ›Hl. Familie mit dem hl. Johannes‹ (1504-05, Detail), auch Doni-Tondo genannt, entsteht im unvergleichlichen Klima des Wettstreits zwischen Michelangelo, Leonardo und dem jungen Raffael im Florenz zu Beginn des 16. Jh. Leonardo hatte in seinem Bild ›Hl. Anna mit Jungfrau, Jesuskind und Lamm‹ einen ungewöhnlichen Pyramidalaufbau präsentiert. Michelangelos Antwort überwältigt: Spiralförmig ineinander geschobene Körper fasst eine scharfe Umrisslinie in gewagten Farben. Im Mittelgrund rechts sieht man den hl. Johannes, den Vorläufer Christi, der die hl. Familie betrachtet; im Hintergrund die Menschheit vor der Erkenntnis in Gestalt von lauter Nackten: ein ›heidnisches‹, für Michelangelo typisches Element, das hier mit einer heiligen Szene verbunden wird.

FLORENZ
SANTO SPIRITO

DER PERFEKTE RAUM VON SANTO SPIRITO ★
Der für die künstlerische Entwicklung Brunelleschis entscheidende Bau von Santo Spirito erinnert in seinem Inneren an die Antike und das toscanische Mittelalter, besonders an den Dom von Pisa (▲ 147), präsentiert jedoch auch durch ihre Einheitlichkeit und Harmonie neue Raumauffassung. Zu diesem Eindruck trugen auch die 40 Kapellennischen bei, die ursprünglich alle gleich ausgestattet waren (Altar mit Bild und Antependium). Apsis und linkes Querschiff zeigen noch die alte Dekoration. So ist auch in Santo Spirito ein Stück Quattrocento (15. Jh.) unverändert erhalten geblieben.

Savoyen (● 42). Der strenge, etwas schwerfällig wirkende Hof mit seinen drei Rustika-Ordnungen wurde (1558-70) von Bartolomeo Ammannati für Cosimo I. und seine Frau Eleonora di Toledo geschaffen. Erst im Überblick von den Boboli-Gärten zeigt sich seine Bedeutung, indem die Anlage luftig und großzügig wie ein Theaterprospekt wirkt.

Die Museen im Palazzo Pitti. Der Palast ist auch ein eindrucksvoller Museumsbau, der die Galleria Palatina, ein prächtiges Beispiel für fürstliche Gemäldesammlungen mit Meisterwerken italienischer und europäischer Malerei des 16. und 17. Jh., die Galleria d'Arte Moderna, das Museo degli Argenti und das Museo delle Carrozze birgt. Im Casino dei Cavalieri des 18. Jh. befindet sich das Museo delle Porcellane.

Forte di Belvedere. Großherzog Ferdinand I. wünschte eine Festung auf dem Boboli-Hügel, Bernardo Buontalenti und Giovanni de' Medici schlossen damit Vasaris Verteidigungssytem ab (1590-95). In der Mitte erhebt sich die schon damals vorhandene Palazzina del Belvedere (1560-70), die möglicherweise Ammannati schuf (nur zu Ausstellungen geöffnet).

DAS VIERTEL SANTO SPIRITO (◆ A C3 C4)

Zwischen Palazzo Pitti und San Frediano lassen sich unterschiedliche menschliche und architektonische Temperamente beobachten. Neben der aristokratischen Via Maggio öffnen sich die malerischen mittelalterlichen Gassen rund um San Jacopo. In der Nähe der eleganten Paläste am Lungarno Guicciardini befindet man sich mitten im Stimmengewirr und in der volkstümlichen Atmosphäre des Viertels San Frediano mit den prachtvollen Renaissance-Kirchen Santo Spirito und Santa Maria del Carmine.

Santo Spirito. Der mächtige Augustinerorden hatte in Florenz eins seiner wichtigsten Zentren. Deren heutiges Kloster wurde 1250 begonnen, die erste Kirche (unten und links) entstand 1260. Als die Anlage um Bibliotheken, Werkstätten, Schulen und Krankenzimmer erweitert wurde, wollte man auch eine neue und schönere Kirche bauen. Im 15. Jh. wurde Filippo Brunelleschi mit der Planung beauftragt. Er entwarf einen derart teuren Bau, dass die Mönche als Vorbild

FLORENZ
SANTO SPIRITO

für Sparsamkeit mehrere Jahre lang täglich eine Mahlzeit ausfallen ließen. Vom klaren Aufriss in San Lorenzo ist Brunelleschi hier zu einer kraftvolleren Gliederung des Raums übergegangen: Die aus- und einschwingenden Kapellennischen führen den Blick immer wieder zum Mittelschiff zurück. Statt dasselbe Schema im Presbyterium zu wiederholen, entwarf er einen größeren Zentralbau im klassischen Stil. Mit dem Tod des Architekten wurden die Arbeiten unterbrochen. Baccio d'Agnolo entwarf 1503 den Campanile, die Flachkuppel geht auf Cronaca und Salvi d'Andrea zurück.

Santa Maria del Carmine. Die Kirche wurde im 13. Jh. begonnen, im 15. Jh. vollendet und 1775 nach einem Brand vollständig umgebaut. Berühmt ist sie vor allem wegen der Fresken in der Brancacci-Kapelle, in der Masaccio durch die Zusammenarbeit mit Masolino da Panicale die Gelegenheit hatte, eine neue Maltechnik zu entwickeln.

Santa Trìnita. Über den Ponte Santa Trìnita (1567-69 von Ammannati gebaut, 1944 von den Deutschen zerstört und originalgetreu wieder hergestellt) gelangt man zu der Kirche Santa Trínita, deren schlichte manieristische Fassade (1593-94) Buontalenti entworfen hat. Sie birgt einen der ältesten gotischen Innenräume (14. Jh.) von Florenz. In den Fresken der Sassetti-Kapelle mit Szenen aus dem Leben des hl. Franziskus (1483-86) verknüpft Ghirlandaio Florentiner Tradition mit flämischer Feinmalerei, die nach der Ankunft des Portinari-Triptychons von Hugo van der Goes (heute in den Uffizien) in Mode gekommen war.

Via de' Tornabuoni. Die Straße zählt zu den elegantesten der Stadt, und für international bekannte Modemacher ist es fast schon Pflicht, hier einen Laden zu haben. Flankiert wird diese Straße von bedeutenden Palästen.

Palazzo Strozzi (● 66). Der berühmte Renaissancepalast (1489) lehnt sich an den Palazzo Medici von Michelozzo an, wirkt jedoch aufrechter und straffer. Das Kranzgesims und der elegante zweigeschossige Innenhof sind ein Werk Simone del Pollaiuolos, genannt il Cronaca.

Palazzo Rucellai. Der Renaissancebau wurde in mehreren Etappen (1455-70) und durch die Vereinigung bestehender Gebäude realisiert. Er ist programmatisch für geometrische Strenge und klassischen Stil. Für Alberti (● 66) wirkten die vertikalen und horizontalen Linien der Bossenquader ›anmutig‹, während die fein aufeinander abgestimmten drei Geschosse ›mangelnden Hochmut‹ bezeugen.

CAPPELLA BRANCACCI ★
Die Restaurierung der Brancacci-Kapelle (1990) hat Masaccios ursprüngliche Farben zutage gefördert – die überraschend stark denen Beato Angelicos ähneln – sowie die formale Meisterschaft Masolino da Panicales. Seinen zierlichen Architekturen stehen die große Kraft und der Realismus Masaccios gegenüber.

Marino Marini in San Pancrazio
Die frühere Kirche San Pancrazio (1808 säkularisiert) birgt seit 1988 das Museo Marino Marini mit Werken des Malers aus Pistoia (1901-80). Nebenan steht der Tempietto del Santo Sepolcro, den Alberti für Giovanni Rucellai entwarf.

FLORENZ
PIAZZA SANTA MARIA NOVELLA

Maggio musicale fiorentino
Das 1933 erstmals veranstaltete lyrisch-sinfonische Festival ist das älteste Italiens. Es findet im Teatro Comunale statt, das 1862 erbaut und 1961 restauriert wurde.

PIAZZA SANTA MARIA NOVELLA (♦ **A** C3)

Im 13. Jh. ließen sich Dominikaner an diesem Platz nieder deren hohe Kultur, Unnachgiebigkeit in Glaubensfragen und politisch konservative Haltung die Geschichte der Stadt und die Dekoration ihres Konvents prägten. Florenz präsentiert an der Piazza Santa Maira Novella zwei architektonische ›Manifeste‹: mit der Kirche Albertis innovative Lösungen und mit dem Bahnhof die Raumbehandlung der Rationalisten. Zudem pulsiert hier das öffentliche Leben in kulturellen Veranstaltungen und Festen.

Kirche Santa Maria Novella (● *79, 80).* Die heutige Kirche wurde ab 1278 über den Resten einer Vorgängerkirche errichtet, die der Dominikaner Giovanni da Salerno 1221 erworben hatte. Sie entstand auf Wunsch von Kardinal Latino Malebranca, der nach Florenz geschickt worden war, um die Kämpfe zwischen Guelfen und Ghibellinen zu beenden. Er war es auch, der Arnolfo di Cambio mit dem Dombau und der Umstrukturierung der ganzen Stadt beauftragt hatte. Giovanni Rucellai beauftragte 1458 Alberti mit der Fertigstellung der Fassade aus dem 14. Jh., der auf geniale Weise den neuen Giebel mit den bestehenden Teilen verband und die gotischen Strebepfeiler versteckte. Er ›erfand‹ die beiden seitlichen Voluten, in denen er das romanische Erbe (Bichromie) mit dem der römischen Antike (architektonische Versatzstücke) verband. Sie fanden weit verbreitete Nachahmung. Aus den zahlreichen Meisterwerken (u. a. Ghirlandaios Fresken in der Tornabuoni-Kapelle und die Nando di Ciones in der Strozzi-Kapelle, das Kruzifix des jungen Giotto und das Holzkruzifix Brunelleschis, das im Wettstreit mit Donatello entstand) ragt Masaccios ›Trinità‹ heraus (1424-27), eine profane Studie zur Beziehung zwischen Mensch und Gott, die hier als fast gleichwertig gezeigt werden.

MASACCIOS ›TRINITÀ‹ ★
Masaccios ›Trinität‹ in S. Maria Novella ist ein Höhepunkt der Kunst des 15. Jh. Ein perspektivisch angelegter Triumphbogen umschließt die auf drei Ebenen angeordneten Figuren (Gottvater, der Gekreuzigte, Maria und der hl. Johannes). Die knieenden Auftraggeber Lorenzo Lenzi und Gattin rahmen die Szene ein. Der Effekt der ›geöffneten Wand‹, von dem Vasari sprach, resultiert aus den Gesetzen der Perspektive.

Bahnhof Santa Maria Novella (● *82).* Giovanni Michelucci und seine Schüler entwarfen den Bahnhof (1933-35), der zu den gelungensten Werken des italienischen Rationalismus zählt. Selten fügten sich in den 30er-Jahren repräsentative Gebäude harmonisch in das Stadtbild ein, doch wurde hier auf ein ausgeglichenes Verhältnis zwischen Bahnhofsgebäude und Stadt geachtet.

FLORENZ

Piazza San Marco (◆ A E2)

Im Kloster San Marco wirkte auch Fra Savonarola, der Askese forderte und mit seinen Hetzpredigten unter anderen auch die Medici angegriffen hat. Deren erster Vetreter, Cosimo, hatte diesen Dominikanerkomplex schon früher umbauen lassen, um seine Rechnung mit Gott zu begleichen: Er investierte 40 000 Florins, einen Teil seiner gewaltigen Wuchereinnahmen. Der Auftrag ging an Michelozzo, der den schlichten Klosterräumen die rhythmischen Akzente der hellen, langen und ungewöhnlichen Bibliothek einfügte, deren Architektur Schule machen sollte.

Museo di San Marco. Die Malereien im Kloster schuf Fra Giovanni da Fiesole, Beato Angelico, der mehr als jeder andere fähig war, der strengen dominikanischen Doktrin Ausdruck zu verleihen. Schon der Tabernakel der Linaiuoli (1433-34) mit Maria und musizierenden Engeln greift das Moralisieren eines Masaccio wieder auf, doch unter Verzicht auf Realismus erreicht er eine neue unbeschwerte Sakralisierung des Bildes. Mit der ›Annalena-Tafel‹ (um 1434-35) schuf er das erste Beispiel eines Renaissancebilds mit einer einheitlichen Perspektive für den Raum und das ›Gespräch der Heiligen‹. Die intimen, gedeckten Farben kamen in der Folge noch stärker in den Fresken der Klosterzellen, seinem Meisterwerk, zum Einsatz. Hier wie auch bei der ›Verkündigung‹ von 1442 war Kunst ein Medium zur Meditation.

Cenacolo di Sant'Apollonia. Im Refektorium des Frauenklosters Sant'Apollonia malte Andrea del Castagno u. a. um 1450 ein ›Letztes Abendmahl‹, das in der Renaissance für alle Interpretationen bis zu Leonardo da Vinci ein Vorbild bleiben sollte. Die gemalte Architektur setzt das Refektorium fort. Das dramatische Crescendo der Blicke und Gesten der Jünger kulminiert in der zentralen Gruppe. Judas, der Einzige auf dieser Seite des Tisches, ist ganz vorn zu sehen, sein dunkler Kopf ist (wegen der Perspektive) über dem des Meisters – eine gewagte, wohl nie wiederholte Lösung.

DIE ›TAFEL VON SANTA TRINITA‹ IM MUSEO DI SAN MARCO ★
Das Gemälde hatten die Strozzi bei Lorenzo Monaco in Auftrag gegeben. Die Arbeit daran wurde jedoch durch den Tod des Malers (1425) unterbrochen, nachdem er die Giebelflächen und die Predella geschaffen hatte (heute in der Galleria dell'Accademia, ▲ 132). Beato Angelico musste an dem als dreiteilig vorgegebenen Bild weiter malen, interpretierte jedoch die drei Spitzbögen zu Fensteröffnungen um, durch die die Szene beobachtet wird. So wirkt die Komposition viel freier: die Figurengruppe der Kreuzabnahme im Zentrum, die Gruppe der Beweinung links, die Nachdenklichen rechts. Historie (von den Figuren erzählt) und Natur (links die Stadtlandschaft, ● 86, rechts das Hügelland unter Zirruswolken) verbinden sich zu einer großen Harmonie.

Florenz
Piazza della Santissima Annunziata

Galleria dell'Accademia. Das Museum ist vor allem als ›Michelangelo-Museum‹ bekannt, obwohl es wichtige Florentiner Bilder des 14.-17. Jh. besitzt. Von Michelangelo sind hier Originale und Gipsmodelle zu sehen: Der ›David‹ (1502-04; ▲ *116*) ist eng mit der Mediceischen Ideologie und der Begeisterung für die Antike verbunden: Seine Ikonografie ist die des Herkules, des von den Florentiner Bürgern auserwählten Helden, der vor dem Palazzo Vecchio zum Symbol für die Kraft und die Freiheit der neuen Republik wurde, für die Michelangelo klare Sympathien hatte. Andere unvollendete Meisterwerke sind die vier riesigen ›Gefangenen‹ (um 1530), die für das von Papst Julius II. in Auftrag gegebene Mausoleum bestimmt waren, und der ›Hl. Matthäus‹ (1506).

Piazza della Santissima Annunziata (◆ A E2)

Im Zentrum des harmonischen und einzigartigen Platzes stehen das Reiterstandbild Ferdinands I. von Giambologna und zwei elegante barocke Brunnen.

Ospedale degli Innocenti. Von seinem Originalentwurf für die Piazza verwirklichte Brunelleschi nur das 1419 begonnene Findelhaus. Es ist nicht zuletzt Ausdruck des sozialen Bewusstseins der Florentiner, die einen ihrer größten Geister für ein schwaches Glied der Gemeinschaft einsetzten, die verlassenen Kinder. In strikter Anwendung geometrischer Proportionen entstand hier nicht nur eine prächtige Loggia, sondern ein funktionaler, schlüssig ausgestatteter Bau.

Santissima Annunziata. Die Basilika birgt in ihrem überwiegend barocken Inneren einige der wichtigsten Fresken der Kunst des 16. Jh. Vor allem die im Chiostrino dei Voti drücken eindringlich die nach Neuem strebende Unruhe Pontormos und Rosso Fiorentinos gegenüber der kultivierten, makellosen Klassizität von Andrea del Sarto aus, dem Maler ›ohne Fehler‹, wie ihn Vasari nannte. Die neue Bildsprache rüttelte auch Andrea auf, wie die Spontaneität der Gesten der ›Madonna del Sacco‹ belegt, die er 1525 für den Chiostro dei Morti malte.

Museo Archeologico. Auch dieses Gebäude entstand aufgrund der Liebe der Medici zur Antike. Angeschlossen ist die Sammlung der Lothringer, die u. a. ägyptische Arbeiten zeigt und nach dem Ägyptischen Museum in Turin die zweitwichtigste derartige Kollektion in Italien ist. Zu den bemerkenswertesten Stücken zählen die etruskischen Exponate, ein Pflichtprogramm für jeden Freund und Erforscher der Etrusker.

Einer der ›Gefangenen‹ in der Galleria dell'Accademia. Zwei weitere stehen im Louvre in Paris.

Opificio delle Pietre dure
In der Via degli Alfani 78, bei der Accademia di Belle Arti, befindet sich das ›Institut für Steineinlegearbeiten‹. Unter den 1588 von Ferdinando I. de' Medici eingerichteten Werkstätten war diese der Restaurierung gewidmet. Mit der Zeit wuchs das Aufgabengebiet; heute ist es eins der renommiertesten Restaurierungsateliers der Welt für Kunst mit einer bekannten Schule und einem sehr gut ausgestatteten Forschungsinstitut.

›Mariä Geburt‹ (1514, rechts ein Ausschnitt), Fresko von Andrea del Sarto in der Basilika Santissima Annunziata

FLORENZ
SANTA CROCE

DAS VIERTEL
SANTA CROCE ◆ A E4

Über Jahrhunderte war Santa Croce das am dichtesten bewohnte und volkstümlichste Viertel der Stadt mit geschäftigem Handel, vielen Werkstätten und dem Sitz der Justizverwaltung (zuerst im Bargello, später im Palazzo Castellani, schließlich im Komplex von San Firenze).

Piazza San Firenze. Hinter dem Palazzo Vecchio, nahe dem mittelalterlichen Zentrum der Stadt, öffnet sich der Platz mit einigen der bedeutendsten Florentiner Bauten.

Badia Fiorentina. Der 978 gegründete Bau, das älteste Kloster der Stadt, wurde 1285 von Arnolfo di Cambio und noch einmal im 17. Jh. umgebaut. Das barocke Innere auf einem griechischen Kreuz birgt verschiedene Kunstwerke, unter denen vor allem ›Maria erscheint dem hl. Bernhard‹ (1485) von Filippino Lippi bemerkenswert ist. In dieser Kirche soll Dante erstmals Beatrice gesehen haben.

Palazzo und Museo Nazionale del Bargello. Bargello (Synonym für das prosaischere *sbirro,* ›Büttel‹) hieß das Oberhaupt der Justiz, der Polizeihauptmann, der auf Wunsch der Medici seit 1574 in diesem Palazzo seinen Sitz hatte. Die Medici machten aus dem Palazzo, seit 1250 Residenz des Capitano del popolo, später des Podestà, auch ein Gefängnis. Sie ließen die Loggien zumauern und die Fresken der Magdalenen-Kapelle verblassen. Die Restaurierungen im 19. Jh. brachten den schönen Innenhof mit seinen Rundbögen auf Achtkantpfeilern neu zur Geltung. Seit 1865 birgt der Palazzo ein für die Vielfalt der Exponate weltberühmtes Museum (▲ 134). Einzigartig sind die Werke Donatellos, Verrocchios, der Della Robbia und Michelangelos, dem ein ganzer Raum gewidmet ist, darin u. a. das Pitti-Tondo (ca. 1504).

Museo Archeologico
Die oft als ›mysteriös‹ bezeichneten Etrusker zeigen sich im Archäologischen Museum von Florenz in viel sagenden Hinterlassenschaften. Die ›François-Vase‹ aus Chiusi (570 v. Chr.), die ›Mater Matuta‹ aus Chianciano (470 v. Chr.), die berühmte ›Chimäre von Arezzo‹ (4. Jh. v. Chr.), der ›Sarkophag der Amazonen‹ (4. Jh. v. Chr., oben), der heute römisch empfundene ›Redner‹ (Ende 2. Jh. v. Chr.) und viele andere Exponate erzählen die Geschichte dieses faszinierenden Volks, das große Teile Mittel- und Norditaliens beherrschte.

DAS MUSEO DI FIRENZE COM'ERA ♥
Das Museum im einstigen Convento delle Oblate in der Via dell'Oriuolo 24 dokumentiert die Stadtgeschichte. Unter den vielen Zeugnissen sind die zwölf Veduten der Medici-Villen (1599) von Giusto Utens beachtenswert, in denen die großherzoglichen Villen rund um Florenz (● 75) mit ihren Gärten dargestellt sind.

▲ Museo Nazionale del Bargello

Das soeben zur Hauptstadt ernannte Florenz feierte sich 1865 mit einem neuen Museum für angewandte Kunst ab dem Mittelalter. Es wurde in einem Palast des 13. Jh. eingerichtet, der erstmals fester Sitz einer städtischen Institution war: der Polizei. Der mächtige Bau diente seit dem 16. Jh. als Sitz des Büttels, später für Tribunal und Gefängnis. Vermächtnisse und Schenkungen machten das Museum zu einem der berühmtesten der Welt.

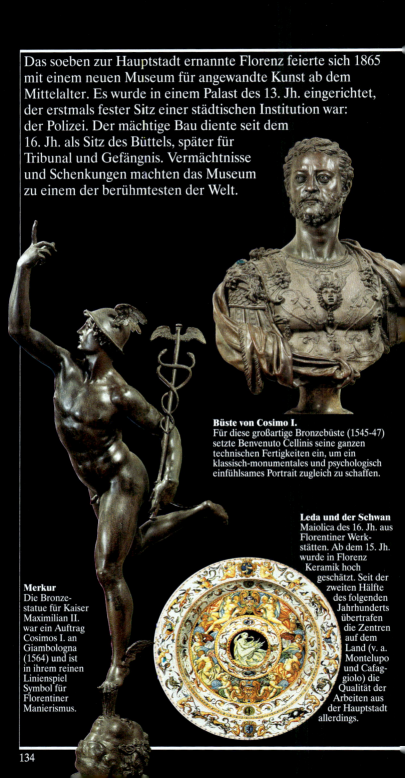

Büste von Cosimo I.
Für diese großartige Bronzebüste (1545-47) setzte Benvenuto Cellinis seine ganzen technischen Fertigkeiten ein, um ein klassisch-monumentales und psychologisch einfühlsames Portrait zugleich zu schaffen.

Leda und der Schwan
Maiolica des 16. Jh. aus Florentiner Werkstätten. Ab dem 15. Jh. wurde in Florenz Keramik hoch geschätzt. Seit der zweiten Hälfte des folgenden Jahrhunderts übertrafen die Zentren auf dem Land (v. a. Montelupo und Cafaggiolo) die Qualität der Arbeiten aus der Hauptstadt allerdings.

Merkur
Die Bronzestatue für Kaiser Maximilian II. war ein Auftrag Cosimos I. an Giambologna (1564) und ist in ihrem reinen Linienspiel Symbol für Florentiner Manierismus.

Bachus
Der gerade 20-jährige Michelangelo schuf den schwankenden ›Bachus‹ (1496-97) mit Augen, die in den Worten von Ascanio Condivi (Schüler und Biograf Michelangelos) »ganz und gar von der Liebe zum Wein durchdrungen sind«.

Der Wettstreit von 1401
Entwürfe für die Verzierung der Nordtür des Baptisteriums sollten Filippo Brunelleschi, Urheber des Reliefs unten, und Lorenzo Ghiberti einreichen, der mit dem oben abgebildeten Relief siegte. Die beiden Werke mit der ›Opferung des Isaak‹ gehören zu den frühesten Zeugnissen der Skulptur der Renaissance.

Der hl. Georg tötet den Drachen
An der Basis der großartigen Statue des ›Hl. Georg‹ (1416) lieferte Donatello das erste Beispiel eines Flachreliefs; die Szene mit dem Ritterheiligen im Zentrum rahmt eine streng perspektivisch angelegte Loggia.

FLORENZ
SANTA CROCE

Kirche Santa Croce (● *79*). Sie gilt häufig als ›Grabeskirche‹, denn sie birgt die Grabstätten zahlreicher berühmter Persönlichkeiten (Michelangelo, Alfieri, Galileo, Foscolo), deren Grabdenkmäler sich im großartigen Inneren an den Wänden reihen. In einer Renaissance-Edicola steht das 1444-45 von Bernardo Rossellino geschaffene Grab Leonardo Brunis, des Humanisten und Kanzlers der Florentiner Republik. Es sollte zum Vorbild unzähliger Renaissance-Grabmäler werden. Doch birgt die Kirche auch berühmte Kunstwerke: Donatello ist mit zwei Arbeiten aus seiner antiklassischen Zeit vertreten, der stillen ›Verkündigung‹ (1435) und der überrealistischen ›Kreuzigung‹ (1425), die ihm den Vorwurf seines Freundes Brunelleschis einbrachte, er habe »einen Bauern ans Kreuz gebunden«. In den Kapellen Bardi und Peruzzi sind Fresken aus Giottos Reifezeit (1320-26) zu sehen.

Cappella Pazzi. Bevor sämtliche Familienmitglieder der Pazzi wegen der Verschwörung von 1478 verurteilt bzw. ins Exil verbannt wurden, hatte Andrea de' Pazzi den Bau einer Grabkapelle für die Familie finanziert. Den Auftrag erhielt Brunelleschi, der hier zu seinem geliebten Zentralbau-Schema zurückkehren konnte. Große Aufmerksamkeit galt der Helligkeit, für die das Oberlicht, die Oculi-Fenster und die weißen Wände sorgten. In den Kuppelzwickeln sieht man die Evangelisten, die Luca della Robbia wahrscheinlich nach einem Entwurf Brunelleschis malte.

Museo dell'Opera di Santa Croce. Das Museum in Brunelleschis zweitem Kreuzgang wurde bei der Überschwemmung 1966 schwer beschädigt: Das nur teilweise gerettete Kruzifix von Cimabue ist nun Emblem für die Schädigung von Kunst durch die Elemente.

Casa Buonarroti In der Via Ghibellina 70 steht die Casa Buonarroti, die von Michelangelo dem Jüngeren (1568-1647), Großneffe des berühmten Bildhauers, errichtet wurde. Sie steht an der Stelle von drei Häusern, die Michelangelo 1508 gekauft hatte und in denen er 1516-25 lebte. Michelangelo d. J., ein begabter Literat, erweiterte die Kunstammlung wie nach ihm Filippo (1661-1733, Antiquar) und Cosimo (1790-1858). Letzterer schenkte den Palazzo der Stadt, die schon 1859 ein Museum daraus machte.

Das Grab Michelangelo Buonarrotis in der Kirche Santa Croce

FLORENZ
PANORAMASTRASSE

PANORAMASTRASSE ◆ A F5-6

Die malerische Fortsetzung der Ringstraße aus dem 19. Jh. führt zunächst auf den Gipfel des Colle alle Croci, dann zur Villa in Poggio Imperiale.

Piazzale Michelangiolo. Den Platz (1875) gestaltete Giuseppe Poggi, der Leiter der Stadterneuerung, nachdem Florenz Hauptstadt geworden war. Der Platz gehört wegen dem übertriebenen Pathos, das der Umgebung wenig entspricht, und dem unglücklichen Monument für Michelangelo sicher nicht zu seinen Meisterwerken.

San Miniato al Monte (● 71). Wie im Baptisterium San Giovanni zeigt auch diese Kirche (1018-1207 die heute freigelegten Teile; unten) die speziellen Merkmale Florentiner Romanik: die Liebe zur römischen Architektur der Antike und die klare Linearität der zweifarbigen Intarsien. Der Monotonie durch die Reihung geometrischer Elemente wirkt das lebhafte Mosaik des segnenden Christus entgegen.

SAN SALVATORE AL MONTE ★
Vom Piazzale Michelangiolo führt eine Treppe zu einer der schönsten Kirchen der Stadt: San Salvatore al Monte (1499-1504), ein Werk Cronacas, das Michelangelo liebte und das er »la bella villanella« (›die kleine Landschönheit‹) nannte. Neuartig war die doppelgeschossige Wandgliederung mit Pilastern im Inneren.

Villa del Poggio Imperiale. Die Villa wurde für die Habsburger Großherzogin Maria Magdalena, der Witwe Cosimos II., über Vorgängerbauten aus dem frühen 17. Jh. errichtet und später klassizistisch umgebaut. Die Fassade mit der zentralen Loggia schmücken antike Statuen. 1865 wurde sie Sitz eines angesehenen Mädchenkollegs.

VON FIESOLE ZUR VILLA GAMBERAIA (◆ B F4 C B2)

Auf den Hügeln im Norden von Florenz, die auch Fiesole und Settignano umschließen, entstanden seit dem späten 14. Jh. Landgüter und Villen für die Sommerfrische der großen Familien.

Fiesole. In der Umgebung von Florenz sind Mensch und Natur eine Symbiose eingegangen. Seit dem 15. Jh. schätzt man die Schönheit der Landschaft sowie die archäologischen Schätze, darunter ein bedeutendes Archäologisches Museum mit Ausgrabungszone. Nicht minder bemerkenswert ist das künstlerische Erbe der Renaissance. Zwar wurden Mino da Fiesole und Beato Angelico trotz ihrer Beinamen woanders geboren, doch sind hier wertvolle Zeugnisse ihres Schaffens erhalten: von Mino im Dom (Grabmal von Leonardo Salutati, um 1466), von Beato Angelico in der Kirche San Domenico (Kruzifix, ›Madonna mit Kind‹, um 1425), wenige Kilometer südlich gelegen, wie auch die Villen Medici, L'Ombrellino mit einer Loggia aus dem 16. Jh., Bellagio, letzter Wohnsitz des Malers Arnold Böcklin, und Doccia oder San Michele, deren Fassade zum Tal hin einen breiten Portikus aufweist.

Maiano. Kleiner Ort mit einer langen Tradition von Steinmetzen und Bildhauern, darunter Benedetto und Giuliano da Maiano. Die Steinbrüche werden seit dem Mittelalter

Zwei Juwelen nördlich von Florenz
Etwa 25 km nördlich an der Statale 65 erhebt sich das Kastell von Trebbio (1436), das vielleicht Michelozzo für Cosimo il Vecchio gebaut hat. Etwas weiter sieht man die Medici-Villa in Cafaggiolo (1454), der bevorzugte Ort Lorenzo il Magnificos. Sie ist auch in einer der berühmten Veduten Justus van Utens verewigt.

Florenz
Von Careggi nach Castello

DIE MEDICI AUF DEM LAND ★
Schon im 15. Jh. wurde durch das Interesse der Medici an ihrem Landbesitz der Bau von Villen gefördert, in denen sich das humanistische Ideal des *locus amoenus* verdichtete: Sie waren Orte der Studien und des Zeitvertreibs. Im folgenden Jahrhundert wurde das Erbe im aktuellen Geschmack modernisiert, der vor allem den Kontrast zwischen geometrisch angelegtem Garten *all'italiana* und ursprünglicherem Park suchte.

Villa Gamberaia (17. Jh.) bei Settignano
Villa medicea della Petraia (um 1594) in Castello
Villa medicea ›la Ferdinanda‹ (▲ *143*) (1598) in Artimino
Villa medicea di Cafaggiolo (▲ *137*) (1454) 30 km nördlich von Florenz
Villa medicea di Careggi (15. Jh.) in Careggi
Villa medicea di Castello (1477) Sitz der Accademia della Crusca, in Castello
Villa medicea di Marignolle (ca. 1485) in Marignolle
Villa medicea di Poggio a Caiano (● *72*, ▲ *142*) (15.-16. Jh.), in Poggio a Caiano

genutzt. Die Villa di Maiano, einst im Besitz der Pazzi, verdankt ihr heutiges Aussehen der Restaurierung durch John Temple Leader im 19. Jh.
Settignano. Das Städtchen (unten) ist berühmt als Geburtsort von Künstlern wie Desiderio, Bernardo und Antonio Rossellino. Die Kirche Santa Maria enthält Fresken aus dem 16. Jh., ›Heilige‹ und ›Trinität‹, Santi di Tito zugeschrieben, sowie eine Terrakotte-Arbeit ›Hl. Lucia‹ (um 1430) von Michelozzo.
Villa Gamberaia (● *75*). Die Villa war Anfang des 15. Jh. das Landhaus des Vaters der Bildhauer Bernardo und Antonio Rossellino und wurde im 17. Jh. von den Capponi umgestaltet: Jetzt wurde der Garten *all'italiana* mit Statuen, Brunnen und Wasserspielen angelegt. Herrlich ist die Grotta dei Rododendri im östlichen Teil.

Von Careggi nach Castello (◆ **B** F4 **C** B2)

Careggi. Hier steht die Medici-Villa, die 1459 wahrscheinlich nach Plänen Michelozzos erweitert wurde.
Villa medicea della Petraia. Die 1594 von Bernardo Buontalenti umgebaute Villa rühmt sich eines dekorativen Zyklus' (›Prunk des Hauses Medici‹, 1636-48) von Volterrano und eines Gartens, der teilweise noch wie im 16. Jh. aussieht.
Villa medicea di Castello (● *75*). Der Bau aus dem 15. Jh. wurde zuletzt 1538 von Tribolo und Buontalenti restauriert. Berühmt ist der Garten mit seinen hervorragenden Figurengruppen, die nur teilweise erhalten sind (Apennin-Statue, Grotte der Tiere, Brunnen mit Herkules und Antäus).

Das Florentiner Hinterland
Attilio Brilli

141 DAS TAL DES ARNO
143 VON FLORENZ IN DAS VAL DI PESA

▲ Das Florentiner Hinterland

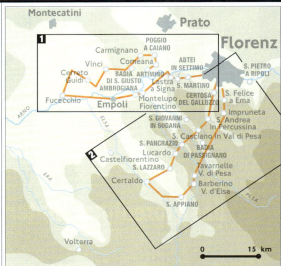

1. Das Tal des Arno
   ▲ 141
2. Von Florenz in das Val di Pesa ▲ 143

Wie man früher reiste
In einem Führer aus dem 19. Jh. erfahren wir, wie man sich ehedem durch das Empolese bewegte: »Früher reiste man mit dem Pferd durch das Land von Empoli und mühte sich keuchend und staubig aus den alten klapprigen Wagen; wenn man dann vielleicht auf die lieblichen Hügel auf dem rechten Arno-Ufer wollte, musste man die Fluten mit einem gemütlichen Boot überqueren, das unregelmäßig verkehrte, je nach Wasserspiegel und Laune der Winde.«

Dieser Rundweg könnte auch ›Pontormo-Route‹ heißen, denn wir begegnen dem unsteten Maler der Grande Maniera immer wieder: in Empoli, Carmignano oder Poggio a Caiano. Unser Weg führt natürlich auch nach Vinci, in das Land Leonardos, wo wir seine genialen Erfindungen in Form von Modellen betrachten können. Wie malerisch das Arno-Tal (unten) ist, belegen wunderbar die Worte eines Reisenden aus dem 19. Jh., der es als »ein leuchtendes Band wie die Milchstraße« charakterisierte. Dazu kommt viel Vergnügen für das Auge im mäandernden Tal der Pesa mit ihrem Kranz aus Pfarrkirchen und Kastellen und der weiten Landschaft, die mit den sanften Hügeln und streng aufragenden Zypressen wie ein Muster toscanischer Natur wirkt.

Das Tal des Arno
Empoli

Das Tal des Arno
(◆ B E4 C A3)

Wie alte Wachposten der Geschichte stehen zwei Abteien am Anfang dieses Rundwegs, der durch das untere Arno-Tal führt und durch Orte, die Pontormo, der große Maler des Manierismus, liebte.

Von der Abtei in Settimo nach Montelupo. Die erste Abtei von Florenz aus ist die Badia di San Salvatore a Settimo (oben),  ein Klosterkomplex vorromanischen Ursprungs. Im 13. Jh. wurde die Kirche von den Zisterziensern restauriert, die ihr mit dem eleganten Rosenfenster unverkennbar den Stempel der Tradition jenseits der Alpen aufdrückten. Kurz darauf, nach einem kleinen Umweg über einen Hügel, stehen wir vor der Pfarrkirche San Martino a Gangalandi, deren kleines Museum einige beachtenswerte Kunstwerke birgt. Hier hat man einen herrlichen Blick über das ganze Arno-Becken. Noch vor der Ebene von Empoli mündet der Arno in die Gonfolina- oder Golfolina-Schlucht, einen malerisch-wilden Engpass zwischen Sandsteinwänden. »Kläglicher als zuvor strömte der Fluss neben mir«, schreibt Edward Hutton Anfang des 19. Jh., »und noch schwächer zwischen den Felsen und Blöcken aus Sandstein«. Wo sich der Vingone in den Arno stürzt, liegt Lastra a Signa. Wie andere Orte im Arno-Tal hatte auch Lastra früher große strategische Bedeutung als Florentiner Vorwerk gegen Pisa und Pistoia. Nicht zufällig wird seine Identität durch die Anlage als befestigte mittelalterliche Stadt und die Mauern aus dem 14. Jh. begründet, die vermutlich neben anderen auch Brunelleschi restaurierte. Nach den Signe stößt man auf Montelupo Fiorentino, seit dem Mittelalter berühmt für das Keramikhandwerk, dem ein hübsches Museum gewidmet ist. Nur wenig weiter, jenseits der Pesa, sieht man die Medici-Villa l'Ambrogiana, die Bernardo Buontalenti 1587 für Ferdinando I. entwarf.

Empoli, Stadt des Pontormo. Empoli liegt in einer Ebene auf dem linken Arno-Ufer, wo sich die Straßen aus Florenz und Siena kreuzen. Der Ort galt früher als Kornspeicher der Toskana und war ein wichtiger Handelsknotenpunkt; sein Name leitet sich wohl von ›Emporium‹ ab. Heute beherrschen Industrie und Wirtschaft die Umgebung von Empoli, aber die historische Altstadt bietet Gelegenheiten für eine angenehme Rast. Hier befinden sich die Kollegienkirche mit inkrustierten Arkaden im Stil Florentiner Romanik, der Palazzo del Ghibellino, die Kirche Santo Stefano und die Kirche Santa Maria a Ripa. Wichtig ist das Museum der Kollegienkirche Sant'Andrea, das in sechs Räumen große Kunst versammelt hat, darunter Meisterwerke von Tino da Camaino, Masolino da Panicale, Filippo Lippi oder Raffaello Botticini. Enigmatisch ist das Tafelbild ›Hl. Michael und hl. Johannes der Evangelist‹ von Jacopo Carucci, genannt Pontormo (1494-1557), in der Kirche San Michele in Pontormo, Geburtsort des Malers und heute Vorort von Empoli.

KUNST IN KIRCHEN UND ABTEIEN ★
Badia di Passignano (▲ 203): Reliquiar von San Giovanni Gualberto (14.-15. Jh.)
Badia di San Giusto: Außenbau (12. Jh.)
Badia di San Salvatore: Sarkophag der Gräfinnen Gasdia und Cilla (Ende 11. Jh.) und Tabernakel von Giuliano da Maiano (2. Hälfte 15. Jh.)
Pieve di San Martino a Gangalandi: Taufstein (1432) und Apsis, Alberti zugeschrieben
Pieve di San Pietro a Ripoli: bemalter Dachstuhl im Inneren (14. Jh.)

Masolino, ›Pietà‹ (1425), Museo della Collegiata, Empoli

▲ Das Tal des Arno
Poggio a Caiano

Der Sumpf von Fucecchio
Von Fucecchio aus fährt man die Via Lucchese in nördlicher Richtung zu den Sümpfen von Fucecchio (rechts). Man steht hier vor einem Stausee von drei Flüssen, der Ende des 18. Jh. angelegt wurde. Die Eingriffe des Menschen haben eine einzigartige Landschaft entstehen lassen, die aus Sümpfen und bewirtschafteten Flächen besteht.

DIE ›HEIMSUCHUNG‹ VON PONTORMO ★
Das um 1530 entstandene Bild malte Pontormo in dem ihm eigenen Stil, den bereits sein Gemälde in Santa Felicita in Florenz zeigt. Als Vorlage für das rautenförmige Schema bei der Darstellung der Frauen wird immer wieder ein berühmter Stich Dürers zitiert. Jenseits dieser Ableitungen überrascht die symmetrische Verdoppelung der zwei Frauen, die im Begriff stehen, sich zu umarmen (die junge Maria und die alte Elisabeth), und der Figuren dahinter, die enigmatisch ins Leere starren – oder in die Zukunft?

Fucecchio. Der Ort spielte im 13. und 14. Jh. eine wichtige Rolle für die Geschichte der Toscana. Als guelfische Stadt war er Rückzugsort für die Verlierer von Montaperti (● *33, 35,* ▲ *209*) und wurde 1323 in den Florentiner Herrschaftsbereich integriert. In der schönen Gegend hat die Vergangenheit jedoch kaum Spuren hinterlassen. Fucecchio hatte früher im Vergleich zu Cerreto Guidi und anderen Orten den Vorteil, direkt am Übergang der Via Francigena in die nie sicheren Sümpfe zu liegen. Aber auch die Kontrolle über die Straße nach Rom machte den Ort interessant.

Cerreto Guidi. Das Dorf liegt auf der Spitze eines Hügels direkt über dem Arno-Tal. Früher stand hier das älteste Kastell der Grafen Guidi, auf dessen Ruinen Cosimo I. de' Medici Mitte des 16. Jh. eine herrliche Villa erbauen ließ. Von eindringlicher Bühnenhaftigkeit ist der Weg hinauf zur Medici-Villa mit den mächtigen Rampen, den ›Medici-Brücken‹, die Bernardo Buontalenti entwarf. Die Gegenwart der Medici bescherte der Kirche San Leonardo ein bemerkenswertes künstlerisches Erbe, darunter das Taufbecken von Giovanni della Robbia.

Vinci. Der malerische, mit Türmen bewehrte und befestigte Ort auf einem Hügel nördlich von Cerreto Guidi ist vor allem dafür berühmt, der Geburtsort Leonardos zu sein. Das Kastell der Grafen Guidi (12. Jh.) ist Sitz des Museo Leonardiano, in dessen Modellen und Rekonstruktionen die Entwürfe aus Leonardos Codices Realität geworden zu sein scheinen.

Carmignano. Vom alten Kastell, das die Florentiner 1228 zerstörten, ist nur der Campano-Turm auf der Hügelkuppe erhalten. Das bedeutendste Denkmal ist jedoch die Pfarrkirche San Michele mit Renaissanceportikus, die zu einem Konvent aus dem 13. Jh. gehörte. Die einschiffige Kirche wurde im 17. Jh. barock ausgestattet und nach dem Zweiten Weltkrieg zum Teil wieder in den ursprünglichen Zustand zurückgeführt. Unter den Gemälden sticht die ›Heimsuchung‹ Pontormos hervor.

Poggio a Caiano. Die Medici-Villa von Poggio a Caiano (● *72*) wurde ab 1480 nach Plänen Giuliano da Sangallos gebaut. Heute öffnet sich vor der Villa ein weiter Platz, den Mauern mit Türmen und ein Garten einfassen. Im Reigen der Medici-Villen wird in diesem Bau ein neues Schema verwirklicht, das von humanistischen Vorstellungen angeregt wurde, wie es der elegante Pronaos mit seinen ionischen Säulen, der Tympanonabschluss darüber und der schöne Majolika-Fries belegen. Die Villa ist berühmt für ihre Fresken im Hauptsaal im ersten Stock (1519-21 und 1579-82), die u. a. von

Von Florenz in das Val di Pesa ▲
Certosa del Galluzzo

Pontormo, Franciabigio und Andrea del Sarto stammen. Pontormos Lünette bezeichnet in ihrer thematischen Einzigartigkeit einen nicht wiederholten Moment seiner Kunst. So pontormesk die lockere Pinselführung auch ist, so fremdartig wirkt dieses Werk mit seiner luftigen Freundlichkeit zwischen den melancholischen und aufgewühlten Gemälden Pontormos. Doch ist der Eindruck von Selbstverständlichkeit und Natürlichkeit in Wahrheit das Resultat einer Nerven zerrüttenden Suche. Nach Vasaris Ansicht führen die Lünettenfresken mit ›Vertumnus und Pomona‹ wieder in das Bildprogramm des Saals zurück, das Leo X. zur Ehre seines Vaters Lorenzo de' Medici vorgab.

Comeana. Der kleine Ort ist bekannt für seine etruskischen Zeugnisse: das Grab der Boschetti (7. Jh. v. Chr.) und den Grabhügel von Montefortini.

Die Medici-Villa von Artimino (● 72, ▲ 143). Die Villa heißt auch ›la Ferdinanda‹ oder ›bei den hundert Wegen‹ und wurde Ende des 16. Jh. für Ferdinando I. von Buontalenti gebaut und später zu einem Jagdsitz umgewandelt. Die Ecktürme der harmonischen Front ruhen auf einem breiten Sockel. Von der Villa, heute Sitz des Museo Archeologico Comunale, führen Spazierwege durch eine bezaubernde Landschaft, z. B. zur romanischen Pfarrkirche San Leonardo.

Die Fassade der Medici-Villa von Artimino (ganz oben): eine schlichte Fassade zwischen zwei ausladenden Ecktürmen; die Treppe ist eine Rekonstruktion des 19. Jh. nach den Plänen Buontalentis. Ansicht der Certosa del Galluzzo (oben).

Von Florenz in das Val di Pesa (◆ B EF5 C AB3)

Mit ihren vielen Kurven und dem steten Auf und Ab wirkt die Straße wie eine Provokation gegenüber der schnurgeraden Schnellstraße Florenz-Siena, die sie immer wieder kreuzt.

Certosa del Galluzzo. Hohe Mauern schützen diese größte der toscanischen Klosteranlagen: Die Kartause wurde 1342 von Niccolò Acciaioli gegründet und über Jahrhunderte immer wieder von Florentinern mit Hinterlassenschaften bedacht. Das Kloster besteht aus Gebäuden verschiedener Epochen, deren ältester der Palazzo Acciaioli ist (14.-16. Jh.), in dem sich heute die Pinakothek befindet. Die Kirche der Mönche aus dem 13. Jh. ist reich an Kunstwerken, von denen zumindest das Chorgestühl (Ende 16. Jh.) und das elegante Grabmal von Niccolò, dem Gründer der Kartause, genannt werden sollen. Ein reiner Renaissancebau ist schließlich der prächtige Große Kreuzgang mit Arbeiten aus der Werkstatt Giovanni della Robbias.

San Casciano in Val di Pesa. Der Ort liegt auf den Hügeln zwischen der Greve und der Pesa und ist einer der renommiertesten im Chianti. Interessant sind das Museo Vicariale d'Arte Sacra mit einem schlichten ›Hl. Michael‹, der Coppo di Marcovaldo zugeschrieben wird, und einer ›Madonna mit

Auf den Spuren Pontormos
Nach der ›Heimsuchung‹ von Carmignano und den Fresken von Poggio a Caiano dürfen die Freunde der grellbunten Farben Jacopo Carruccis, genannt Pontormo, keinesfalls die fünf Lünetten mit Szenen aus der Passion verpassen, die der Maler im Großen Kreuzgang der Certosa del Galluzzo 1523-25 malte. Sie hängen heute in der Pinakothek des Konvents.

▲ Von Florenz in das Val di Pesa Certaldo

DIE MADONNEN VON CASTELFIORENTINO ♥
Das 9 km nordöstlich von Certaldo gelegene Castelfiorentino ist ein Industrieort, der dem Marienkult eng verbunden ist. Davon zeugen die beiden Madonnen mit Kind in der Pinakothek der Kirche Santa Verdiana (die eine stammt von einem Künstler des 13. Jh., die andere ist im Stile Taddeo Gaddis geschaffen) sowie der Freskenzyklus (1490) von Benozzo Gozzoli, heute in der städtischen Kunstsammlung zu sehen.

Giovanni Boccaccio (● *44*)
Neben Dante und Petrarca ist er einer der Großen der italienischen Literatur des 14. Jh. Boccaccio wurde wohl 1313 in Florenz geboren und starb 1375 in Certaldo (Heimatort väterlicherseits). Sein ›Decamerone‹, das 1349-53 entstand, zählt zu den wichtigsten Werken der mittelalterlichen Literatur überhaupt.

Pfarrkirche Sant' Appiano (unten); Terracotta-Arbeiten aus Impruneta (unten rechts), die seit dem 14. Jh. dort hergestellt werden

Kind‹ von Ambrogio Lorenzetti. San Casciano liegt in einer schönen Landschaft mit fruchtbaren Weinbergen und rauen Anhöhen, auf denen Zypressen und Steineichen wachsen. Der Ort eignet sich gut als Standort für Ausflüge, etwa zu den Pfarrkirchen und Abteien, von denen es hier von Sant'Andrea in Percussina bis San Giovanni in Sugana unzählige gibt.

Straße nach Certaldo. Die einsame Straße nach Certaldo, die auf beiden Seiten Pfarrkirchen und Kastelle flankieren, scheint eine jener Straßen zu sein, die nur erbaut wurden, um einem mit ihren Hügeln, den wie Einsiedeleien verstreuten Kirchen und wachsam aufragenden Zypressen die Schönheit der sienesischen Landschaftsmalerei in Erinnerung zu rufen. Die hiesigen Pfarrkirchen gehören zu den ältesten der Romanik: Ob San Pancrazio, San Lazzaro oder San Martino, sie alle tragen den Zusatz ›a Lucardo‹, nach dem Ort zwischen den Flüssen Pesa und Elsa.

Certaldo und der Schatten Boccaccios. Der Name des Orts Certaldo ist eng mit dem Boccaccios verknüpft, dessen rekonstruiertes Geburtshaus samt hervorragender Bibliothek hier besichtigt werden kann. Das ganze Städtchen leuchtet rot von seinen Ziegeldächern. Es gliedert sich in zwei Ebenen mit dem Castello und dem darunter liegenden Borgo entlang der Via Francigena. Beide haben mittelalterliches Gepräge, aber nur das Castello hat sein altes Aussehen erhalten.

Weitere Sehenswürdigkeiten. Dem Charme von roten Ziegeln begegnen wir immer wieder in Ortschaften, in denen manche Ecke an Florenz oder Siena erinnert, so in Barberino Val d'Elsa mit seiner berühmten Stadtmauer und in Tavarnelle im Val di Pesa. Dann kommen wir zur Pfarrkirche Sant'Appiano, der ältesten des Val d'Elsa (10. Jh.). Sie ist dem Heiligen geweiht, der der Legende zufolge den christlichen Glauben in das Tal gebracht hat.

Impruneta und Umgebung. Auf dem Rückweg biegt man hinter San Casciano Richtung Greve ab und erreicht Impruneta, ein freundliches Städtchen, das sich strahlenförmig um die alte Pfarrkirche Santa Maria entwickelt hat. Sie wurde wegen der Wunder ihres Madonnenbildes zur Basilika ausgebaut und über die Jahrhunderte mehrfach umstrukturiert. Sogar die Fassade mit Portikus und Uhrturm sowie der schlichte Campanile haben eine ganz eigene Wirkung vom halbrunden Platz davor aus, der als Sonnenuhr dienen könnte. Landschaftlich reizvoll ist die Rückfahrt über San Felice a Ema und Poggio Imperiale (● *73*; ▲ *137*).

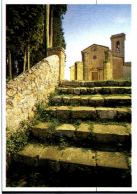

144

Pisa und Lucca
Maria Novella Brenelli

147 PISA
150 *DIE SKULPTUREN DER PISANO*
154 UMGEBUNG VON PISA
155 VON PISA NACH SAN MINIATO
156 LUCCA
159 EBENE VON LUCCA UND GARFAGNANA

PISA UND LUCCA

1. Pisa ▲ 147
2. Umgebung von Pisa ▲ 154
3. Von Pisa nach San Miniato ▲ 155
4. Lucca ▲ 156
5. Die Ebene von Lucca und die Garfagnana ▲ 159

Kurzer Ruhm
Pisas ruhmreiche Zeit begann im 11. Jh. und endete 1284 mit dem Sieg Genuas in der Schlacht von Meloria (40 Schiffe verloren, 9000 Gefangene). Doch schon im 12. Jh. hatte sich Pisa immer mehr von seiner traditionellen Stellung als Handels- und Hafenstadt abgewandt und die Verarbeitung von Fellen und Wolle gefördert. Die intensive Viehzucht führte zur Verödung des Bodens, und der steigende Bedarf an Arbeitskräften zog die Menschen in die Stadt.

EINE STADT UND IHRE PIAZZA ★
Nachdem 1063 die pisanischen Schiffe mit reicher Beute vom Feldzug gegen die Araber aus Palermo heimkehrten, gab die Stadt den Bau einer Kathedrale in Auftrag. So beginnt die Geschichte der Piazza del Duomo und des Campo dei Miracoli. Dem Komplex nähert man sich am besten vom Lungarno aus und betritt den Platz gegenüber dem Schiefen Turm; der Dom und das Baptisterium stehen dann zur Linken.

Pisa und Lucca lieferten sich oft blutige Auseinandersetzungen. Doch haben beide Städte gleichermaßen die gotische Baukunst zu einer meisterhaften Vollendung geführt. Sie bieten dem Besucher Stadtbilder, die auch heute noch menschliches Maß haben. Im Stadtkern, von starken Mauern geschützt, stehen mächtige Profanbauten neben strengen Kirchen und Kathedralen von erstaunlicher Leichtigkeit, in denen sich Kunstwerke von unschätzbarem Wert befinden. In Pisa wird man seinen Rundgang an der Piazza del Duomo beginnen, deren filigrane Marmorbauten ihr Einzigartigkeit verleihen – es ist, als ob Gott selbst weiße Marmorsplitter auf einer Wiese verstreut hätte. Man genießt die Reinheit und Plastizität der Gebäude und die Leichtigkeit der Dekorationen, die wie aus Licht geschaffen scheinen. Wer auf der Piazza del Duomo steht, muss unweigerlich an die Worte Goldonis denken: »Ich sollte nur einige Tage in Pisa bleiben und blieb doch drei ganze Jahre.« Aber auch die restliche Stadt, die übrigens in einem Gebiet liegt, das ständig von Überschwemmungen heimgesucht wird, birgt zahlreiche Kunstwerke. Bei einem Ausflug an die Mündung des Arno und zur Tenuta di San Rossore durchschneiden die Alleen auf dem Weg zum rauhen Tyrrhenischen Meer Macchialandschaften, Dünen und Pinienhaine. In der entgegengesetzten Richtung führt die Reise in Städte, deren fortwährende Schönheit noch immer besticht: Calci, Càscina, Vicopisano, Pontedera oder San Miniato. Das Stadtbild Luccas hat sein originales Aussehen mit mittelalterlichen Häusern, Palazzi, Türmen und durchbrochenen Fassaden der Kirchen bewahren können und wird noch immer von seinen trutzigen Mauern geschützt. Die nähere Umgebung der Stadt mit den zahlreichen ›Palazzi in Villa‹ lädt zu Spaziergängen ein: Man durchquert dann eine Landschaft, in der die geometrische Anlage der Felder den harmonischen Schwung der Hügel ergänzt. Von Lucca aus erkundet man das Tal des Serchio, an dessen Hängen das viel besuchte Kurort Bagni di Lucca und die noch völlig intakte mittelalterliche Stadt Barga liegen. Dahinter beginnt die grüne Garfagnana, eine Landschaft, die den Übergang zu den steilen Bergen der Apuanischen Alpen und zum Apennin bildet. Castelnuovo ist das Zentrum dieses Tals.

PISA
PIAZZA DEL DUOMO

Pisa ist eine der berühmtesten Kulturstädte Italiens (◆ B C4-5; ● *104*), und noch heute sind die ruhmreiche Vergangenheit der einstigen Seerepublik und die Rolle, die ihr die Medici zumaßen, an den mittelalterlichen Bauten erkennbar. Die Medici ließen nach der Eroberung Pisas die Piazza dei Cavalieri und die Universität errichten. In der Zeit der Romanik baute Pisa seine Stellung als Hafenstadt aus. Doch auf dem Höhepunkt ihrer wirtschaftlichen und militärischen Macht unterlag sie 1284 in der Seeschlacht von Meloria gegen Genua. Die Niederlage stürzte die Stadt in eine Krise, die zur Eroberung durch Florenz im Jahr 1406 führte. Nachdem die Lorena die Stadt von den Medici übernommen hatten, erweiterten sie diese mit großem finanziellen Aufwand und intelligent. Nach dem Abzug der Franzosen blieb Pisa bis zum Anschluss an das Königreich 1860 im Besitz der Lorena. Die Bombardements der Alliierten 1944 verursachten große Schäden, die nur zum Teil wieder behoben wurden.

Die Arkadengalerien der Domfassade sind typisch für die pisanische Romanik (● *76*).

PIAZZA DEL DUOMO

Der monumentale Komplex an der Piazza del Duomo nennt sich Campo dei Miracoli (›Platz der Wunder‹) und ist das bedeutendste Beispiel für die pisanische Romanik.
Dom. Der Bau wurde 1064 unter der Leitung von Buscheto begonnen und von Rainaldo Anfang des 13. Jh. vollendet. Im unteren Teil der Fassade verbinden Blendbögen die drei Portale, darüber stehen vier Arkadengalerien, die mit Plastiken und Inkrustationen geschmückt sind. Die schwarz-weiß gebänderten Mauern und die Gliederung der gesamten Außenseite durch Arkaden und Lisenen vermitteln den Eindruck außerordentlicher stilistischer Einheit. Eine gewagte ovale Kuppel erhebt sich über der Vierung. Der Innenraum wirkt durch schwarze und weiße Steinläufe und den Säulenwald weiträumig und leicht orientalisch (arabische Handwerker waren nachweislich am Bau beteiligt). Unter den zahl-

DIE PORTA DI SAN RANIERI ★
Anleihen aus der antiken und byzantinischen Kunst sowie der rheinischen Romanik vermischen sich in den 24 Reliefplatten mit der Lebensgeschichte Jesu (1180), die Bonanno Pisano für das Portal am Transept des Doms entwarf. Die plastischen Reliefs verwenden eine sehr originelle Bildersprache.

PISA
PIAZZA DEL DUOMO

Der Schiefe Turm (● 76)
Der Turm neigt sich um ca. 5° 30' »nach Süden, mit einer jährlichen Zunahme von ca. 6"«. Vasari führte die Neigung auf das Nachgeben des Untergrunds zurück. Der Zugang zu der Wendeltreppe, die bis zur Spitze des Turms führt, war wegen der Arbeiten zur Befestigung des Untergrunds lange Zeit versperrt. Von der Höhe des Turms aus führte Galileo Galilei seine berühmten Experimente zur Fallbewegung durch.

reichen Kunstwerken stechen vor allem die Kanzel von Giovanni Pisano (▲ 151), das Grabmal Heinrichs VII. von Tino di Camaino und die Gemälde von Andrea del Sarto im Presbyterium hervor. Gegenüber der Kanzel hängt die Lampada di Galileo. Die Pendelbewegungen des Leuchters sollen Galileo zu seinen Theorien über den Isochronismus des Pendels angeregt haben. In der Apsis befinden sich ein großes Mosaik aus dem 13. Jh. mit Christus als Weltenrichter zwischen Madonna und Johannes dem Evangelisten von Cimabue.

Battistero. Der romanische Rundbau des Baptisteriums (unten) wurde 1152 begonnen, im 13. Jh. von Nicola und Giovanni Pisano weitergeführt und in der zweiten Hälfte des 14. Jh. vollendet. Filigrane Lisenen und Arkadengalerien mit gotischen Motiven schmücken die Außenmauer, eine Kuppel mit achteckiger gekappter Pyramide krönt den Bau. Im Innern sind das Taufbecken (1246) von Guido Bigarelli da Como und die Kanzel (▲ 150) von Nicola Pisano zu bewundern. Eindrucksvolle Plastiken von Nicola und Giovanni Pisano dekorieren die Innen- und Außenwände.

Campanile oder ›Schiefer Turm‹ (● 76). Schon bald nach Baubeginn 1176 stellte man die Arbeiten wieder ein, weil der Untergrund nachgab. In der zweiten Hälfte des 14. Jh. wurde der Turm dann vollendet. Ihn schmücken die für die pisanische Romanik typischen übereinander liegenden Arkadengalerien.

Camposanto. Die elegante Flanke des Camposanto schließt den Platz nach Norden hin ab. Die Anlage wurde 1277 von Giovanni di Simone begonnen und im 15. Jh. in spätgotischem Stil vollendet. Die Innenseite war vollständig mit Fresken verziert, von denen viele durch die Bombardierung im Juli 1944 zerstört wurden. Die vier Flügel beherbergen zahlreiche Kunstwerke: das Grab der Grafen von Gherardesca (1320), die Fresken von Taddeo Gaddi (›Tebaide‹), Spinello Aretino, Antonio Veneziano und Benozzo Gozzoli sowie

DER CAMPOSANTO, EINE BILDERBIBEL ♥
Die Grünfläche im Innern des Camposanto diente einst als Friedhof und ist von einem Umgang mit Maßwerkfenstern umschlossen, unter dessen Bodenplatten Persönlichkeiten der Stadt begraben wurden. Ab dem 13. Jh. stellte man entlang der freskierten Wände römische Grabmäler und Sarkophage (1.-4. Jh.) auf. Die meisten sind ein ikonografischer Schatz, aus dem Meister wie Pisano die Antike wieder zum Leben erwecken konnten.

»Es mag verwunderlich klingen, doch die Gebäude des Platzes stellen den ganzen Zyklus des menschlichen Lebens dar: Hier stehen das Baptisterium, die Kathedrale, der Schiefe Turm, das Hospiz und endlich der Friedhof.«
H. Friedlander

Skulpturen von Giovanni Pisano, seinen Schülern und von Lorenzo Bartolini (›Inconsolabile‹). Bedeutend sind auch die Kapelle Ammannati mit dem Altar von Tino di Camaino sowie im Freskensaal der ›Triumph des Todes‹ (rechts), der Bonamico Buffalmacco zugeschrieben wird und der Franz List, dessen Büste gleich neben dem Eingang steht, zu seinem ›Totentanz‹ inspirierte.

Museo dell'Opera del Duomo. Das Museum der Dombauhütte befindet sich im Palazzo dei Canonici del Duomo (13.-17. Jh.) und beherbergt Werke aus den bedeutenden Bauwerken des Platzes. Darin auch vier Statuetten von Nino Pisano sowie die ›Madonna del Colloquio‹, ›Madonna mit Kind‹ und das ›Crocifisso d'Elci‹ von Giovanni Pisano.

Museo delle Sinopie. In den Räumen des Spedale Nuovo della Misericordia (zweite Hälfte des 13. Jh.) zeigt das 1980 eingeweihte Museum die bedeutendste Sammlung von Malereien des 13. Jh. sowie die Sinopien des Camposanto, die während Restaurierungsarbeiten unter den Fresken entdeckt wurden.

Piazza dei Cavalieri

Cosimo I. ließ den Platz über dem ehemaligen Zentrum der Seerepublik von Vasari errichten. Gebäude aus dem 16. Jh. umschließen den Raum. Der neu gegründete Orden der Stephansritter residierte hier.
Palazzo dei Cavalieri (● 65). Der 1562 von Vasari errichtete Bau beherbergt heute die von Napoleon gegründete Scuola Normale Superiore. Die bogenförmige Fassade ist mit Sgraffiti dekoriert, davor steht eine Statue Cosimos I.
Palazzo dell'Orologio. Die ehemalige Krankenstation der Cavalieri (1607) steht über den Resten der Torre della Muda oder della Fame, in der Graf Ugolino della Gherardesca (an den Dante im Inferno erinnert) verhungerte, nachdem er für die Niederlage von Meloria verantwortlich gemacht wurde.

Der Triumph des Todes
Das ikonografische Thema soll auf die Pest von 1348 zurückgehen. Im Camposanto befinden sich mehrere Fresken aus der zweiten Hälfte des 14. Jh., die sich dieses Themas annehmen. Der oben abgebildete Auszug zeigt eine vom Tod heimgesuchte Gesellschaft junger Männer, während Engel und Dämonen um die Seelen streiten. Kunsthistoriker schreiben die Fresken heute beinahe einhellig Bonamico Buffalmacco zu.

Die ›Madonna mit Kind‹ (1299-1300) aus Elfenbein von Giovanni Pisano, vielleicht das bedeutendste Kunstwerk im Museo dell'Opera del Duomo (links)

Die Geschlechtertürme
In der Via Santa Maria finden sich neben Adelspalästen des 17. und 18. Jh. auch noch einige Geschlechtertürme aus dem 13. Jh. Sie weisen ein Gerüst aus hohen Steinbögen auf, zwischen denen die Stockwerke aus leichterem Material wiederum mit Bögen unterteilt waren. Der Laubengang im Erdgeschoss und die obere Loggia blieben offen.

▲ DIE SKULPTUREN DER PISANO

Kanzel im Baptisterium von Pisa (1260; ▲ *148*)
Eins der bedeutendsten Beispiele für den Übergang von
der Romanik zur Gotik stammt von Nicola Pisano.

Das Werk der Pisano brachte der Bildhauerei des 13. Jh. eine radikale Änderung. Von der Kunst der Antike inspiriert, griff Nicola Pisano (1215-84) die christliche Auffassung der Geschichte auf und verlieh ihr mit der gotischen Formensprache eine lebendige Dramatik. Dies wird in der Kanzel des Doms zu Siena, an dem auch Nicola Pisanos berühmter Schüler Arnolfo di Cambio (1245-ca. 1310) und sein Sohn Giovanni (1245-ca. 1318) mitarbeiteten, besonders deutlich. Giovanni, der die Kultur seines Vaters aufgenommen hatte, aber auch für Elemente der nordeuropäischen Gotik offen war, entwickelte diese Auffassung weiter, wobei er die antiken Vorbilder mit außergewöhnlicher Dynamik und Energie auflöste.

La Forza (›Stärke‹)
An der Kanzel (1246) des Baptisteriums in Pisa (▲ *148*) steht eine Herkules-Statue von Nicola Pisano als Sinnbild für die Tugend der Stärke. Hier, wie auch in der großen ikonografischen ›Bibel‹, die der Camposanto darstellt (▲ *148*), zeigt sich die Erinnerung an die antike Kunst, die Nicola in seiner Skulptur mühsam verfolgte, besonders deutlich.

La Natività (›Christi Geburt‹)
Die Madonna, nach dem Vorbild antiker Statuen idealisiert, bildet in diesem Relief an der Kanzel des Baptisteriums von Pisa (▲ *148*) das Zentrum. Wie viele Figuren auf etruskischen Sarkophagen stützt sie sich auf den Ellbogen. Der hl. Josef wirkt wie ein antiker Herkules, und alle Figuren strahlen in diesem durchkomponierten und harmonischen Raum eine strenge Würde aus.

Der Kindermord von Bethlehem

Das Relief an der Kanzel (1298-1301) in der Kirche Sant'Andrea in Pistoia (▲ 180) von Giovanni Pisano bringt die Grausamkeit der Tragödie in der kontinuierlichen Bewegung und dem frenetischen Aufruhr mit unwiderstehlicher Energie zum Ausdruck. Das Drama besteht in der Fragmentierung der Erfahrung, an der jeder teil hat, und nicht mehr im Ereignis an sich.

Kanzel im Dom von Pisa
(1302-11; ▲ 148)

Säulen, Löwen und Statuen tragen diese Kanzel von Giovanni Pisano, die wegen ihres reichen Schmucks und ihrer Dramatik zu den Meisterwerken der gotischen Plastik in Italien zählt. Die Kanzel hat eine bewegte Geschichte: Nach einem Brand im Jahr 1595 wurde sie zerlegt und fortgeschafft, um erst 1926 in ihrer heutigen Form wieder aufgestellt zu werden. Einige der verloren gegangenen Teile wurden ersetzt.

Die Darstellung des Schmerzes
Eine Mutter mit ihrem ermordeten Kind. Detail aus dem ›Kindermord von Bethlehem‹ der Kanzel von Sant'Andrea in Pistoia von Giovanni Pisano.

La Pudizia (›Scham‹)
Eine der Kardinaltugenden, die die Kanzel des Doms von Pisa umgeben. Mit den Darstellungen der freien Künste, der göttlichen Tugenden, der Personifizierung der Kirche und der Evangelisten, die von Christus, dem Erzengel Michael und Herkules (Symbol für den Sieg über das Böse) überragt werden, sind sie die Zusammenfassung der mittelalterlichen Lehre.

▲ PISA

Simone Martini, ›Madonna mit Kind und Heiligen‹ (1319-21), Polyptychon aus der Kirche Santa Caterina, heute im Museo Nazionale di San Matteo

Ein Umkleideraum für die Cavalieri
Die Seitenschiffe der Kirche Santo Stefano dei Cavalieri bestehen tatsächlich aus zwei 1682 angefügten Flügeln, die den Cavalieri als Umkleide dienten. 1868 wurden sie in den Bau integriert.

Gioco del Ponte
Das Turnier im Juni jeden Jahres geht auf einen alten Brauch zurück, den Lorenzo il Magnifico 1490 einführte. Die Stadtteile zu beiden Seiten des Arno bilden je eine Mannschaft, die in einem Karren auf Schienen ihre Gegner auf die andere Seite des Ponte di Mezzo schieben müssen (● 53). Die Brücke ist die älteste Pisas und musste nach dem Zweiten Weltkrieg wieder aufgebaut werden.

DIE REGATA DI SAN RANIERI ♥
Es handelt sich um einen sehr alten Wettstreit (● 50), ein Bootsrennen, das am 17. Juni zwischen den Mannschaften der vier Stadtteile Sant' Antonio, San Martino, Santa Maria und San Francesco auf dem Arno ausgetragen wird. Ihm geht ein Umzug mit historischen Kostümen voraus. Am Vorabend sind die Uferstraßen am Arno von den typischen Öllampen (lampini) prachtvoll beleuchtet.

Santo Stefano dei Cavalieri. Die nach einem Entwurf Vasaris errichtete Kirche (1565-69) verfügt über eine geschnitzte Holzdecke (1605) und reiche Dekoration, zu der auch Malereien Vasaris zählen. Sarazenische Banner und Trophäen schmücken die Wände und erinnern an die Siege des Ordens, dessen Aufgabe die Abwehr der sarazenischen Piraten war.

DIE ÖSTLICHEN VIERTEL NÖRDLICH DES ARNO

Im ältesten Teil der Stadt sind zahlreiche Kirchen der Bettelorden anzutreffen, deren herrliche Holzkruzifixe im Museo Nazionale di San Matteo aufbewahrt werden. Am Ende der Via San Zeno befindet sich neben der gleichnamigen Kirche ein Stadttor aus dem 13. Jh., von dem aus sich ein schöner Blick auf die mittelalterliche Stadtmauer bietet.

Santa Caterina. Die Fassade der Dominikanerkirche aus dem 13. Jh. ist ganz im Stil der pisanischen Romanik gehalten: Blendbögen im unteren Teil, zwei Reihen hoher gotischer Loggien sowie eine Rosette im oberen Teil. Der geräumige Innenraum beherbergt unter anderem ein Gemälde von Lippo Memmi und Francesco di Traini, die ›Apotheose von San Tommaso d'Aquino‹ (1363), sowie die Statuen ›Verkündigung‹ und ›Erzengel Gabriel‹ (1368) von Nino Pisano.

San Francesco. Der Bau wurde 1211 begonnen und im 14. Jh. vollendet, die Fassade stammt von 1603. Das geräumige Schiff deckt ein verdecktes Sparrendach. Sieben Kapellen umgeben die Apsis, deren Gewölbe mit Fresken von Taddeo Gaddi ausgemalt ist. Auf dem Altar eine Marmorpalme von Tommaso Pisano mit der ›Madonna mit Kind und Heiligen‹. Schönes Modell des Schiefen Turms auf Konsolen mit Bogen.

Museo Nazionale di San Matteo. Das Museum im ehemaligen Benediktinerkloster (11.-13. Jh.) zeigt eine der größten Sammlungen toscanischer Skulptur, Malerei

> »Eine glückliche Fügung liess unser Pisa an den Ufern des Arno entstehen, unverwundet und unverwundbar. An allen Festtagen weht über dem Ponte di Mezzo die weisse Standarte der Kommune mit dem rotem Kreuz.«
>
> Lorenzo Viani

und Keramik des 12.-15. Jh. Unter den Werken der frühen Meister sind die bemalten Kreuze des 12. Jh. bemerkenswert sowie der Polyptychon von Simone Martini (links), die ›Madonna dell'Umilità‹ (1425) von Gentile di Fabriano und die ›Madonna mit Kind‹ von Fra Beato Angelico. Von den Skulpturen sind besonders die Werke von Andrea und Nino Pisano nennenswert sowie die herrliche Bronzebüste des San Lussorio (1427) von Donatello.

San Michele in Borgo. Die mit Marmorinkrustationen verzierte Fassade bildet den Übergang von romanischen zu gotischen Formen und zeigt die pisanischen Arkadengalerien.

Die südlichen Viertel

Die Vie Galilei und Gambacorti folgen dem weiten Bogen des Arno auf seinem Südufer, wo sich um den alten Stadtteil Chinzica im 19. Jh. die jüngeren Stadtviertel bildeten.

San Martino. In der gotischen Kirche (1332) mit Marmorfassade befindet sich in der Sakraments-Kapelle ein Hochrelief (›St. Martin und der Bettler‹), das Andrea Pisano geschaffen haben soll.

San Sepolcro. Dieser ungewöhnliche, achteckige Steinbau aus dem 12. Jh. mit einer hohen Kuppel liegt zwischen den alten Geschlechtertürmen und Palazzi der Via San Martino. Im Innern das Grab von Maria Mancini Colonna, eine der Favoritinnen Ludwigs XIV., die 1715 in Pisa starb.

Santa Maria della Spina (● *79)*. Ein wundervoller Bau, der seine heutige Form in den Jahren 1323-60 erhielt. Sein Name leitet sich von der Dornenkrone Jesu ab. Wegen schwerer Wasserschäden wurde er ab- und 1871 erhöht an seinem jetzigen Standort wieder aufgebaut. Die Außenseite, ein Meisterwerk der pisanischen Gotik, zeigt eine zweigeteilte Fassade mit drei Giebeln. Über der Apsis stehen drei Fialen. Im hellen Innenraum Statuen von Andrea und Nino Pisano.

San Paolo a Ripa d'Arno. Ein schönes Beispiel für pisanische Architektur, dessen Fassade die Dekoration des Doms aufgreift. Den dreischiffigen Saal schließt eine Apsis mit Fenstern aus dem 14. Jh. ab. Er wurde nach dem letzten Krieg restauriert. Dahinter befindet sich die Capella di Sant'Agata, ein wundervoller achteckiger Bau, den Triforien öffnen.

Chinzica
Der alte Stadtteil liegt zwischen der Via San Martino und dem Ponte del Mezzo und war einst von orientalischen Händlern bewohnt, die dort auch ihre Läden hatten. Der Legende nach stammt der Name von Chinsica dei Sismondi ab, der während eines Sarazenenangriffs 1004 Alarm schlug. Am 2. Juni findet der traditionelle Palio della Balestra statt, der so genannte ›Kinzica di Sismùondi‹.

Das Graffito von Keith Haring
Keith Haring liebte Pisa und hinterließ der Stadt wenige Monate vor seinem Tod im Februar 1990 ein großes Graffito an den Wänden der Kirche Sant'Antonio, die am gleichnamigen Platz südlich des Arno liegt.

▲ Umgebung von Pisa
La Certosa

Umgebung von Pisa (◆ B C5)

Zwei kurze Routen führen über San Rossore zur Küste des Tyrrhenischen Meeres und an die Mündung des Arno bzw. in die entgegengesetzte Richtung nach Calci und das nahe gelegene Certosa di Pisa.

Die Küste. Folgt man der Straße nach Marina di Pisa, bringt uns ein Abzweig 6 km von Pisa zur romanischen Basilika San Pietro a Grado (10.-11. Jh.), die heute allein auf den Feldern neben einer breiten Allee steht. Tuff aus der Gegend von Livorno wechselt mit schwarzem und weißem Marmor, die Fassaden schmücken Lisenen und gestelzte, teilweise mit Majoliken verzierte Arkaden. Im Innern befinden sich Fresken aus dem 13. Jh. von Deodato Orlandi und das gotische Ciborium. An dieser Stelle soll 44 n. Chr. Petrus bei seiner Ankunft gepredigt haben. Marina di Pisa ist ein viel besuchter Badeort, über den man die Tenuta di San Rossore erreicht, den alten Wald der Erzbischöfe von Pisa zwischen den Tälern von Serchio, Arno und dem Pinienwald von Tombolo.

Calci. Fährt man von Pisa aus in entgegengesetzter Richtung, erreicht man nach 14 km das schöne Städtchen, das sich im herrlichen Tal Valgraziosa an die Hänge des Monte Serra schmiegt. Die Pfarrkirche im Stil der pisanischen Romanik ist den hl. Johannes und Ermolao geweiht und wurde im 11. Jh. mit einer eleganten Fassade aus zwei Arkadenreihen errichtet. Das Taufbecken schmücken Skulpturen aus dem 12. Jh.

Certosa di Pisa (● 80). In der Nähe von Calci erhebt sich die weiße Masse von Certosa di Pisa aus dem 14. Jh. (Umbau im 18. Jh.), einem der größten Klöster Italiens, dessen monumentale Fassade würdevoll auf einen großen Platz niederblickt. Der Komplex besteht aus Kloster, Kirche, Gästehaus und Kreuzgang. Das Zentrum des Kreuzgangs schmückt ein reich verzierter Brunnen aus dem 17. Jh. Im Innern der Barockkirche werden Fresken und Skulpturen des 17.-18. Jh. aufbewahrt. Sehenswert sind auch das Museo Storico e Artistico della Certosa mit Malereien, Fresken und Skulpturen sowie das Museo di Storia Naturale e del Territorio Pisano mit den wissenschaftlichen Sammlungen der Universität Pisa.

Monte Serra
Der 917 m hohe Monte Serra bildete lange Zeit eine natürliche Grenze zwischen den rivalisierenden Städten Pisa und Lucca. Nicht ohne Grund erwähnt Dante im 23. Lied seines Inferno den Monte Serra und beschreibt ihn als »den Berg, wegen dem die Pisaner Lucca nicht sehen können«. Von seinem Gipfel aber genießt man eine der schönsten Aussichten über die Gegend.

Die Tenuta di San Rossore
Zwischen Serchio und Arno erstreckt sich nördlich von Pisa ein 3000 ha großes Gebiet mit Wäldern und Jagdflächen. Wildschweine, Damwild, Wölfe, Stachelschweine und viele Vögel sind in der mediterranen und tropischen Vegetation zu Hause. Von den Kaisern und später den pisanischen Bischöfen ging die Domäne an die Medici, die Lorena und den italienischen König über und ist heute im Besitz des Präsidialamts des Staatspräsidenten. Seit 1979 bildet sie mit dem Lago di Massaciuccoli (● 172) und der Macchia von Migliarino einen Naturpark.

Von Pisa nach San Miniato
San Miniato

Von Pisa nach San Miniato (◆ B C4-5-D4-5)

Folgt man dem Lauf des Arno auf der Statale 67, eröffnet sich nach 49 km eine typisch toscanische Landschaft mit dem geometrischen Muster der Felder und der von sanften Hügeln gerahmten Flussebene. Hier finden sich malerische Städte neben modernen Produktionsstätten und Siedlungen.

Càscina. Die Stadt am linken Ufer des Arno verfügt noch über Teile ihrer alten Stadtmauer sowie einige Palazzi und alte Kirchen wie die Pfarrkirche Santa Maria aus dem 12. Jh. in reinster pisanischer Romanik. Im Innern befinden sich wertvolle romanische und gotische Plastiken. Càscina ist auch für seine Möbelindustrie bekannt.

Vicopisano. Hat man den Arno in Càscina überquert, sieht man kurz vor Formacette die schöne Silhouette der Festungsanlagen von Vicopisano. Die Florentiner ließen die Stadt nach der Eroberung 1407 in eine Festung umbauen, wobei auch Brunelleschi beteiligt war. Dank der Begradigung des Arno und der Urbarmachung durch die Medici konnte hier ein landwirtschaftliches Zentrum entstehen. Nahe der zentralen Piazza Cavalca liegt die Pfarrkirche aus dem 11.-12. Jh. im Stil der pisanischen Romanik. Der dreischiffige Innenraum birgt u. a. eine ›Kreuzabnahme‹ (12.-13. Jh.). Vom Platz gelangt man über die Via Lante mit der Torre dell'Orologio, weiteren Türmen und einem Wohnhaus des 15. Jh. zu der Torre delle Quattro Porte (14. Jh.) mit Spitzbögen.

Pontedera. Der mittelalterliche Ort liegt an der Statale 67 am Zusammenfluss von Arno und Era. Er wurde von den Pisanern Anfang des 13. Jh. als Festung gebaut und mehrfach von Florenz angegriffen. An der Kirche der hl. Jacob und Philipp aus dem 17. Jh. sind noch romanische Reste erkennbar. Im Innern die ›Madonna del Rosario‹ (1595) von Cigoli und eine Holzstatue des 14. Jh., die den hl. Lucia darstellt.

San Miniato. Die Stadt auf einem Hügel über der Arno-Ebene (unten) war Sitz der kaiserlichen Landvogte in der Toscana und ist Geburtsort der Mathilde von Canossa. Die renovierte Kirche San Domenico aus dem 14. Jh. enthält eine ›Madonna mit Kind und Heiligen‹ von Domenico Michelino und das Grab des 1461 gestorbenen Florentiner Arztes Giovanni Chellini von Bernardo Rossellino. Den Dom aus dem 13. Jh. in erhabener Lage und mit reicher Innenausstattung überragt der ›Torre di Matilde‹ genannte Glockenturm. Direkt daneben das Museo Diocesano d'Arte Sacra von Filippo Lippi und Andrea del Verrocchio. Bewundernswert sind auch die alten Palazzi: der Palazzo dei Vicari dell'Imperatore (12. Jh.), der Palazzo Grifoni im Renaissancestil und der Palazzo Formichini. Von der Torre di Federico auf der Spitze des Hügels (13. Jh.), in dem einst Pier delle Vigne gefangen gehalten wurde, ist nur ein einziger Turm erhalten.

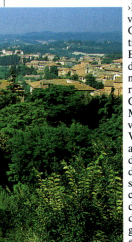

Mythos ›Vespa‹
In Pontedera wird in der Fabrik der Firma Piaggio die Vespa hergestellt. Zusammen mit dem Fiat 500 war sie im Italien der Nachkriegszeit Symbol für die Motorisierung der Gesellschaft.

Die Torre di Federico in San Miniato
Hier fand der Abenteurer Pier delle Vigne sein tragisches Ende. Er war Pronotar Friedrichs II., der ihn sehr schätzte, bis neidische Höflinge einen Komplott gegen Vigne anzettelten. Friedrich II. ließ ihn 1249 in den Kerker werfen und an glühende Eisen ketten. Piero, der den Schmerz nicht ertragen konnte, soll sich umgebracht haben, indem er seinen Kopf gegen die Kerkerwand schlug.

▲ Lucca

Das Oval der Piazza del Mercato, weiter oben San Frediano

LUCCA, UNWANDELBARE STADT ★
Eine intakte Stadtmauer, die nicht kriegerisch wirkt, enge und gewundene Straßen, versteckte Gärten, Geschlechter- und Glockentürme sowie Baudenkmäler, wie sie in jeder anderen Stadt der Toscana anzutreffen sind, nur weniger auffällig. Mit seiner originellen Atmosphäre scheint Lucca den Kampf gegen die Zeit gewonnen zu haben.

›Himmelfahrt‹, Mosaik des 12. Jh. an der Fassade von San Frediano

Wie ein Edelstein ist die Stadt von ihren Mauern eingefasst. Lucca (◆ B C4, ● *108*) hat über die Jahrhunderte hinweg sein faszinierendes Stadtbild mit zahlreichen Baudenkmälern bewahren können. Die Stadtmauern scheinen es auch gegen die Wirren der Zeit verteidigt zu haben. Der bereits von Ligurern und Etruskern besiedelte Ort war später römische Kolonie und bis 1162 unter fremder Herrschaft, dann freie Kommune. Trotz der Auseinandersetzungen innerhalb Stadt und der Kämpfe gegen die benachbarten Kommunen entwickelte sich Lucca dank des Seidenhandels und des Bankwesens zu einem bedeutenden wirtschaftlichen Zentrum. Auch die künstlerische Produktion, von Lombarden und Pisanern beeinflusst, errang große Bedeutung. Ab Mitte des 16. Jh. war die Stadt Republik und behielt ihre Unabhängigkeit bis 1805, als Napoleon sie in ein Fürstentum umwandelte. Danach wurde Lucca Teil des Großherzogtums und teilte dessen Schicksal.

Auf den Spuren der Römer

Die römische Stadtanlage ist auch heute noch an dem rechtwinkligen Straßenmuster zu erkennen. Die Via Fillungo bildete den Cardo, die Vie San Paolino, Roma und Santa Croce den Decumanus. Auch in der Stadtmauer (● *70*) und den vielen Spolien offenbart sich diese Vergangenheit, vor allem aber in den Fundamenten der mittelalterlichen Wohnhäuser, die über dem Oval des alten Amphitheaters stehen.
Piazza del Mercato. Die Piazza entstand über dem früheren römischen Amphitheater (erste Hälfte des 2. Jh.), das im Mittelalter als Steinbruch herhalten musste. Die Gewölbe wurden als Wohnungen (die ›Grotten‹), Kerker oder Lager genutzt. 1830 beauftragten die Bourbonen den Architekten Lorenzo Nottolini damit, das Amphitheater so umzubauen, dass es wieder eine öffentliche Funktion haben könnte. Das Innere wurde von der Bebauung befreit, sodass die eliptische Form des Theaters wieder sichtbar wurde. Im nördlichen Teil kann man die Überreste der Doppelreihe mit je 54 Arkaden besonders gut sehen.

San Frediano. Die Kirche entstand im 12. Jh. über den noch sichtbaren Resten einer alten Basilika im Stil der pisanischen Romanik und wurde mehrfach umgebaut. In der Mitte der von Lisenen gegliederten Fassade im oberen Teil befindet sich das Mosaik der ›Himmelfahrt‹ (links), das von einem Vordach geschützt wird. Das Mosaik soll von Berlinghieri stammen. Dahinter reckt sich der weiße, mit Zinnen gekrönte Campanile in den Himmel. Der dreischiffige Innen-

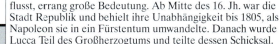

> »Heute gibt es nur noch wenige Kirchen in Lucca,
> die keine romanische Fassade besitzen,
> und die sind kaum von Bedeutung.«
>
> Luigi Baldacci

raum mit Säulen und Spolienkapitellen wurde im Laufe der Zeit mit zahlreichen Kunstwerken ausgeschmückt: der Taufbrunnen und der Cosmaten-Boden stammen aus dem 12. Jh., den Polyptychon aus Marmor (›Madonna mit Kind und vier Heiligen‹) schuf Jacopo della Quercia 1422, die Fresken in der Kapelle Sant'Agostino entstanden 1509.

Via Fillungo. Von der Porta dei Borghi kommend führt die Straße am Amphitheater vorbei zum Canto d'Arco und bildet eine der Hauptachsen der ersten Stadtanlage. Zahlreiche alte Wohnhäuser finden sich hier, ebenso die Torre dell'Orologio, die seit 1471 ein prachtvolles Uhrwerk zeigt. Seit sie 1754 erneuert wurde, zeigt das mechanische Uhrwerk des Schweizers Louis Simon wieder verlässlich die Zeit an.

San Michele in Foro (● 77). Der Marmorbau dominiert den gleichnamigen Platz über dem einstigen römischen Forum. Die Kirche entstand von 1070 bis Mitte des 12. Jh. Die Fassade (15. Jh.) heitern das Schattenspiel der pisanisch anmutenden Loggien und die reichen polychromen Dekorationen auf. Die Statue des Erzengels Michael auf dem Giebel ist zwar eindeutig romanisch, die beiden Ädikula an den Seiten, die die vertikale Achse betonen, verstärken hingegen den gotischen Zug. Im dreischiffigen Innenraum befinden sich zwei bedeutende Kunstwerke: die glasierte Terrakotta von Andrea della Robbia, ›Madonna mit Kind‹, sowie ein Gemälde von Filippino Lippi, ›Die hl. Hieronymus, Sebastian, Rochus und Helena‹. An der Ecke der Via Vittorio Veneto steht der Palazzo Pretorio mit seiner eleganten Loggia. Der 1494 von Matteo Civitali begonnene Bau ist heute Sitz der Präfektur.

Casa di Puccini. Das Geburtshaus von Giacomo Puccini im Corte San Lorenzo beherbergt heute ein Museum mit Gegenständen aus dem Besitz des Komponisten, verschiedenen Porträts und dem Klavier, auf dem er die ›Turandot‹ komponierte.

Palazzo Mansi. Ein wunderbares Patrizierhaus des ausgehenden 16. Jh., in dem seit 1977 das Museo Nazionale und die Pinacoteca Nazionale untergebracht sind. Über die geräumigen Säle im Erdgeschoss, den Spiegelsaal und den großen Musiksalon erreicht man den berühmten Alkovensaal mit seinen bestickten Wandbespannungen. Hier soll noch der Geist von Lucida Mansi umhergehen, die wegen ihrer Eitelkeit in die Hölle kam.

Die Torre delle Ore
Den Turm an der Via Fillungo, der bekanntesten Straße Luccas, umgibt eine alte Legende: Die überaus eitle Lucida Mansi bat den Teufel, er möge ihre Schönheit für 30 Jahre unverändert bewahren. In einer mondlosen Nacht wurde der Teufel dann auf dem Turm gesehen, wie er die Glocken zum Ablauf der Frist schlug. Der Turm wird auch ›Torre della Lite‹, etwa ›Turm der Streitigkeiten‹, genannt: Als die Republik beschloss, das Gebäude zu kaufen, war es unter so vielen Besitzern aufgeteilt, dass sich der Handel über 20 Jahre hinzog.

Museo und Pinacoteca nazionale
Die Gemäldesammlung, die den Kern der Ausstellungen bildet, geht auf eine Schenkung Leopolds II. im Jahr 1847 zurück und zeigt Werke venetischer, lombardischer, römischer und flämischer Schulen, doch sind auch bedeutende Werke toscanischer Meister darunter, insbesondere von Beccafumi, Bronzino, Pontormo (›Porträt eines Jünglings‹ von 1525, oben) und von Andrea del Sarto.

Lucca
Von den ›Tre Piazze‹ zur Villa Guinigi

Von den ›Tre Piazze‹ zur Villa Guinigi

Die drei Plätze San Martino, San Giovanni und Antelminelli wurden im 16. Jh. erneuert und erhielten ihre aktuelle Gestalt. Sie sind teilweise von ummauerten Gärten begrenzt, die man jedoch durch Fensteröffnungen von der Straße aus einsehen kann. Eine städtebauliche Lösung, die angesichts der Enge faszinierende Anordnungen und Ansichten bot. Kommt der Besucher aus den engen Straßen und Gassen, fällt sein Blick als Erstes auf die wundervolle asymmetrische Front des Doms.

Duomo di San Martino. Der im 6. Jh. von Bischof Frediano gegründete Dom wurde im 12. Jh. im romanischen Stil neu gebaut und erfuhr bis zum Ende des 15. Jh. starke Veränderungen. Zahlreiche Säulen mit unterschiedlich gearbeiteten Schäften gliedern die drei Arkadengalerien, die bichrome Marmorfassade wird von einem tiefen Portikus mit drei Bögen durchbrochen. Im Innern finden sich Werke von Tintoretto, Ghirlandaio und der Tempietto del Volto Santo (›Heiliges Antlitz‹, 1482-84) von Matteo Civitali (der 1484 auch den Altar von San Regolo schuf) sowie das berühmte Holzkruzifix vom 11.-12. Jh., das wahrscheinlich orientalischer Herkunft ist und von Dante schon im Inferno erwähnt wird. Der Legende zufolge soll es ein Apostel aus Dank für eine göttliche Intervention geschnitzt haben. In der Sakristei das Grab der Ilaria del Carretto. Auf der Innenseite der Fassade steht die Skulpturengruppe ›Der hl. Martin und der Bettler‹ von einem unbekannten Meister des 13. Jh.

Case Guinigi. Die Palazzi aus Backstein und der Turm aus dem 13. Jh. sind die letzten Beispiele für die lucchesischen romanisch-gotischen Wohnhäuser. Zusammen mit den alten Arkaden bilden diese Häuser aus der Via Guinigi ein

Das Grab der Ilaria del Carretto
Jacopo della Quercia hat der zweiten Frau Paolo Guinigis, die 1405 sehr jung starb, mit der berühmten Statue im Querhaus des Doms ein unsterbliches Denkmal gesetzt (1408). Sie ruht auf dem Sarkophag, den Kopf auf einem Kissen, als Symbol der Treue ein kleiner Hund zu ihren Füßen. Das Antlitz wird von einem Tragkissen gerahmt, die Lider sind geschlossen, als ob sie gerade erst eingeschlafen wäre.

Turm und Wohnhaus der Guinigi (unten). Detail der Domfassade (unten rechts)

»Eine Platanenallee kommt nach Lucca herab, das in den Ring seiner kräftigen, vollständig von Bäumen bestandenen Mauern eingeschlossen ist, sodass die Stadt von oben betrachtet wie gekrönt aussieht.«
— Lorenzo Viani

faszinierendes Ambiente, das seinen mittelalterlichen Charme erhalten konnte, obwohl die drei Türme an der Kreuzung mit der Via Sant'Andrea abgerissen wurden. Die Torre Guinigi aus dem 14. Jh. ist als einziger der zahlreichen Türme, die einst die Silhouette Luccas prägten, erhalten geblieben. Auf seiner Spitze stehen schöne Steineichen.

Villa Guinigi. Die von Paolo Guinigi, dem Stadtregenten Luccas, 1413 gebaute Villa beherbergt heute das Museo Nazionale di Villa Guinigi. Das Gebäude, später Quarquonia genannt, unterscheidet sich durch seine imposante Backsteinstruktur und die Farbenvielfalt der verwendeten Materialien klar von früheren Villen. Der graue Stein, der weiße Kalk und die roten Ziegel spiegeln die Farben der Lucchesser Landschaft wider. Das Gebäude besitzt eine große Loggia, das erste Stockwerk umgeben Triforien in typisch Lucchesser Art.

Die Stadtmauern (● *70*). Lucca ist eine der wenigen italienischen Städte, deren Stadtmauer (oben) vollständig erhalten blieb. Die breite und gut gepflegte Anlage besteht aus zwölf mächtigen Kurtinen, zehn dreieckigen Bollwerken und der Piattaforma di San Frediano. Die erste Mauer ist schon in römischer Zeit beurkundet, die zweite wurde nach der ersten Jahrtausendwende um die außerhalb der Mauer entstandenen Borghi errichtet. Porta San Gervasio im Süden und die Porta dei Borghi im Norden sind die beiden Tore der mittelalterlichen Mauer, die noch heute sichtbar ist. Der dritte und letzte Ring wurde unter dem Eindruck der zunehmenden Feuerkraft der Artillerie und der fortbestehenden Machtgelüste von Florenz 1645 fertig gestellt. Seither hat die Stadtmauer die Ausdehnung der Stadt stets begrenzt, sodass deren Gefüge ihr harmonisches Gleichgewicht behielt. Maria Luigia di Borbone-Parma ließ den Festungsgürtel zu Beginn des 19. Jh. mit Baumgruppen und Sitzbänken zu einer Promenade umwandeln, die der städtische Verkehr verschont.

Ebene von Lucca und Garfagnana (♦ B C4-C3)

Von Lucca führt ein kurzer Abstecher östlich des Serchio zu den zwischen den Hügeln Camigliano, Marlia und Segromigno verstreut liegenden Städten, die die großen lucchesischen Familien am inneren Gebirgsbogen um die Ebene von Lucca errichten ließen. Auf der Statale 12 im Tal des Serchio und schließlich auf der Statale 445 durch die untere Garfagnana

DAS MUSEO NAZIONALE DI VILLA GUINIGI ★
Nach spätromantischer Auffassung sollte das Museum die ruhmreiche Vergangenheit der Region bewahren, um die nationale Identität zu stärken. Das Museum in der Villa Guinigi mit Gegenständen aus Lucca und Umgebung ist typisch für diese Konzeption. In der archäologischen Abteilung finden sich schöne Grabschätze aus ligurischen und etruskischen Gräbern (10.-9. Jh. v. Chr.). Neben den Gebäudefragmenten (oben ein romanisches Kapitell) bewahrt es auch ein mittelalterliches Kleinod, einen langobardischen Paradeschild. Bedeutend sind auch die Gemälde ›Ecce homo‹ von Matteo Civitali und ›Madonna della Misericordia‹ (1515) von Fra Bartolomeo.

Ebene von Lucca und Garfagnana
Segromigno in Monte

Steine und Wasser für die Stadt
In den Gebäuden der Stadt, ob in den ersten Jagdhäusern des 14. Jh. oder den prächtigen Palazzi der Renaissance und des Barock, wurde nichts dem Zufall überlassen: Die Materialien stammen aus der nächsten Umgebung: Sand und Kies aus dem Serchio, Stein aus den Steinbrüchen von Matraia und Guamoi, die Backsteine wurden vor Ort gebrannt. Selbst das in der Gegend um Lucca reichlich vorhandene Wasser wurde in den Parks auf kunstvolle Weise

durchquert man eine Landschaft, in der sich Felder, Hügel, Wälder und Weinberge (● 27) mit kleinen Städten, Dörfern und Kastellen abwechseln.

Villa Torrigiani. Man erreicht das Landhaus von Lucca aus nach ca. 10 km auf der ›Via delle Ville‹. Eine monumentale Allee von etwa 1 km Länge kündigt die Villa Torrigiani an, eins der schönsten barocken Gebäude der Toscana. Mitte des 17. Jh. erwarb sie der Marchese Nicolao Santini, Botschafter der Republik Lucca am Hofe Ludwigs XIV., und ließ sie in ein prachtvolles Anwesen mit einem Park nach dem Vorbild von Versailles umwandeln. In dieser Zeit entstand auch der Giardino di Flora mit den noch heute funktionierenden Wasserspielen wie in der Grotta dei Venti.

Segromigno in Monte. Wenige Kilometer von Camigliano, in der Nähe der Pfarrkirche aus dem 12. Jh., befindet sich die Villa Mansi (● 73). 1675 war sie in den Besitz der Seidenhändlerfamilie Mansi gekommen und gilt als eins der besten Beispiele für die Kultur der lucchesischen Gesellschaft. Der Bau aus dem späten 16. Jh. wurde in den zwei folgenden Jahrhunderten erheblich umgestaltet. Die Mansi ließen auch den Park nach einem Entwurf von Filippo Juvarra erneuern und mit Nymphen und Wasserspielen dekorieren.

Marlia. Am Fuß der Hügel liegt die Villa Reale, die sich heute in Privatbesitz befindet. Elisa Bonaparte-Baciocchi (● 41) ließ die im 16. Jh. gebaute Villa 1811 gründlich umbauen und erkor sie zu ihrem Landsitz. Der Park mit großem Baumbestand, Bächen und einem im Stil der Romantik angelegten Teich gehört zu den klassischen italienischen Gärten des 17. Jh. mit Freilichttheater und kameliengesäumten Wegen.

San Pancrazio. Ganz in der Nähe der Villa Reale in Marli befinden sich zwei Villen aus dem 16. Jh. Die Villa Grabau wurde von der mächtigen Luccheser Kaufmannsfamilie Diodati errichtet und wechselte im Laufe der Jahrhunderte mehrfach die Besitzer und das

und mit raffinierten hydraulischen Systemen für die Verschönerung genutzt, für Becken, Springbrunnen, Fischbecken oder versteckte Wasserspiele. Ganz oben die Grotta dei Venti (›Grotte der Winde‹) in der Villa Torrigiani; darunter ein Brunnen in der Villa Reale in Marli.

Aussehen, das sich heute neoklassizistisch gibt. 1868 überließen die Marquis Cittadella sie der deutschstämmigen Familie Grabau. Der Park, der auch wegen der Vielfalt und Seltenheit seiner Pflanzen sehenswert ist, umfasst mehrere Gärten, darunter einen herrlichen englischen Garten mit großen Hainen, einen halbovalen italienischen Terrassengarten mit hohen Hecken und Marmorstatuen, eine majestätische Orangerie des 17.-18. Jh. und das Freilichttheater, in dem im Sommer Konzerte stattfinden. Die Villa Oliva, früher Buonvisi, wurde von Ludovico Buonvisi nach einem Entwurf von Matteo Civitali errichtet. Ein lang gestreckter Bau mit den charakteristischen offenen Loggien vor den

Ebene von Lucca und Garfagnana
Bagni di Lucca

beiden übereinander liegenden Sälen. Den ausgedehnten Park prägen kleine Grotten mit Wasserspielen, Statuen, Kaskaden und Wasserbecken mit Brunnen.

Pfarrkirche von San Giorgio di Brancoli. Von der Statale 12 aus folgt man in Vinchiana 5 km weit dem Lauf des gleichnamigen Baches und erreicht die Pfarrkirche, einen großen romanischen Bau mit einem zinnenbewehrten Campanile. Im Innern des dreischiffigen Gebäudes ein Weihwasserbecken des 11. Jh. von Meistern aus der Gegend um Como, ein auf zwei Löwen ruhender Ambo aus dem 12. Jh. und die Reste von Fresken der Lucchesischen Schule aus dem 15. Jh.

Diecimo. Zurück auf der Statale 12 in Richtung Bagni di Lucca befindet sich 3 km von Borgo da Mozzano in Diecimo die Pfarrkirche Santa Maria aus dem späten 12. Jh. mit einem typisch lucchesischen Campanile. Über dem Portal liegt ein mit Pflanzenmotiven skulptierter Architrav.

Borgo a Mozzano. Der Ort hat zwei Ortskerne, Borgo und San Rocco, die eine Straße mit mehreren Palazzi verbindet. Die Pfarrkirche Sant'Jacopo birgt eine Holzstatue ›San Bernardino di Siena‹ von Matteo Civitali und eine Terrakotta mit der ›Verkündigung‹ von Benedetto Buglioni. Bedeutendstes Baudenkmal ist der Ponte della Maddalena aus dem 13. Jh., eine Brücke, die in kühnem Bogen mit Eselsstufen den Serchio überspannt. Der Volksmund kennt sie als ›Teufelsbrücke‹, denn nur der Teufel könne in kurzer Zeit eine so gewagte Konstruktion fertig gestellt haben.

Bagni di Lucca. Der viel besuchte Kurort mit seinen zerstreuten Ortsteilen liegt inmitten einer Landschaft mit üppiger Vegetation, die das Flussbett des Lima prägt. Die heilsame Wirkung der hiesigen heißen Quellen ist seit dem 11. Jh. bekannt. Im 19. Jh. erfuhr der Ort zur Zeit des napoleonischen Fürstentums von Lucca und vor allem unter den Bourbonen eine rasante Entwicklung und wurde zum mondänen Treffpunkt des Lucchesier und europäischen Adels. Zu den schönsten Villen im Ortsteil La Villa zählen die Villa Buonvisi aus dem 16. Jh., in der auch schon Byron und Shelley übernachteten, sowie der Palazzo Mansi und die Villa Ducale, die die Fürsten Baciocchi 1811-12 errichten ließen.

Der Ponte Maddalena, auch ›Ponte del Diavolo‹ genannt, aus dem 13. Jh. in Borgo a Mozzano

Giacomo Puccini in Bagni di Lucca
Ende 1870 spielte Giacomo Puccini als Student in Bagni di Lucca noch für 10 oder 15 Lire am Abend in einem Tanzorchester Klavier. Aus Sparsamkeit aß er im Hause von Adelson Betti, dem Vater des berühmten Violonisten Adolfo. Puccini kehrte oft nach Bagni di Lucca zurück und komponierte dort auch den zweiten Akt von ›Das Mädchen aus dem Goldenen Westen‹.

▲ Ebene von Lucca und Garfagnana
Castelnuovo di Garfagnana

Gipsfiguren im Museo di Coreglia
In Coreglia Antelminelli befindet sich im Palazzo Vinci das einzigartige Museum für Gipsfiguren. Es ist der Geschichte der so genannten *figurinai* gewidmet, die Kunsthandwerker und fahrende Händler in einem waren und die ihr Können vom Vater an den Sohn weitergaben. Durch sie gelangten die mit großer Perfektion gearbeiteten Figuren in die ganze Welt.

Coreglia Antelminelli. Hat man den Serchio bei Fornoli wieder überquert, kehrt man auf die Statale 445 zurück, die in die untere Garfagnana führt. Der erste Abstecher (8 km) führt zum alten Bollwerk der Familie Castracani degli Antelminelli, heute ein beliebter Ferienort. Der Stadtkern hat noch mittelalterlichen Festungscharakter. Sehenswert ist die stark veränderte Kirche San Michele aus dem 12. Jh. Die Heiligenstatue an der Fassade soll Matteo Civitali geschaffen haben. Im Innern ein herrliches zisiliertes Prozessionskreuz aus dem 15. Jh. Man sollte sich natürlich auch den schönen Palazzo Comunale mit seiner Renaissancefassade ansehen.

Barga. Ein anderer Abstecher (3,5 km) bringt uns in dieses schöne mittelalterliche Städtchen. Ein würdevoller großer Dom mit dem charakteristischen, zinnenbewehrten Turm überragt den Ort. Mit seiner Errichtung wurde im 11. Jh. begonnen, bis ins 17. Jh. wurde er mehrfach verändert. Im Innern sehr schöne Terrakotten. Lohnend auch ein Besuch des Teatro dell'Academia dei Differenti (18. Jh.), das in der Saison weniger bekannte Opern aufführt.

Castelvecchio Pascoli. Weiter auf der Statale 445 gelangt man in den Ort, der nach dem Dichter Giovanni Pascoli benannt ist. Der hatte 1895 das Landhaus Cardosi Carrara erworben und dort bis zu seinem Tod 1912 gelebt. Die Villa wurde in ein Museum umgewandelt, das dem Künstler gewidmet ist. In der Kapelle ein Marmorbogen von Leonardo Bistolfi. Der Dichter ruht neben seiner Schwester Maria.

Castelnuovo di Garfagnana. Diese alte Stadt war während der Herrschaft der Estensi Hauptort der Provinz Garfagnana. In der Rocca (unten) residierte Ariosto, der Kommissar der Estensi. Der Dom aus dem 16. Jh. wurde nach dem Zweiten Weltkrieg restauriert.

Vagli. Folgt man dem Lauf des Serchio, kommt man zu dem Stausee von Vagli. Er wurde 1941-53 angelegt, und in seinen Fluten ging das Dorf Fabbrica di Careggine unter. Bei niedrigem Wasserstand werden die Reste wieder sichtbar. Der See speist das Kraftwerk von Torrite. Weiter dem Ufer folgend erreicht man Vagli di Sotto, eine alte langobardische Gründung. Im mittelalterlichen Stadtkern die Kirche San Regolo, die 1584 erweitert wurde und originelle Darstellungen an der Außenseite zeigt.

GROTTA DEL VENTO ♥
Mitten im Parco Naturale delle Alpi Apuane (▲ *169*), in

der Nähe von Fornovalasco am Ende der Panoramastraße hinter Vergemoli, liegt die Grotta del Vento, die ihren Namen dem starken Wind am Eingang verdankt. Darin befinden sich mehrere Sehenswürdigkeiten: der Kristallsee, der Gehänge-Saal, der Abgrund der Giganten, der Saal der Stimmen, der Salon des Acheron und der Salon der Unendlichkeit.

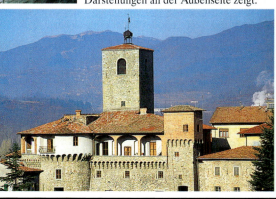

Massa, Carrara und die Apuanischen Alpen
Attilio Brilli

- 165 **MASSA, DIE STERNFÖRMIGE STADT**
- 165 **CARRARA – HAUPTSTADT DES MARMORS**
- 166 **LUNIGIANA – IM ZEICHEN DES LABYRINTHS**
- 168 **APUANISCHE ALPEN – BERGE AUS MARMOR**
- 169 **LUXUSSTRÄNDE DER VERSILIA**
- 170 *DER MARMOR DER APUANISCHEN ALPEN*
  Angelo Mojetta

▲ Massa, Carrara und die Apuanischen Alpen

1. Massa ▲ *165*
2. Carrara ▲ *165*
3. Die Lunigiana ▲ *166*
4. Apuanische Alpen ▲ *168*
5. Versilia ▲ *169*

Via Francigena
Die ›Frankenstraße‹ war einer der bedeutendsten Pilgerwege im Mittelalter. Rom lag am Ende dieses Wegs, der die Toscana von Nordwesten nach Südosten etwa zwischen Luni und Radicofani durchquerte. Er streifte Massa und Carrara und führte über Lucca (▲ *156*), Monteriggioni (▲ *225*) und Siena (▲ *208*) weiter nach San Quirico d'Orcia (▲ *232*). Klöster, Abteien und Pilgerherbergen lagen an der Strecke.

Telemaco Signorini, ›Meer bei Viareggio‹ (1860)

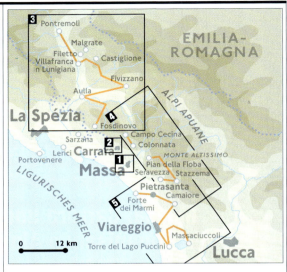

Nach einem Besuch dieser zwischen hoch aufragenden Bergen und dem Meer eingezwängten Landschaft wird man sich vor allem an das großartige und gleißende Licht erinnern, das der schneeweiße Marmor der Apuanischen Alpen reflektiert. Doch birgt die Gegend auch zahlreiche Zeugnisse einer bewegten Geschichte: Seien es die vielen romanischen Pfarrkirchen, in denen die Pilger auf der Via Francigena ihre Psalmen sangen, die Buchhändler von Pontremoli, die mit ihren Bücherkörben in die Welt zogen, oder die ersten Badehotels von Viareggio und Forte. Sie begleiten uns auf unserem Weg, der von den historischen Zentren der Lunigiana in die Versilia hinabsteigt. Michelangelo wird uns durch die steilen Marmorberge nach Massa und Carrara und zu den Kastellen der Malaspina geleiten. Und während wir zum Lago di Massaciuccoli absteigen, ist es unmöglich, die unverkennbaren Melodien Puccinis nicht im Ohr zu haben.

Massa und Carrara

Massa, die sternförmige Stadt (◆ B B3)

Zwar sind von der genialen Anlage der Stadtmauern nur noch wenige Überreste zu sehen, doch erkennt man den Grundriss des Mauergürtels aus der Mitte des 16. Jh. in Form eines fünfzackigen Sterns auch heute noch. Mit dem Kastell Malaspina und der mittelalterlichen Stadt wirkte die gesamte Anlage wie ein Komet und hatte auch die ganze damit verbundene Symbolik. Über dem mittelalterlichen Stadtplan entwarf Alberico I. Cybo Malaspina eins der großartigsten Beispiele einer Idealstadt: Massa Nova, nach seinem Bauherrn auch Cybea genannt. Heute fällt es dem Besucher schwer, sich diese Stadt mit all ihrer Pracht und Symbolik vorzustellen, denn nur vereinzelte Spuren weisen noch auf die einzigartige Stadtarchitektur hin.

Kathedrale. In der zweiten Hälfte des 15. Jh. entstand die Kathedrale. Der Innenraum ist barock ausgestaltet, die moderne Fassade stammt jedoch aus dem Jahr 1936. In der Cappella del Santissimo Sacramento, direkt über dem Grab des Cybo Malaspina, befindet sich eine ›Madonna‹, ein Fragment des Freskos von Pinturicchio.

Rocca. Die Anlage besteht aus einem befestigten mittelalterlichen Kern auf einem Felsvorsprung und einer hellen Loggia, die sie mit dem Palazzo Malaspina aus dem 15. und 16. Jh. verbindet. Man erreicht die Rocca durch den Hof des Palazzo und kann bei einem Spaziergang entlang der Kurtinen den schönen Ausblick auf die Küste genießen.

Der Altar der Cappella del Santissimo Sacramento in der Kathedrale von Massa

Das Grab von Cybo Malaspina
In der Kapelle unter der Kathedrale befinden sich die Graburnen der Fürsten und Grafen von Massa. Ihre Grabplatten sind in den Boden eingelassen.

Carrara – Hauptstadt des Marmors (◆ B B3)

Schon in vergangener Zeit hinterließ Carrara bei vielen Beobachtern den Eindruck, als wäre es in großer Eile aus einem der dauerhaftesten und wertvollsten Baumaterialien errichtet worden: aus Marmor. Bei dem widersprüchlichen Antlitz, das die Stadt ihrem Besucher zeigt, mag er sich fühlen wie König Midas, der alles, was er berührt, zu Marmor verwandelt. Statuen, Brunnen, ja sogar das bescheidenste Widerlager, Gebälk oder Treppenhaus erhalten so eine enorme Ausstrahlung.

Die Altstadt. In Carraras Geschichte hat wie in Massa Cybo Malaspina eine wichtige Rolle gespielt. Doch sind von seiner langen Regierungszeit mit Ausnahme des Palazzo der Accademia di Belle Arti aus dem 16. Jh. (links), in dem sich eine schöne Sammlung von überwiegend römischen Skulpturen (1.-3. Jh. n. Chr.) befindet, kaum noch bedeutende Spuren sichtbar. Die Gebäude Carraras erinnern

Die Loggia der Rocca Malaspina in Massa

Heiligtum der Madonna della Misericordia
In Massa befindet sich an der Piazza Garibaldi das Oratorium der Nostra Signoria della Misericordia. Mit dem Bau wollte Cybo Malaspina einem wundertätigen Bildnis der Madonna einen würdigen Rahmen schaffen. Es handelt sich um einen kleinen Zentralbau mit einer Kuppel über einem achteckigen Tambour, den kleine Türme rahmen.

▲ LUNIGIANA

Zwei Statuen aus der Gruppe ›Mariä Verkündigung‹ im Dom von Carrara. Die Werke aus dem 14. Jh. weisen französische Einflüsse auf.

an die großen Persönlichkeiten der Stadt, in der verschiedene Kulturen aufeinander trafen. So zeigt der Dom (11.-14. Jh., oben, Detail der Fassade), der dem hl. Andreas geweiht ist, pisanische und lucchesische Einflüsse, aber auch die Baukunst Parmas wird besonders in der Bearbeitung der Kapitelle sichtbar. Die wesentliche Rolle des Marmors wird besonders in der herrlichen Rosette und in der Statuengruppe ›Mariä Verkündigung‹ (14. Jh.) im Innern mit Kanzel und Weihwasserbecken betont, die alle im 16. Jh. von einheimischen Künstlern geschaffen wurden. Die meisten gehörten der Schule des Spaniers Bartolomeo Ordóñez an. Marmor fand auch in vielen anderen Kirchen Verwendung, das schönste Beispiel ist die wunderbare Ausstattung der Kirche Madonna delle Grazie (1624-67). Hier folgen die architektonischen und Ausstattungselemente wie Portale, Altäre oder die Tribüne diagonalen Ordnungslinien, die sich in einem Fokus treffen: die Ädikula mit dem Bild der Madonna über dem Altar, selbstverständlich auch aus Marmor gefertigt.

LUNIGIANA – IM ZEICHEN DES LABYRINTHS (◆ B B2)

DIE MARMORBRÜCHE ♥
Von Carrara aus führen die Straßen entweder zum Meer oder zu den Marmorbrüchen. Besonders beeindruckend sind die Brüche von Fantiscritti mit den Brücken der ehemaligen ›Marmorbahn‹. Die Brüche bieten in jeder Jahreszeit bei Sonnenschein ein unvergessliches Panorama, das die im Licht gleißenden Abraumhalden *(ravaneti)* und die abenteuerlichen Straßen zu den höher gelegenen Abbaugebieten prägen. Ebenso faszinierend sind die Marmorbrüche von Colonnata mit ihrem die Augen blendenden Weiß.

Bei einem Halt in Pontremoli, im oberen Teil der Lunigiana, muss man unbedingt die Kirche San Pietro besuchen. Sie wurde im Krieg zerstört und danach wieder aufgebaut. An der rechten Außenwand findet sich auf einer Sandsteintafel die Darstellung eines Labyrinths – dem Wahrzeichen dieser Gegend. Das gleiche Labyrinth wurde auch auf einem Pilaster an der Domfassade in Lucca (▲ 147) eingemeißelt. Es symbolisiert den turbulenten Lebensweg der Christen, dient Pilgern aber gleichzeitig als Wegmarke, die ihnen signalisieren, dass sie auf dem richtigen Weg sind. In gewisser Weise steht die Lunigiana unter dem Zeichen dieses Labyrinths, da sie in ihrer ganzen Länge von der Via Francigena durchzogen wird, deren Verlauf sich heute mit dem der Via Statale über den Cisa-Pass deckt. In ihrer jetzigen Ausdehnung umfasst die Lunigiana, deren Name sich von der antiken Stadt Luni ableitet, die heute zur Region Ligurien gehört, das Becken des Flusses Magra. Ihre wichtigsten Sehenswürdigkeiten sind mit der Geschichte als Transitland verknüpft. Beispiele dafür sind die romanischen Pfarrkirchen und Pilgerherbergen an der ›Frankenstraße‹ sowie die zahlreichen Kastelle, die Talausgänge und Schluchten kontrollierten und bei den Durchreisenden Wegezoll eintrieben.
Fosdinovo. Die alte Stadt liegt auf einem Felsvorsprung über einem Pass. Auf dem höchsten Punkt liegt das Kastell, das 1340 die Malaspina erworben haben, in deren Besitz es bis 1797 blieb. In der Pfarrkirche San Remigio befindet sich das Marmorgrab von Galeotto Malaspina, der hier 1367 starb.

LUNIGIANA ▲

Aulla. Der Ort am Zusammenfluss von Magra und Aulella war die Drehscheibe der Lunigiana. Diese bevorzugte Lage musste Aulla in den Bombardements des Zweiten Weltkriegs aber auch teuer bezahlen. Im Laufe der Geschichte haben sich an dieser Wegekreuzung in einiger Entfernung von der Küste zahlreiche Reliquien eingefunden, da sie hier vor den Überfällen der Sarazenen sicherer waren. Selbst Reliquien aus Spanien und aus der Provence sollen hier aufbewahrt worden sein. Weiter auf der Straße in Richtung Fivizzano stößt man nicht weit von Aulla auf mehrere Kirchen. Die Kirche in Palerone ist Thomas Beckett geweiht, die in Canova dem hl. Jakob. In Podenza befindet sich die Wallfahrtsstätte der Madonna delle Neve (17. Jh.). Alle liegen an einer historischen Straße, dem Cammino italiano di Santiago. Natürlich sind in diesem Grenzland zahlreiche Festungen zu sehen, so die Fortezza della Brunella (unten) in Aulla, die die Genuesen Ende des 16. Jh. nach den Erkenntnissen der zeitgenössischen Militärarchitektur anlegten.

Fivizzano. Ein Abstecher nach Westen über den Passo del Cerreto bringt uns nach Fivizzano. Die erhaltenen Stadtmauern ließ Cosimo I. errichten. Sehr schön ist die kunstvoll angelegte Piazza Medicea mit Palazzi der Renaissance und einem großen Brunnen, den Cosimo III. 1683 aufstellen ließ.

Villafranca in Lunigiana. Die Stadt liegt am Oberlauf der Magra. Auf die strategische Bedeutung dieser ›Freistadt‹ weisen noch die Reste des Malnido genannten Kastells hin, das ein Zweig der Malaspina errichten ließ. Kaiser Barbarossa hatte den Malaspina das Recht zur Erhebung von Steuern und Wegezöllen entlang der Via Francigena verliehen.

VERSTECKTE ORTE ♥
Von Villafranca führt ein 8 km langer Seitenweg der Francigena zu einigen sehr schönen Städtchen. Der rechteckige Grundriss von **Filetto** erinnert noch an das byzantinische Castrum. Das Kastell (12. Jh.) von **Malgrate** diente den Malaspina als Residenz. Das Kastell von **Castiglione** wurde umgebaut, nachdem Florenz hier den Sitz des Capitano della Giustizia eingerichtet hatte (1451). Heute befindet sich darin das Zentrum für humanistische Studien Niccolò V. mit einer Geschichtsbibliothek.

▲ Die Apuanischen Alpen

Museo delle Statue-Stele della Lunigiana
Das Museum in Pontremoli befindet sich im Kastell Piagnaro (9.-15. Jh.) auf dem gleichnamigen Hügel und zeigt Stelen aus der Kupferzeit (3300-2000 v. Chr.) und frühen Eisenzeit (Mitte 1. Jt. v. Chr.). Die Stelen stellen Männer (mit Dolch und Axt) und Frauen (mit Brüsten) sowie Menschen nicht eindeutigen Geschlechts dar, möglicherweise Kinder.

Der Premio Bancarella
Die fahrenden Buchhändler gehören zur Geschichte von Pontremoli. Über Generationen zogen die Einwohner der Stadt und der umliegenden Dörfer mit Körben voller (›verbotener‹) Bücher durch das Land, deren Verkauf ihre Einkommensquelle war. Jedes Jahr wird hier ein Preis an das meistverkaufte italienische Buch verliehen.

Pontremoli. Die Beschaffenheit des Geländes scheint die Gründung des alten, befestigten Marktorts Pontremoli begünstigt zu haben. Er wird zum ersten Mal 990 im Itinerarium des Sigerico erwähnt. Die Stadt liegt am Zusammenfluss von Verde und Magra. Kastanienwälder säumen das enge Tal, in dem sich mehrere Wege zwischen Tyrrhenischem Meer und Poebene kreuzen, man muss hier nur an den Pass des Monte Bardone oder den Passo della Cisa denken, die nach Parma führen. Wie viele strategisch bedeutsame Orte wechselte auch Pontremoli oftmals den Besitzer, bis es schließlich 1650 an das Großherzogtum Toscana kam. Für Pontremoli ein wichtiges Jahr, weil es umgehend zur Freistadt ernannt wurde. Handel, Wirtschaft und Künste blühten auf. Seit dem 17. Jh. spricht man zu Recht von einer *città nuova,* da hier eine kleine Hauptstadt des Barock mit zahlreichen sakralen und profanen Bauten entstand. Als Beispiel für den künstlerischen Reichtum der Stadt und die zahlreichen Einflüsse von lombardischen, emilianischen und toscanischen Schulen kann die Ausstattung der Kathedrale gelten, die schon allein wie eine Anthologie der italienischen Malerei des 18. Jh. mit spätbarocken und strengen neoklassizistischen Werken wirkt. Das Oratorio della Madonna del Ponte (1738) ist eins der schönsten Beispiele für die Leichtigkeit und Anmut des Rokoko, zu der die Dekorationen aus Marmor, Stuck und Holz samt Statuen und Einrichtung beitragen. Alles ist in eine intime Szenographie eingebettet, in deren Mittelpunkt der Hochaltar steht. Das Altarbild mit der ›Unbefleckten Empfängnis‹ von Gherardini dient als Vorsatz. Den fantasievoll gestalteten Barockkirchen steht die schlichte Eleganz der Profanbauten aus verschiedenen Epochen gegenüber: der Palazzo Petrucci mit seinen Statuen, der Palazzo Bocconi, der Palazzo Pavesi-Ruschi aus dem 18. Jh. und der Palazzo Pretorio. Am Rande der Stadt lohnt die Kirche Santissima Annunziata mit einem kleinen Tempel von Sansovino und Malereien von Francesco Natali und Luca Cambiaso einen Besuch.

Apuanische Alpen – Berge aus Marmor (◆ **B** C3)

Die parallel zur tyrrhenischen Küste verlaufenden Apuanischen Alpen (Alpi Apuane) sind ein Vorgebirge des Apennin. Mit ihren Gipfeln und steilen Hängen erscheinen sie, in den Worten von Vernon Lee, wie eine Gruppe von Giganten, die sich mit ihren Ellbogen auf einem Tisch abstützen. Diese Giganten müssen wohl auch Michelangelo inspiriert haben. Ihre Gesten und Bewegungen, ihre übermenschliche Kraft und schicksalhafte Unbeweglichkeit übertrug er in seinen Darstellungen auf die Körper der Propheten und Sibyllen.
Die Apuanischen Alpen von Massa aus. In Pian della Fioba befindet sich am Fuße des Monte Altissimo (1589 m), wo Michelangelo der Überlieferung zufolge Marmor brechen ließ, der Botanische Garten der Apuanischen Alpen. Stazzema ist eins der wichtigsten Zentren der Versilia. Am Ortseingang steht die romanische Kirche Santa Maria Assunta (13. Jh.). In Richtung Forte dei Marmi liegt Seravezza, ein Zentrum des Marmorhandwerks

VERSILIA ▲

und seit dem 19. Jh. Sitz der toscanischen Großherzöge. Den mediceischen Palazzo (1555) hat Bartolomeo Ammannati entworfen.

Die Apuanischen Alpen von Carrara aus. In Colonnata verschmelzen die Traditionen von Gastronomie und Marmorhandwerk. Hier wird schwarzer Marmor gebrochen und der bekannte Speck (● 59) hergestellt, der wiederum in Marmorkrügen lagert. Campo Cecina ist wegen der Walton-Brüche aus dem 19. Jh. bekannt. Der englische Unternehmer führte neue Verarbeitungstechniken ein.

LUXUSSTRÄNDE DER VERSILIA (◆ B B3 C4)

Die Versilia (Provinz Lucca) wird vor allem durch die zum Meer abfallenden Hänge der Apuanischen Alpen geprägt. Der schmale Streifen zwischen Bergen und Meer erstreckt sich von der Mündung des Cinquale bis zum Lago Massaciuccoli. Hier befinden sich zahlreiche Seebäder (unten) – die Badehotels an diesem Küstenabschnitt waren die ersten in Italien. Die Hotels von Forte dei Marmi und Viareggio begründeten den Mythos des exklusiven Badeurlaubs.

Forte dei Marmi. Die Stadt ist nach der Festung an der Piazza Principale, die Leopoldo I. 1788 bauen ließ, und einem Pier benannt, über den einst der Marmor verfrachtet wurde. Als mondäner Badeort zog Forte dei Marmi Künstler und Schriftsteller aus aller Welt an, die mit ihrer Anwesenheit den exklusiven Ruf der Stadt förderten.

DER NATURPARK DER APUANISCHEN ALPEN ♥
Nach Jahrhunderten der Ausbeutung prägen heute zahllose Schutthalden und riesige Marmorbrüche das Bild der Apuanischen Alpen und sehen aus wie ewiger Schnee.
Ein Netz von Panoramastraßen und Wanderwegen bringt dem Besucher die Schönheit dieser Landschaft näher. Der Park, der 22 Gemeinden einbezieht, wurde 1985 eröffnet.

Das ›Capannina‹ von Forte
Anfangs waren es nur wenige Tische, die am Strand von Forte dei Marmi standen, von den klassischen *cannicci* (Rohrgeflechte) umgeben, die sonst Pflanzen vor dem Brackwasser schützen sollten. Zwischen den Weltkriegen wurde der Ort zum Treffpunkt der Hochfinanz und der Kunst. Das Restaurant Capannina ist das Symbol für die ›Bella vita‹ in der Versilia.

▲ Der Marmor der Apuanischen Alpen

Gleich hinter der schmalen Küstenebene Versilia (▲ *169*) ragen die steilen Apuanischen Alpen (▲ *168*) auf, deren höchster Gipfel, der Monte Pisanino, 1947 m erreicht. Die raue Landschaft mit ihren Tälern, felsigen Abhängen, Moränen und Trogschlüssen ist während der letzten Eiszeit entstanden und wurde durch Verkarstungsprozesse weiter geformt, denen auch die Entstehung des Antro del Corchia zu verdanken ist, der größten Karstlandschaft Italiens. Das Herz der Apuanischen Alpen ist jedoch aus jenem Marmor, der Bildhauern und Architekten als einer der besten der Welt gilt. Von der Carrarese bis zur Versilia wird Marmor in verschiedenen Farben abgebaut: weißer, grauer, grüner und roter bis zum seltenen korallenroten Marmor.

Ein traditionsreiches Handwerk

Zwischen Massa, Carrara und Pietrasanta reihen sich die Ateliers von Bildhauern aneinander, in denen die Marmorblöcke in zeitgenössische Skulpturen oder Kopien berühmter Statuen, wie etwa der Pietà von Michelangelo, verwandelt werden. Neben traditionellen Werkzeugen werden heute aber auch Presslufthämmer und andere moderne Hilfsmittel benutzt. Die können jedoch die Kunstfertigkeit nicht ersetzen, mit denen wahre Wunderwerke geschaffen werden.

Detail des Campanile von Giotto (▲ *119*) mit seiner polychromen Fassade und ein Ausschnitt der mittleren Ädikula aus Marmor der Kirche Santa Maria della Spina in Pisa (● *79;* ▲ *153*).

Die Marmorbrüche

Über die Jahrhunderte hat der Marmorabbau im heutigen Naturpark der Apuanischen Alpen eine einmalige Landschaft geschaffen. Kräne in unvorstellbaren Lagen und aufgeschnittene Berge sind ein immer wiederkehrendes Bild. Die Marmorbrüche sind durch regelmäßige Einschnitte und Risse gekennzeichnet, die sich zum Tal hin durch Abraumhalden *(ravaneti)* und waghalsige Wegführungen – die berühmten *vie di lizza* – ankündigen. Auf ihnen werden die Marmorblöcke zu den Lagerplätzen gebracht und dort für Kunden aus der ganzen Welt aufgestapelt.

Marmorsorten

Carrara-Marmor wird in sieben Variationen unterteilt, zu denen reinweißer Marmor (Bianco, Statuario, Venato) und polychromer Marmor, der seit jeher vor allem an Gebäuden Verwendung findet, zählen. Zu den bekanntesten Sorten gehören der graue Bardiglio, der Arabescato sowie der rote Marmor.

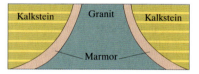

Die Entstehung des Marmors

Marmor ist ein kristalliner Kalkstein, der sich unter großem Druck oder großer Hitze auf dem Wege einer zweiten Kristallisierung aus Kalkstein gebildet hat. Im Fall des Carrara-Marmors aus dem Jura handelt es sich um reinweißen Marmor. Enthält das Gestein neben Kalzit jedoch noch andere Minerale, weist der Marmor unterschiedliche Farbnuancen auf.

Bardiglio carrara scuro

Bardiglio fiorito

Arabescato corchia

Paonazzetto

Rosso collemandina

Calacatta vagli rosato

Breccia stazzema

Rosso rubino

Werkzeuge für die Bearbeitung von Marmor: Schlegel (1), Spitzmeißel (2), Hammer (3), Flachmeißel (4), Flach- und Spitzmeißel (5), Kraushammer (6), Gradiereisen (7).

171

▲ Versilia

DAS FESTIVAL VON TORRE DEL LAGO ♥
Zu den berühmtesten Persönlichkeiten der Versilia gehört ohne Zweifel Giacomo Puccini, der 1924 in Torre del Lago, einem Örtchen einige Kilometer von Viareggio, starb. Dem großen Komponisten ist ein Festival gewidmet, das im Juli und August im Freilichttheater von Massaciuccoli stattfindet.

Moses Levy, ›Strand‹ (1920, oben).

Der Aufstieg von Viareggio
Viareggio war 1861 noch ein kleines Fischerdorf, als Giuseppe Barellai hier die ersten ›Badehotels‹ in Italien eröffnete. In kürzester Zeit verwandelte sich der Ort zu einem berühmten Seebad und war wegen seines herrlichen Strandes und des milden Klimas sehr beliebt. Neben dem Karnevalsumzug (● 52) ist auch die Verleihung eines Literaturpreises im August ein wichtiges Ereignis.

Pietrasanta. Der Ort wurde 1255 an der Via Francigena am Fuß der Hügel gegründet. Der enge rechtwinklige Grundriss schafft eine durchdachte Struktur, die auch auf dem Hauptplatz und im Verlauf der Stadtmauer bis zum Colle del Sala deutlich wird, wo die Rocca di Sala steht, eine langobardische Gründung. Überall in den Straßen reflektiert der Marmor das Sonnenlicht. Er entfaltet seine Wirkung besonders an der Fassade des Doms San Martino (13.-14. Jh.) mit einer schönen Rosette, die Lorenzo Riccomanni zugeschrieben wird. Der rote Campanile steht dazu in gelungenem Kontrast. Eine ähnliche Wirkung hat auch die Fassade der Kirche Sant'Agostino (jetzt ein Ausstellungsraum) mit einer eleganten Arkadengalerie mit gotischen Bögen.

Viareggio. Über Camaiore (● *50*) mit seiner schönen Collegiata erreicht man bei Viareggio erneut die Küste. Der weltbekannte Badeort liegt zwischen den beiden Pinienwäldern Levante und Ponente. Sehenswert sind die architektonischen und dekorativen Elemente in Jugendstil und Art déco an den Strandpromenaden und in den dahinter liegenden Straßen.

Torre del Lago Puccini. Der Turm erhebt sich am Ufer des großen Lago di Massaciuccoli. Sehenswert ist die Villa mit Giacomo Puccinis Grab. Puccini hat in dieser Villa auch einen Großteil seiner Werke komponiert.

Lago di Massaciuccoli. Das Sumpfgebiet von Massaciuccoli (unten) bildet zusammen mit der Macchia di Migliarino und der Tenuta di San Rossore (▲ *154*) einen Naturpark mit abwechslungsreichem Waldbestand und vielfältiger Fauna. Der See liegt in einem ehemaligen Delta, das Arno und Serchio im Quartär geformt haben und das allmählich vom Meer getrennt wurde. Am westlichen Ende befinden sich die Überreste einer Therme und einer Villa aus römischer Zeit.

Prato und Pistoia
Claudio Zanini

- 175 **PRATO: INDUSTRIELLE TRADITION**
- 176 *MUSEUM LUIGI PECCI IN PRATO*
- 179 **PISTOIA: MITTELALTERLICHE ALTSTADT**
- 181 **VON PISTOIA NACH COLLODI**
- 182 **VON PISTOIA ZUM ABETONE**

Prato und Pistoia

1. Prato ▲ 175
2. Pistoia ▲ 179
3. Von Pistoia nach Collodi ▲ 181
4. Von Pistoia zum Abetone ▲ 182

Prato: eine Stadt für 17 500 Gulden

Bereits in der Bronzezeit gab es Siedlungen an der Stelle des heutigen Prato. Ab dem Mittelalter entwickelte sich die Stadt zu einem bedeutenden Handelszentrum. 1351 kauften die Florentiner sie Königin Johanna von Neapel zum Preis von 17 500 Florin ab.

Museo di Pittura murale

In der Nähe des Palazzo Comunale, im Kloster San Domenico (13./14. Jh.), befindet sich ein Museum für Wandmalereien: Es zeigt Fresken aus Prato und Umgebung sowie Vorzeichnungen mit Röteleerde und Graffitimalereien aus dem 14. bis 17. Jh.

Cristiano Banti, ›Holzsammlerinnen‹

Obwohl Prato stets im Schatten des nahen Florenz stand und fast nur als Industriestadt bekannt wurde, hält es zahlreiche Überraschungen bereit. Innerhalb der Stadtmauern beherbergt es Meisterwerke wie die Kanzel von Donatello und den Freskenzyklus von Filippo Lippi im Dom. Am Stadtrand liegt das Kunstzentrum ›Luigi Pecci‹ (▲ 176). Auch Pistoia erwartet den Besucher in seinem mittelalterlichen Zentrum mit sehenswerten Denkmälern. Außerhalb der Stadt breitet sich die sanfte Landschaft der Valdinievole mit ihren im Grünen oder auf Hügeln gelegenen Dörfern aus. Zum toscanisch-emilianischen Apennin hin wird die von Kastanienwäldern und Nadelbäumen gesäumte Landschaft rauer. Fährt man das Lima-Tal hoch, kommt man an bezaubernden Ferienorten vorbei, bis man die Foresta dell'Abetone, den Pass und die schneebedeckten Skigebiete erreicht. Dort, wo die Vorstadt langsam den ländlichen Gebieten Platz macht, fügen sich Schönheit der Natur und Zeugnisse aus vergangenen Zeiten sowie wunderbare Kunstwerke zu einem Ganzen, das in jedem kleinen Ort erhalten geblieben ist. Machtkämpfe und kriegerische Auseinandersetzungen haben diese Gegend wie viele andere in Italien geprägt. Zum Glück brachte die Geschichte hier aber auch intellektuelle Glanzleistungen und Kunstwerke hervor; es entstanden die Regeln und Werte für eine neue Zivilisation, die das ganze Abendland beeinflusste: die Renaissance.

PRATO

PRATO: INDUSTRIELLE TRADITION (◆ B E4 C AB2)

Das Textilmuseum
Prato ist eins der größten Zentren der italienischen Textilindustrie. Das Museum in den Laubengängen des Palazzo Comunale zeigt die Technik der Stoffherstellung von frühchristlicher Zeit bis heute. Maschinen und Geräte, verschiedene Arten von antiken und heutigen Stoffen zeugen von der kontinuierlichen Entwicklung der Textilmanufakturen Pratos.

Prato, das für seine Wollindustrie bekannt ist, beherbergt innerhalb der sechseckigen Stadtmauern aus dem 14. Jh. außergewöhnliche Kunstwerke und Zeugnisse menschlichen Schaffens. Wie viele andere Orte dieser Gegend hat es sehr alte römische Wurzeln; die erste befestigte Siedlung stammt aus der Zeit der Langobarden. Prato wurde im 12. Jh. freie Stadtrepublik und kam 1351 zur Republik Florenz (● *36*). Im 17. Jh. erlitt es einen starken Rückschlag, von dem es sich erst im 19. Jh. erholte, als es mit einer neu entstandenen Textilindustrie zu einem wirtschaftlichen, demografischen und städtebaulichen Aufschwung kam. Das Zentrum der Altstadt am Rande des Corso del Bisenzio besteht aus der Piazza del Comune und der 1293 vergrößerten Piazza del Duomo.

Piazza del Comune. Hier stehen der Palazzo Comunale mit klassizistischer Fassade und der Palazzo Pretorio (oben links), der ehemalige Sitz der Stadtregierung, der mit seiner Außentreppe und dem Balkon wie ein Turmhaus aussieht. Im Innern die städtische Galerie (Museo Civico), eine Sammlung mit Gemälden von Filippo und Filippino Lippi, Bernardo Daddi, Giovanni da Milano, Luca Signorelli und anderen.

Dom Santo Stefano. Der Dom, dem hl. Stephan geweiht, ist ein herausragendes Beispiel romanisch-gotischer Architektur. Die elegante Außenfassade ist mit Streifen aus Alberese-Kalkstein und grünem Marmor verziert. Am rechten Rand befindet sich der ›Pergamo del Sacro Cingolo‹ (›Kanzel des heiligen Gürtels‹, 1434-38) von Michelozzo; Donatello schuf die Putten entlang der Brüstung. Die Originale werden im Dommuseum aufbewahrt. Im dreischiffigen Innern, das auf grünen Marmorsäulen ruht, sind zahlreiche Freskenzyklen erhalten geblieben: von Filippo Lippi (die Lebensgeschichten von Johannes dem Täufer und dem hl. Stephan) sowie von Paolo Uccello und der Schule Agnolo Gaddis. Sehenswert sind die ›Madonna des Olivenbaums‹ (1480) von Giuliano und Giovanni da Maiano sowie die wohl von Mino da Fiesole und Antonio Rossellino entworfene Kanzel (1469-73). Hinter dem Dom die Zwillingstürme der Buonconti – die höchsten der 60 Türme, die die Silhouette der Stadt einst beherrschten.

DIE ›SALOME‹ VON FILIPPO LIPPI ★
Die herausragendste Episode aus der ›Lebensgeschichte von Johannes dem Täufer‹ von Filippo Lippi: Beim Bankett des Herodes bewundern Damen und Höflinge den Tanz der Salome. In der jungen Tänzerin soll der Mönch Lippi seine Angebetete, Lucrezia Buti, verewigt haben, die er dem Kloster Santa Margherita entriss und heiratete.

Michelangelo Pistoletto, ›Nackter Mann, Rückenansicht‹ (1962)
Eine Darstellung des Zuschauers an der Grenze zum virtuellen Raum

Kapoor, Cucchi, Merz, LeWitt, Pistoletto, Burri, Spector, Staccioli sind einige der zeitgenössischen Künstler, deren Werke im ›Zentrum für zeitgenössische Kunst Luigi Pecci‹ ausgestellt sind. Der Museumskomplex ist modern strukturiert und wurde von dem rationalistischen Architekten Italo Gamberini entworfen. Wenige Kilometer von der Autostrada del Sole entfernt, im modernen Teil Pratos, präsentiert sich das Zentrum auf 12000 m² mit Ausstellungsräumen, Auditorium, Buchhandlung, Restaurant und Amphitheater. In dem seit 1988 international aktiven Zentrum finden ununterbrochen Ausstellungen und Veranstaltungen statt. In einer ständigen Sammlung werden Werke von Künstlern der letzten 30 Jahre gezeigt.

Jannis Kounellis, ›Ohne Titel‹ (1985-95)
Kounellis verwendet Materialien und Geräte des täglichen Gebrauchs, die in der Kunst sonst wenig Beachtung finden. Er erfindet serielle Installationen, in denen die Wiederholung dazu dient, die Bedeutung zu verstärken. Die verwendeten Geräte entstammen oft der Industriegeschichte. Seine Werke erzeugen Stimmungen, die an zurückliegende Zeiten erinnern, wie dieses Werk, in dem dunkle, schwere Metalle wie Eisen, Blei und Stahl eingesetzt wurden.

Das Museum
Die Geometrie des Gebäudes wird in den zinnoberroten Trägerstrukturen deutlich, die die Leichtigkeit der Wände und prismenförmigen Oberlichter hervorheben. Diese Elemente verleihen dem Gebäude das Aussehen einer Fabrik – einer Fabrik, die Kultur und Informationen auf verschiedenen Ebenen herstellt und mit der Basis kommuniziert.

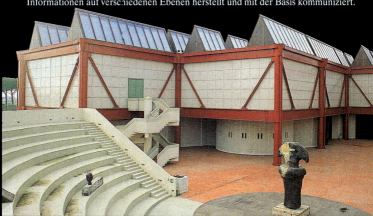

Mario Merz, ›Die Spirale erscheint‹ (1990)
In dieser Installation lässt der Künstler – einer der bekanntesten Vertreter der ›Arte povera‹ – Elemente miteinander verschmelzen, die sehr unterschiedliche Vorstellungen evozieren. Auf Stapeln von alten Zeitungen sind Neonzahlen in der Fibonacci-Zahlenfolge angeordnet, als sollte eine absolute Sequenz, das reine Denken, suggeriert werden. Dahinter ein Spalier aus Reisigbündeln, das an eine raue, ausgetrocknete Natur denken lässt. Die ›armen‹ *(povera)*, also alltäglichen Materialien werden nur von der Faszination des Neonlichts belebt.

Enzo Cucchi, ›Ohne Titel (Berg)‹ (1989)
Das Werk eines der Protagonisten der ›Transavantgarde‹: Eine einfache Silhouette, die keine symbolische Bedeutung hat, wiederholt sich in größerem Maßstab und überlässt es dem Licht, das eigene Profil nachzuzeichnen.

Alberto Burri, ›Schwarz‹ (1984-85)
Die Reinheit der Farbtöne, die typisch für einen Großteil der Arbeiten Burris ist (seit der Serie ›Sacchi‹, einer Montage aus Sacklumpen, die ihn weltberühmt gemacht hat), erzeugt in diesem Werk eine intensive negative Leuchtkraft, die durch die geometrische Schärfe der Formen eine nächtliche Landschaft entstehen lässt.

Sol Le Witt, ›Irregular Town‹ (1997)
Der amerikanische Künstler, ein Vertreter der Konzeptkunst, dessen Interesse mathematischen Reihen und der Logik der mathematischen Systeme gilt, verbindet hier 994 gleiche Parallelepipede aus Beton zu einer Art Turm, der zu einer Seite hin abfällt. Diese serielle Konstruktion erinnert an Musikkompositionen.

▲ Prato

Der Markt
Nahe dem Bisenzio, der Prato durchquert, liegt ein sehr großer Platz mit einem Park: Piazza Mercatale (›Marktplatz‹), auf dem seit dem 12. Jh. Wochen- und Jahrmärkte stattfinden. Sehr schön ist die Porta del Mercatale (1308) in Richtung Via Garibaldi.

Convitto Nazionale Cicognini
Nahe dem Palazzo Datini liegt das 1689 gegründete Internat, das Mitte des 19. Jh. ein lebendiges kulturelles Zentrum war. Hier haben Intellektuelle wie Bettino Ricasoli, Gabriele D'Annunzio und Curzio Malaparte studiert.

Museo dell'Opera del Duomo. Das Dommuseum ist im Bischofspalast (16. Jh.) eingerichtet, in dessen Innenhof ein Teil des romanischen Kreuzgangs aus dem 12. Jh. erhalten ist. Es birgt Kunstschätze aus dem Dom und Objekte, die mit dem Kult des ›Heiligen Gürtels‹ zusammenhängen, wie das ›Reliquiar des Heiligen Gürtels‹ (1446) von Maso di Bartolomeo. Zu den schönsten Stücken gehören die sieben Kanzelpaneele (1434-38) von Donatello und die Filippino Lippi zugeschriebene Bildtafel der ›Santa Lucia‹.

Santa Maria delle Carceri. Die im Auftrag von Lorenzo de' Medici (Il Magnifico) auf den Überresten eines Gefängnisses (›Carceri‹) errichtete Kirche (1485) ist ein Werk von Giuliano da Sangallo. Die auf dem Grundriss eines griechischen Kreuzes errichtete Kirche gilt als Meisterwerk der frühen Renaissance. Im Innern Terrakotta-Arbeiten von Andrea della Robbia (rechts ein Detail) und Glasfenster (1491) von Alessandro di Giovanni Angolanti.

Castello dell'Imperatore (● 73). Das ›Stauferkastell‹ wurde ab 1247 auf Veranlassung von Friedrich II. errichtet und ist ein seltenes Zeugnis der Architektur der Stauferzeit. Die Geometrie der Außentürme und Mauern ist erstaunlich. Wendeltreppen führen nach oben zu Türmen und Wehrgängen.

San Francesco. Die Kirche hat eine schöne zweifarbige Fassade und einen Renaissancegiebel. Im Kapitelsaal sind Fresken (ca. 1395) von Niccolò di Pietro Gerini zu sehen. Weitere Fresken aus dem 14. Jh. im Refektorium.

Palazzo Datini. Ein seltenes Beispiel für einen herrschaftlichen Sitz aus dem 14. Jh., der auch außen mit Fresken verziert ist. Der Kaufmann und Bankier Francesco di Marco Datini ließ den Palazzo, heute Sitz des Staatsarchivs, erbauen.

PISTOIA ▲

PISTOIA: MITTELALTERLICHE ALTSTADT (◆ B E4 C A2)

Innerhalb der diamantförmigen Stadtmauern von Pistoia aus dem 14. Jh., die die Altstadt umschließt, findet man ein geschlossenes Ensemble historischer Bauten und Denkmäler. Die Straßen fungieren als Vorbühne zu Kirchen und Palästen, die von der Symbiose von Schönheit und Macht zeugen. Der Domplatz steht exemplarisch für die mittelalterliche Stadt, hier liegen die wichtigsten religiösen und politischen Bauten.
Piazza del Duomo (● 65). Die Gebäude weltlicher Macht und die Kathedrale sowie das Baptisterium als Ausdruck religiöser Macht stehen sich hier – an Prestige ebenbürtig – gegenüber: der Gerichtssitz Palazzo Pretorio (1367) und der Palazzo del Comune (auch degli Anziani genannt, 14. Jh.), dessen Natursteinfassade zum Platz hin nur von einem weitläufigen Bogengang unterbrochen wird. Im Innern das Museo Civico mit Tafelbildern und Gemälden aus dem 14. bis 17. Jh.
Duomo di San Zeno. Der Dom geht auf das Jahr 923 zurück, wurde aber im 12./13. Jh. im romanischen Stil Pisas umgebaut und mit einer Loggia versehen – bei der Restaurierung 1951 wurde diese Gestalt wieder hergestellt. Daneben erhebt sich ein mächtiger Campanile. Das strenge Innere birgt Kunstschätze wie die ›Madonna di Piazza‹ von Verrocchio und seinem Schüler Lorenzo di Credi, die Grabplatte des Bischofs Donato de'Medici von Rossellino oder Verrocchio, ein Kruzifix (1275) auf einer Tafel von Coppo di Marcovaldo und seinem Sohn Salerno und ein Taufbecken (1497) von Andrea da Fiesole nach einem Entwurf von Benedetto da Maiano. Das schönste Kunstwerk: das Antependium von San Jacopo, ein von Silberschmieden aus Siena, Florenz und Pistoia gefertigtes Werk (1287-1457), an dem auch der junge Filippo Brunelleschi mitarbeitete.
Battistero. Herausragendes Werk der toscanischen Gotik. Der Bau

DAS TURNIER GIOSTRA DELL'ORSO ♥
Bei diesem spektakulären Wettkampf (● 53), muss die Figur des Bären – das Wappentier der Stadt – von den Reitern getroffen werden, die die vier Stadtteile vertreten. Es findet am 25. Juli zu Ehren des hl. Jakob auf der Piazza del Duomo statt. Der Heilige ist kein geringerer als jener hl. Jakob, dessen sterbliche Überreste im galicischen Santiago verwahrt werden. Der hl. Jakob wurde Schutzpatron der Stadt, als der Bischof von Compostela dem Bischof von Pistoia, Atto, im Jahr 1100 eine Reliquie des Heiligen überreichte.

Dom von Pistoia (oben); rechts davon der Bischofspalast.

Bischofspalast
Im kürzlich renovierten Palast an der Kathedrale residierten die Bischöfe fast 800 Jahre lang. In der Sakristei wurde der gotteslästerliche Raub des Vanni Fucci verübt, den Dante im ›Inferno‹ erwähnt. Heute ist hier das Kapitelmuseum von San Zeno mit liturgischen Objekten untergebracht.

▲ Pistoia

Festung Santa Barbara
Im südöstlichen Teil der Stadtmauer steht die Festung auf Grundmauern eines florentinischen Kastells. Dieses diente nicht der Verteidigung der Stadt, sondern wurde gegen sie errichtet. In einem Bericht von 1569 heißt es, in der Mitte der Festung stehe ein befestigter Turm, der mit Kanone und Feldschlange die Stadt beherrsche. Cosimo I. de'Medici misstraute den Pistoiesern, die seine Regierung nicht anerkannten. 1571 wurde der Wehrbau mit den Stadtmauern von Pistoia verbunden. 1773 wurde er geschleift.

Enthauptungen
Die Zurschaustellung abgetrennter Köpfe war ein beliebtes Abschreckungsmittel der Machthaber. Pistoia wollte auf solche ›Verzierungen‹ des öffentlichen Raums nicht verzichten. An einigen Straßenecken grinsen solche Steinköpfe heute noch höhnisch auf die Bürger herab.

Pozzo del Leoncino
Kurz vor der Kirche San Giovanni Fuoricivitas befindet sich die Piazza della Sala, auf der in langobardischer Zeit Recht gesprochen wurde und die später als Marktplatz diente. In der Mitte steht der 1453 von Cecchino di Giorgio gebaute Brunnen mit Marzocco, dem florentinischen Löwen, der seine Pranke auf das Wappen von Pistoia stützt. Der Brunnen wurde zu Ehren von Papst Clemens VII. errichtet, der die Stadt vor Karl V. gerettet hatte.

aus dem 14. Jh. (rechts) wurde wohl von Andrea Pisano entworfen. Reliefs und Statuen zieren die drei Portale. Im Innern ein schönes Taufbecken (1226) von Lanfranco da Como.
Spedale del Ceppo. Das Krankenhaus – der Name bezieht sich auf einen Baumstumpf *(ceppo),* in dem man Almosen sammelte – wurde 1277 gegründet und nach der Pest von 1348 vergrößert. 1514 wurde die Loggia (unten) hinzugefügt und mit einem Fries verziert; es stammt aus der Werkstatt der Della Robbia-Brüder und zeigt Werke der Barmherzigkeit im Wechsel mit den Kardinaltugenden. In den Räumen der Medizinischen Akademie Filippo Pacini ist eine Sammlung chirurgischer Instrumente (17. bis 19. Jh.) zu sehen.
Sant'Andrea. Die Kirche geht auf das 8. Jh. zurück. Die Fassadenverzierung von Gruamonte (12. Jh.) und die Struktur des Innern zeugen vom romanischen Raumbegriff. Das hohe, schmale Schiff birgt außergewöhnliche Werke von Giovanni Pisano wie die berühmte Kanzel (1301, ▲ *150)*.
San Francesco. Die 1289 gegründete Kirche wurde mehrmals renoviert, zuletzt im 20. Jh. Trotzdem blieb ihre Schlichtheit erhalten. Die Cappella Maggiore ist mit Fresken der Bologneser Schule aus der Zeit um 1343 dekoriert. Die Fresken der Cappella Bracciolini wurden nach 1419 ausgeführt.
Madonna dell'Umiltà. Die von Giuliano da Sangallo entworfene Kirche wurde 1495 zu Ehren eines wundertätigen Ereignisses errichtet. Die Kuppel wurde von Vasari geplant und 1575-85 von Bartolomeo Ammannati fertig gestellt. Sie geht auf die Mitte des 16. Jh. zurück.
San Giovanni Fuorcivitas. Die ab Mitte des 12. Jh. erbaute Kirche ist mit einer schwarz-weißen Dekoration versehen, die mit der Architektur harmoniert. Im Innern sind vor allem folgende Werke sehenswert: ›Heimsuchung Mariens‹ (1445) von Luca della Robbia, das Polyptychon von Taddeo Gaddi (1353-55), die Kanzel von Guglielmo da Pisa (1270 vollendet) und das Weihbecken aus der Schule Nicola Pisanos.
Kirche und Kloster San Domenico. Der gotische Komplex (Ende 13. Jh.) wurde 1380 vergrößert. Im Innern sind schöne Fresken aus dem 14. Jh. erhalten.

Von Pistoia nach Collodi

Von Pistoia nach Collodi (0♦ **B** ED4 **C** A2)

Die Valdinievole schlängelt sich die Höhen des Apennin entlang und steigt sanft durch Blumenwiesen, Olivenhaine, Weinreben, Kastanienwäldchen und Pappeln an. Auf der 435 geht es gemütlich durch das Tal, bis man Montecatini, Pescia und Collodi, die Heimat der Marionette Pinocchio, erreicht.
Montecatini Terme. Die kleine Stadt im Grünen wird vom herrlichen Kurpark geteilt, in dem sich die Kuranlagen und die Thermalquellen befinden. Die heilkräftigen Quellen sind seit dem 14. Jh. bekannt, aber erst mit Großherzog Peter Leopold I. (● *40*) begann man sie in großem Stil zu nutzen. In

den Anlagen kann man Gebäude im Jugendstil, im Stil des Neoklassizismus sowie der Neorenaissance mit prunkvollen Sälen, Trinkhallen und Schwimmbädern besichtigen: die Leopoldinischen Thermen (1777) sowie die Thermen Excelsior (1915) und Tettuccio (1781). Wunderbare Aussicht von Montecatini Valdinievole aus, das mit der Bergbahn erreichbar ist.
Pescia. Bekannt ist Pescia, dessen mittelalterlicher Kern aus fünf Teilen *(quinti)* besteht, für den Blumenmarkt und die Blumen-Biennale. Sehenswert sind das Ende des 17. Jh. umgebaute Dom, die gotische Kirche San Francesco mit einer Bildtafel von Bonaventura Berlinghieri (›Hl. Franziskus und Szenen seiner Vita‹, 1235) sowie das Oratorium Madonna di Piè di Piazza in der eleganten Form Brunelleschis.
Collodi. Der Name des kleinen, fast vollständig erhaltenen Orts auf einem Hügel wurde zum Pseudonym Carlo Lorenzinis, des Autors von ›Pinocchios Abenteuer‹ (Carlo Collodi). Der Autor verbrachte seine Kindheit hier bei den Großeltern. Unumgänglich ist ein Besuch des Parco di Pinocchio (● *75),* wo man in eine fantastische Welt geführt wird – mit der Skulptur ›Pinocchio und die Fee‹ (1956) von Emilio Greco sowie dem Spielzeugdorf (Paese dei Balocchi) mit Skulpturen von Pietro Consagra. Nach einer Rast im 1963 von Giovanni Michelucci entworfenen ›Gasthaus zum Roten Krebs‹ (Osteria del Gambero Rosso) kann man den Besuch im ›Wort- und Figurenlaboratorium‹ ausklingen lassen (Darstellungen der berühmten Puppe aus über hundert Jahren). Ein weiteres touristisches Ziel ist die Villa Garzoni (1633-1662, ● *74)* mit schönem Salon mit Stuck, Fresken und Malereien aus der Schule der Carracci. Die Villa umgibt ein herrlicher Park (17./18. Jh.), einer der schönsten Italiens mit vielen Statuen und Wasserspielen.

Die Papierfabrik von Pietrabuona
In der Umgebung von Pescia lohnt ein Abstecher nach Pietrabuona, wo sich die älteste Papierfabrik Italiens befindet. Sie besteht seit 1224, ist noch funktionsfähig und stellt das Filigranpapier für die aktuellen 5000-Lire-Scheine her.

Pietro Consagra, ›Die Maulwürfe mit dem Sarg‹, eine Szene aus dem Pinocchio-Roman Collodis.

Links die Tettuccio-Thermen, Mitte die Excelsior-Thermen.

Der Parco di Pinocchio
1953 beteiligten sich 84 Künstler an einem Wettbewerb für ein Denkmal zu Ehren Pinocchios. Den ersten Platz teilten sich Venturino Venturini mit seinem Mosaikenplatz, der die wichtigsten Episoden aus ›Pinocchios Abenteuer‹ fantasievoll zeigt, und Emilio Greco mit seiner 5 m hohen Bronzeskulptur ›Pinocchio und die Fee‹, die den Weg Pinocchios von der nichtsnutzigen Holzpuppe bis zum braven Jungen darstellt.

Von Pistoia zum Abetone

Von Pistoia zum Abetone (◆ B E3-4-D3 C A1-2)

Entlang der Staatsstraße 66, die den Staatsforst Abetone in nördlicher Richtung zum Pass hin zweiteilt, befinden sich wunderschöne, mitten im Grünen gelegene Dörfer, deren gesundes Klima sie zu einem beliebten Urlaubsziel macht.

Maresca. Kurz hinter dem Oppio-Pass biegt man nach Maresca (800 m) ab, ein einladender Ort am Rand des Staatsforstes von Teso. Der Spruch »Maresca, donne belle e acqua fresca« (›Maresca, schöne Frauen und frisches Wasser‹) deutet auf die Natürlichkeit des Ortes hin. Besichtigt werden kann eine alte, wohl auf die Renaissance zurückgehende Eisenschmiede, die mit Wasserkraft angetrieben wird und noch heute in Betrieb ist.

Gavinana. Auf der Piazza steht das Reiterdenkmal (1912) Francesco Ferruccis, des Söldnerführers, der am 3. August 1530 von Maramaldo, einem Hauptmann der kaiserlichen Armee, getötet wurde. Vor Ort kann man sich über die Bluttat informieren und ein kleines Museum besuchen, das die Schlacht von 1530 zwischen der Armee der Republik Florenz (● 36) und der kaiserlichen Armee des Fürsten von Orange dokumentiert. In der Pfarrkirche sind Basreliefs von Luca della Robbia erhalten.

San Marcello Pistoiese. Von Gavinana fährt man talwärts zu diesem typischen Ferienort. Im Gedenken an die Brüder Montgolfier, die im 19. Jh. hier Station machten, lässt man am 8. September, dem Ehrentag der hl. Celestina, eine Montgolfiere steigen, die bis vor wenigen Jahren vollständig aus Papier bestand. Fährt man in dieser noch kaum vom Tourismus entdeckten Gebirgslandschaft Richtung Tal hinunter, erspäht man die Hängebrücke von Mammiano, die die Ufer des Gebirgsflusses Lima miteinander verbindet. Nicht weit davon die industriehistorisch interessante ehemalige Papierfabrik Cini, die 1882 den Betrieb aufnahm und 1971 geschlossen wurde.

Cutigliano. Der Ort liegt inmitten kleiner Wälder hoch über dem Lima-Tal. Der Palazzo Pretorio mit den Wappen der Gebirgsorte um Pistoia trotzt den Jahrhunderten. Daneben eine Säule mit dem Wappentier der Medici, dem Marzocco-Löwen.

Abetone. Weiter oben liegt der eindrucksvolle Abetone-Wald. Oben auf dem Pass (1388 m) markieren zwei Steinpyramiden (unten) mit den Wappen des Herzogs von Modena und der Lothringer die ehemalige Grenze. Der Abetone, eine der ersten Gegenden, in der Anfang des 20. Jh. der Skisport populär wurde, ist heute eins der bekanntesten Skigebiete des Apennin. Die Infrastruktur nutzten schon spätere Spitzensportler wie Zeno Colò und Celina Seghi.

Wappen an der Fassade des Palazzo Pretorio in Cutigliano. Einige der glasierten Terrakotta-Wappen stammen aus der Della Robbia-Werkstatt (Anfang 16. Jh.).

Eine Straße zum Abetone

Der Name ›Abetone‹ stammt von einer riesigen Tanne (abete = Tanne), die im 19. Jh. für den Bau der Straße zwischen Toscana und Emilia gefällt wurde. Den Bau veranlassten Franz III., Herzog von Modena, und Leopold I. von Lothringen. Abetone ist Ausgangspunkt für viele Wanderungen. Man trifft auf Brunnen aus der Medici-Zeit, die raten: »Oh Wanderer, der du des Weges müde bist, halt' an, trink' und verdopple dann den Schritt«.

Das Geisterdorf Fabbrica

Verlassene Dörfer waren in der demografischen Krise ein typisches Phänomen des Mittelalters. In Fabbrica im Torbecchia-Tal ragt die Ruine der Pfarrkirche aus der dichten Vegetation hervor. Daneben gibt es Überreste von Häusern mit Anbauten, die den Eindruck vermitteln, als seien sie erst vor kurzem verlassen worden. Der Ort ist sehr eindrucksvoll; man plant, ihn als Museum unter freiem Himmel zu nutzen.

Arezzo und Umgebung
Attilio Brilli

- 185 **AREZZO**
- 190 **NACH SANSEPOLCRO**
- 190 **SANSEPOLCRO**
- 192 *PIERO DELLA FRANCESCA: BILDER VON GÖTTLICHER HARMONIE*
- 194 **LA VERNA, CASENTINO UND EINSIEDELEIEN**
- 197 **RICHTUNG ›TERRE NUOVE‹**
- 198 **DIE VALDICHIANA**
- 199 **CORTONA**

AREZZO UND UMGEBUNG

1. Arezzo ▲ 184
2. San Sepolcro ▲ 190
3. Verna, Casentino und die Einsiedeleien ▲ 194
4. Zu den Terre nuove ▲ 197
5. Die Valdichiana ▲ 198
6. Cortona ▲ 199

Giostra del Saracino
Auf der Piazza Grande findet jedes Jahr im Juni und im September die Giostra del Saracino (● 53) statt. Das bereits für die Renaissance belegte Lanzenstechen wird seit seiner Wiederbelebung 1931 jährlich inszeniert.

Berühmte Aretiner
Viele Künstler trugen dazu bei, Arezzo berühmt zu machen, darunter auch Guittone d'Arezzo (1230-ca. 94), Pietro Aretino (1492-1556), Francesco Petrarca (1304-74) und Giorgio Vasari (1511-74; die Büste unten befindet sich auf dem Corso Italia in Arezzo). Der Architekt und Historiograf Vasari prägte zusammen mit dem Schriftsteller Aretino, seinem Zeitgenossen, die Geschichte der Stadt im 16. Jh.

Arezzo ist in vielfacher Hinsicht interessant, sei es wegen seiner Hügellage, sei es wegen des höchst vielfältigen künstlerischen Erbes, das intakt erhalten blieb. Obwohl mittlerweile viele Ecken der Stadt dem Kommerz übergeben wurden, schwebt über dem Stadtkern noch eine Ahnung vergangenen ländlichen Lebens. Rund um die Stadtmauern wachsen wie einst die Weinreben, drängen sich wie früher Olivenbäume. Die Kunstwerke sind hier Komplizen des Ortes und begleiten mit ihrem Zauber den Weg des Besuchers. Nicht zufällig haben die Maler des 19. Jh. Piero della Francesca zu ihrem Vorbild erkoren. Das ganze aretinische Land ist mit Kostbarkeiten übersät, einzigartig und unwiederholbar sind die großen Heiligtümer der Franziskaner und Kamaldolenser, die etruskischen Festungen wie Cortona oder die idealen Städte der Renaissance wie das glanzvolle Sansepolcro. Von den Hügelstädten Mittelitaliens wurde nur Arezzo ganz auf der Sonnenseite einer Anhöhe errichtet, wodurch sich Licht und Schatten hier stets die Waage halten. Vier historisch bedeutsame Täler treffen sich bei Arezzo und machen es zu einem Ort der Begegnung und des Handels – das obere Tal des Arno, der Casentino, die Valdichiana und die Valtiberina. Durch seine strategisch günstige Lage war der Besitz der Stadt gleichbedeutend mit der Herrschaft über die Umgebung: Nicht umsonst eroberte Florenz Arezzo bereits 1384.

AREZZO
SAN FRANCESCO

AREZZO: DREI ETAPPEN DER GESCHICHTE (◆ C D4)

Drei Phasen haben die Geschichte der Stadt geprägt: die etruskische, in der sich Aretium auf der Anhöhe entwickelte, die heute von der Kirche Santa Maria, der Festung und dem Dom begrenzt wird; die römische, als das Zentrum auf dem Hügel ein wichtiger militärischer Stützpunkt an der Via Cassia wurde; und die Zeit der freien Kommune, die 1008 mit den ersten Konsuln begann und 1384 endete, als Arezzo endgültig von Florenz erobert wurde.

DAS KÜNSTLERISCHE HERZ DER STADT

Die Piazza San Francesco bildet zusammen mit der gleichnamigen Kirche aus dem 14. Jh. den Vorhof Arezzos und führt den Besucher gleichzeitig in die künstlerische Tradition der Stadt ein.

San Francesco. Im Zentrum des ältesten Stadtviertels entstand die Kirche San Francesco, in der sich u. a. die ›Kreuzlegende‹, ein Meisterwerk Piero della Francescas (unten ein Ausschnitt), befindet. Der gotische Bau des 13. Jh. wurde zwischen 1318 und 1377 neu errichtet und Anfang des 20. Jh. restauriert. Die unvollendet gebliebene Fassade aus Stein und Ziegel (Teile der im 14. Jh. geplanten Verkleidung sind in Sockelhöhe erhalten) wird vom Campanile aus dem 15. Jh. über-

EINE STADT WIE EIN SCHIFF ★
Bereits die Berichterstatter des Mittelalters betonten, dass Arezzos Stadtmauer die Form eines Schiffs mit dem Bug in Richtung Florenz bilde. Das Schiff ist beladen mit Schätzen wie der Malerei Piero della Francescas, der asymmetrischen Piazza Grande, einer der schönsten und ursprünglichsten Plätze Italiens, und den mittelalterlichen Sakralbauten und Veranstaltungen wie der Antiquitätenmesse und der Giostra del Saracino.

Palazzo del Governo
Im westlichen Teil Arezzos, im Viertel Poggio del Sole, steht der von Giovanni Michelucci 1938-40 errichtete Regierungspalast. Interessant ist er wegen der zitathaften Verquickung von Elementen wichtiger Monumente der Stadtgeschichte: angefangen bei der konkaven Krümmung, wie sie den Konvent der Olivetaner und Vasaris Loggien kennzeichnet, über die Bögen, die auf die Fassade von Santa Maria anspielen, bis zu den Statuen der Altane, die auf den Palazzo Arbergotti verweisen. Kurz: Man steht vor einem modernistischen Bau, der wie die Architektur in einem metaphysischen Gemälde ins Auge springt.

Links: Im Vordergrund die Porta San Lorenzo, im Hintergrund erhebt sich aus dem dichten mittelalterlichen Gassengewirr der Dom.

Arezzo
San Francesco

PIAZZA GRANDE ★
Die Piazza schlägt jeden sogleich in ihren Bann. Das hat vielerlei Gründe. Vor allem sind es jedoch die immer wieder neuen Ansichten und effektvollen Blickachsen, die sich aus der starken Neigung des Platzes und den fünf einmündenden Straßen ergeben. Reizvoll ist auch die trapezförmige Anlage der ansteigenden Piazza selbst mit den umliegenden Gebäuden.

ragt. Im Chor sind nach der kürzlichen Restauration die Fresken Piero della Francescas zu sehen, dessen Werke im 20. Jh. viele Bewunderer nach Arezzo lockten. Es liegt daher nahe, eine Reise durch die Kulturgeschichte der Stadt bei den ab 1452 entstandenen Fresken beginnen zu lassen. Der Maler sollte die Legende vom Kreuz Christi, der wohl wichtigsten Reliquie der Welt, erzählen. Er beschloss, sie in eine außerordentliche Synthese der Menschheitsgeschichte zu fassen. Zeitgenössische Architektur, Wappen und Gewänder werden in Pieros Erzählweise stets von der Botschaft des Kreuzes durchdrungen, dessen Heil bringende Gegenwart der Maler aus unbeirrbarer Distanz und in der unermüdlichen Suche nach göttlicher Ordnung zeigt. Die Fresken, die von der ›Legenda Aurea‹ des Jacopo da Varagine begleitet werden, folgen einem klaren Schema: 1. Tod Adams, aus dessen Mund der Baum für das Kreuz wachsen wird; 2. Die Königin von Saba predigt Salomon das Ende seiner Herrschaft durch das Kreuz (links ein Detail); 3. Die Überbringung des heiligen Holzes; 4. Der Engel verkündet der Heiligen Helene die Auffindung des Kreuzes; 5. Der Traum Konstantins; 6. Der Sieg Konstantins 7. Die Folter des Judas; 8. Die Auffindung des Kreuzes; 9. Die Schlacht des Heraklius'; 10. Heraklius bringt das Kreuz nach Jerusalem zurück. Doch wird man solch einen expressiven Zyklus kaum in der oben genannten Weise lesen. Vor dem, was D'Annunzio den ›Garten des Piero‹ nannte, kann der Betrachter gar nicht anders, als an den Seitenwänden von unten nach oben die vielen Entsprechungen wahrzunehmen: z. B. zwischen zwei Schlachtszenen (Konstantin gegen Maxentius rechts, links Heraklius gegen den Perserfürsten Chosroes) oder zwischen den zweigeteilten feierlichen Szenen (die Begegnung zwischen der Königin von Saba und Salomon rechts, die Auffindung des Kreuzes links).

AREZZO
RUND UM DIE PIAZZA GRANDE

RUND UM DIE PIAZZA GRANDE

Pfarrkirche Santa Maria. Geht man von der Piazza San Francesco Richtung Corso Italia, fängt der Campanile der Pfarrkirche den Blick ein. Der ›Turm der 100 Öffnungen‹ war immer schon ein Orientierungspunkt für das ganze Tal und ein Wahrzeichen Arezzos. Die Kirche entstand zwischen dem 12. und 13. Jh. Ihre Fassade hat drei durch Bögen gegliederte Geschosse. Die Skulpturen der Portale, vor allem die des mittleren Bogens, sind von der Kunst Benedetto Antelamis beeinflusst. Im Inneren fügen sich die mächtigen Säulen, die geräumige Apsis und das hohe Presbyterium zu einem typischen bühnenhaften Ganzen. Auf dem Hauptalter strahlt das Polyptychon (›Madonna mit Kind und vier Heiligen‹, ›Verkündigung‹, ›Mariä Himmelfahrt und zwölf Heilige‹) von Pietro Lorenzetti (1320).

Piazza Grande (● 65). Hinter der Pfarrkirche öffnet sich die Piazza Grande, einer der originärsten Plätze Italiens. Ihn umgeben die Apsis der Pfarrkirche, der Palazzo del Tribunale (17.-18. Jh.) mit der großen Treppe und der Palazzo della Fraternitá dei Laici, dessen Fassade eine glückliche Synthese aus gotischer Anlage (1377) und Einfügungen im Renaissancestil (15.-16. Jh.) bildet. An der Ecke steht der Palazzo delle Logge (1573-74), auch ›Loggia Vasaris‹ genannt, der tatsächlich als Kulisse für die obere Seite der Piazza konzipiert wurde.

Prato. Ganz oben über der Stadt stehen der reich mit Wappen geschmückte Palazzo Pretorio aus dem 14. Jh. und die Casa di Petrarca, das Haus, in dem der Dichter 1304 geboren worden sein soll und das man 1948 wieder errichtete. Am Ende der Straße angekommen, auf dem Sattel zwischen den zwei Anhöhen des Doms und der Medici-Festung steht man vor einem großen Park, dem Prato. Von hier aus zeigt sich die Anlage der Stadt mit ihren Straßenzügen, die wie die Finger einer Hand zum Tal hin auslaufen.

Dom. Vom Eingang des Prato hat man einen einmaligen Blick auf den polygonalen Chor des Doms (13. Jh.), seinen ungewöhnlichen Campanile (frühes 20. Jh.) und die lang gestreckte südliche Flanke. Deutlich sichtbar sind die wie bei einer Sonnenuhr verlaufenden Bauabschnitte, die drei Jahrhunderte Geschichte bezeichnen: So lange brauchte es, bis das 1278 begonnene Bauwerk vollendet war. Das Innere des Doms ist ein Kompendium toscanischer Kunst vom 13. bis zum 19. Jh. Beim Eintreten scheint es, als ob die drei dunklen Schiffe von ›smaragdfarbenen Lichtpfaden‹ durchkreuzt würden, wie Dickens schrieb, ein Effekt

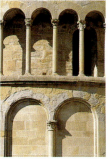

Francesco Petrarca und seine Zeit

In der Via dell'Orto, ganz oben am Ende der Via dei Pileati, steht das Haus, das Francesco Petrarcas (● 44) Geburtshaus sein soll. In diesem Palazzo, der nach den Zerstörungen im letzten Krieg wieder aufgebaut wurde, begann der abenteuerliche Weg des großen Dichters (1304-74). 1311 siedelte er mit seiner Familie nach Avignon über, wo er 1327 Laura begegnete, der Frau, die zur Muse seiner Dichtkunst wurde. Sein ›Canzoniere‹, das ab 1335 entstand, gilt als Meisterwerk der Lyrik. Den Gedanken, dass Liebe das beherrschende Prinzip in allen Lebenssituationen sein solle, machte sich bald ganz Europa zu Eigen.

Die Fortezza Medicea

Die Festung der Medici, die auf den Parco del Prato blickt, wurde im 16. Jh. nach dem Willen Cosimos I. von den Baumeistern Sangallo für die Aufbewahrung von Waffen errichtet. Mittelalterliche Stadtviertel wurden dem Erdboden gleichgemacht, öffentliche und private Paläste mussten weiter hinunter auf die Höhe der Piazza Grande ziehen, um Platz zu schaffen. Die Ruinen verdeckte die Schottwand der Loggia Vasaris, die 1570 begonnen wurde.

Fassade der Apsis der Pfarrkirche Santa Maria (links)

▲ AREZZO

San Donato-Bogen
Im Dom verdient der San Donato-Bogen besondere Aufmerksamkeit. Das skulpturale Werk aus dem 14. Jh. mitten im Chor besteht aus der Dossale des Altars und dem Sarkophag des Stadtheiligen dahinter. Man erkennt verschiedene Stile, von der Zartheit in den zentralen Bildtafeln über die anekdotische Lebhaftigkeit der Szenen zum Leben des Heiligen bis zur üppigen Dekoration mit Glas und Silber.

der hohen, bunten Glasfenster, die Guillaume de Marcillat 1518-29 schuf. Sie zählen zu den besten Beispielen der Glaskunst, künstlerisch wie auch technisch. Die Motive beziehen sich auf Szenen aus dem Evangelium und müssen etwa aufgefasst werden, wie Durando di Mende Fenster des späten 13. Jh. beschrieb: »Bunte Glasfenster sind göttliche Schriften, in denen die Leuchtkraft der Sonne eingefangen ist.« Hinter dem Chor befindet sich der Kenotaph von Bischof Guido Tarlati von 1330. Die Künstler verstanden es, die Monumentalität des Ganzen – man beachte die kassettierten Bögen und den Faltenwurf der Vorhänge über dem Bischof – mit den Darstellungen von Tarlatis Taten in 16 Szenen zu verbinden. Sie zeigen u. a. die ummauerten Städte rund um Arezzo, die der kriegerische Prälat erobert hat. Neben dem Kenotaph befindet sich eine wundervolle Arbeit aus der Renaissance, das kleine Magdalenen-Fresko von Piero della Francesca. Die einsame Gestalt strahlt, als ob sie auf ewig von einem Licht beleuchtet würde. Das Werk stammt aus Pieros Reifezeit. Dank der gelungenen Verkürzung erscheint Magdalena vor einem tiefblauen Himmel, über dem sich ein mit antiken Motiven verzierter Bogen streckt.

DIE NÖRDLICHEN VIERTEL

San Domenico. Die Kirche San Domenico wurde 1275 begonnen und Anfang des 14. Jh. vollendet. Der lichte Bau ist einschiffig und birgt interessante Malerei aus dem 14.-15. Jh. Im Chor über dem Hauptaltar hängt eins der großartigsten künstlerischen Zeugnisse von Arezzo und Umgebung, das große Kruzifix (● 78), das der junge Cimabue um 1265 mit seiner ganzen innovativen Schaffenskraft und mit dem Pathos tiefsten Glaubens schuf.

Museo d'Arte medievale e moderna. Am Ende der Via XX Settembre kommt man vor der harmonischen Fassade des Palazzo Bruni-Ciocchi (15. Jh.) an, der Sitz des Museums für mittelalterliche und moderne Kunst ist. Mit seinen zahlreichen gelungenen Werken zählt es zu den wichtigsten Museen der Toscana, und es beherbergt auch eine exzellente Sammlung von Werken der Renaissance. Besonders eindrucksvoll sind die Tafeln einiger ›Primitiver‹, zu denen Margarito d'Arezzo gehört, der Maler des 13. Jh., der es verstand, dem religiösen Imaginären eine ungekannte frische Unmittelbarkeit zu geben. Bewundernswert sind auch zwei Werke von Bartolomeo della Gatta, ›Der hl. Rochus tritt für Arezzo ein‹ (1478) und ›Der hl. Rochus vor dem Palazzo della fraternitá dei Laici‹ (1479).

Kirche Santissima Annunziata. Man erreicht diese Kirche über die Via Garibaldi. Sie ist ein schönes Beispiel ausgereifter Renaissance in der Toscana. Der Bau präsentiert sich dem Besucher mit einer rohen Fassade, die nur durch eine Serliana und die Ädikula mit einer ›Verkündigung‹ von Spinello Aretino einen edlen Akzent erhält. Im Inneren überraschen das Gefühl für Proportionen, das Sangallos Vorhalle vermittelt, und die Gesamtanlage des Baus mit seinen drei klar

MUSEO DIOCESANO ★
Das Museum versammelt Kunstwerke aus Kirchen und Klöstern der Diözese. Hier kann man die Entwicklung der aretinischen Kunst mit Werken von Andrea di Nerio, Spinello und Parri di Spinello sowie Bartolomeo della Gatta, genialer Schüler Pieros, durchstreifen. Bemerkenswert ist auch die Sammlung von Reliquien, Kreuzen und Weihrauchgefäßen, die die Goldschmiedekunst der Gegend nachzeichnet. Herausragend sind der ›San Girolamo‹ von Bartolomeo della Gatta, die ›Verkündigung‹ (14. Jh.) von Andrea di Nerio und drei Kreuze aus dem 13. Jh.

AREZZO
AUSSERHALB DER ALTSTADT

strukturierten Schiffen und einem außergewöhnlich eleganten Dekor.
Abtei. Läuft man nur wenige Schritte durch die Via Garibaldi, steht man bereits auf dem kleinen Platz vor der Abteikirche, die den Heiligen Flora und Lucilla geweiht ist und früher zu einem ausgedehnten Klosterkomplex gehörte. Das gotische Innere der Kirche wurde nach Vorgaben Vasaris verändert.

AUSSERHALB DER ALTSTADT

Museo archeologico. Die Via Crispi führt u. a. zu den Überresten des römischen Amphitheaters, einem großartigen Zeugnis der klassischen Antike, das wie das Skelett eines Dinosauriers aus dem Boden ragt. Im späten Mittelalter wurde über einem Teil des Theaterovals der Konvent der Olivetaner des hl. Bernhard errichtet, den man im 17. Jh. um eine zweigeschossige Loggia ergänzte. Heute befindet sich hier das archäologische Museum, das den Namen Maecenas, eines der illustren Söhne der Stadt, trägt. Zu den herausragenden Werken der Sammlung zählt der attische Krater mit roten Figuren, der dem griechischen Maler Euphronios zugeschrieben wird und eins der bedeutendsten Werke attischer Keramik ist. Berühmt sind auch die Korallenvasen, die nur im römischen Arezzo hergestellt wurden und von denen das Museum die weltweit größte Sammlung besitzt.
Santa Maria delle Grazie. Von jedem Punkt der südlichen Stadt erreicht man den Viale Mecenate, der direkt zur monumentalen Anlage von Santa Maria delle Grazie mit seiner eleganten Vorhalle führt. Der Hang des Prato und das hohe Stufenpodest bringen den edelsten Teil des Komplexes gut zur Geltung, die luftige Loggia (unten), die Benedetto da Maiano mit unglaublich leichter Hand 1478-82 vor die Kirche stellte. Sie bietet einen würdevollen Anblick, wenn man sich von der Stadt aus dem Bau nähert. Vom Protikus aus hat man dagegen einen schönen Blick auf die Oberstadt von Arezzo.

Das Wohnhaus von Giorgio Vasari
In der Nähe von San Domenico kann man das Wohnhaus Vasaris besichtigen, des Malers, Architekten und frühen Kunsthistorikers. Er wollte selbst dieses Haus gestalten und ausstatten, in dem er sich zwischen seinen Aufträgen in anderen Regionen Italiens aufhielt. So hat er die Sala del Camino (oben), auch ›Triumph der Tugend‹ genannt, 1548 selbst freskiert. Vasari hat uns nicht nur ein wertvolles Zeugnis seiner Kunst und seines Privatlebens hinterlassen, sondern auch ein außergewöhnliches Bild seiner kulturellen Identität.

▲ Nach Sansepolcro

MONTERCHI, DAS ANTIKE ›MONS HERCULIS‹ ♥
H. V. Morton, ein englischer Globetrotter der 20er-Jahre, beschrieb Monterchi 1957 so: »In einem Labyrinth weißer Straßen, die sich in die verschiedensten Richtungen schlängeln, erhebt sich ein Hügel in der Ebene südlich des jungen Tiber mit schneeweißen Häusern und den roten Dächern eines Ortes. Er heißt Monterchi (für ›Mons Herculis‹) und ist der Geburtsort von Pieros Mutter. Der Blick von seinen alten Bastionen ist wunderbar. Im Norden sieht man zu den Alpe della Luna, im Süden Richtung Umbrien.«

Zur Erinnerung an die Schlacht von Anghiari
Kurz nachdem man in die breite Straße von Anghiari nach Sansepolcro eingebogen ist, stößt man links auf eine Kapelle. Sie wurde zur Erinnerung an die Schlacht von Anghiari errichtet, in der 1440 die mailändischen Truppen Piccininos gegen die Florentiner kämpften. Die Schlacht, in der Anghiari von den Florentinern erobert wurde, war auch Thema des berühmten Freskos von Leonardo im Palazzo Vecchio, das jedoch verloren gegangen ist.

Nach Sansepolcro

Wer von Arezzo nach Sansepolcro, dem Geburtsort Piero della Francescas, fährt, reist durch eine Landschaft mit Ausblicken und Panoramen, wie sie von Sansepolcros berühmtestem Sohn gemalt wurden. Renato Guttuso sah in dieser Landschaft eine Fortsetzung der Freskendarstellungen von San Francesco in Arezzo.

Monterchi. Folgt man dem Cerfone-Tal, kommt man über einen kurzen Umweg nach Monterchi. Hier hängt im Spazio espositivo (Ausstellungssaal in einer ehemaligen Grundschule) der ›Madonna del parto‹, eins der rätselhaftesten Werke Piero della Francescas. Es zeigt die Madonna unter einem Baldachin mit der Hand auf die Schwellung weisend, die von ihrer Empfängnis zeugt. Zurück auf der Straße nach Sansepolcro biegt man auf einem rostrot gefärbten Hügelrücken nach Anghiari ab.

Anghiari. Der Ort ist ein intakt gebliebenes Beispiel für ein mittelalterliches Städtchen mit Häusern an engen Gassen, die sich serpentinenartig in die Höhe zum Palazzo Comunale winden. Bemerkenswert ist vor allem das eindrucksvolle Museo statale di Palazzo Taglieschi mit hervorragenden Holzskulpturen und einer Madonna von Jacopo della Quercia, ein Meisterwerk. Schön und selten die Sammlung von Alltagsgegenständen und volkstümlichen Devotionalien.

Sansepolcro (♦ C E3)

Die Stadt Piero della Francescas beherrscht das obere Tal des Tibers, wo es sich zu einem weiten Talkessel öffnet. Vielfältig und malerisch ist die Landschaft hier zwischen dem Apennin und den sanften Hügeln. Wahrzeichen Sansepolcros sind die beiden spitz zulaufenden Campanile der Kathedrale San Francesco. Piero della Francesca hat sie als Erkennungszeichen in vielen Bildern dargestellt. Die Stadt wurde schachbrettartig um einen älteren Kern angelegt, dessen zwei Achsen sich in der Piazza Torre di Berta kreuzen (den mittelalterlichen Turm zerstörten 1944 die deutschen Truppen). Von den Medici errichtete Mauern mit einem Vierkantturm, mit Toren, Bastionen und einer eindrucksvollen Festung, die Giuliano da Sangallo plante (rechts), umschließen die Stadt. Auf den Reisenden wirkt und wirkte diese Stadt schon immer elegant und harmonisch. Sansepolcro hat eine lange kunsthandwerkliche und kommerzielle Tradition (auch Pieros Familie handelte mit Stoffen und Lederwaren); selbst die einfachen Häuser zeugen von einem feinen Gespür für Maß und Proportion.

SANSEPOLCRO ▲

Dom. Die Kathedrale entstand als romanischer Bau, wurde jedoch in der Gotik umgewandelt. Unter den vielen sehenswerten Arbeiten ist das schöne Polyptychon der ›Auferstehung‹ von Niccolò di Segna (oben) hervorzuheben (14. Jh.), dessen Christus mit Fahne und rosafarbenem Schweißtuch Piero della Francescas Aufmerksamkeit nicht entgangen sein wird. Links vom Presbyterium befindet sich in der Cappella del Volto Santo das eindrucksvolle Holzkruzifix mit Tunica, das in das 8. oder 9. Jh. datiert wird und auf Christus als Priester und König verweist. Im linken Seitenschiff sieht man eine stimmungsvolle ›Himmelfahrt Christi‹ nach Entwürfen Peruginos mit einer Folge außergewöhnlicher Porträts und eine manieristische ›Auferstehung‹ (1524), die erste gesicherte Arbeit Raffaellino del Colles.

Umgebung des Doms. Links von der Kathedrale erhebt sich der Palazzo delle Laudi, das heutige Rathaus. Er wurde zwischen 1595 und dem frühen 17. Jh. manieristisch umgebaut. Gegenüber steht der Palazzo della Residenza aus dem 14. Jh., in dem heute das Städtische Museum seinen Sitz hat.

Museo civico. Das Städtische Museum wurde im ehemaligen Rathaus eingerichtet, insbesondere, um das Auferstehungsfresko (um 1460) von Piero della Francesca aufzunehmen, das sich in der Sala dei Conservatori del Popolo

DIE STADT PIERO DELLA FRANCESCAS ★
Eine reiche und solide bürgerliche Kaufmannsschicht machte Sansepolcro im 15. und 16. Jh. zu einem wichtigen toscanischen Zentrum für Kunsthandwerk. Die ›Viertel‹ der historischen Altstadt, die durch die Kreuzung der beiden Hauptstraßen gebildet werden, prägen elegante Renaissancebauten mit vielen Werken des berühmtesten Sohns der Stadt, Piero della Francesca. Das Städtische Museum birgt Arbeiten von ihm (unten der hl. Julianus von einem Freskenrest der Kirche Santa Chiara).

BILDER VON GÖTTLICHER HARMONIE

Einer der Wächter am Heiligen Grab,
Detail aus der ›Auferstehung Christi‹

Piero della Francesca war der einzige Künstler in der Renaissance, dessen Geburtsort auch sein ständiger Arbeitsplatz war und dessen Werke bis heute nur in relativ kleinem Umkreis zu sehen sind. Wer sie besichtigt, lernt Pieros Blick auf die Dinge und seine Verkürzungen kennen, seine Hügel und Täler, Landschaften und Winkel in Städten, die bis heute erhalten sind. Er erlebt die Etappen seines künstlerischen Werdegangs, das Entstehen von Werken mit geometrischen Formen, kräftigen, leuchtenden Farben und Szenen, die bar jeder Geschwätzigkeit sind. In der ausgewogenen klassischen Bildgestaltung und mit der beharrlichen Unbeirrbarkeit Pieros entstand eine Kunst von ungeahnter Zeitlosigkeit.

›Konstantins Traum‹ (›Kreuzlegende‹, Arezzo, San Francesco, ▲ *185*)
Die berühmte nächtliche Szene wirkt durch das künstliche Licht, das intensiv und zugleich wirkungsvoll gebrochen den Umriss der Figuren betont und die Vorhänge umhüllt, zwischen denen Konstantin ruht. Das Licht spielt auf die Erleuchtung bringende Botschaft des Engels an. Seine Intensität stimmte Piero auf seine Vorliebe für geometrische Abstraktion ab, wie das kegelförmige Tuch, die modulierte Wiederholung dieses Motivs und die Symmetrie der Vorhänge, die die Soldaten halten, bezeugen.

›Konstantins Sieg‹ (›Kreuzlegende‹, Arezzo, San Francesco)
Piero hat die Szene, in der Konstantin Maxentius besiegt, in das heimatliche Valtiberina verlegt, wo der Tiber zu mäandern beginnt – als wollte er den Neubeginn der Geschichte nach diesem Ereignis betonen. Das Tal wird so zu einem idealen Mikrokosmos, in dem sich die Ereignisse widerspiegeln, die den göttlichen Eingriff in die Menschheitsgeschichte markieren.

›Polyptychon der Madonna della Misericordia‹ (Sansepolcro, Museo Civico, ▲ *191*)
Das Jugendwerk, an dem Piero jedoch fortwährend weiterarbeitete, verbindet seine verschiedenen Schaffensphasen und Stile. Im Gegensatz zu den reinen geometrischen Formen der gleichmütigen Gestalt der Madonna haben die unter dem Mantel der Heiligen versammelten Gläubigen Gesichter mit deutlich gezeichneten Zügen. Die Madonna, unter deren Mantel sich die Gläubigen sammeln, ist in der mittelitalienischen Malerei, vor allem in Arezzo, ein beliebtes Bildmotiv.

›Madonna del parto‹ (Monterchi, ▲ *190*)
In der westlichen Tradition findet man kaum ein vergleichbares Bild von einer schwangeren Jungfrau. Pieros Madonna, edel und bäurisch zugleich, ist die Protagonistin von dramatischer Theatralik durch die Geste, mit der sie ihr Gewand aufknöpft, das so selbst einem Bühnenvorhang ähnlich wird. Die Fleischwerdung Gottes wird zum theatralischen Ereignis, Maria, durch die die Menschheit Rettung erfährt, Tabernakel des leibhaftigen Gottes.

›Auferstehung Christi‹ (Sansepolcro, Museo Civico)
Der Christus in der ›Auferstehung‹ wurde wegen der Emblematik des Ortsnamens Sansepolcro (›Heiliges Grab‹) traditionell als Schutzgott verstanden. Über die Jahrhunderte bewunderten die Menschen das Fresko wegen dieser ritualisierten und totemistischen Deutung, nicht wegen seines geometrischen Aufbaus, in dem das göttliche Charisma zum Ausdruck gebracht wird. Vasari war begeistert; Huxley sprach vom »schönsten Bild der Welt«.

La Verna, Casentino und Einsiedeleien
La Verna

FRANZISKANISCHE SPIRITUALITÄT ♥
Der Sasso Spicco della Verna ist eine große Felsspalte, in der der hl. Franz betete. Bei diesem Steinmassiv, das wie durch ein Wunder hält, soll dem Heiligen von einem Engel enthüllt worden sein, dass der Fels des Berges Verna im Augenblick von Christi Tod geborsten sei. Wunderschön ist der Buchenwald, durch den man am besten im Herbst wandert.

befindet. Neben dem berühmten ›Schutzmantel‹-Polyptychon (1445-62; ▲ *193*) birgt das Museum noch zwei weitere Werke Pieros: die abgenommenen Fresken aus San Ludovico da Tolosa und aus San Giuliano; sie wurden 1954 zufällig entdeckt. Angesichts der Werke in den verschiedenen Sälen bekommt man einen Einblick in die lebendige Kunsttradition Sansepolcros, die von hochrangigen Künstlern wie Matteo di Giovanni (›Die Heiligen Petrus und Paulus‹), Raffaellino del Colle (›Auffahrt und Krönung Mariens‹, 1527) und dem eigenwilligen Giovanni de' Vecchi (›Geburt der Jungfrau‹, 1575-76) geprägt wurde. Einen wirklichen Eindruck von der außerordentlichen künstlerischen Tradition der Gegend bekommt man aber erst, wenn man bedenkt, wie viele Werke mit der Zeit verkauft wurden: Die ›Taufe‹ und die ›Geburt‹ von Piero gingen an die National Gallery in London, auch Arbeiten von Spinello Aretino bis Sassetta wurden veräußert.

San Lorenzo. Man darf Sansepolcro nicht verlassen, ohne ein anderes großes Werk gesehen zu haben, die ›Beweinung Christi‹ (1528-30) von Rosso Fiorentino in San Lorenzo. Die gepeinigte Maria über dem Körper Christi ist in einer Art kosmischem Dunkel dargestellt, in jenem »zweifellos Düsteren, das im Tod Christi lag«, wie Vasari meinte. Gegen die Tradition malte Rosso den Christus völlig nackt, und sein Körper zeigte die Todesqual in allen Muskeln und Gliedern.

La Verna, Casentino und Einsiedeleien (◆ **C** CD3)

Seit den Zeiten der Grand Tour ist die Bergstraße von La Verna nach Camaldoli und Vallombrosa dafür berühmt geworden, dass sie mitten durch die schönsten Wälder Mittelitaliens führt.

Santuario della Verna. Die E 45 führt zur Pieve Santo Stefano, von der aus man zum Basaltmassiv La Verna zwischen den Tälern von Arno und Tiber aufsteigt. Das an drei Seiten steil abfallende Massiv ist von Valtiberina und dem Casentino aus gut zu erkennen. Der Historiker Paul Sabatier, der sich mit den Franziskanern beschäftigte, nannte es einen vom Himmel gefallenen Monolithen. Der hl. Franz kam das erste Mal 1213 her, nachdem er vom Grafen Orlando Cattani di Chiusi diesen »so einsam

LA VERNA, CASENTINO UND EINSIEDELEIEN
CAMALDOLI

Einige Pilze, wie sie für das Casentino typisch sind (unten)

liegenden, sehr gut für die Kontemplation geeigneten Felsen« geschenkt bekommen hatte. In La Verna erhielten seine Gebeine auch zwei Jahre nach seinem Tod ›das letzte Siegel‹ von Christus, wie Dante es ausdrückte. Die ursprüngliche Anlage von La Verna mischt sich mit der Atmosphäre von Einsiedeleien und Klöstern. Einsiedeleien (wie auf der linken Seite) prägt ihre Nähe zur ungezähmten Natur, eine Vertrautheit, die wir an berühmten, rituell und symbolisch bedeutsamen Orten erleben können – wie bei der Grotte des hl. Franz und dem Felsen von La Verna. Die Kirche von La Verna wurde 1568 geweiht, in das 16. Jh. fällt auch der Wiederaufbau des 1468 abgebrannten Klosters. Darin gibt es sehenswerte Kunstwerke, darunter die beiden Majolica-Tafeln von Andrea della Robbia in der Chiesa Maggiore.

Das Casentino. Beim Abstieg von La Verna kommt man direkt in das ›geschlossene Tal‹, das Casentino. Es lud seit jeher zu Spaziergängen ein, die mit der Erinnerung an historische Personen und mit poetischer Vorstellung verbunden sind. Sie führen über mächtige Berge, durch Wälder (linke Seiten unten) und vorbei an befestigten Orten und Kastellen.

Bibbiena. Fast am Ende des Wegs bergab sehen wir Bibbiena an einen Hügel geschmiegt weiß zwischen dunklen Zypressenhainen leuchten. Das Städtchen liegt am Zusammenfluss von Arno und Archiano und ist der einsame Wächter des Eingangs zum Tal. Der Ortsname erinnert an den Kardinal Bernardo Dovizi, genannt Bibbiena. Auch ein schöner Palazzo im kraftvollen toskanischen Stil wurde nach diesem Humanisten und geistvollen Komödiendichter des 16. Jh. benannt. Er ist neben der Kirche Santi Ippolito e Cassiano die bedeutendste Sehenswürdigkeit des Ortes.

Camaldoli. Von Bibbiena geht es weiter Richtung Camaldoli, eine ›Festung des Glaubens‹ mitten in den Wäldern des Casentino (● 16). Die Einsiedelei errichtete 1012 der hl. Romualdo in der Nähe des apenninischen Gebirgskamms. Wenige Jahre später wurde das Kloster mit Gästehaus erbaut, und bald entstanden auch eine große Bibliothek und eine bedeutende kulturelle Tradition, die mit der Anwesenheit des Hofes Lorenzo de' Medicis ihren Höhepunkt erreichte. Die Einsiedelei (● 77) besteht aus 20 Hütten, zwischen denen gepflasterte Gassen verlaufen und die wie ein gewöhnlicher Ort wirken. Am Eingang zum Geviert, das die Einsiedelei umschließt, steht die Kirche S. Salvatore mit sehenswerten Malereien Vasaris.

Die Kirchen von La Verna
Am Eingang zum Heiligtum steht die reich mit Majoliken der della Robbia ausgestattete Chiesa Maggiore (1348-1509). Älteste Kirche ist Santa Maria degli Angeli, vom hl. Franz selbst erbaut (1216-18). Dann gibt es noch die Cappella delle Stimmate, die man 1263 dort errichtete, wo der hl. Franz seine Stigmata empfing.

Reisende im Casentino
Edward Hutton empfahl, den Casentino (unten ›Einsiedelei von Camaldoli‹, J.-Ph. Hackert) »mit Dante im Reisesack und einem guten Stock in der Hand« zu durchqueren. D'Annunzio schrieb an Matilde Serao: »Ich bin beim Kastell von Romena nahe der ausgetrockneten Quelle von Meister Adamo. Morgen werde ich in La Verna sein. Ich reise heute Nacht mit dem Mond ab.«

La Verna, Casentino und Einsiedeleien Vallombrosa

Der Hof des Kastells der Grafen von Guidi in Poppi. Die Wände schmücken Wappen von Florentiner Kommissaren und Vikaren.

Poppi und sein Kastell. Nach der langen Fahrt durch die Wälder des Casentino scheint man in Ponte a Poppi Geschichte mit den Händen greifen zu können. Ein Platz mit umlaufenden Arkaden, der sich zum Arno hin öffnet, empfängt den Besucher, den Fluss überquert man über eine mittelalterliche Brücke. Auf der Anhöhe erhebt sich Poppi, das wegen des Kastells der Grafen von Guidi (links), an dessen Errichtung Ende des 13. Jh. Arnolfo di Cambio mitgewirkt haben soll, eine einzige Festung zu sein scheint. Mit der Schlupfpforte, dem Turm, dem malerischen Innenhof und der großen Bibliothek vermag das Kastell leicht die Gegenwart vergessen machen. Der Blick schweift über das Tal und verliert sich in mittelalterlichen Ansichten. Tatsächlich hat Poppi, das auf dem Hügelkamm liegt, noch sein ursprüngliches Ortsbild mit der von Arkaden gesäumten Hauptstraße und dem Tempietto della Madonna del Morbo. Die Kirche San Fedele aus dem 13. Jh. versperrt am Ende des Ortes kurz vor dem Abgrund den Weg.

Am Fuße des Falterona. Es geht weiter nach Pratovecchio, einem alten Flusshafen am Arno. Er wird von einem Hügel mit dem Kastell von Romena und der Pfarrkirche gleichen Namens (unten) überragt. Dieser Ort wurde gern von Schriftstellern besucht – hier schrieb D'Annunzio einen Teil des ›Alcyone‹. Dem Arno folgend erreichen wir am Fuße des Falterona Stia, das früher berühmt für seine Wollwebereien war. Charakteristisch ist die malerische Piazza Tanucci mit ihren Arkaden, die trichterförmig zuläuft und sich ganz oben im Ort wieder weitet. Im Dunkel der romanischen Kirche Santa Maria Assunta leuchtet hell das Gold der Bilder von Bicci di Lorenzo und anderer Maler des frühen 15. Jh.

Vallombrosa. Der vom hl. Giovanni Gualberto gegründete und 1055 vom Papst anerkannte Orden der Vallombrosianer gründet auf zwei Idealen: dem klösterlichen der Benediktiner und dem Streben nach Einsiedelei seines Gründers. Die Abtei mit ihrem schönen Campanile und einem Turm, der sie wie ein Kastell aussehen lässt, geht auf das 16. Jh. zurück. Vom Hauptbau schweift der Blick über Wälder und Berge, über Einsiedeleien wie Il Paradisino, liebliche Orte wie Saltino und eine Landschaft, mit der sich viele Malerei-Schulen des 17. und 19. Jh. beschäftigten. Nicht zufällig schrieb den ersten historischen Führer durch Vallombrosa der amerikanische Bildhauer William Wetmore Story.

Fortuna di Vallombrosa
Nicht nur John Milton hielt sich im Kloster von Vallombrosa auf. Mit der Zeit trafen hier die rastlose Mary Shelley ein, Vernon Lee und die Amerikanerin Edith Wharton. Auf ihren Spuren kamen Louis Gauffier und Philipp Hackert zum Malen her und machten den Ort zu einem der beliebtesten Motive der neoklassischen Landschaftsmalerei. Die Fortuna von Vallombrosa blieb bis zum frühen 20. Jh. ein beliebter Luftkurort.

H. Hugford, ›Landschaft mit dem Kloster von Vallombrosa und dem hl. Giovanni Gualberto, der das Kreuz anbetet‹

Richtung ›Terre nuove‹

Richtung ›Terre nuove‹ (◆ C C3-4)

Nicht weniger pittoresk ist der Weg die waldreichen Hügel des Valdarno hinab.

Romanische Pfarrkirchen. Hier sind weniger die Ortschaften wie Reggello oder Castelfranco di Sopra von Interesse als die romanischen Pfarrkirchen: San Pietro in Cascia, San Giovenale mit einem Polyptychon von Masaccio, San Salvatore in Soffena mit einem schönen Freskenzyklus oder San Pietro in Gropina aus dem 11. Jh., dessen Kapitelle und die Kanzel zu den ausdrucksstärksten Zeugnissen mittelalterlicher Fantasie zählen. Einzigartig ist Loro Ciuffenna über den steilen Schluchten des Sturzbachs Ciuffenna. Die Bögen der mittelalterlichen Brücken scheinen in den Durchgängen der windschiefen Häuser wieder aufgenommen zu werden.

San Giovanni Valdarno und Montevarchi. Hier verlässt man die letzten Ausläufer des Pratomagno, um die ›Terre nuove‹ zu erreichen, das ›neue Land‹ der Talsohle. San Giovanni Valdarno wurde im 13. Jh. von den Florentinern gegründet, um der Expansion Arezzos Einhalt zu gebieten. Die Monumente, besonders der Palazzo Pretorio mit dem eleganten Portikus, in dessen Winkeln alte Majolika-Wappen blitzen, erinnern an seine Ursprünge. Man erinnere sich: Wir befinden uns hier im Land Masaccios. Man sollte dem Museum mit einer außergewöhnlichen ›Verkündigung‹ Beato Angelicos einen Besuch abstatten. Älteren Datums ist Montevarchi, wie man an den alten Straßen erkennt, die wie Fischgräten von der einstigen Hauptstraße wegführen, der heutigen Via Roma. Montevarchi zog immer Reisende an, die hl. Milch der Jungfrau pilgerten, der Reliquie in der Kollegiatskirche San Lorenzo. Bemerkenswert ist auch das naturkundliche Museum mit Resten des ›süditalienischen Elefanten‹.

Die Locanda von Levanella
In der Nähe von Montevarchi liegt der Ort Levanella, dessen Gaststätte Montaigne enthusiastisch gepriesen hat: »Hier geht es hoch her und man sagt, dass sich hier oft die Adligen der Gegend treffen wie im Moro von Paris oder im Guillot von Amiens. Das Essen wird auf Zinntellern serviert, was große Seltenheit hat. Es ist ein Haus für sich, in bester Lage über der Ebene und mit einer eigenen Quelle.«

Geometrische und zoomorphe Muster am Pluteus (8. Jh.) in der Kirche Sant'Agata in Arfoli bei Reggello

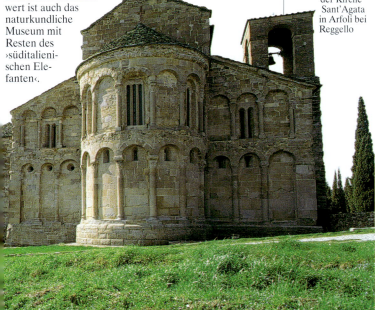

DIE VALDICHIANA

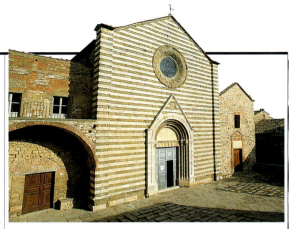

DIE VALDICHIANA

Auf den Höhen der Valdichiana
Um vor dem Fieber zu fliehen und weil man sich gegen nahe Eindringlinge verteidigen musste, errichtete man auf den Anhöhen der Valdichiana Siedlungen. Die befestigten Orte wie Civitella, Monte San Savino, Marciano, Foiano und Lucignano mit ihren alten Türmen und Mauern sind sehr eindrucksvoll. Jeder dieser Orte hat seine eigene Geschichte.

Zu Fuß nach Foiano
»Vom Weg nach Foiano kann ich nur sagen, dass er so schön ist, dass man ihn zu Fuß gehen sollte«, betonte Edward Hutton 1910. »Zunächst schlängelt sich die Straße durch Olivenhaine bis zur Siedlung San Pietro beim Bahnhof, dann führt sie jenseits der Gleise weiter Richtung Osten, um das Tal zu durchqueren und den Hügel wieder hinaufzusteigen. Bei Castellina geht es erneut bergab Richtung Val d'Esse, eine lange Trichtermündung der Valdichiana, und am Ende wieder bergauf nach Foiano, das über der größten Ebene der Valdichiana mit Blick auf Cortona aufragt.«

Eleganz und das Gespür für Proportionen zeichnet die Orte in der intakten Landschaft aus. Albert Camus war so begeistert, dass er schrieb, er wolle am Ende seines Lebens die Straße noch einmal gehen, »die nach Monte San Savino a Siena führt, durch jenes Land der Trauben und Oliven, über jene Hügel aus bläulichem Tuffstein, die sich bis zum Horizont erstrecken.« Bei Levane biegt man nach Valdambra ab und erreicht hinter einem bewaldeten Bergrücken Gargonza, ein Musterbeispiel für einen mittelalterlichen toscanischen Ort. Wir sind nun in der Valdichiana, dem Tal, das nach der Trockenlegung im 18. und 19. Jh. wieder bewohnbar wurde, weil der Pest, die aus den Sümpfen kam, Einhalt geboten worden war – nicht zufällig waren die mittelalterlichen Siedlungen auf den Anhöhen ringsum entstanden.

Monte San Savino. Erhöht liegt auch Monte San Savino, dessen Ursprung sich im Namen ankündigt. Der Mauerring wurde durch zwei Stadttore an beiden Enden der Hauptstraße verschönert. An dieser Straße stehen bedeutende Bauwerke wie der Palazzo di Monte mit einem hängenden Garten, die Loggia dei Mercanti (1517-20) von Sansovino, der hier geboren wurde, und die Kirche Sant'Agostino.

Lucignano. Der Ort ist elliptisch mit konzentrisch um die Kollegiatskirche verlaufenden Straßen angelegt und verfügt über intakte Stadtmauern aus Bruchstein mit rustikalen Gärten. Die einzigartigen Kunstwerke spiegeln die Hoffnungen und Ängste der Vorfahren: im Stadtmuseum u. a. der ›Baum von Lucignano‹, das große spätgotische Reliquiar, das den Baum des Lebens und das Kreuz symbolisiert, oder in der Kirche San Francesco (oben) ein Fresko der sienesischen Schule, ein dramatischer ›Triumph des Todes‹.

Foiano. Früher hatte der Ort zwei Mauerringe, von denen der ältere das Kastell und der andere die Siedlung umgab. Bevorzugtes Baumaterial in Foiano ist der Ziegel. Die achteckige Kuppel der Kirche Santissima Trinità mit ihren bunten Majoliken ist ein Höhepunkt der Vielfarbigkeit. In der Kollegiatskirche San Martino hängt eine ›Krönung der Jungfrau‹ (1523), die als letztes Werk Signorellis gilt.

Farneta. Die Abtei aus dem 9. Jh. mit den verfallenen hohen Apsiden blickt auf die fruchtbare wellige Ebene der Chiana, das steinerne Cortona auf einem Hügel auf der anderen Seite und Castiglion Fiorentino mit dem einsamen Kastell Mentecchio dazwischen.

CORTONA

CORTONA (◆ C D4)

Wenn man in Cortona ankommt, ist es mit der Behaglichkeit vorbei. Doch springt stets ein Funken der Atmosphäre über, die den Ort mit der Zeit zu einem kostbaren Relikt der Geschichte machte, auch wenn sich hier oft Touristen drängen. Zuerst beeindruckt die Anlage der Stadt mit ihren unregelmäßigen Plätzen, den auf und ab führenden Straßen, die in einem Labyrinth von Treppen enden und wo neben den Haustüren die Dächer der tiefer liegenden Nachbarhäuser beginnen.

Die Altstadt. In dem Teil der Stadt, der am höchsten liegt, zeigt sich Cortonas heimliche Natur in der metaphysischen Stille, der vibrierenden Helligkeit, den grasgesäumten Pfaden und dem Lebensgefühl, das die Entwicklung der Stadt jahrhundertelang begleitet hat. Hinter der Porta Montanina öffnet sich ein schwindelerregender Blick auf Cortona und das Tal. Die beiden oberhalb liegenden Monumente, das Heiligtum Santa Margherita und die Girifalco-Festung, scheinen dem Reisenden, der sich durch die Valdichiana vom Monte Amiata zum Lago Trasimeno den sienesischen Hügeln ausliefert, in der Leere hängen zu lassen.

Die Stadtmauern. Henry James meinte, dass man die etruskischen Mauern Cortonas durch eine Sonnenbrille betrachten müsse, so stark sei der Widerschein der Geschichte. Die etruskischen Wurzeln Cortonas finden sich in den eindrucksvollen Gräbern Tanella di Pitagora auf halber Höhe und Melone del Sodo am Bergfuß, aber auch in den Votivstatuetten und den Exponaten des Museo dell'Accademia etrusca im Palazzo Casali. In dem reich ausgestatteten Museum, das auf das 17. Jh. zurückgeht, bewundert man neben der bedeutenden Sammlung ägyptischer Kunst (u. a. aus dem Mittleren Reich) und etruskischer Goldschmiedekunst die Bilder toscanischer Maler vom 12. bis zum 20. Jh., z. B. von Bicci di Lorenzo (›Thronende Madonna mit Heiligen‹, ca. 1425-30), Pietro da Cortona (›Thronende

Der Leuchter von Cortona

In der Mitte ist ein Gorgonenhaupt dargestellt, das 16 Schälchen in Form von Satyrn und Sirenen umgeben, die Ölllichter. Der herrliche Bronzeleuchter aus dem 5./6. Jh. v. Chr. mit einem Durchmesser von 60 cm und einem Gewicht von ca. 58 kg ist das berühmteste Exponat des Museo dell'Accademia etrusca in Cortona.

DIE STADT AUS EINEM STEIN ★

Die Einheitlichkeit, die man auf einem Spaziergang durch Cortona bemerkt, verdankt sich der Verwendung einer einzigen Steinsorte, aus der das Gefüge von mittelalterlichen, Renaissance- und Barock-Bauten geschaffen ist.

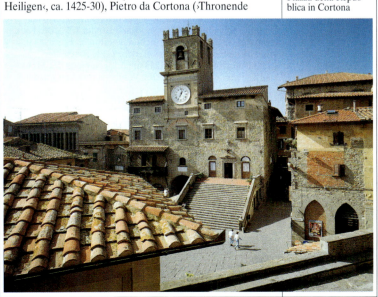

Piazza della Repubblica in Cortona

▲ CORTONA

KIRCHE SANTA MARIA AL CALCINAIO ★
1485-1513 wurde die Kirche von Francesco di Giorgio im Auftrag der Gerberzunft errichtet. In einem Vorort namens Calcinaio hatte ein Madonnen-Bild so viele Wunder bewirkt, dass sich die Gerber entschlossen, eine Kirche dafür bauen zu lassen. Das Innere ist ein gebautes Zitat der Lektionen Brunelleschis und eins der besten Beispiele in der toskanischen Renaissance für einheitliche Raumwirkung. Ein herrliches Glasbild (›Madonna della Misericordia‹, 1516) von Guillaume de Marcillat ziert die Rose der Strinseite.

Madonna mit Kind und vier Heiligen‹, 1626-28) und des in Cortona geborenen Gino Severini (›Mutterschaft‹, 1916).
Museo diocesano. Das Diözesanmuseum gegenüber der Kathedrale birgt zahlreiche Meisterwerke, darunter die wunderbare ›Verkündigung‹ von Beato Angelico (oben ein Detail), Arbeiten von Pietro Lorenzetti (›Kreuz‹, 1315-20), Bartolomeo della Gatta (›Mariä Himmelfahrt‹, um 1475) und Signorelli (›Beweinung Christi‹, 1502).
Kirchen und Klöster. Auch Cortonas Kirchen sind wundervoll, so die Gotik von San Francesco und San Domenico, der mondäne Barock von San Filippo oder die Kirchen jenseits der Mauern, darunter Santa Maria al Calcinaio (unten) von Francesco di Giorgio, die wie ein Diamant an der Bergflanke blitzt. Ein Blick auf die wunderschönen Paläste aus Pietra serena und Sandstein erinnert uns daran, dass wir uns in der Heimat Berrettinis befinden, besser bekannt als Pietro da Cortona. Schließlich ist hier das Land Bruder Elias, des Klosterbruders und geistlichen Nachfolgers vom hl. Franz. Man sollte daher auch den Convento delle Celle (oben links) besuchen, der vom hl. Franz 1211 am felsigen Hang des Monte Sant'Egidio neben einem tiefen Wildbach errichtet wurde.

CASTIGLION FIORENTINO (◆ C D4)

Lässt man Cortona »mit den Wolken vereint« (so eine englische Reisende) hinter sich, erreicht man in Richtung Arezzo Castiglion Fiorentino. Es ist ein typisch toscanischer umfriedeter Ort aus Sandstein, den jede Tageszeit in ein anderes Licht taucht und der den Besucher mit seinem hohen Turm begrüßt. Einen Besuch lohnt die wundervolle Städtische Pinakothek mit Werken wie ›Stigmata des hl. Franz‹ (1486) von Bartolomeo della Gatta, die die Rundreise würdig beschließen.

Das Chianti
Mauro Civai

202 **DAS CHIANTI FIORENTINO**
205 **DAS CHIANTI SENESE**

▲ Das Chianti

1. Das Chianti Fiorentino ▲ *202*
2. Das Chanti Senese ▲ *205*

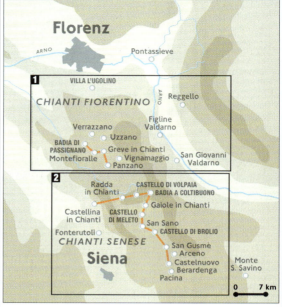

DAS ›CHIANTISHIRE‹ ★
Auf der ganzen Welt ist der Name Chianti zum Synonym für einen der besten italienischen Weine geworden. Wer aber die Landschaft zwischen Florenz und Siena mit den sanften Hügeln betrachtet, denkt vielleicht gar nicht an den Wein: Der Blick verliert sich zwischen Feldern und Wäldern, die sich mit langen Reihen von Rebstöcken, vor allem aber mit Villen, Kirchen und Klöstern abwechseln. Diese verweisen auf die wahre Kultur der Region, die stets genauso reich an Ideen wie an Bodenerträgen war. Die Krise der Landwirtschaft führte in den 60er-Jahren zu einer starken Entvölkerung der ländlichen Gebiete. Heute entdecken vor allem Ausländer die Faszination der Gegend neu, darunter Künstler und Prominente aus dem Showgeschäft, die hier Ruhe und Inspiration zu finden hoffen. In den Bars hört man heutzutage mehr Englisch als Italienisch sprechen. Im angelsächsischen Raum ist das Chianti derart beliebt, dass man dafür die Bezeichnung ›Chiantishire‹ geprägt hat.

Von allen Landschaften der Toscana ist das Chianti wohl die bekannteste und beliebteste. Es erstreckt sich zwischen Florenz und Siena bis vor die Tore der beiden jahrhundertelang rivalisierenden Städte. Kontinuierlich wechselnde Täler und Höhen säumen hier und da Steinfelder oder werden von dichtem Gehölz abgeschlossen. Dann stößt man wieder auf Hügel mit Weinfeldern, silbrig schimmernden Olivenhainen und etwas Saatland. Das Chianti, wie es sich dem Besucher heute präsentiert, ist das Ergebnis einer dreitausend Jahre währenden Kultivierung durch den Menschen. Über die Jahrhunderte hinweg wurde die Erde von Halbpächtern oder Kleinstbesitzern bewirtschaftet. Erst in den letzten Jahrzehnten entstanden große und mittlere Betriebe, die sich ganz der Öl- und Weinproduktion widmeten. Immer noch sichtbar sind die Hinterlassenschaften bedeutender, meist florentinischer Adelsfamilien: Burgen, befestigte Dörfer und Gutshöfe. Sie sind alle aus lokalen Materialien wie dem *Alberese grigio,* einer Kalksteinsorte, und dem *Galestro bruno,* einer Lehmbodenart, gebaut. Die Kirchen und Abteien, die sich in der Landschaft fast verlieren, bergen bescheidene bis außergewöhnliche Kunstschätze.

Das Chianti Fiorentino (◆ B F5, C B3, D E1)

Diese kraftvolle und zugleich anmutige Region prägen die zahlreichen Kunstwerke, die auf Veranlassung der rivalisierenden Städte Florenz und Siena entstanden sind.
Die Fattorien. Mit ihren hohen Türmen waren sie eine Art Miniaturburgen, die einerseits auf landwirtschaftliche Selbstversorgung ausgerichtet waren, andererseits aber auch Verteidigungsfunktion hatten. Fattorien bestanden aus einem massiven Turm, an dessen Seite sich ein längliches Gebäude

Das Chianti Fiorentino
Badia di Passignano

Villa l'Ugolino
Das Landhaus befindet sich an der Via Chiantigiana 6 km südlich von Florenz und wurde im 17. Jh. errichtet. Der Bogengang aus dem 18. Jh. wird Gherardo Silvani zugeschrieben. Heute befindet sich hier der gleichnamige Golfplatz, der als einer der ersten Italiens um 1930 auf Initiative der englischen Gemeinschaft entstanden ist.

mit Wohn- und Lagerräumen befand. Nachdem die Florentiner ihre Vorherrschaft durchgesetzt hatten, wurden immer mehr solcher großen Wohnhäuser mit viereckigem Grundriss errichtet, an deren Vorderseite sich schöne Loggien und zwei Fensterreihen befanden. In der Gegend um Florenz inspirierten sich die Architekten am Renaissancestil von Bernardo Buontalenti und verwendeten lokalen Stein, der nur weiß getüncht wurde (Vignamaggio, Vicchiomaggio, Le Cortine, Uzzano). Im Sieneser Land orientierten sie sich eher am Stil Baldassare Peruzzis, und die Fattorien wurden wegen der reichen Lehmvorkommen in den Crete, einer geologischen Formation der Umgebung von Siena, hauptsächlich aus Ziegeln erbaut. Die Anwesen wurden mit der Zeit mit Getreidespeichern, Weinkellern, Ölpressen und Mühlen ausgestattet.

Badia di Passignano. Die Abtei (unten) etwa 50 km südlich von Florenz an der mittelalterlichen ›strada senese del Sambuco‹ ist einer der am reichsten mit Kunstwerken ausgestatteten Komplexe im Chianti. Erstmalig wird sie 884 erwähnt, nach dem Jahr 1000 wurde sie von Vallombrosaner-Mönchen bewohnt. Eine starke Mauer umgibt den Komplex, der im Lauf der Zeit mit zahlreichen Kunstwerken geschmückt wurde, u. a. von Domenico Cresti (1559-1638), auch Passignano genannt, Domenico Ghirlandaio und Alessandro Allori.

Denominazione di origine controllata
Im Chianti sind die ersten Verbände zum Schutz typischer Produkte wie z. B. Wein und Öl entstanden. Der berühmteste davon ist das DOC-Zeichen ›Gallo nero‹ (›schwarzer Hahn‹).

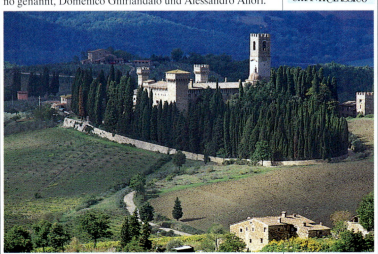

▲ Das Chianti Fiorentino
Greve in Chianti

Montefioralle. Der Ort liegt östlich von Passignano und hatte wegen seiner geschützten Lage zahlreiche Einwohner, bis die Bevölkerung nach dem Zusammenbruch der Sieneser Republik (● *37*) und dem Ende des jahrhundertelangen Grenzstreits in das leichter zu erreichende Greve abwanderte. In der Kirche Santo Stefano ist eine kostbare ›Jungfrau mit Kind‹ zu bewundern, die im 13. Jh. von einem Florentiner Meister gemalt wurde. Auf dem Hauptaltar befindet sich ein Tafelbild ›Dreifaltigkeit und Heilige‹ aus dem 15. Jh., die dem selben Meister zugeschrieben wird, der auch die ›Epiphanie‹ in Fiesole gemalt hat. Die Fassade der nahen Kirche San Cresci mit zweibogigem Portikus zeichnet die Kirche im Vergleich mit der romanischen Architektur im Chianti aus.

Gepflasterte Gassen, die um den ganzen Ort laufen, sind typisch für Montefioralle (ganz oben).
Ein Saal in Greve in Chianti, in dem Vin Santo (● *29*) hergestellt wird (oben).

Greve in Chianti. Wenige Kilometer weiter östlich, an der Statale 222, liegt der Ort Greve in Chianti. Der alte Ortskern befindet sich um den weiten Platz, der dem Seefahrer Giovanni da Verrazzano aus dieser Gegend gewidmet ist. Tiefe Bogengänge mit Geschäften säumen den Platz, auf dem früher ein großer Markt für die Produkte der Umgebung – des Chianti, des Arno-Tals und des Pesa-Tals – stattfand. Hier befindet sich auch die Kirche Santa Croce, die im 19. Jh. unter der Leitung von Louis de Cambray-Digny aufwändig im Neorenaissance-Stil restauriert wurde. In der Kirche gibt es ein interessantes Gemälde von Bicci di Lorenzo, eine ›Jungfrau mit Heiligen‹, sowie eine ›Verkündigung‹ eines Florentiner Meisters aus dem 14. Jh.

Panzano. Über die Via Chiantigiana kommt man zu diesem alten Ort, in dem die Stadtmauern sowie das Tor und der Donjon der Burg erhalten sind. Die Kirche Santa Maria im Ortskern wurde im 19. Jh. auf Grundmauern aus dem 13. Jh. errichtet. Sie ist mit wertvollen Gemälden ausgestattet, darunter die Michele di Ridolfo del Ghirlandaio zugeschriebene ›Verkündigung‹ und die ›Mystische Hochzeit der Santa Maria Maddalena de' Pazzi‹ von Pier Dandini.

KIRCHENSCHÄTZE ♥
Die Pfarrkirche San Leolino, 1 km von Panzano entfernt, hat eine romanische Fassade mit einem Portikus auf toscanischen Säulen (16. Jh.). Ihre Kunstschätze sind einmal gestohlen worden, konnten aber wieder beschafft werden. Der bedeutendste ist wohl das Tafelbild ›Thronende Madonna mit den Heiligen Petrus und Paulus und Vita der beiden Heiligen‹, das Meliore, einer der größten Künstler der Florentiner Schule, im 13. Jh. gemalt haben soll.

DAS CHIANTI SENESE ▲
RADDA IN CHIANTI

DAS CHIANTI SENESE (◆ B F6, C BC4, D E1-F2)

Hinter Panzano beginnt das Chianti Senese, das weniger zerklüftet als das Chianti Fiorentino ist. Je mehr man nach Süden kommt, desto lichter werden die Wälder, bis man die eigentümliche Landschaft der Crete bei Siena erreicht.

Castellina in Chianti. Der Ort liegt auf einer Anhöhe zwischen dem Arbia-, dem Elsa- und dem Pesa-Tal. Schon in etruskischer Zeit wurde hier gesiedelt, heute präsentiert sich der Ort in dem mittelalterlichen Gewand eines von den Florentinern befestigten Dorfes. Die viereckige Stadtmauer umschließt eine Gruppe von schönen Gebäuden, die zur Burg hin ausgerichtet sind. In der Rocca aus dem 15. Jh., die ein imposanter Turm überragt, befindet sich heute das Rathaus.

Radda in Chianti. Der Ort war lange Hauptort der Lega del Chianti, eines regionalen Zusammenschlusses von Gemeinden. Im 14. Jh. wurde er von Florenz mit stärkeren Befestigungsanlagen versehen, im folgenden Jahrhundert baute man den Palast des Stadtvogts (›Palazzo del Podestà‹) um. Das alte Franziskanerkloster Santa Maria al Prato wurde im 17. Jh. restauriert, zurzeit wird es zu einem Kunstmuseum umgebaut. Die Propstei von San Niccolò ist romanisch, hat aber eine Fassade aus den 30er-Jahren des 20. Jh. von Carlo Coppedè.

Castello di Volpaia. Von der Pfarrkirche Santa Maria Novella, in der es zahlreiche glasierte Terrakotta-Arbeiten von Santi Buglion gibt, steigt man zur nahen Volpaia-Burg hoch, in der man die Commenda di Sant'Eufrosino besichtigen kann. In dem winzigen und sehr malerisch am Fuße der höchsten Erhebungen des Chianti gelegenen Dorf (oben) gab es jahrelang bedeutende Ausstellungen moderner Kunst.

Abtei von Coltibuono. Die Abtei wurde 1049 gegründet und war stets von vallombrosanischen Benediktinermönchen bewohnt. Sie liegt auf 628 m Höhe in der Nähe des Passes, der das Arbia-Tal mit dem Arno-Tal verbindet. Im Innern der Kirche San Lorenzo sind architektonische Elemente und Verzierungen aus dem 18. Jh. zu sehen, der herrliche Glockenturm mit Zinnen stammt vom Ende des 12. Jh.

Gaiole in Chianti. Wegen seiner Lage am Schnittpunkt der Verkehrsachsen dieser Gegend ist Gaiole als Marktort ent-

---

Commenda di Sant'Eufrosino
Die Komturei, eine ohne Amtsverpflichtung übertragene kirchliche Pfründe, befindet sich im Innern der Burg von Volpaia und gilt als Heiligtum des Chianti. Es ist dem Heiligen gewidmet, der von der Bevölkerung am meisten verehrt wurde. Sant'Eufrosino lebte, wirkte und starb in dieser Gegend. Die Komturei war schon immer ein bekannter Wallfahrtsort, und noch heute werden die sterblichen Überreste des Heiligen hier aufbewahrt. Der Gedenktag des Heiligen ist der 1. Sept. zur Erinnerung an die Wiedererweckung eines Knaben.

Fonterutoli und das Wasser von Siena
Um Wassermangel vorzubeugen, schufen die Sieneser schon im Mittelalter ein Netz so genannter *bottini*, unterirdischer Wasserleitungen, die heute noch funktionsfähig und begehbar sind. Die wasserreichste Quelle ist der Brunnen von Fonterutoli, der hinter der Stadt in Richtung Florenz liegt. Ab dem 15. Jh. gehörte der Ort der Florentiner Familie Mazzei, war aber schon früher für diplomatische Begegnungen zwischen Siena und Florenz ausgewählt worden.

▲ Das Chianti Senese
Castelnuovo Berardenga

Trinkender Frosch
Das Wahrzeichen von San Sano ist ein Frosch, der aus einer Weinflasche trinkt. Man sagt, der Wein aus dieser Gegend sei so gut, dass die Frösche statt des Wassers aus den Gräben lieber Wein trinken. Dem Frosch wurde sogar ein Denkmal mitten im Dorf gesetzt. Im Herbst werden Feiern mit Theaterdarbietungen der Dorfbewohner und eine Kunstausstellung organisiert, bei der die Stadtmauern mit Gemälden bedeckt werden.

›Jungfrau mit Kind‹ (1426) von Giovanni di Paolo in der Propstkirche von Castelnuovo Berardenga

standen und hat sich als solcher auch weiterentwickelt.
Der Hauptplatz von Gaiole liegt in der Verlängerung der Hauptstraße. Nicht weit entfernt befinden sich die romanische Kirche Santa Maria a Spaltenna (12. Jh.), deren Kloster erst kürzlich in ein Hotel umgewandelt wurde, sowie weitere trutzige Örtchen wie Vertine, wo es einen kleinen breiten Turm auf viereckigem Grundriss gibt, und Barbischio.

Burgen im Chiantigiano. Richtung Siena, in der typischen Landschaft mit kleinen Wäldern und Landgütern, befindet sich das Castello von Meleto (unten rechts), das im 18. Jh. von den Ricasoli restauriert wurde. Die Burg ist reich ausgestattet und beherbergt ein kleines Theater aus dem 18. Jh. sowie einen alten, gut bestückten Weinkeller. Hinter San Sano, einem sehr alten Dorf, in dem die kleinen Häuser direkt aus dem Boden zu wachsen scheinen, kann man bereits das Castello di Brolio (unten links) sehen, das imposanteste befestigte Bauwerk im Chianti. Der Giuliano da Sangallo zugeschriebene Bau wurde 1860 im Auftrag von Bettino Ricasoli und unter Leitung des Architekten Giuseppe Partini restauriert. Heute befindet sich dort eine der größten Weinkellereien der Welt. Von Brolio aus erreicht man San Gusmè. Der Name ist eine Verballhornung von ›San Cosma‹ und erinnert an eben diesen Heiligen. Ihm und dem hl. Damiano ist die Kirche des von einer Ringmauer umgebenen Ortes geweiht. Früher war der Ort ein Stützpunkt der Republik Siena (● 37).

Castelnuovo Berardenga. Als Hauptort der Berardenga wurde Castelnuovo 1366 von der Sieneser Regierung befestigt, sodass eine bessere Kontrolle der Besitzer der umliegenden Ländereien möglich war. Die mit einer schönen neoklassizistischen Fassade geschmückte Propstkirche befindet sich an dem Hauptplatz und beherbergt eine sehenswerte ›Jungfrau mit Kind‹ (1426) von Giovanni di Paolo. Im Dorf selbst liegt die schöne, von einem großen Park umgebene Villa Chigi. In der Umgebung gibt es einige hoch gelegene Dörfer wie Pacina mit der Kirche Santa Maria mit zylindrischem Turm, die schon im 7. Jh. bestand, Arceno (heute ist hier ein Hotel) mit einem romantischen, von Agostino Fantastici gestalteten Park, und Sant'Ansano a Dofana, der Ort des Martyriums des Schutzpatrons von Siena, mit einer schönen sechseckigen Kapelle.

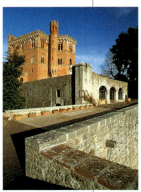

Siena
Mauro Civai

208 SIENA
214 *DER PALIO*
218 *SIENESISCHE MEISTER DES TRECENTO*
222 IM NORDEN VON SIENA
222 IM SÜDEN VON SIENA

▲ SIENA

1. Siena ▲ *208*
2. Im Norden von Siena ▲ *222*
3. Im Süden von Siena ▲ *222*

Der Wolf von Siena
Siena soll der Sage nach von den Zwillingen Senius und Aschinus, den Söhnen des Remus, gegründet worden sein. Als Säuglinge flohen sie vor ihrem Onkel Romulus in die Toscana. Die Wölfin mit den Zwillingen wurde zum Wahrzeichen Sienas und zierte alle wichtigen Orte der Stadt. Das älteste Abbild – eine Statue aus dem 15. Jh. – befand sich am Eingang des Palazzo Pubblico.

Der Rat der Neun
In der zweiten Hälfte des 13. Jh. durchlitt Siena als ghibellinische Stadt und angesichts der knappen Wasservorräte eine schwierige Zeit, bis Vertreter der Handwerkerschaft 1287 den Rat der Neun gründeten (1287-1355). In der Folge entstanden viele bedeutende Gebäude und Kunstwerke, so der Campo und der Palazzo Pubblico. Auch die Erweiterung des Doms und der Bau der Stadtmauer sind auf die Initiative des Rats der Neun zurückzuführen.

Ein Spaziergang durch die Straßen Sienas (◆ **B** F6 **C** B4 **D** E2) gleicht einer Reise in die Vergangenheit. Die Geschichte dieser einzigartigen Stadt, die sich in einem gotischen ›Dornröschenschlaf‹ zu befinden scheint, wird durch all die Bauwerke lebendig, die wir vor allem dem Rat der Neun verdanken. Die nachfolgenden Baumeister konnten ihr Werk in dieses gotische Grundgerüst einfügen, ohne dabei die Harmonie zu stören, derer man sich zu jeder Zeit bewusst war. Von jeher ist Siena in drei Teile, die so genannten *terzi*, unterteilt: Città, der älteste Terzo, besitzt die größte Zahl an Kunstwerken; Camollia wurde aufgrund seiner exponierten Lage Richtung Norden befestigt; San Martino entstand entlang der ehemaligen Via Francigena. Um Sienas Atmosphäre einzufangen, folgt man am besten den Rundgängen durch diese drei Stadtteile.

Reise ins Mittelalter

Auch wenn Siena inmitten eines bedeutenden etruskischen Siedlungsgebietes liegt, ist seine Existenz erst zu einem späteren Zeitpunkt nachweisbar. Der Name leitet sich aber wohl von einer etruskischen *gens* (Familie) ab. Verschiedene römische Geschichtsschreiber erwähnen die Stadt. Tacitus betont vor allem den ironischen und leicht närrischen Charakter ihrer Einwohner. Aber weder die Größe des Ortes noch dessen Einwohnerzahl schienen nennenswert zu sein. Erst die Langobarden sollten dies ändern. Sie gewährten dem Gastalden von Siena einen großen Verwaltungsbezirk und legten damit den Grundstein für Streitigkeiten mit der Diözese Arezzo, die Jahrhunderte dauern sollten. Um das so genannte ›Sena vetus‹, auf dem höchsten Punkt des Hügels ange-

Siena

legt, entstanden längs der hier durchlaufenden Via Francigena die ersten Gebäude: in erster Linie wehrhafte Bauten der großen Feudalherren, die ihren neuen Residenzen in der Stadt die gleiche Autonomie verleihen wollten wie ihren Burgen. Die zunehmende Bedeutung der Stadt blieb nicht ohne negative Folgen: Es kam zu Konflikten mit Florenz. Sie zogen sich über viele Jahrhunderte hin und fanden in grausamen Schlachten wie derjenigen von Montaperti am 4. September 1260 (● 33, 35) ihren Ausdruck. Dante schrieb später in seiner ›Comedia‹, dass sich die Arbia von dem Blut rot gefärbt habe. Das florentinische Heer wurde von den Sienesern vernichtend geschlagen. Als die Pest im Jahr 1348 die Stadt heimsuchte, wurde der Aufstieg unterbrochen. Die Bevölkerung wurde dezimiert, und bereits begonnene Projekte kamen zum Stillstand. Es folgte eine lange Periode der Instabilität und grausamer Kämpfe im Innern. Zermürbt von diesen Auseinandersetzungen und dem ständigen Widerstand gegen die Vorherrschaft einer einzelnen Familie oder eines einzelnen Herrschers, musste die demokratisch gesinnte Stadt nach einer langen Belagerung durch die Spanier und einem heldenhaften Versuch, in Montalcino eine neue sienesische Republik zu gründen, Mitte des 15. Jh. schließlich kapitulieren und geriet unter die Herrschaft der Medici (● 37). Eine schwere Krise hielt die Stadt gefangen, während der sie stillzustehen schien und sich in einer beinahe verzweifelten Lethargie befand. In dieser Zeit der Identitätssuche kamen Spiele wie der Palio (● 52, ▲ 214) auf, der seine heutige Form zwischen dem 16. und 18. Jh. annahm. Erst mit der Vereinigung Italiens kehrte nach vielen Jahrhunderten wieder Leben in die Stadt zurück. Mit der ›puristischen Schule‹ Luigi Mussinis und begnadeten Kunsthandwerkern knüpfte sie wieder an ihren Ruf von einst an. Heute kann Siena mit Stolz auf sein vollständig erhaltenes Stadtbild und seine lebendigen Traditionen blicken und ist, dank seiner bedeutenden Geschichte und seiner gastlichen Einwohner, wieder ein bedeutendes Reiseziel.

SIENA – POMPEJI DES MITTELALTERS ★
Sienas einzigartige und vollständig erhaltene Kunst- und Kulturschätze des Mittelalters regten Hippolyte Taine zu diesem Vergleich an. Die Bewohner Sienas haben zudem einen Lebensstil und eine eigene Kultur herausgebildet, deren Lebendigkeit im Kontrast zu diesem Vergleich steht.

Sano di Pietro, ›San Bernardino predigt vor dem Palazzo Pubblico‹ (1430), Museo del Duomo.

Siena
Campo

Ambrogio Lorenzetti, ›Die gute Regierung‹ (1337-39), Sala del Mappamondo.

Die Contrade
Sie tragen Namen des mittelalterlichen Bestiariums und sind sicher weitaus älter als ihre ersten Nennungen (15. Jh.). Die Contrada bildete sich meist in einer Gasse oder einem Häuserblock und ist der Inbegriff für Nachbarschaftshilfe: Verteidigung von Eigentum und Ansehen jedes Mitbewohners, aber auch gemeinsames Ausüben der Glaubenspraktiken und die Organisation von Festen sind Hauptbestandteile des Lebens in einer Contrada.

Il Terzo di Città

Der Campo (● 64). Der wichtigste Platz Sienas (oben) gilt als eines der komplexesten Beispiele für Platzgestaltung. Die Neigung des Platzes folgt dem Gefälle des Tals ebenso wie die Muschelform der Anordnung der an der Via Francigena gelegenen Palazzi. Es handelt sich um einen einzigartigen Kompromiss von Gestaltung und natürlichen Gegebenheiten. Der Campo wird von herrlichen Palazzi umstanden und ist seit je das Herz der Stadt. Einige Bauten (Palazzo d'Elci) haben ihr mittelalterliches Antlitz bewahrt. Andere erhielten in späteren Epochen ein barockes (Casino dei Nobili, Palazzo Chigi Zondadari) oder ein neogotisches Aussehen (Palazzo Sansedoni). Am höchsten Punkt des mit Ziegeln gepflasterten Platzes steht die Fonte Gaia, zum Gedenken an den Rat der Neun in neun Wasserspeier unterteilt. Der heutige Brunnen ist eine Replik aus dem 17. Jh. von Tito Sarrocchi. Das Original von Jacopo della Quercia aus der ersten Hälfte des 15. Jh. befindet sich im Hospiz Santa Maria della Scala (▲ 216).

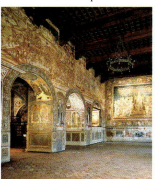

Siena
Palazzo Pubblico

Palazzo Pubblico. Gegen Ende des 13. Jh. beschloss der Rat der Neun, für die Verwaltung des Staates ein neues und praktischeres Gebäude zu errichten. Er wollte sich damit auch von den Adligen und dem Klerus unabhängig machen, denn bislang fanden die Sitzungen des Rates in deren Palästen und Kirchen statt. Von 1297 bis 1308 nahm der Palazzo Pubblico seine wesentlichen Formen an, die Vollendung des Flügels für den Podestà und der Torre del Mangia zog sich über weitere 40 Jahre hin. Die Fassade zeigt eine hohe Kalksteinfront, die von den Portalen und den typisch sienesischen Fenstern mit Spitzbögen durchbrochen wird. Zwei Reihen dreibogiger Fenster (die oberen Seitenflügel wurden Ende des 17. Jh. angefügt) gliedern den oberen Teil der Fassade aus Ziegelstein, die seit ihrer Restaurierung wieder in voller Pracht erstrahlt. Im Innern, in den großartigen Sälen des Museo Civico, befinden sich Gemälde, Fresken und Bilderzyklen, die für die abendländische Kunstgeschichte von großer Bedeutung sind. Die Sala del Mappamondo wurde bereits vom Consiglio Generale für Sitzungen genutzt und ist nach der großen drehbaren Weltkarte benannt, die Ambrogio Lorenzetti um 1340 schuf. Das Original ist verschollen. An den Wänden zwei berühmte Fresken von Simone Martini: Die Maestà, zwischen 1312 und 1315 gemalt und 1321 vom Künstler grundlegend umgearbeitet, ist das erste Monumentalgemälde des Palazzo und das erste gesicherte Werk Simones. An der gegenüberliegenden Wand ein weiteres berühmtes Fresko, ›Guidoriccio bei der Belagerung von Montemassi‹ (1328, unten; ● *62).* In jüngster Zeit kamen Zweifel auf, ob dieses Werk wirklich von Simone Martini stammt. In jedem Fall handelt es sich um eine einzigartige Arbeit, die im Stil und Technik die Handschrift des Meisters aufweist. Die genaue und realistische Darstellung der Landschaft (die Maremma) stellte eine große Neuerung dar. In der angrenzenden Sala dei Nove oder della Pace schuf Ambrogio Lorenzetti im Auftrag des Rats der Neun zwischen 1337 und 1339 sein Meisterwerk: ›Allegorien der guten und der schlechten Regierung‹ (● *87).* In dem für Empfangszwecke genutzten Saal bringt dieses Gemälde die politische Auffassung und die Grundlagen für eine gute Herrschaft bildhaft zum Ausdruck. Weiterhin sehenswert sind die Sala del Concistorio mit Fresken von Domenico Beccafumi, die Sala di Balia, ausgemalt von Spinello Aretino (1407) mit Szenen aus dem Leben von Papst Alexander III., sowie die

Die Orgel der Cappella dei Signori
Die Orgel von Giovanni d'Antonio Piffaro wurde Ende des 16. Jh. aufgestellt. Sie ist noch heute in Betrieb und aufgrund ihres Alters und ihrer Seltenheit ein beliebtes Studienobjekt für Musiker und Musikwissenschaftler aus aller Welt.

DER CAMPO ★ ♥
Als einziger, wirklich ›leerer‹ Raum des sienesischen Stadtgefüges folgt der Campo, der zu den bedeutendsten Plätzen der mittelalterlichen Städtebaukunst gehört, der halbrunden Form des Valle di Montone. Er entstand ursprünglich als Marktplatz und bildet die Verbindung zwischen den drei Terzi.
Aus Tradition gehört er keiner der Contrade an.

SIENA
TORRE DEL MANGIA

Accademia degli Intronati
Sechs adlige Sienesen gründeten 1526 die Akademie, um sich ungestört ihren Studien zu widmen. Sie gilt als älteste Institution ihrer Art in Italien. Das Wahrzeichen – ein von zwei Stößeln gekreuzter Kürbis *(zucca)* – soll die Intelligenz der Mitglieder symbolisieren *(avere il sale in zucca = gebildet sein)*. Ihr Motto: ›Die besten Dinge liegen im Verborgenen‹.

BLICK VOM TURM ♥
Von der Spitze der Torre del Mangia reicht der Blick über die Stadt und ihre Umgebung. Wer die über 300 Stufen zum Castello della Campana erklommen hat, dem offenbart sich die Landschaft auf dem Gemälde ›Gute Regierung‹ im Palazzo Pubblico.

Sala del Risorgimento mit monumentalen Wandgemälden von Pietro Aldi, Amos Cassioli, Cesare Maccari, die sich den Taten Vittorio Emanueles II. widmen. Von der darüber liegenden Loggia dei Nove genießt man einen herrlichen Blick auf die Täler Val d'Arbia, Val d'Orcia und den Monte Amiata. Die Cappella dei Signori mit Fresken von Taddeo di Bartolo (1407, ›Szenen aus dem Leben Mariä‹ und ›Musizierende Engel‹) besitzt an zwei Seiten ein Chorgestühl (1425-36) aus 22 Sitzen mit Schnitzereien und Intarsien von Domenico Niccolò. In der Anticappella Fresken von Taddeo di Bartolo: ›Tugend‹ und der Zyklus ›Berühmte Männer‹ sowie wertvolle Goldschmiedearbeiten wie die ›Goldene Rose‹ (1462) von Simone da Firenze, ein Geschenk von Papst Pius II. an die Stadt.

Loggia della Mercanzia. Drei große Arkaden auf Pilastern verbinden Campo und Croce del Travaglio. Die 1417-28 errichtete Loggia ist eins der schönsten Beispiele für den Übergang von Gotik zu Renaissance.

Torre del Mangia. Am Ende des linken Flügels des Palazzo Pubblico erhebt sich der 1325-48 erbaute Turm. Der aus Ziegelsteinen errichtete Bau geht im oberen Teil in eine Travertinbekrönung über, die wohl Lippo Memmi entwarf. 1666 erhielt der Turm die große Glocke, die zu Ehren der Madonna Assunta auch ›Sunto‹ genannt wird. Er wird für die Verkündung von bedeutenden Nachrichten genutzt und natürlich zur Kommentierung des Palio.

Cappella di Piazza. Die Kapelle neben dem Palazzo Pubblico wurde als Exvoto am Ende der Pest 1348 nach einem Entwurf von Domenico d'Agostino errichtet und 1468 von Antonio Federighi fertig gestellt; von ihm stammt auch das Kranzgesims im Renaissancestil.

Via di Città. Sie verbindet noch heute die Via Francigena (▲ *164*) mit dem ältesten Teil der Stadt und ist von zahlreichen Adelspalästen gesäumt, so dem Palazzo Piccolomini Patrizi des 14. Jh., Sitz der Accademia degli Intronati, und dem Palazzo Chigi Saracini, zuvor Marescotti, der im 18. Jh. sein neogotisches Aussehen erhielt. Er ist Sitz der Accademia Musicale Chigiana und beherbergt eine große Sammlung von

SIENA
DOM

Gemälden, Skulpturen sowie Kunsthandwerk und Einrichtungsgegenstände von großer Bedeutung. Gegenüber liegt der Palazzo delle Papesse, der nach einem Entwurf von Rossellino für die Schwestern von Papst Pius II. Piccolomini 1495 entstand, eines der wenigen sienesischen Gebäude in florentinischer Bauweise mit großer Rustikafassade. Heute befindet sich hier ein sehr aktives Zentrum für zeitgenössische Kunst. Weiter vorne der gotische Palazzo Marsili, ein typisches Beispiel einer gotischen Residenz des 15. Jh.

Dom (● 78). Die Kathedrale Santa Maria Assunta zählt zu den bekanntesten Bauwerken Italiens, auch wenn die Homogenität des Stils durch zahlreiche Änderungen etwas gelitten hat. Unter den Architekten ist besonders Giovanni Pisano zu nennen, der zwischen 1258 und 1296 für den unteren Teil der Fassade zuständig war. Zu Beginn des 14. Jh. trafen die Sieneser den ehrgeizigen Entschluss, den Bau zur Via di Città hin zu erweitern, um so die größte Kirche der Christenheit ihr eigen nennen zu können. Das Gelände war dafür aber nicht geeignet, die wirtschaftliche Krise und die Pest von 1348 taten ihr Übriges, und das Projekt wurde nicht realisiert. Der so genannte Duomo Nuovo zeugt mit seinen in den Himmel ragenden Bögen auf beeindruckende Weise von der Größe des Vorhabens. Das Innere des Doms ist eine wahre Schatzkammer. Überwältigend vor allem der Eindruck der hohen zweifarbigen Säulen, die den Raum noch größer erscheinen lassen. Der Boden ist mit 56 Szenen (1369-1547) in Sgraffitotechnik und aus farbigem Marmor ausgestaltet. Sie stammen von so berühmten Künstlern wie Giovanni di Stefano, Antonio Federighi, Beccafumi und Francesco di Giorgio. Der Hauptaltar (1532) von Baldassare Peruzzi wird von einem Ciborium (1472) von Vecchietta überragt und ist mit Bronzeengeln von Francesco di Giorgio Martini und Beccafumi geschmückt. An der linken Seite befindet sich die berühmte achteckige Kanzel, die Nicola Pisano gemeinsam mit seinem Sohn Giovanni und Arnolfo di Cambio 1266-68 schuf. In der Brüstung sieben Tafeln mit Stationen des Lebens Christi von einmaliger Schönheit, die bis in die Renaissance unerreichte Meisterwerke blieben. Daneben die Kapelle San Giovanni Battista mit der Bronzestatue des Johannes (1457), ein Meisterwerk von Donatello. Hier befindet sich auch der Eingang zur Libreria Piccolomini (rechts, Detail mit der Marmorgruppe der ›Drei Grazien‹ aus dem 3. Jh.), die der Kardinal Francesco Piccolomini Todeschini und spätere Papst Pius III. zu Ehren der Werke seines Onkels Enea Silvio Piccolomini, Papst Pius II., erbauen ließ. Den großen Zyklus in zehn Szenen schuf Pinturicchio auf dem Höhepunkt seiner Karriere zwischen 1505 und 1507. Die Bibliothek besitzt Miniaturkodizes von unschätzbarem Wert.

ZWEI WELTEN IM DOM ♥
Zwei der Arkaden (1497) im linken Seitenschiff des Doms sind als Portal gestaltet. Sie führen vom sakralen und öffentlichen Kirchenraum in die Libreria Piccolomini, einen privaten, weltlich gestalteten Raum zu Ehren des humanistischen Renaissancefürsten.

▲ DER PALIO VON SIENA

Die Vereinigungen (Contrade)
Die Wahrzeichen der Contrade Tartucca, Istrice und Bruco.

Der Parcours besteht aus drei Runden um den Campo und ist für die Pferde wie für die Reiter sehr gefährlich. Das Ganze ist in weniger als einer Minute beendet, das Fest zieht sich jedoch über mehrere Tage hin. Der Palio findet jeweils am 2. Juli und am 16. August statt.

Der Palio (● 52) erweckt die magische Atmosphäre der mittelalterlichen Stadt wieder zum Leben. Nicht nur durch Kostüme, sondern vor allem weil er die Zusammengehörigkeit in den alten Contrade und die Rivalitäten zwischen ihnen zum Ausdruck bringt. Nur zehn der insgesamt siebzehn Contrade nehmen an dem Rennen mit je einem Pferd teil.

Der Karren
Nach dem historischen Umzug der Contrade hält der von vier Ochsen gezogene *carroccio* auf dem Platz Einzug. Er wird von sieben *cavalieri* begleitet. Sie stammen aus den Contrade, die nicht am Rennen teilnahmen. Am Karren sind das Banner und das *cencio* genannte Tuch *(palio)*, gehisst, das der Sieger als Preis erhält.

»Geh' und kehre als Sieger zurück«
Vor dem Rennen werden Pferd und Reiter in dem Oratorium der jeweiligen Contrada mit Weihwasser gesegnet.

Packende Rennen
Mit atemberaubender Geschwindigkeit sind die drei Runden um den Platz schon nach weniger als einer Minute beendet. Besonders gefährlich sind die beiden im rechten Winkel verlaufenden Kurven vor San Martino (bergauf) und vor Casati (bergab).

Pferd ohne Reiter
Manchmal stürzt der Reiter. Das ›reiterlose‹ Pferd *(cavallo scosso)* folgt meist den anderen Pferden und geht zuweilen sogar als Sieger durchs Ziel.

Ehrengast
Das Siegerfest wird zu einem riesigen Bankett. Auf der größten Straße der siegreichen Contrada werden Tische aufgestellt, die Tausenden Platz bieten. Den Ehrenplatz erhält das Pferd, dem sein Lieblingsfutter serviert wird.

SIENA
MUSEO DELL'OPERA METROPOLITANA

Spedale di Santa Maria.

Rechts daneben: Pietro Lorenzetti, Karmeliteraltar (1328-29): Detail der Madonna auf dem Thron, Pinacoteca Nazionale.

DIE FRESKEN DER SALA DEL PELLEGRINAIO ★
Die Sala del Pellegrinaio (›Pilgersaal‹) von Santa Maria della Scala entstand in der zweiten Hälfte des 14. Jh. und gilt als eins der wichtigsten Beispiele europäischer Hospizarchitektur. Mitte des 15. Jh. wurde sie mit einem einzigartigen Freskenzyklus ausgeschmückt: ›Alltag im Krankenhaus und wohltätige Werke für Kranke, Arme, Pilger und Waise‹ *(gettateli)* zeigt das Krankenhausleben des Mittelalters. Den größten Teil der Fresken schuf Domenico di Bartolo zwischen 1440 und 1443, die anderen stammen von Giovanni di Raffaele Navesi, Pietro d'Achille Crogi, Lorenzo Vecchietta und Priamo della Quercia.

Spedale di Santa Maria della Scala. Dieses für Reisende erbaute Hospiz diente bis vor wenigen Jahren noch teilweise als Pflegeeinrichtung, heute wird es als Museum genutzt.
bBesonders sehenswert sind die Cappella del Manto mit einem Fresko von Beccafumi und die Sacrestia Vecchia, die Vecchietta vollständig ausmalte. Neben dem ehemaligen Hospiz die Kirche Santissima Annunziata mit einem wundervollen Fresko von Sebastiano Conca und der Darstellung der Piscina Probatica sowie das Museo Archeologico mit bedeutenden Sammlungen.
Palazzo Reale. Die rechte Seite der Piazza del Duomo nimmt der mächtige Bau des Palazzo ein, den die Medici im 16. Jh. nach der Eroberung Sienas errichten ließen. Er diente dem eingesetzten Gouverneur als Residenz. Der Palazzo Pubblico, Wahrzeichen der Unabhängigkeit Sienas, schien ihnen als Residenz ungeeignet.
Museo dell'Opera Metropolitana. Das Dommuseum ist in einem der Schiffe des Duomo Nuovo untergebracht und mit wertvollen Kunstwerken ausgestattet, die zumeist aus dem Dom selbst stammen. Prunkstück des Museums ist die Maestà von Duccio di Buoninsegna, die dieser 1308-11 für den Hochaltar anfertigte. »Das schönste Kunstwerk, das es je gab«, so ein zeitgenössischer Kommentar, zeigt einen typischen Aufbau mit der Madonna auf dem Throne mit Kind, umgeben vom himmlischen Hofstaat aus Engeln und Heiligen. Duccio malte insgesamt 26 Szenen aus dem Leben Christi. Das Museum besitzt zahlreiche Gemälde von sienesischen Meistern des 13. bis 18. Jh., darunter wunderbare Statuen der Kathedralenfassade. In der Schatzkammer findet sich eine außerordentliche Sammlung von Goldschmiedearbeiten und liturgischem Gerät.
Battistero. Das Baptisterium befindet sich in der Kathedrale. Neben den Fresken (Vieccchetta), die zu den bedeutendsten Werken der sienesischen Schule des 15. Jh. zählen, ist auch das Taufbecken in der Mitte des Raums sehenswert. An seiner Entstehung waren 1416 die größten Bildhauer der damaligen Zeit beteiligt. Die Basis besteht aus sechs Bronzetafeln mit Szenen aus dem Leben Johannes des Täufers (›Storie di San Giovanni Battista‹) von Jacopo della Quercia, Giovanni di

SIENA
PINACOTECA NAZIONALE

Pandolfo Petrucci
Für Niccolò Machiavelli war Pandolfo Petrucci Inbegriff eines Stadttyrannen der Renaissance. Er verband eine gewisse Grausamkeit mit politischer und diplomatischer Weitsicht, war ›Wolf und Löwe in einem‹. Er sicherte sich in Siena die Vorherrschaft und schreckte dabei nicht davor zurück, seinen Schwiegervater zu ermorden, der seine Pläne durchkreuzen wollte. Seine Söhne verfügten nicht mehr über die notwendigen Gaben und das Glück ihres Vaters. Kurz nach seinem Tod vertrieb man sie aus Siena und führte wieder ein demokratisches System ein.

Turino, Lorenzo Ghiberti und Donatello sowie aus sechs kleinen vergoldeten Bronzestatuen der ›Tugenden‹ von Donatello, Giovanni di Turino und Goro di Neroccio.
Palazzo del Magnifico. Pandolfo Petrucci, Stadtherr von Siena 1487-1512, ließ diesen Palazzo errichten, der das Selbstbewusstsein seines Erbauers zum Ausdruck bringt. Seit seiner Restaurierung zeigt sich der Palazzo wieder in voller Pracht und Würde. Für seine Ausstattung wurden Künstler wie Pinturicchio, Luca Signorelli, Girolamo Genga und Beccafumi verpflichtet, während Cozzarelli die Fackelhalter an der Fassade schuf. Leider wurde der Palazzo im Laufe der Zeit seiner Dekorationen, ja sogar seiner Fresken beraubt, die sich heute über die ganze Welt verstreut in verschiedenen Museen befinden.
Pinacoteca Nazionale. Die Gemäldegalerie ist im Palazzo Buonsignori aus dem 15. Jh. untergebracht, der eine neogotische Fassade aus dem 19. Jh. besitzt. Das Ende des 18. Jh. geschaffene Museum ist für das Verständnis der sienesischen Malerei des ausgehenden 12. Jh. bis zur Mitte des 17. Jh. von großer Bedeutung. Hier befindet sich die größte Sammlung von Goldgrundmalereien zahlreicher Meister: von Guido da Siena bis Duccio di Buoninsegna (›Madonna dei Francescani‹), von Simone Martini (›Die vier Wunder des hl. Agostino Novello‹, 1330; ▲ *219*) und Pietro Lorenzetti (Karmelitaraltar, 1329) bis hin zu sienesischen Künstlern der Renaissance wie Sassetta (sechs Tafeln des verschollenen ›Altarbilds der Wollhandwerkerzunft‹) und Giovanni di Paolo (›Madonna der Demut‹). Die späteren Epochen werden durch Francesco di Giorgio Martini, Matteo di Giovanni, Sano di Pietro, Sodoma und Beccafumi, die Barockkünstler Vanni und Salimbeni sowie von Rutilio Manetti als Protagonist des Eklektizismus vertreten.
Sant'Agostino. Der gotische Bau wurde von Vanvitelli nach einem Brand Mitte des 17. Jh. vollständig umgestaltet. Anfang des 19. Jh. fügte der Architekt Agostino Fantastici einen neogotischen Portikus hinzu. Die Kirche enthält bedeutende Gemälde von Francesco di Giorgio Martini, Luca Signorelli, Francesco Vanni, Carlo Maratta und die bedeutende ›Kreuzigung‹ (›Crocifissione‹) von Pietro Perugino. In der Cappella Piccolomini das Fresko mit einer Maestà von Ambrogio Lorenzetti und eine sehr schöne Epifania (1535), ein Meisterwerk Sodomas.
San Niccolò al Carmine. Die Kirche liegt am Piano de' Mantellini. Zu den wichtigen Werken zählen das Altarbild von Domenico Beccafumi mit ›Hl. Michael vertreibt die abtrünnigen Engel‹. Eine erste Fassung hatten die Karmeliten abgelehnt.

Donatello, ›Glaube‹, Bronzeplastik am Taufbecken des Baptisteriums.

SIENESISCHE MEISTER DES TRECENTO

Drei Heilige beten die Jungfrau Maria an. Detail der ›Maestà‹ von Duccio di Buoninsegna.

Wenn Florenz im Mittelalter auch als Hauptstadt der bildenden Künste galt und einen so begnadeten Erneuerer wie Giotto hervorbrachte, so verfügte Siena doch über mindestens vier großartige Künstler, die die zukunftsweisende Stellung der toscanischen Malerei begründeten und zu deren Verbreitung in ganz Europa beitrugen. Duccio di Buoninsegna, Simone Martini und die Brüder Pietro und Ambrogio Lorenzetti prägten die Malerei des ganzen Jahrhunderts. Sie standen für die Harmonie zwischen Genialität des Künstlers und bewusster Auswahl durch den Auftraggeber. Man schien die Bedeutung der Künstler in der Geschichte schon damals vorauszuahnen. Nicht ohne Grund wurden ihre Werke in immer neuen Variationen nachgeahmt. Sie blieben jedoch bis zur Entdeckung der Zentralperspektive und der Kunstfertigkeit Masaccios unerreicht.

Memmo di Filippuccio und Lippo Memmi, ›Maestà‹
Simone Martini, der mit Lippo Memmi verschwägert war, wurde wohl von dessen Vater, Memmo di Filippuccio, an die Malerei herangeführt. Allerdings wirkt Filippuccios ›Maestà‹ (unten) im Palazzo Pubblico von San Gimignano (1317 von seinem Sohn vollendet) wie eine Replik der des jungen Simone im Palazzo Pubblico von Siena (oben).

Zwei Maestà
Die große Zeit der sienesischen Malerei findet in den Maestà von Duccio di Buoninsegna (rechts) und Simone Martini (links) ihren Höhepunkt. Beide entstanden beinahe zur gleichen Zeit, zwischen 1308 und 1315, unterscheiden sich aber deutlich in ihrem Stil. Simone löste sich bereits in seinem ersten großen Werk von der noch vorherrschenden byzantinischen Darstellungsweise und wendete sich den neuen gotischen Ausdrucksformen zu, die aus den Kathedralen und Höfen Nordeuropas nach Italien gelangten.

Simone Martini, ›Die vier Wunder des hl. Agostino Novello‹
In den 1330er Jahren war Simone Martini am Papsthof in Avignon beschäftigt. Neben der formalen Eleganz, die vor allem dank der Lehren Simones die gotische Kunst ganz Europas auszeichnen sollte, stellte die sienesische Malerei immer öfter realistische Motive dar und zeigte – wie auf dieser Tafel im Museo dell'Opera Metropolitana – Szenen aus dem Alltag, die die Künstler in eine vertraute, städtische Umgebung einbetteten.

Pietro Lorenzetti, ›Kreuzabnahme‹
Die Brüder Lorenzetti orientierten sich mehr an den Lehren Giottos, die sie in ihren Werken jedoch auf unterschiedliche Weise umsetzten. Pietro schuf in der Unterkirche von Assisi mit der ›Kreuzabnahme‹ (ca. 1325) eine präzise Analyse der beteiligten Personen und stellte den Schmerz der um Christus Versammelten mit einer bis dato unbekannten Dramatik dar.

Ambrogio Lorenzetti, ›Verkündigung‹
Er drückte in seinen Werken eine konkretere und ruhigere Auffassung des Lebens aus. In der ›Verkündigung‹ (›Annunciazone‹, Siena, Pinacoteca Nazionale) scheint Maria sich ihrer Aufgabe bewusst zu sein und ist nicht – wie sonst gezeigt – überrascht.

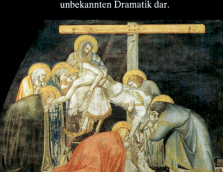

Siena
Via Banchi di Sopra

Terzo di Camollia

Er umfasst die nördlichen Stadtviertel und wird von Bauten des 19. und 20. Jh. bestimmt. Hier befinden sich auch die Denkmäler der Santa Caterina und des San Bernardino.

Accademia dei Rozzi. Sie wurde 1531 von gebildeten Vertretern der Handwerkerschaft gegründet und besitzt ein außerordentlich schönes Theater aus dem 19. Jh., das nach Entwürfen Alessandro Doveris erbaut und von Augusto Corbi erweitert wurde.

Complesso di Santa Caterina. Die Bewohner des Viertels von Forte Branda richteten im Geburtshaus der hl. Katharina direkt nach deren Heiligsprechung (1461) eine Gedenkstätte ein. Das Oratorium, an dem Antonio Federighi und Urbano da Cortona beteiligt waren, enthält einen Freskenzyklus des 16. Jh. mit dem Leben der Heiligen (ein Werk Sodomas) sowie eine bemalte Holzstatue von Neroccio di Bartolomeo (1474).

San Domenico. Die Basilika liegt auf einem Tuffsteinfelsen über dem Tal von Fonte Branda. In der Cappella di Santa Caterina des rein gotischen Baus mit einem später erneuerten Campanile wird der Kopf der Heiligen aufbewahrt. Außerdem befinden sich hier bedeutende Gemälde von Sodoma (›Verzückung der hl. Katharina‹, 1526) und Francesco di Giorgio Martini (›Anbetung‹, 1480).

Via Banchi di Sopra. An dieser Straße, der Flaniermeile Sienas, liegen die Palazzi der großen Familien, so der alte Steinbau des Palazzo Tolomei (● *66*) mit schönen dreibogigen Fenstern zur Straße. Hier lebte die von Dante im Purgatorio verewigte Pia. In der Nähe der Palazzi Salimbeni, Spannocchi und Tantucci wurde 1472 die Monte dei Paschi, die älteste Bank Italiens, gegründet. Die sienesische Regierung wollte damit dem Wucher ein Ende bereiten.

Santa Barbara. Die Medici-Festung, die Cosimo I. ab 1560 von Baldassare Lanci errichten ließ, ist ein eindrucksvolles Symbol für die Vorherrschaft von Florenz. Ein gewaltiger, rechteckiger Bau mit vier riesigen Bastionen. In der Enoteca Italiana werden die besten Weine der Halbinsel gesammelt.

Via di Camollia. Das Herz der Contrada Istrice liegt genau über der Via Francigena und wird von vielen Kirchen gesäumt. Darunter befinden sich San Pietro alla Magione und Santa Maria in Fontegiusta (● *90*): Letztere wurde zwischen 1482 und 1484 als Stiftung nach der Schlacht von Poggio Imperiale erbaut. Die Straße endet an der prachtvollen Porta Camollia, deren Inschrift die sienesische Gastfreundschaft rühmt: »Cor magis tibi Siena pandit« (›Siena öffnet dir sein Herz weiter als dieses Tor‹).

San Francesco. Zahlreiche Umbauten haben das Bild der gotischen Basilika verändert. Übrig geblieben sind die Fresken mit dem ›Martyrium der Franziskaner in Ceuta‹ von Ambrogio Lorenzetti und eine ›Kreuzigung‹ von seinem Bruder Pietro Lorenzetti.

Die hl. Katharina von Siena

Caterina Benincasa kam 1347 als jüngstes von 24 Kindern des Färbers Jacopo zur Welt. Mit 16 Jahren legte sie das Gewand der Dominikanerinnen an und trug von da an mit Entschlossenheit zur Lösung großer Probleme innerhalb der Kirche bei. Es gelang ihr, Gregor XI. davon zu überzeugen, den Papstsitz von Avignon wieder nach Rom zu verlegen. Sie starb im Alter von 33 Jahren, nachdem an ihrem Körper die Stigmata erschienen waren. Sie ist Kirchengelehrte und Schutzheilige Italiens und Europas.

Andrea Vanni, ›Santa Caterina da Siena‹, Kirche San Domenico

Fonte Branda

Unter den Monumentalbrunnen Sienas ist dies der größte und älteste. Er ist seit 1081 bekundet und wurde 1246 mit drei großen Spitzbögen und Zinnen erneuert. Nahebei befindet sich die Via della Galluzza, eine der schönsten mittelalterlichen Straßen Sienas mit zahlreichen gestelzten Arkaden.

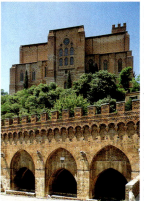

Siena
Santa Maria dei Servi

Santa Maria di Provenzano. Ende des 16. Jh. wurde die neue Kirche errichtet, die ein wundertätiges Abbild der Madonna aufnehmen sollte. Sie ist ein Symbol für den Widerstand Sienas gegen die spanische Vorherrschaft. Der Entwurf von Damiano Schifardini folgte römischen Vorbildern jener Zeit und enthält interessante Kunstwerke. Der Palio zu Ehren der Madonna di Provenzano findet jährlich am 2. Juli statt.

Terzo di San Martino

Vom Campo erstreckt sich der Terzo San Martino Richtung Osten bis zur Porta Romana.
Palazzo Piccolomini. Rossellino entwarf den Renaissancepalast für Papst Pius II. Hinter der mächtigen Rustikafassade befinden sich heute Behörden und das Staatsarchiv, das auch die einzigartige Raccolta delle tavolette di Biccherna – bemalte Tafeln aus dem einstigen Finanzamt Sienas – sowie Dokumente zu Personen und Szenen der ›Divina Comedia‹ ausstellt.
Via di Pantaneto. Zwischen großen Palazzi steht hier die Barockkirche San Giorgio. Den Ponte di Romana überragt der Palazzo Bianchi aus dem 19. Jh. mit neoklassizistischen Fresken. Neben dem Palazzo di San Galgano aus Tuffstein liegt die Kirche San Raimondo al Refugio, die Papst Alexander VII. im Stile Berninis entwerfen ließ.
Porta Romana. Das größte der drei Stadttore Sienas. Am Platz dahinter das Museo della Società di Esecutori di Pie Disposizioni mit einer bedeutenden Sammlung sienesischer Meister verschiedener Epochen.
Santa Maria dei Servi. Eine der bedeutendsten Kirchen der Stadt. Sie besitzt eine bewegte Baugeschichte (die Fassade ist bis heute unvollendet), der Innenraum mit zwei Säulenreihen und zahlreichen Kunstwerken spiegelt die Bedeutung und den Reichtum der Kirche wider. Er beherbergt unter anderem die ›Madonna del Bordone‹ von Coppo di Marcovaldo sowie Werke von Matteo di Giovanni, Giovanni di Paolo, Ambrogio und Pietro Lorenzetti.
San Martino. Die 1537 wieder erbaute Kirche besitzt eine schöne Fassade aus dem Jahr 1613 von Giovanni Fontana. Im Innern Werke von Guido Reni (›Circoncisione‹, dtsch. ›Beschneidung‹, 1636) sowie Guercino und Domenico Beccafumi (›Natività‹).

Oratorio di San Bernardino
Im Oratorium aus dem 15. Jh. befindet sich heute das Museo Diocesano. Im oberen Oratorium kann man Fresken der bedeutendsten sienesischen Künstler des 16. Jh. besichtigen, zum Beispiel von Domenico Beccafumi, Sodoma und Girolamo del Pacchia.

TAVOLETTE DI BICCHERNA ★
Es handelt sich um eine berühmte Sammlung von Bildtafeln, die von den besten sienesischen Malern geschaffen wurden. Zwischen 1258 und 1682 entstanden sie als Aktendeckel für das Finanz- und Zollamt der Stadt. Auf jeder Tafel ist eine biblische Szene oder ein bedeutendes Ereignis aus jenen Zeiten zu sehen.

▲ Umgebung von Siena

Certosa di Pontignano, Kreuzgang und Kirche. Unten: die Einsiedelei von Lecceto.

Museo Aurelio Castelli
Sammlung von Werken aus Kirche und Kloster im Convento dell' Osservanza: Gemälde, Skulpturen, Siegel, Choräle und Inkunabeln. Sehr schöner Reliquienschrein des San Bernardino von Francesco d'Antonio (zweite Hälfte des 15. Jh.).

Castello di Belcaro
Das Kastell liegt am Fuße der sanften Hänge der Montagnola inmitten eines herrlichen Parks. Der mittelalterliche Bau wurde im 16. Jh. von Baldassare Peruzzi umgebaut und im Jahr 1868 von Giuseppe Partini mit Fresken ausgemalt.

Im Norden von Siena

Die drei alten Vororte von Siena, die *Masse di Siena*, bildeten früher den Landbesitz der städtischen Terzi. Sie liegen in einer faszinierenden Landschaft, die ungeachtet der starken Urbanisierung ihre Gebietszugehörigkeit der vergangenen Jahrhunderte bewahrte. Die Siedlungen sind um das sakrale Zentrum und die herrschaftlichen Residenzen herum gruppiert. Von allen Hügeln kann man stets die unverkennbare Silhouette Sienas bewundern – neben zahlreichen Bauten lohnen auch diese Ansichten eine Tour.
Convento dell'Osservanza. Bernardino von Siena gründete dieses Kloster auf den Hügeln von Capriola über einer ehemaligen Einsiedelei. Nach den Zerstörungen des Zweiten Weltkriegs wurde das Kloster wieder aufgebaut. In der Kirche (1474-90) befinden sich bedeutende Kunstwerke wie Terrakotten von Andrea della Robbia und die ›Madonna mit den Hll. Ambrogio und Girolamo‹ (1436), ein Tryptychon, das ein namentlich unbekannter ›Meister der Osservanza‹ schuf.
Certosa di Pontignano. Die an den Hügeln des Chianti gelegene Kirche weist die Struktur des 16. Jh. mit drei Kreuzgängen auf. Sie ist reich mit Fresken von Bernardino Poccetti und Orazio Porta ausgemalt. Bemerkenswert der Holzchor von Atticciati (Ende 16. Jh.). Heute befinden sich hier Wohnheime und Veranstaltungsräume der Universität Siena.

Im Süden von Siena

Die Eremo di Lecceto. Eine alte Einsiedelei, deren befestigter Bau im umgebenden Wald kaum auszumachen ist. Das wahrscheinlich im 9. Jh. gegründete und 1810 geschlossene Kloster wurde später von den Augustinern übernommen, die es auch heute noch bewohnen. In der Kirche befinden sich Fresken sienesischer Künstler des 14. und 15. Jh. (Ambrogio Lorenzetti, Pietro di Giovanni d'Ambrogio). Der Komplex umfasst auch zwei Kreuzgänge aus dem 14. und 15. Jh. mit Fresken.
San Leonardo al Lago. Inmitten der Wälder der Montagnola liegt San Leonardo al Lago. Hinter der schlichten Fassade der romanisch-gotischen Kirche befinden sich Fresken mit ›Szenen aus dem Leben der hl. Jungfrau‹ (›Storia della Vergine‹, 1360-70), ein Meisterwerk Lippo Vannis, des bedeutendsten Schülers von Pietro Lorenzetti. Im Refektorium Fragmente einer monumentalen ›Kreuzigung‹ (›Crocifissione‹) von Giovanni di Paolo.

Das Senese

Mauro Civai

- 225 **VON SIENA NACH SAN GALGANO**
- 228 **VON SIENA NACH CHIUSI**
- 230 *SIGNORELLI UND SODOMA IM KLOSTER MONTE OLIVETO MAGGIORE*

▲ DAS SENESE

1. Von Siena nach San Galgano ▲ 225
2. Von Siena nach Chiusi ▲ 228

LAND VON SIENA, LAND DER FARBEN ★
Farben verbinden Geschichte und Orte des Senese. Selbst Zeitreisende würden die Jahreszeiten in der Landschaft an den Farben erkennen. Immerwährendes Grün umrahmt die von Ackerfurchen verzierten Felder in jenem zarten Rotbraun, das den Namen der Stadt Siena trägt. Das Gold der ausgedorrten Sommerlandschaft folgt den Farben des Frühlings und bildet den Hintergrund für die Ziegelbauten der Stadt des Palio.

Telemaco Signorini (1835-1901), ›Herbst in Siena‹

Die Provinz Siena liegt in der teils abwechslungsreichen, teils gleichförmigen toscanischen Landschaft und bildet die Quintessenz dieser Vielfalt. Ihre sanften Hügel erstrecken sich von den grünen Hängen des Chianti bis zu den fruchtbaren Tälern des Val d'Arbia und dem ehemaligen Sumpfgebiet Valdichiana, von den zur Maremma hin abfallenden kahlen Hügeln der Crete bis zu den bewaldeten Hausbergen Montagnola und Monte Amiata. Eine Reise durch das Senese hält für jeden Besucher Überraschungen bereit. Und wenn man nach einem langen Tag voller Sehenswürdigkeiten zu einem Mahl wie zu Großmutters Zeiten einkehren will, stößt man unversehens auf eine kleine verlassene Kirche oder die steinerne Rosette einer gotischen Fassade, die unvergleichliche Eindrücke bescheren.

Von Siena nach San Galgano ▲

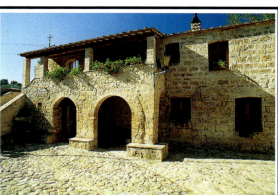

Von Siena nach San Galgano (◆ D D1-E2 C A4-B4)

Wie Siena verdankt auch das Val d'Elsa seine Entwicklung der Lage an der Via Francigena, deren Verlauf sich in den Jahrhunderten immer wieder etwas verlagerte und das Schicksal der einzelnen Zentren prägte.

Monteriggioni (● 63). Ab 1203 errichtete Siena an der Grenze zum florentinischen Herrschaftsgebiet diesen Militärstützpunkt, der von einem Mauerring mit 14 Türmen umgeben ist. Dante verglich sie im ›Inferno‹ mit Riesen. Eine mächtige Befestigungsanlage auf dem Hügel schützt den sehr gut erhaltenen Ort mit der romanisch-gotischen Kirche Santa Maria. An den Hängen des Hügels liegt in einem Sumpfgebiet die uralte Abbadia Isola mit der romanischen Kirche San Salvatore.

Poggibonsi. Etwa 30 km nördlich von Siena liegt das moderne und größte Industriezentrum des Val d'Elsa, das während des Weltkriegs stark zerstört wurde. Sieht man einmal von der Collegiata und dem Palazzo Pretorio ab, sind nur wenige bedeutende Bauwerke erhalten geblieben. Die Umgebung wartet aber mit zahlreichen Sehenswürdigkeiten auf. Auf dem Hügel Poggio Imperiale steht neben der von Giuliano da Sangallo im Auftrag von Lorenzo il Magnifico begonnenen, aber nie vollendeten Festung (1488) das Kloster San Lucchese. Es scheint nach einem Besuch des hl. Franziskus (1213) erbaut worden zu sein und besitzt viele wertvolle Kunstwerke. Hervorzuheben sind ein Gemälde von Bartolo di Fredi (14. Jh.), ein bemalter Schrank von Memmo di Filippuccio (Ende 13. Jh.) und ein Antependium Della Robbias von 1514. Bemerkenswert auch die Fresken mit dem Leben des hl. Stefan (›Vita di Santo Stefano‹, 1388) von Cennino Cennini. Von seinen wenigen Werken ist vor allem ein Handbuch der Maltechniken aus dem 14. Jh. bekannt. Das Santuario del Romituzzo aus dem 15. Jh. zeigt eine Reihe einzigartiger Exvoten.

San Gimignano (● 63). Eine der bekanntesten mittelalterlichen Städte der Welt. Sie hat ihr historisches Aussehen beinahe vollständig bewahrt. Kirchen, Palazzi und Museen enthalten eine große Zahl bedeutender Kunstwerke. Die wichtigsten Baudenkmäler stehen innerhalb des Mauerrings entlang des gradlinigen Verlaufs der ehemaligen Via Francigena und an der Piazza del Duomo, am höchsten Punkt der

Museum von Staggia
An der heutigen Via Cassia liegt hinter Castiglionalto, von wo aus der Sienese Sapia Salvani die Flucht seiner Mitbürger nach der Schlacht von Colle (1269) beobachtete, Staggia mit seinem mächtigen, heute im Verfall befindlichen Kastell. In der Kirche Santa Maria Assunta ist ein kleines, aber bedeutendes Museum mit Werken von Pollaiolo (oben: ›Assunzione di Santa Maria Egiziaca‹) und außergewöhnlichen sienesischen Goldschmiedearbeiten eingerichtet.

Geschlechtertürme der mittelalterlichen Stadt
In den mittelalterlichen Städten war jede Familie darum bemüht, ihren sozialen Rang nach außen zu zeigen. In der Regel war jedoch das Tragen wertvoller Kleider und Schmuckstücke verboten, und die frühen Bestimmungen zum Städtebau enthielten strenge Vorgaben für die Konstruktion der Häuser. So entstand ein Wettlauf, in dem die Türme der Palazzi in ihrer Höhe konkurrierten. Jedoch mussten sie stets niedriger bleiben als der Turm des Palazzo Pubblico. Die Zeichen des Wohlstands verliehen der Stadtansicht ihre vertikalen Achsen.

▲ Von Siena nach San Galgano
San Gimignano

DIE PLÄTZE VON SAN GIMIGNANO ★
Die Piazza della Cisterna mit ihrem dreieckigen Grundriss und dem Ziegelpflaster im Fischgrätenmuster bildet mit der Piazza del Duomo ein harmonisches Ganzes. Sie ist von mittelalterlichen Geschlechtertürmen umgeben. In der Mitte steht der Brunnen, nach dem die Piazza benannt wurde.

Die Schätze der Collegiata
Die dreischiffige Collegiata besitzt bedeutende Freskenzyklen des 14. und 15. Jh. von Taddeo di Bartolo (›Weltengericht‹, ›Paradies und Hölle‹), Benozzo (›Martyrium des hl. Sebastian‹), Bartolo di Fredi (›Altes Testament‹) und die Szenen des Neuen Testaments, die lange Zeit Barna da Siena zugeschrieben, später aber als Werke eines *champagno* von Simone Martini angesehen wurden. Möglicherweise handelt es sich hierbei um Federico Memmi, der als Gehilfe seines Bruders Lippo gearbeitet hat.

Stadt. Die Collegiata (Kathedrale) besitzt trotz einer Erweiterung von Giuliano da Maiano im Jahre 1460 noch ihre schlichte romanische Fassade. Benedetto und Giuliano da Maiano sind für die großartige Raumaufteilung der Cappella di Santa Fina verantwortlich, ein Meisterwerk der toscanischen Renaissance. Wunderschöne Fresken von Ghirlandaio (oben rechts) schmücken die Wände. Sie zeigen Szenen der Geschichte der Schutzheiligen von San Gimignano, die 1253 im Alter von 15 Jahren starb. Auf der Piazza del Duomo stehen auch der Palazzo del Popolo, der zusammen mit der Torre Grossa Ende des 13. Jh. entstand. Er ist heute noch Sitz der Stadtverwaltung und beherbergt seit 1852 in den oberen Etagen das Museo Civico, zu dem man durch den weitläufigen Hof gelangt. Im Dante-Saal – so benannt, weil der göttliche Dichter hier im Jahre 1300 ein Plädoyer für die guelfische Sache hielt – befindet sich das berühmte Fresko von Lippo Memmi mit der Maestà (1317; ▲ *218)*, die derjenigen von Simone Martini im Palazzo Pubblico von Siena sehr ähnelt. Einzige Abweichung: die Darstellung des Auftraggebers, Nello di Mino de'Tolomei, kniend vor der Jungfrau. Die reich ausgestattete Pinakothek zeigt Gemälde sienesischer (Memmo di Filippuccio, Niccolò di Ser Sozzo, Taddeo di Bartolo) und florentinischer Künstler (Benozzo Gozzoli, Domenico di Michelino, Filippino Lippi). In der angrenzenden Camera del Podestà ist ein einzigartiger profaner Freskenzyklus von Memmo di Filippuccio zu bewundern, der die ersten Liebesgeplänkel eines Jünglings zeigt (Anfang 14. Jh.). Die Kirche Sant'Agostino am gleichnamigen Platz besitzt eine schlichte Fassade, ein einziges Portal und gotische Fenster an den Seiten. Auf dem Hochaltar steht das Meisterwerk Piero Pollaiolos, ›Incoronazione della Vergine con Santi e Angeli musicanti‹ (›Marienkrönung mit Heiligen und musizierenden Engeln‹, 1483). Schönstes Kunstwerk ist der Freskenzyklus ›Vita di Sant'Agostino‹ (›Szenen aus dem Leben des hl. Augustinus‹), den Benozzo Gozzoli und seine Gehilfen 1464-65 schufen. In der Umgebung von San Gimignano ist inmitten einer zauberhaften Landschaft die romanische Kirche Santa Maria a Cellole zu besichtigen, dekoriert mit schönen Skulpturen.

Von Siena nach San Galgano
Colle di Val d'Elsa

Colle di Val d'Elsa. Diese sehr alte Stadt, rund 10 km im Süden von Poggibonsi gelegen, verstand es stets, die vorhandenen Ressourcen zu ihren Gunsten zu nutzen. In den letzten Jahrhunderten spielte sie eine große Rolle in der Herstellung von wertvollem Papier, das nach ganz Europa exportiert wurde; heute ist sie ein wichtiges Zentrum der Glas- und Kristallfertigung. Unterhalb des alten Kerns (Colle Alta) dehnte sich die Stadt immer weiter aus, vor allem mit zunehmender Industrialisierung. Die Kirche Sant'Agostino (13. Jh.) liegt außerhalb der alten Stadtmauern und enthält Kunstwerke des 16. Jh. von Ridolfo Ghirlandaio, Cigoli und Giovanni Battista Paggi. Ein steiler Weg führt über die Porta Guelfa zum alten Teil der Stadt und dem Borgo del Castello, in dem sich auch der Palazzo Pretorio mit dem Museo Archeologico Ranuccio Bianchi

Museo Civico e d'Arte Sacra von Colle Val d'Elsa
Das Museum ist im Besitz einiger bedeutender Werke, zum Beispiel der ›Maestà‹ des Meisters aus Badia a Isola in der gleichnamigen Kirche sowie des seltenen ›Tesoro di Galognano‹, ein Eucharistieschatz aus dem 6. Jh. Sehenswert ist vor allem das bemalte Holzkreuz von Marco Romano.

Bandinelli und der Dom mit seiner neoklassizistischen Fassade von Agostino Fantastici befinden. In dem jüngst neu ausgestatteten Palazzo dei Priori liegt das Museo Civico e d'Arte Sacra (● 88). Der Palazzo Campana aus dem 16. Jh. wird vom Rest der Stadt durch einen kühnen Brückenbogen getrennt. Er bildet den Eingang zum Stadtteil Borgo mit der Kirche Santa Caterina und dem Kloster San Francesco. Zwischen Colle und Casole d'Elsa gibt es zahlreiche sehenswerte Kirchen, darunter Badia a Coneo, ein schönes Beispiel der sienesischen Romanik.

Casole d'Elsa. Ein ebenso kleiner wie schöner Ort, der vor allem für den Palio seiner Contrade bekannt ist, der nach dem Palio von Siena der am meisten besuchte der Provinz ist. Auf dem Platz die Collegiata mit der Fassade aus dem 15. Jh. In ihr stehen zwei bedeutende Grabdenkmäler – das Grab von Beltramo Aringhieri del Porrina, ein Meisterwerk Marco Romanos (Anfang 14. Jh.), und das von Bischof Tommaso Andrei, geschaffen von Gano da Siena – sowie ein Altarbild mit glasierter Terrakotta von Andrea della Robbia. In den angrenzenden Gebäuden wurde das Museo Archeologico e della Collegiata (Teil des Provinzmuseums) mit Werken von sienesischen und florentinischen Künstlern sowie Silberarbeiten und archäologischen Funden aus der Region

Tomba dei Calisna Sepu
Einer der größten etruskischen Grabkomplexe aus hellenistischer Zeit. Teile davon befinden sich im Archäologischen Museum.

Geschlechtertürme des Arnolfo di Cambio
In Colle Alta, das sein mittelalterliches Aussehen bewahrt hat, stehen zahlreiche bürgerliche und herrschaftliche Häuser aus jener Zeit. Sehr schön ist der Turm des Architekten und Bildhauers Arnolfo di Cambio, der vor 1245 in Colle geboren wurde.

▲ Von Siena nach Chiusi

Das Schwert, das der hl. Galgano der Sage nach in den Felsen trieb.

Skelett aus Stein
Ein schöner Spaziergang in der Umgebung von Siena führt zur Abtei San Galgano, einem verfallenen Bau ohne Dach, der auch in diesem Zustand eine reine Schönheit ausstrahlt (rechts). Vom einsam gelegenen Gebäude aus kann man Wanderungen durch eine der schönsten und intaktesten Landschaften Italiens unternehmen.

untergebracht. Am Ende der Hauptstraße erhebt sich die sienesische Festung (14. Jh.), heute Sitz der Stadtverwaltung, die auch nach einem Umbau in jüngerer Zeit ihre ursprüngliche Form beibehielt. Über ein sehr schönes Tal und Städte wie Mensano, Radicondoli oder Belforte gelangt man in die Colline Metallifere am Übergang zur Maremma.

Abbazia di San Galgano (● 79). Richtung Süden erreicht man auf der Statale nach Roccastrada 20 km hinter Siena die Abtei aus dem frühen 13. Jh. – das einzige Beispiel in der Toscana für die kurze Epoche der zisterziensischen Klosterbaukunst in Italien. Älter ist die Cappella di San Galgano, die wohl von dem Heiligen selbst nahe dem Monte Siepi als – für die Toscana ungewöhnlich – Rundkirche mit halbrunder Apsis errichtet wurde. Der adelige Ritter Galgano Guidotti hatte 1180 die Waffen niedergelegt und sich nahe Chiusdino in ein Kloster zurückgezogen. Neben dem Schwert, das der Heilige in einen Felsen getrieben haben soll, um es ›unschädlich‹ zu machen, enthält die Kapelle unvollständige Fresken von Ambrogio Lorenzetti (›Madonna mit dem Kinde‹, ›Leben des San Galgano‹).

DIE CRETE ♥
Die Crete des Senese sind eine einzigartige

Landschaft mit kahlen Hügeln, die von beinahe vegetationslosen Steilhängen unterbrochen werden. Ein Besuch während der Blüte im Frühjahr oder im Sommer, wenn sie einer Wüstenlandschaft gleichen, ist besonders beeindruckend. Die Crete in der Nähe von San Giovanni d'Asso sind auch für ihre Trüffeln berühmt. Im Herbst, am Ende der Saison, wird hier ein großer, stark besuchter Jahrmarkt abgehalten.

Von Siena nach Chiusi (♦ C B4-C5-D6)

Das Gebiet der ehemaligen Republik Siena erstreckt sich von der Stadt in Richtung Süden. Aufgrund des ewig währenden Streits mit Florenz wechselte dieses Gebiet mehrfach den Besitzer. In die andere Richtung konnte Siena wegen der schwachen Gegner seine Vorherrschaft bis an die Grenzen Umbriens und des Latiums ausdehnen.

Asciano. Asciano rund 40 km südöstlich von Siena ist das Zentrum der Crete. In etruskischer, römischer und mittelalterlicher Zeit nahm es eine wichtige Rolle ein. Neben der Torre Civica, der romanischen Basilika Sant'Agata und der Kirche San Francesco ist auch die Casa Corboli sehenswert, in deren Räumen, die auch als Kornspeicher dienten, profane Freskenzyklen im Stile des Ambrogio Lorenzetti zu bewundern sind. Hervorzuheben ist die Tafel mit der ›Natività di Maria‹ (›Mariä Geburt‹), die dem Meister der Osservanza zugeordnet wird und als Meisterwerk der sienesischen Kunst

Von Siena nach Chiusi
Monte Oliveto Maggiore

des 15. Jh. gilt. Im Stadtzentrum das Museo Cassioli mit Werken von Amos Cassioli (1832-91).

Abbazia di Monte Oliveto Maggiore. Die bedeutende Abtei, 20 km von Asciano entfernt, wurde 1313 von dem Adligen Bernardo Tolomei aus Siena gegründet, der hier sein Leben dem Gebet widmen wollte. Besonderes Merkmal der Abtei ist die wundervolle Lage, die von einem mächtigen Steilhang geschützt wird. Der mächtige Klosterkomplex liegt hinter jahrhundertealten Zypressen versteckt und besteht aus einem Komplex mit drei Kreuzgängen. Im Chiostro Grande Fresken (▲ 230) von Sodoma und Signorelli mit den ›Storie di San Benedetto‹ (›Szenen aus dem Leben des hl. Benedikt‹). Im Zentrum die Kirche mit Malereien von Sodoma und einem Kreuz mit Schnitzereien und Intarsien von Giovanni da Verona. In den oberen Stockwerken die Bibliothek und die Apotheke, in der heute eine große Ausstellung alter Keramikvasen bewundert werden kann.

Buonconvento. Der Ort liegt an der ehemaligen Via Francigena (heute Via Cassia) und ist von einer alten Stadtmauer umgeben. Durch die Porta Senese gelangt man direkt auf die Hauptstraße, an deren Anfang der Palazzo Ricci steht, der ein für das Senese sehr seltenes Jugendstildekor zeigt. Er beherbergt das vor kurzem eingerichtete Museo d'Arte Sacra della Val d'Arbia mit bedeutenden Goldschmiedearbeiten aus den umliegenden Kirchen.

Montalcino. Auf einer Anhöhe neben der Via Cassia erkennt man den wegen seiner strategischen Lage an der Via Francigena oft umkämpften Ort Montalcino. Heute ist er vor allem für seinen Vino Brunello bekannt. Das Zentrum innerhalb der Stadtmauern bildet die Piazza del Popolo mit dem Palazzo dei Priori, der eine schöne Loggia besitzt. Über der Stadt die mächtige Festung aus dem 14. Jh., deren Struktur bereits die Militärarchitektur der Renaissance ankündigt. Sant'Agostino beherbergt das Museo Civico e Diocesano d'Arte Sacra mit Werken bedeutender sienesischer Meister (rechts: ›Vergine Annunciata‹ von 1369). Im Dom mit seiner neoklassizistischen Fassade (1818-32) Gemälde von Francesco Vanni (Ende 16. Jh.).

Abbazia di Sant'Antimo (● 77). Der Sage nach soll die Abtei von Karl dem Großen in der Nähe von Montalcino gegründet worden sein. Ihr Reichtum und ihre Bedeutung schürten den Konflikt mit Siena um die Kontrolle der großen Ländereien. Die Kirche wurde im 12. Jh. im romanischen Stil mit zisterziensischen Einflüssen erbaut. Die Dekorationen aus Onyx und Alabaster verleihen ihr einen goldenen Schimmer und hinterlassen zusammen mit den merkwürdigen, ja fast beunruhigenden Dekorationen der Fassade einen starken Eindruck. Der dreischiffige Bau wird von hohen Säulen untergliedert. Die Emporen der Nebenschiffe öffnen sich mit Biforen, zweibogigen Fenstern, zum Hauptschiff und besitzen schöne Kapitelle aus Onyx.

DIE BEFESTIGTE FATTORIA VON CUNA ♥
Eines der wenigen Beispiele einer befestigten Fattoria aus dem Mittelalter. Sie gehörte zum Spedale di Santa Maria della Scala (▲ 216) in Siena. Die beeindruckende, mit Mauern und Türmen befestigte Fattoria steht im Westen der Via Cassia, etwas südlich des Zusammenflusses von Tressa und Arbia, rund 10 km von Siena entfernt.

Museo Civico Archeologico in Murlo
Das Museum wurde im Bischofspalast von Murlo nordwestlich von Buonconvento am rechten Arbia-Ufer eingerichtet. Es zeigt zahlreiche Grabungsfunde aus dem nahe gelegenen Piano del Tesoro. Zu den Ausstellungsobjekten gehören ein Würdenträger aus Terrakotta mit einem breiten und geheimnisvollen Hut und ein Bild mit einem Pferderennen, möglicherweise eine Darstellung des Palio von Siena.

SIGNORELLI UND SODOMA IM KLOSTER MONTE OLIVETO MAGGIORE

Eine seltene Intarsienarbeit im Chor der Kirche, angefertigt zwischen 1503 und 1505 von Fra' Giovanni da Verona.

Giovanni Antonio Bazzi, wegen seines bizarren und ironischen Verhaltens auch ›Sodoma‹ genannt, hat den Auftrag, den Klostergründer Beato Bernardo Tolomei zwischen sienesischen Heiligen in der Sala del Mappamodo im Palazzo Pubblico (▲ *211*) zu malen, mit außergewöhnlicher Hingabe und Dankbarkeit ausgeführt. Seinen Ruhm verdankt er jedoch den Mönchen von Oliveto. Sie hatten den begabten Jüngling nach seinen Lehrjahren zwischen Vercelli und Mailand aufgenommen und ihn damit beauftragt, die Kapelle Sant'Anna in Camprena (▲ *233*) bei Pienza auszumalen. Von da an verbrachte Sodoma seine Karriere in Siena, an dessen bedeutendsten Bauten er seine Handschrift hinterließ. Die einzige Ausnahme bildete ein kurzer Abstecher zu Raffael nach Rom. 1506 sollte Sodoma den Sitz der Olivetaner, das von Tolomei gegründete Kloster Monte Oliveti Maggiore (▲ *229)*, mit neuem Glanz versehen: Er erhielt den Auftrag, das von Signorelli begonnene Werk im großen Kreuzgang zu vollenden. So entstand eines der schönsten toscanischen Freskos des 16. Jh., dessen Zauber heute noch spürbar ist.

Der große Kreuzgang
Die rechtwinklige Anlage entstand 1426-33. Im Portikus mit Glasfenstern der Zyklus mit den ›Storie di San Bernardino‹ (›Szenen aus dem Leben des San Bernardino‹) nach den Erzählungen des hl. Gregorio. Der große Kreuzgang ist der schönste Teil des Klosters, das der sienesische Edelmann Bernardo Tolomei mit seinem Geld erbauen ließ.

Luca Signorelli, ›Der hl. Benedikt erkennt und empfängt den Gotenkönig Totila‹
Luca Signorelli begann den grandiosen Zyklus mit der Geschichte des hl. Benedikt im Jahr 1497. Allerdings ist bis heute unklar, warum er nicht – wie bei der Erzählung des hl. Gregorio – mit der Kindheit des Heiligen began. Man vermutet, dass ein weniger bedeutender Maler diesen Teil anfertigte und Sodoma ihn später übermalte. Ungeklärt ist auch, warum Signorelli die Arbeit plötzlich einstellte. Möglicherweise geschah dies auf Drängen der Olivetaner, die wollten, dass er ihren Dom ausmalte. Seine Fresken zeugen jedoch von seiner subtilen Erzählkunst, wie das rechts abgebildete Beispiel mit dem hl. Benedikt, dem der Gotenkönig Totila huldigt, eindrucksvoll unter Beweis stellt.

Sodoma, ›Der Teufel zerbricht das Glöckchen des hl. Benedikt‹
Der Teufel zerschlägt mit einem Stein die kleine Glocke, die dem hl. Benedikt in einer Höhle die Speise ankündigt.

Sodoma, ›Florentius schickt die verderbten Frauen in den Klostergarten‹
Zwei detailliert gemalte Gruppen von Frauen vor einem antikisierenden Gebäude.

Sodoma, ›Benedikt führt den Bau von zwölf Klöstern aus‹
Bauszenen, in der Architektur und Landschaft harmonisch ineinander übergehen.

Sodoma, ›Benedikt erscheint zwei Mönchen und bezeichnet ihnen die Stelle eines neuen Klosters‹
Das Bild zeigt auf der linken Seite die Traumerscheinung mit dem Heiligen, rechts den Bau des Klosters.

▲ Von Siena nach Chiusi
Amiata

Der Prophet vom Monte Amiata
Davide Lazzaretti (1834-78) aus Arcidosso entstammte sehr einfachen Verhältnissen und arbeitete viele Jahre in einem Steinbruch. Eines Tages hatte er eine göttliche Eingebung, woraufhin er die Kirche der Giurisdavidici gründete, einer Glaubensgemeinschaft, die im Verlauf des 19. Jh. im Gebiet des Monte Amiata eine beachtliche Anzahl Anhänger fand. Das soziale und gemeinnützige Streben der Giurisdavidici erregte unweigerlich das Misstrauen der Behörden. Es führte schließlich dazu, dass sie Lazzaretti und seine Anhänger während einer Prozession vor den Toren von Arcidossi niedermetzeln ließen.

Abbadia San Salvatore. Das historische Zentrum der Amiata entwickelte sich um die gleichnamige Abtei aus dem späten Mittelalter, die in der südlichen Toscana und im Latium große Ländereien und lange Zeit starken Einfluss besaß. Die romanische Kirche langobardischen Ursprungs befindet sich im Stadtzentrum. Im Innern ein Holzkreuz, das aus der Zeit von König Ratchis stammen soll, in Wirklichkeit aber im 12. Jh. angefertigt wurde. Die von schönen Säulen umstandene Zentralkrypta ist noch ein Teil des ursprünglichen Baus. In der Kirche befindet sich auch ein kleines Museum mit sehr alten sakralen Gegenständen. Im Ort selbst stößt man auf zahlreiche mittelalterliche Gebäude.
Piancastagnaio. In dem Ort über der Valle del Paglia sind vor allem die Rocca degli Aldobrandeschi (13.-14. Jh.) und der manieristische Palazzo Bourboni del Monte sehenswert.
Arcidosso. Arcidosso, im Westen von Piancastagno, ist ein altes Städtchen mit mittelalterlichen Vierteln und der mächtigen Rocca Aldobrandesca. Die Kirche San Leonardo enthält eine interessante ›Enthauptung‹ (1589) von Francesco Vanni. In der Umgebung die Pfarrkirche Pieve ad Lamulas aus dem 9. Jh. und der Monte Labbro mit den Resten der Giurisdavidica-Kirche von Davide Lazzaretti.
Castel del Piano. Die Chiesa dei Santi Niccolò e Lucia ist mit Gemälden der einheimischen Künstler Giuseppe Nicola und Francesco Nasini ausgeschmückt. Ende des 17. Jh. waren sie in vielen Kirchen der Amiata und in Siena tätig.
San Quirico d'Orcia. Das ehemalige Zentrum an der Via Francigena wurde im 12. Jh. von Siena mit einer Befestigungsanlage umgeben. Am Ortseingang die romanische Collegiata aus dem 12. Jh. Die Säulen des grandiosen Portals (1080) sind mit Tiermotiven verziert. Das Seitenportal ruht

Von Siena nach Chiusi
Pienza

auf Karyatiden mit Löwenbasis und wird Künstlern aus dem Umfeld von Giovanni di Pisano zugeschrieben. Im Innern ist ein bemerkenswertes Chorgestühl von Antonio Barili (Ende 15. Jh.) zu sehen. Hinter der Collegiata erhebt sich der mächtige Palazzo Chigi, den Carlo Fontana Ende des 17. Jh. für Flavio Chigi entwarf. An der Hauptstraße kann man die Horti Leonini besichtigen, eine wundervolle Gartenanlage, die Diomede Leoni Mitte des 16. Jh. schuf.

Pienza (● 69). Pienza (links, oben) liegt auf dem Hügel über der einstigen Via Francigena und wurde von Papst Pius II. Piccolomini – nach dem es auch benannt ist – über dessen Geburtsort Corsignano errichtet. Der große Architekt Bernardo Rosselino schuf damit eines der bedeutendsten Werke der Städtebaukunst der Renaissance. Er gestaltete den Ortskern um, ohne dabei seine mittelalterliche Herkunft zu verleugnen. Die Kathedrale mit ihrer albertinischen Fassade (der ursprüngliche Entwurf stammte von Leon Battista Alberti) wird von mächtigen Pilastern in drei Teile gegliedert. Im Innern bedeutende Kunstwerke wie das Altarbild von Matteo di Giovanni und die ›Himmelfahrt‹, ein Meisterwerk Vecchiettas. Im Palazzo Vescovile (Bischofspalast) ist das Museo Diocesano eingerichtet. Es zeigt berühmte Kunstwerke, darunter eine ›Madonna mit Kind‹ von Pietro Lorenzetti, das Altarbild Vecchiettas aus Spedaletto sowie den Chormantel von Pius II., den Tommaso Paleologo dem Papst schenkte. Großartige Skulpturen (Francesco di Giorgio) und Goldschmiedearbeiten vervollständigen die Sammlung. An der Piazza Pio II erhebt sich der mächtige Palazzo Piccolomini mit Rustikafassade, der im Stil der florentinischen Renaissancearchitektur entstand.

Montepulciano. Weiter Richtung Osten erreicht man Montepulciano, das in der Renaissance von Michelozzo grundlegend umgestaltet wurde. Im 16. Jh. waren hier vor allem Antonio da Sangallo und Vignola tätig. Sangallo errichtete die Fortezza da Basso, neben der die Kirche Sant'Agnese aus dem 14. Jh. steht. In ihr befindet sich unter anderem eine Madonna von einem Simone Martini nahe stehenden Künstler. An der Piazza Grande (unten) steht der Dom, der sein heutiges Aussehen zu Beginn des 17. Jh. von Ippolito Salza erhielt. Bekannt ist der Tryptychon (1401) von Taddeo di Bartolo. Gegenüber der Palazzo Comunale, den Michelozzo nach dem Vorbild des Palazzo della Signoria entwarf. Auch der Palazzo del Monte Contucci und der Palazzo Nobili Tarugi, beide von Sangallo, lohnen einen Blick. Im Palazzo Neri Orseli befindet sich das Museo Civico mit Werken von sienesischen und florentinischen Meistern des 14. bis 17. Jh. und Terrakotten von Della Robbia. Am Ortsausgang die Kirche San Biagio (● 81), eines der schönsten Bauwerke des 16. Jh. und zugleich ein Meisterwerk von Antonio da Sangallo il Vecchio. Der Grundriss im griechischen Kreuz wird von einer Rundkuppel und einem Doppelturm überragt. Im Innern ein großartiges Antependium aus Marmor von Giannozzo und Lisandro Albertini.

PIENZA – DER TRAUM VON PAPST PIUS II. ★
Während eines Besuchs in seiner Heimatstadt Corsignano 1459 fasste Enea Silvio Piccolomini, Papst Pius II., den Entschluss, den kleinen Ort in eine päpstliche Residenz zu verwandeln. Er beauftragte Bernardo Rossellino mit dem Entwurf. Daraus entstand eines der schönsten Beispiele der Städtebaukunst des 15. Jh.

Monastero Sant'Anna in Camprena
Das Kloster befindet sich 7 km nördlich von Pienza und wurde 1324 von den Olivetanern gegründet. Das Refektorium ist für die Fresken Sodomas berühmt.

Der ›Corso‹ von Montepulciano
Entlang der Flaniermeilen Via Gracciano und Via di Voltaia stehen großartige Palazzi, zum Beispiel der Palazzo Avignonesi von Vignola oder der Palazzo Tarugi aus dem 16. Jh., den Papst Marcellus II. von Sangallo errichten ließ. Ebenfalls berühmt sind die Kirche Sant'Agostino von Michelozzo und die barocke Chiesa del Gesù.

Von Siena nach Chiusi
Chiusi

DAS LABYRINTH VON PORSENNA ♥
Unter der Piazza del Duomo in Chiusi erstreckt sich zwischen dem bischöflichen Garten und dem Turm von San Secondiano ein rund 120 m langes begehbares Labyrinth aus Kanälen, die nahe dem Turm (von dort aus hat man einen herrlichen Rundblick) in eine große Zisterne münden.

Die Paolozzi-Urne aus dem 7. Jh. v. Chr. im Museo Archeologico Nazionale di Chiusi.

Museo Archeologico Nazionale in Chiusi
Das vor kurzem umgebaute Museum zeigt eine der bedeutendsten Sammlungen aus etruskischer Zeit mit Funden aus den großen Nekropolen der Region. Einige dieser Grabanlagen sind zu besichtigen (Tombe della Pellegrina und Tombe del Leone) und bezeugen die Rolle, die die Gegend von Chiusi in jener Zeit spielte.

Chianciano Terme. Der Kurort liegt an den malerischen Hängen zwischen dem Val d'Orcia und den Crete und ist für sein Heilwasser bekannt. Um die gut erhaltene Altstadt sind noch Mauerreste erkennbar. Vor kurzem wurde in der Villa Simoneschi das Museo Civico Archeologico delle Acque eingerichtet.

Sarteano. Sarteano erreicht man in Richtung Chiusi über das Kastell der Manenti, die in der Gegend immer noch über viel Grundbesitz verfügen. Der Ort wird von einer mächtigen Festung beschützt, die Siena im 15. und 16. Jh. nach Entwürfen von Vecchietta und Peruzzi hier errichten ließ. Sehenswert sind eine Reihe schöner Palazzi, etwa der Palazzo Piccolomini oder die heute neoklassizistische Kirche San Martino mit der ›Verkündigung‹ (ca. 1540) von Domenico Beccafumi. Im Palazzo Gabrielli Galgani befindet sich das neue Museo Civico Archeologico, wo man sehr seltene Ausstellungsstücke (Vasen, Graburnen) besichtigen kann.

Chiusi. Chiusi war eine der großen Etruskerstädte und behielt auch noch in römischer und langobardischer Zeit seine ursprüngliche Anlage bei. Als wichtiger Handelsplatz zwischen Perugia und Cortona geriet es aber im 9. Jh. aufgrund der Versumpfung der Valdichiana (oben der Lago di Chiusi, ein Überbleibsel des Sumpfes) in eine schwere Krise. Das Stadtzentrum erstreckt sich um die Piazza del Duomo. Im Dom, der dem Stadtpatron San Secondiano geweiht ist, nach einem Umbau im 19. Jh. Fresken in Mosaiktechnik des sienesischen Malers Arturo Viligiardi (1887-94) zu sehen. Im Dom befindet sich auch das kleine Museo della Cattedrale mit archäologischen Stücken und einer bedeutenden Sammlung von Miniaturchorälen des 15. Jh. Vom Dom aus gelangt man durch die Gänge des Labirinto di Porsenna zu den Catacombe di Santa Maustiola.

Cetona. Der Ort an der Grenze zwischen Umbrien, Latium und der Toscana und die nahe gelegenen Hügel sind bereits seit dem Paläolothikum besiedelt. Davon kann man sich bei einem Besuch durch die Gänge der Grotte di Belvedere überzeugen, die seit kurzem Teil eines Parco Archeologico e Naturalistico sind. Das Zentrum des exklusiven Ferienorts erstreckt sich rund um die rechteckige Piazza Garibaldi aus der Mitte des 16. Jh.

Majuskel des Kodizes ›B‹, ›Natività‹. Chiusi, Museo della Cattedrale.

Von Volterra nach Livorno
Enrico Caracciolo

- 236 VON VOLTERRA NACH LIVORNO
- 237 VOLTERRA
- 240 *DAS MUSEO ETRUSCO ›MARIO GUARNACCI‹*
- 242 MASSA MARITTIMA
- 243 PIOMBINO UND POPULONIA
- 244 DIE TOSCANISCHEN INSELN
- 245 CAMPIGLIA MARITTIMA BIS LIVORNO
- 247 LIVORNO

▲ Von Volterra nach Livorno

1. Volterra ▲ 237
2. Massa Marittima ▲ 242
3. Piombino und Populonia ▲ 243
4. Die Toscanischen Inseln ▲ 244
5. Campiglia Marittima bis Livorno ▲ 245
6. Livorno ▲ 247

Volterra am Morgen
Bei Sonnenaufgang erscheint das Val di Cecina im Morgennebel wie eine mythische Landschaft. In der Höhe zeichnet sich die majestätische Silhouette Volterras ab, das wie ein Schiff aus Stein die Wogen der Zeit durchpflügt. Schon die etruskischen Einwohner Volterras haben die Schönheit des Alabasters entdeckt, der zum Wahrzeichen der Stadt wurde.

DIE BALZE ♥
Von allen Farben dieser Landschaft wird man sich gewiss an das kräftige und eindrucksvolle Ocker des Felsvorsprungs erinnern, auf dem die Stadt steht. Aus der Höhe kann man die verschiedenen Schichten dieser ›Steinbank‹ sehen. Sand- und Kalkstein werden von grauem Ton überlagert. Wegen der Erosion sind bereits einige der ältesten Nekropolen, zwei mittelalterliche Kirchen, ein Kloster und mehrere Häuser in den Abgrund gestürzt.

Die Toscana zwischen Volterra und Livorno scheint sich dem Massentourismus entziehen zu wollen. Die sanfte Landschaft mit stillen Ansichten erstreckt sich von der Umgebung Volterras über die Colline Metallifere bis zur Costa degli Etruschi, und wer sie in aller Ruhe durchquert, stößt immer wieder auf Überraschungen. Schon die Seefahrer der Antike müssen sich dessen bewusst gewesen sein. Der Odem des Windgottes Äolus weht über die undurchdringliche Macchia, die sich an die letzten Ausläufer der Maremma klammert; Städte aus Naturstein krönen die vielen Hügel hinter der Küstenebene und blicken zu den Inseln des Arcipelago Toscano im azurblauen Meer hinüber. Bei dieser Reise lernt man ›die andere‹ Toscana kennen, die rau und verschlossen ist wie das geheimnisvolle Volterra, offen und sonnig wie der Golf von Baratti, lebenslustig wie die Einwohner Livornos. Man reist durch eine Landschaft mit bewaldeten Hügeln und unverbauten Stränden, durch ein Land, das so zurückhaltend ist wie seine Bewohner, so nobel wie seine Weine und so unverfälscht wie sein Öl.

Von Volterra nach Livorno
Volterra

Volterra (◆ B D6 C A4 D D2)

Die kleine Stadt kann zu Recht auf eine großartige Geschichte zurückblicken. Stets versuchte sie, ihre Unabhängigkeit gegen fremde Einflussnahme zu verteidigen, und wehrte sich gegen das kaiserliche Rom ebenso wie gegen das Florenz der Medici. In den Steinen und Gassen der »Stadt aus Wind und Stein« schlummern die Erinnerungen an eine Kultur, der man im Museo Guarnacci ein Denkmal setzte. Dieses ist eine wichtige Station bei der Reise durch diesen Teil der Toscana.

Geschichte. Im 5.-4. Jh. v. Chr. gehörte Velathri zu den Städten des etruskischen Zwölfstädtebunds, denen ein *lucumo* vorstand. Damals zählte die Stadt etwa 25 000 Einwohner und war von einer 7 km langen Stadtmauer umgeben. Mit dem Niedergang der etruskischen Küstenstädte gewann Volterra an wirtschaftlicher Bedeutung, nicht zuletzt wegen seiner reichen Erzvorkommen. Handwerkserzeugnisse und Eisen wurden über den Hafen Vada in den gesamten Mittelmeerraum exportiert. Ab 90 v. Chr. römisches *municipium*, nahm Volterra seine heutige Gestalt im Laufe des Mittelalters an: 1193 erhielt es den Status einer Freistadt, die meisten öffentlichen Gebäude entstanden im 13. Jh. 1472 unterlag es dem Heer von Lorenzo il Magnifico und geriet unter die

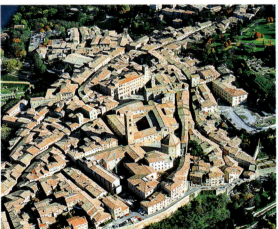

Herrschaft von Florenz. Im 19. Jh. wurde Volterra erweitert. In diese Zeit fallen auch die meisten Restaurierungs- und anderen städtebaulichen Maßnahmen.

Die Balze. Volterra wurde auf dem Kamm eines Höhenzugs errichtet und ruht auf einem unruhigen Tonuntergrund. Bei Steinlawinen und Erdrutschen sind bereits zahlreiche Gebäude, Kirchen und die Reste etruskischer Nekropolen in den Abgrund gestürzt. Die Balze, wie dieser Abgrund genannt wird, bildet den beunruhigenden, geheimnisvollen und vergänglichen Teil der alten etruskischen Stadt und ist zugleich deren geologische Chronik. Die eindrucksvolle Steilwand wird von dem unverkennbaren Profil der Kirche Santi Giusto e Clemente überragt, die in der zweiten Hälfte des 17. Jh. und der ersten Hälfte des 18. Jh. entstand. Die verzierten Säulen der Fassade stammen mit großer Wahrscheinlichkeit von einer Kirche, die durch einen Erdrutsch verschwand.

VOLTERRA: GRÜNDE FÜR DIE BESICHTIGUNG ★
Uralte Stadtmauern; eine Akropolis, die sich im Mittelalter zu einem bedeutenden Stadtzentrum mit den typischen Geschlechtertürmen entwickelte; dunkle, strenge Palazzi aus dem 16. und 17. Jh.; das Grau der Steine und das Ocker der Balze: Volterra öffnet ein Fenster zwischen Vergangenheit und Gegenwart und bietet dem aufgeschlossenen Besucher unverhoffte Einblicke in eine Kultur, die in der Toscana mehr Spuren hinterlassen hat als in jeder anderen Region Italiens.

Magischer Alabaster
Die Etrusker waren die ersten, die den weißen Stein verarbeiteten. Sie stellten Urnen und Sarkophage daraus her. Im 6. Jh. verschwand der Alabaster nahezu und fand erst im 18. Jh. zu seiner Bedeutung zurück, als Marcello Inghirami Fei mit der Gründung einer eigenen Schulwerkstatt dem Material wieder zu Popularität verhalf. Für eine ›industrielle‹ Verwendung des Steins war es noch zu früh, aber er hatte den Anstoß gegeben.

Von Volterra nach Livorno
Volterra

Die mittelalterlichen Mauern
Die heutige Anlage der Stadt entspricht im Wesentlichen der des Mittelalters, umgeben war sie durch eine Stadtmauer, die kleiner war als die etruskische. In jede Himmelsrichtung öffnet sich ein Stadttor: die Porta a Selci im Osten, die Porta dell'Arco im Süden, die Porta San Francesco im Westen und die Porta Fiorentina im Norden.

D'Annunzio und il Rosso ♥
In seinem Roman ›Forse che si forse che no‹ beschreibt d'Annunzio seine Empfindungen bei der Betrachtung der ›Kreuzabnahme‹ von il Rosso und der ›Madonna dal collo lungo‹, einem Werk aus dem 15. Jh.: »Das rote Gewand der vor der Heiligen Mutter Gottes knienden Frau war wie ein Schrei der Leidenschaft voll von dunklem Blut, die Lichtstrahlen auf dem gelben Mantel des Jüngers glichen dem Schluchzen der erschütterten Seele.«

Piazza dei Priori. Die mächtige Fassade des Palazzo dei Priori, dem ältesten Kommunalpalast der Toscana, dominiert die gleichnamige Piazza. Der Grundstein zu dem Bau wurde im Jahr 1208 gelegt, die Arbeiten 46 Jahre später beendet. Die gebrannten Ziegel und die Wappen auf der Fassade (oben links) weisen sehr schöne Verzierungen auf. Sie erinnern an die Zunftvorsteher, die die Stadt regierten. Über dem Palazzo erhebt sich der nach einem Erdbeben 1846 teilweise wieder aufgebaute Turm. Die Turmuhr aus Marmor (1856) ist ein Werk von Angiolo Bianchi. Zuvor zeigte eine der ältesten bekannten Uhren hier die Zeit an, deren Uhrwerk vermutlich 1433 entstanden war. Eine weitere Besonderheit des Palazzo ist die ›Canna volterrana‹ an der Fassade, das mittelalterliche Maß der Kommune. Auf der gegenüberliegenden Seite schließen der Palazzo Pretorio (oben) und die Torre del Podestà den Platz ab, die wegen des eingemeißelten Ferkels auch als Torre del Porcelino bekannt ist. Links vom Palazzo dei Priori steht der Palazzo del Demanio, dessen Fassade im 19. Jh. nach mittelalterlichem Vorbild entstand.

Dom und Baptisterium. Der 1120 geweihte Dom wurde im 13. Jh. wahrscheinlich nach einem Entwurf von Nicola Pisano erweitert. Im 16. Jh. erfolgte die Unterteilung des Innenraums in drei Schiffe. Die letzten Dekorationen entstanden in den Jahren 1842-43. Sehenswert sind die Gruppe der ›Kreuzabnahme‹ aus Pappelholz, die Kasettendecke aus dem 16. Jh. und die Ausstattung des Presbyteriums mit dem Ziborium (1471) von Mino da Fiesole, von dem auch die Kerzenständer in Engelsform an Altar und Chor (1404) stammen. Gegenüber vom Dom erhebt sich das achteckige Baptisterium (13. Jh.) mit einem schönen Taufbecken, das Andrea da Sansovino 1502 schuf.

Museo Diocesano d'Arte Sacra. Das Museum beherbergt Kunstwerke aus dem Dom und anderen Kirchen der Diözese, darunter eine schöne Skulpturensammlung. Am bekanntesten sind das ›Kreuz‹, ein Gemälde auf Holz, (13. Jh.) sowie die ›Thronende Madonna mit den Heiligen Johannes der Täufer und Johannes der Evangelist‹ (1521) von Rosso Fiorentino.

Von Volterra nach Livorno ▲
Volterra

Incrociata del Buonparenti. An der wichtigsten Straßenkreuzung des mittelalterlichen Volterra stehen einige Geschlechtertürme, von denen die durch ein Brückenhaus verbundenen Türme der Buonparenti (13. Jh.) die bekanntesten sind.

San Francesco. Die schöne einschiffige Franziskanerkirche aus dem 13. Jh. verfügt über ein Portal und eine Fensterrose in der Fassade.

Pinacoteca und Museo civico. Der schöne Renaissancepalast Minucci-Solaini birgt eine wahre Schatzkammer mit zahlreichen Gemälden aus Kirchen und Klöstern der Umgebung. Darunter befinden sich Werke von Taddeo di Bartolo (›Thronende Madonna mit Kind und Heiligen‹, 1411) und Luca Signorelli (›Verkündigung‹, 1491) sowie die überwältigende Kreuzabnahme (1521) von il Rosso.

Palazzo Incontri-Viti. Benedetto Giuseppe Viti, ein ›Alabaster-Reisender‹, erstand den Palazzo 1850. Heute ist hier ein Museum eingerichtet, das neben einer Sammlung von Tassen zahlreiche Zeugnisse von den Reisen Benedetto Giuseppes ausstellt. Auch die 4 m hohen Kerzenständer für Kaiser Maximilian von Habsburg, die nach seiner Erschießung (1867) nicht mehr ausgeliefert wurden, sieht man hier.

Teatro romano. Das Amphitheater aus dem 1. Jh. v. Chr. zeichnet sich durch seine große Cavea aus, die sich an den Hügel von Volterra schmiegt. 19 Sitzreihen blicken auf die Bühne. Ionische und korinthische Säulen tragen den großen Portikus vor dem Proscenium. Von den angeschlossenen Thermen aus dem 4. Jh. sind noch ein Mosaikfußboden sowie Caldarium und Frigidarium zu sehen.

Museo Etrusco Guarnacci. Das Museum entstand aus einer Urnensammlung des Abtes Pietro Franceschini (▲ 240). Seit 1877 ist es im Palazzo Desideri-Tangassi untergebracht.

Fortezza. Der obere Teil Volterras wird von der Renaissancefestung eingenommen, die sich in Ost-West-Richtung erstreckt. Zwei lange Mauern verbinden die Rocca Vecchia (1342) mit trapezförmigem Grundriss im Westen mit der Rocca Nuova (1472-75) von Lorenzo il Magnifico, die mit vier mächtigen Ecktürmen und einem imposanten Donjon ausgestattet ist.

Akropolis von Piano di Castello. Die etruskisch-römische Akropolis ist heute ein archäologisches Freilichtmuseum zu Ehren Enrico Fiumis, der bis 1976 Leiter des Museo Etrusco Guarnacci war. Ausgrabungen brachten hier ein Zisternensystem und eine etruskische Tempelanlage aus hellenistischer Zeit zum Vorschein.

Die Rocca Nuova (oben links) und die Reste des Amphitheaters (oben).

DIE LEGENDE VOM HEILIGEN KREUZ ♥
Die Kapelle Croce di Giorno in der Kirche San Francesco ist mit einem Freskenzyklus (1401) von Cenni di Francesco ausgemalt, der die ›Leggenda della Santa Croce‹ zeigt. Neben dem Fresko von Piero della Francesca in Arezzo (▲ 185) und dem von Agnolo Gaddi in Florenz, von dem Cenni sich inspirieren ließ, handelt es sich um die bedeutendste Darstellung der Kreuzeslegende in der Toskana.

Luchino Visconti und der Palazzo Incontri-Viti
Volterra diente Luchino Visconti als Hintergrund für seinen Film ›Vaghe stelle dell'Orsa‹ mit Jean Sorel und Claudia Cardinale. Die Liebesgeschichte spielt mitten in der Stadt, deren Atmosphäre durch den Schwarz-Weiß-Film noch betont wird. Viele Szenen entstanden in dem faszinierenden Ambiente des Palazzo Incontri-Viti.

▲ Das Museo Etrusco ›Mario Guarnacci‹ in Volterra

Kyathos aus Monteriggioni
In das Schöpfgefäß aus der zweiten Hälfte des 7. Jh. ist eine Opferinschrift graviert.

Die Geheimnisse der Etrusker: In den Ausstellungsräumen des Palazzo Desideri-Tangassi fühlt man sich um mehr als 2500 Jahre in der Zeit zurückversetzt. Unter seinem Dach sind zahlreiche Ausstellungsstücke versammelt – unter anderem Grabbeigaben der Villanovakultur und aus der ersten, der orientalisierenden Phase der etruskischen Kulturentwicklung. Die Exponate vermitteln ein detailliertes Bild der etruskischen Welt: Grabplastiken aus Stein, Alabaster und Terrakotta; etruskisch-korinthische Keramiken, Bronze- und Goldschmiedearbeiten, Epigraphe und etruskische Münzen. 1761 überließ der Abt Mario Guarnacci seine bemerkenswerte archäologische Sammlung und seine Privatbibliothek der Stadt Volterra, der Kanoniker Franceschini ergänzte die Sammlung um weitere Stücke. In diesen Sälen schlägt das Herz des antiken Velathri besonders vernehmlich, und viele dieser Gegenstände trugen dazu bei, einige der Fragen zu beantworten, die sich zur Geschichte dieses faszinierenden und geheimnisvollen Volks stellen.

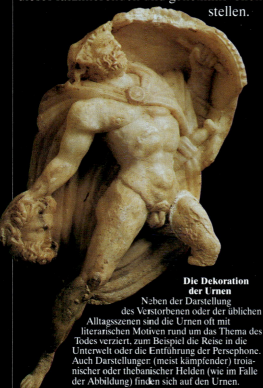

Stele des Avilus Titu
Die Grabstele wird in das Jahr 560 v. Chr. datiert und zeigt eine Krieger mit Lanze. Gesichtszüge, Frisur und Haltung sind typisch für jene Epoche.

Die Dekoration der Urnen
Neben der Darstellung des Verstorbenen oder der üblichen Alltagsszenen sind die Urnen oft mit literarischen Motiven rund um das Thema des Todes verziert, zum Beispiel die Reise in die Unterwelt oder die Entführung der Persephone. Auch Darstellungen (meist kämpfender) troianischer oder thebanischer Helden (wie im Falle der Abbildung) finden sich auf den Urnen.

Das Ehepaar ›Urna degli Sposi‹
Eine sehr eindrucksvolle Urne aus dem 1. Jh. v. Chr. findet sich im Saal Nr. 20. Die realistische Darstellung des Paares wird durch die Auswahl des Materials noch betont: Terrakotta eignet sich hervorragend für detailgenaue Plastiken.

Die Graburnen
Im Museum sind rund 600 Graburnen ausgestellt (im Bild die so genannte ›Urne der Athene‹). Sie charakterisieren am deutlichsten das Leben im etruskischen Volterra. Die Figur auf dem Deckel zeigt die Verstorbene bei einem Festmahl in Gesellschaft der Götter der Unterwelt liegend, also der Unsterblichkeit geweiht.

Der ›Abendschatten‹ (›Ombra della Sera‹)
Die Statue strahlt eine geheimnisvolle Eleganz aus und wurde (zusammen mit der Urna degli Sposi) zum Wahrzeichen des Museo Guarnacci. Die überlange Bronzestatue ist typisch für die Exvoten des antiken Mittelitalien, die gern Vogelschauen, Opfernde oder Gottheiten repräsentierten. Bei der 1737 gefundenen Statue fehlen jegliche Attribute, wie z. B. Kleidung oder Gesten, die auf die soziale oder kultische Rolle schließen ließen.

▲ Von Volterra nach Livorno
Massa Marittima

Massa Marittima (◆ C A6 D D3)

›Massa metallorum‹ war im Mittelalter eine reiche Stadt und lebte bis zu ihrer Eroberung durch Siena 1355 wie in einem goldenen Zeitalter. 1555 übernahm Florenz die Herrschaft über die Stadt, die vor allem wegen der ständigen Malariaplage an Bedeutung verlor. Eine Wiedergeburt erlebte Massa Marittima im 18. Jh. mit der Entwicklung des Bergbaus. Die Stadt auf den Hügeln über der Küstenebene ist zudem ein sehr schönes Beispiel mittelalterlicher Stadtbaukunst.

Die Città vecchia. Ein Meisterwerk, das mit Raum und Zeit spielt. Licht und Schatten wechseln sich unaufhörlich ab und beleben dieses mittelalterliche Kleinod mit der herrlichen Piazza Garibaldi. Der Dom zieht den Blick an und scheint selbst den Platz zu übersehen. Er korrespondiert mit dem gegenüberliegenden Palazzo Pretorio, in dem sich ein interessantes archäologisches Museum mit bedeutenden etruskischen Grabfunden und einer Maestà von Ambrogio Lorenzetti befindet. An der Seite steht der von Zinnen gekrönte Palazzo Comunale (13.-14. Jh.). Die strenge und schlichte Basilika San Cerbone wurde in romanischer Bauweise begonnen und später (1287) von niemand anderem als Giovanni Pisano im gotischen Stil erweitert und verschönert. Ebenso prachtvoll wie die Fassade gibt sich auch das Innere mit einem sehr schönen Taufbecken (1267) aus Travertin von Giroldo da Como, dem meisterhaften Sarkophag des hl. Zerbonius von Goro di Gregorio (1324) und der ›Kreuzigung‹ (1300) von Segna di Bonaventura. In der linken Chorkapelle kann man eine ›Madonna delle Grazie‹ bewundern, die von einem Schüler Duccio di Buoninsegnas stammen soll.

Die Neustadt. Von der Piazza Garibaldi gelangt man in den oberen Teil der Stadt, den die Kommune 1228 anlegen ließ. Sehenswert ist die Torre del Candeliere (1228), von der aus man ein einzigartiges Panorama genießt. Der Rundgang führt an der lombardischen Arkadengalerie des Palazzo delle Armi (1443) vorbei zur Kirche und zum Kloster Sant'Agostino, die zwischen 1229 und 1273 entstanden.

Ein bedeutendes Bergbauzentrum
Wer sich Massa Marittima nähert und noch die Bilder der typischen toscanischen Landschaft im Kopf hat, der wird beim ersten Anblick der Stadt überrascht sein und sich in einen Science-Fiction-Film versetzt glauben: Er sieht sich plötzlich den dicken weißen Dampfwolken und riesigen Stahlrohren gegenüber, die das boraxhaltige Erdgas zum Kraftwerk der ENEL (oben) leiten und die selbst eine ungewöhnliche Landschaft bilden.

Der Dom von Massa Marittima (oben) mit dem im 18. Jh. teilweise wieder aufgebauten Campanile.

Von Volterra nach Livorno
Piombino und Populonia

Piombino und Populonia (◆ D C3)

Man errreicht die Küste des Tyrrhenischen Meeres in Piombino, wo die drastischen Auswirkungen der Industrialisierung auf die landschaftlich so reizvolle Gegend sich am deutlichsten bemerkbar machen. Das Vorgebirge bleibt aber nichtsdestoweniger eine wundervolle mediterrane Landschaft.

Piombino. Der schönste Rundgang durch Piombino führt durch die Altstadt und beginnt an der Piazza Verdi. Hauptzugang war der Ravelin aus dem 15. Jh., der mit dem mächtigen Turm (1212), einem wichtigen Element der Verteidigungsanlagen, verbunden war. Von den zahlreichen Baudenkmälern sind vor allem der 1933-37 wieder aufgebaute Palazzo Comunale aus dem 13. Jh., ein schöner Renaissancepalazzo und die Kirche Sant'Antimo (1377) in sienesischer Gotik bemerkenswert. Hier befinden sich die Grabstätten der Appiani, die lange Zeit die Herren der Stadt waren. Von der Piazza Bovio, eine Art Panoramaterrasse, steigt man zu dem kleinen Hafen Marina und den marmornen Fonti dei Canali (1248) hinab, die mit Tierköpfen von Nicola Pisano verziert sind. Neben der Zitadelle (1465-70), gegenüber der Kapelle Appiani, befindet sich eine Zisterne aus Marmor.

Populonia. Etwa 10 km nördlich von Piombino liegt am Golf von Baratti der alte Hafen Populonia, wo die Etrusker das Erz von der Insel Elba in Schmelzöfen verarbeiteten. Im 4. Jh. v. Chr. erlebte Populonia seine Blütezeit, der Niedergang setzte im 1. Jh. v. Chr. nach der Belagerung durch Silla ein. Die Festung auf der Landzunge und der kleine Ort, den Gherardo Appiani 1399 hier anlegen ließ, sind noch immer faszinierend. Der Blick auf den Golf (unten die Buche delle Fate) und auf die Küste gehört zu den schönsten in der ganzen Umgebung und macht Populonia zu einem lohnenden Ziel.

PARCO ARCHEOLOGICO-NATURALISTICO DI BARATTI-POPULONIA ♥
Rund um den Golf von Baratti erstreckt sich das Grabungsgelände des Archäologischen und Landschaftsparks Baratti-Populonia. In diesem völlig außergewöhnlichen Park kann man wie bei einer Zeitreise die aufeinander folgenden Epochen der etruskischen Kultur von der Eisenzeit (9.-8. Jh. v. Chr.) bis zum Römischen Reich verfolgen.

Festung von Populonia mit Ecktürmen und einem halbrunden Turm zur Verstärkung

▲ Von Volterra nach Livorno
Die Toscanischen Inseln

Die Toscanischen Inseln (♦ D AD 3-6)

Wenn man Inseln zu einer Gruppe wie den ›Arcipelago toscano‹ zusammenfasst, sollen sie über geografische Ähnlichkeiten verfügen. Die Toscanischen Inseln zeichnen sich jedoch vor allem dadurch aus, dass sie den sprunghaften Geist des toscanischen Festlands mit den zahllosen Glockentürmen, Kommunen und den internen Streitereien, die sich der Freiheitsliebe ihrer Einwohner verdanken, auf dem Meer wiederholen. So sind sich alle Inseln voller Stolz ihrer Individualität bewusst, die von ihrer Isolation, die nicht nur physisch ist, noch betont wird.

Elba. Elba liegt dem Festland am nächsten und ist nicht nur die größte, sondern auch die meistbesuchte Insel des Archipels. Die abwechslungsreiche Landschaft mit 147 km Buchten, Stränden, Klippen und kristallklarem Wasser beschert einem unvergessliche Momente. Außerhalb der Hochsaison ist die Insel ein Paradies für Ruhesuchende, im Sommer bestimmen die Badeurlauber die Atmosphäre. In der ersten Hälfte des 18. Jh. entdeckte man auf der traditionell von Bauern und Fischern bewohnten Insel die Metallverarbeitung. Den Aufschwung nach dem Ende des Zweiten Weltkriegs hat sie aber vor allem dem boomenden Tourismus der 60er-Jahre zu verdanken.

Rundreise. Das ist die beste Möglichkeit, diese wundervolle Insel kennen zu lernen. Die Rundreise ist etwa 100 km lang, und man sollte mindestens zwei Tage veranschlagen: einen für den Osten und einen für den Westen Elbas. Ausgangspunkt und Ziel ist Portoferraio (unten). Die östliche Route folgt der

Forts und Bastionen
Als die Appiani Portoferraio an Cosimo I. de' Medici abtraten, ließ dieser die Stadt zum Schutz vor Piratenüberfällen befestigen und benannte sie in Cosmopoli um. Stadt und Naturhafen werden nun von starken Mauern umschlossen, die vom Meer bis zum Vorgebirge mit dem Forte delle Stelle und dem Forte del Falcone reichen. Direkt am Meer liegt die dritte Festung Linguella.

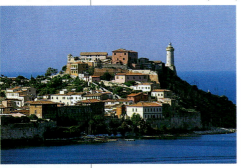

Küste bis nach Magazzini und steigt dann nach Volterraio an, einem der faszinierendsten Orte der Insel, um über Rio nell'Elba nach Cavo hinunterzuführen. Von der Küste aus gelangt man über Rio Marina weiter ins Innere der Insel sowie nach Porto Azzurro (links unten) und Capoliveri mit seinen herrlichen Sonnenauf- und -untergängen. Die westliche Route (70 km) führt über den Höhenzug nach Lacona und entgegen dem Uhrzeigersinn in Richtung Marina di Campo und zu den herrlichen Buchten von Cavoli, Seccheto und Fetovaia (rechts oben). Nachdem man das westliche ›Knie‹ hinter sich gelassen hat, geht es weiter bergauf nach Marciana, das unterhalb des 1019 m hohen Capanne, dem höchsten

Von Volterra nach Livorno
Campiglia Marittima bis Livorno

Punkt der Insel, liegt. Bei Marciana Marina geht es dann zurück ans Meer. Die Rundreise endet mit der Fahrt über Procchio und einem letzten Abstecher nach Capo Enfola, einer wundervollen Stelle nahe Portoferraio.

Capraia. Die weit vor der Küste gelegene Insel mit ihren Wäldern ist ein beliebtes Ziel für Wanderer. Außer dem Ort Capraia mit dem Hafen und rund 800 m Straße findet man hier nur kleine Wege und mediterrane Stille. Zwar bestand bis 1986 ein Straflager auf der Insel, doch sind große Teile noch unberührt und bilden den Lebensraum für seltene Pflanzen und Tiere. Sehenswert ist der kleine See in einem erloschenen Vulkan, auch eine Bootstour um die Insel empfiehlt sich.

Campiglia Marittima bis Livorno (◆ D A1-C2-3)

An der Costa degli Etruschi folgt man bis nach Rosignano der Strada del Vino ›Straße des Weins‹, die man genauso gut als ›Straße des Öls‹ oder ›Straße der Spezialitäten‹ bezeichnen könnte: Überall werden Honig und Käse oder im Holzfeuer gebackenes Brot und die typischen Liköre angeboten.

Campiglia Marittima. Die Stadt liegt über dem Val di Cornia und blickt auf die Küste von Baratti und auf San Vincenzo. Erstmalig erwähnt wird sie 1004, als die Conti della Gherardesca hier ein Kastell errichteten. Bis zur Eroberung durch Florenz 1406 war es eine Capitanìa von Pisa. Der mittelalterliche Kern liegt innerhalb der Festung (12.-13. Jh.) und wird vom Palazzo Pretorio mit den Wappen der Capitani von Pisa überragt. Einen sehr schönen Ausblick genießt man von der Porta Fiorentina, einem großen Bogen in der Stadtmauer, der die Wappen von Pisa, Florenz und Campiglia sowie der Conti della Gherardesca trägt. Außerhalb der Mauern steht die romanische Kirche San Giovanni mit einer Fassade aus farbigem Marmor und einem Basrelief am Seitenportal: ›Meleagro fängt das listige Wildschwein‹ (12. Jh.).

Suvereto. Folgt man dem breiten Val di Cornia, gelangt man nach Suvereto, einem Juwel aus Stein, in dem die Zeit stehen geblieben zu sein scheint. Den Ort mit dem Glockenturm und seinem Palazzo Comunale (13. Jh.), der eine schöne Arkadengalerie aufweist, umgeben alte Festungsmauern. Von einem Kloster aus dem 12. Jh. ist lediglich der ›Kreuzgang des hl. Franziskus‹ übrig geblieben.

Nach Castagneto Carducci. Von Suvereto aus nimmt man die ›Straße der vier Kommunen‹, einen Asphaltweg, der sich durch eine ursprüngliche Hügellandschaft windet. Hier

TOSCANISCHE INSELN ★
Hügel und hohe Felsküsten prägen die sieben großen und zahlreichen kleineren Inseln mit einer Gesamtfläche von ca. 300 km². Die Landschaften sind schützenswert, und seit einigen Jahren besteht hier der Parco nazionale del Arcipelago toscano.

Parco archeologico-minerario in San Silvestro
Der Museumspark in den Hügeln nördlich von Campiglia Marittima ist dem Bergbau in der Region gewidmet. Vier Rundwege (Via del Temperino, delle Feruzze, dei Lanzi und Rocca di San Silvestro oder Via dei Manienti) und ein Besucherstollen in Temperino erschließen den Park.

Von Volterra nach Livorno
Campiglia Marittima bis Livorno

Der Tierpark Padule di Bolgheri
In der Nähe von Bolgheri befindet sich das vom WWF verwaltete Feuchtgebiet mit seiner einzigartigen Flora und Fauna.

DIE MACCHIA DER MAGONA ♥
Der wundervolle Niederwald in der Nähe von Bibbona erstreckt sich über 1600 ha. Früher stellten die Köhler hier die Holzkohle für die Eisenhütte Real Magona in Cecina her. Heute ist die Macchia von Magona vom Nationalen Forschungsrat (CNR) als schützenswertes Biotop eingestuft und bildet ein ideales Ausflugsziel für Naturliebhaber.

stehen die Werke der Menschen im Einklang mit der Natur. Vorbei an den rötlichen Stämmen mächtiger Korkeichen führt der Weg gemächlich nach Sassetta hinab, das gegenüber den Colline Metallifere und den weiter entfernten Flüssen im Valle del Diavolo liegt.

Castagneto Carducci. Der kleine Ort ist das Zentrum einer Landschaft, die so sinnlich ist wie ihre Öle und so edel wie ihr Wein. Gleichzeitig ist sie so schroff wie die Maremma und hat den Humor und das Erhabene ihres berühmten Dichtersohns. Das Gebiet war ein Lehen der Conti della Gherardesca, bis es 1749 die Unabhängigkeit erlangte. Giosuè Carducci, der 1906 den Literaturnobelpreis erhielt, verlebte in Bolgheri seine Kindheit und stattete seiner Heimat auch später noch viele Besuche ab. Das Museo Archivio und das Centro Carducciano sind dem Schriftsteller gewidmet. Faszinierend und etwas unheimlich sind die Überreste der Torre di Donoratico, in die Graf Ugolino della Gherardesca nach seiner Niederlage bei Meloria flüchtete. Dante erinnert im 33. Gesang seines ›Inferno‹ an den Tod des Grafen, der in Pisa verhungern musste.

Über die Strada del Vino. In ihrem edelsten Abschnitt folgt die ›Weinstraße‹ der Via Bolgherese. Sie mündet in die monumentale Zypressenallee (von Carducci in der Ode ›Davanti San Guido‹ verewigt), die nach Bolgheri (unten) führt, einem kleinen Ort im Schatten eines Kastells aus dem 16. Jh. Wir befinden uns in der Heimat des Sassicaia und des Ornellaia, zweier Weine, die auf der ganzen Welt geschätzt werden. Zwischen Weinbergen und Olivenhainen zieht sich die Straße über Bibbona bis zum nächsten Hügelzug, von dem aus

man auf die mittelalterlichen Städte Casale Marittimo (restauriert), Guardistallo und Montescudaio blickt. Die Weinstraße endet in Cecina, einem modernen touristischen und kommerziellen Zentrum. In San Pietro in Palazzi ist in der Villa-Fattoria La Cinquantina (18. Jh.) das Museo Etrusco-Romano mit archäologischen Funden aus der Region eingerichtet. In der angrenzenden Fattoria kann man das Museo della Vita e del Lavoro della Maremma settentrionale besichtigen. Nicht weit davon, in San Vincenzino an der Mündung des Flusses Cecina, sind Reste der römischen Villa Aulo Albino Cecina mit einer großartigen unterirdischen Zisterne zu sehen.

Colline Livornese. Von Rosignano Marittimo folgt man zuerst der livornesischen Küste mit den Städten Castiglioncello und Quercianella und wendet sich dann den Hügeln hinter Livorno zu. Für lange Zeit war dies eine vergessene Landschaft, in der nur Einsiedler und Hirten lebten. Erst seit kurzem nutzt man das enorme Potenzial der Colline Livornese für den Ökotourismus. Vor Jahren sprach man auf einem Kongress, den die Provinz Livorno veranstaltete, von der ›Insel, die es nicht gibt‹ und spielte damit auf die geologische Entstehungsgeschichte dieser Region an. Tatsächlich handelt es sich um eine frühere Insel, die sich erst in der jüngeren Erdgeschichte mit

Von Volterra nach Livorno
Livorno

dem Festland verband. Viele Routen beginnen am Santuario di Montenero, einem beeindruckenden Bau mit barocken Dekorationen, den Giovanni del Fantasia 1712 über einem kleinen Oratorium errichtete. Der Wallfahrtsort ist seit 1345 der Madonna delle Grazie geweiht, nachdem ein kranker Hirte ein Bild der Madonna an diesen Ort trug und danach geheilt wurde. Wir befinden uns in ca. 200 m Höhe und können von hier aus über Livorno und die vorgelagerten Toscanischen Inseln blicken.

Livorno (◆ B C5-D B1)

Zur ›Stunde XVI 2/3 und 8 Minuten‹ am 28. März 1577 wurde nach dem Willen von Großherzog Francesco I. de' Medici der Grundstein für die neue Siedlung neben dem befestigten pisanischen Posten gelegt. Doch liegen die Ursprünge Livornos (● 69) bereits in römischer Zeit, wovon einige Überreste in der Nähe der Fortezza Vecchia zeugen. Der heutige Grundriss, der unauflöslich mit der Hafenanlage verbunden ist, entstand in mediceischer Zeit. Die fünfeckige Form ist noch heute erkennbar. Ein weiteres wichtiges Datum in der Geschichte dieser Stadt, die sich von der übrigen Toscana spürbar unterscheidet, ist das Jahr 1593, in dem Ferdinand I. de' Medici das ›livornesische‹ Gesetz erließ. Es erlaubte allen Verfolgten, egal ob sie es aus religiösen, politischen oder rassischen Gründen waren, sich in dieser ›offenen‹ Stadt niederzulassen. Livorno wurde bald darauf zu einem wahrhaft kosmopolitischen Ort, an dem Menschen aus den unterschiedlichsten Kulturen nebeneinander lebten: u. a. Juden, Armenier, Engländer, Holländer, Griechen. Weitere Erlasse garantierten Steuerbefreiungen, Niederlassungsfreiheit und Immunität. Hafen und Handel bildeten ab dem 16. Jh. das Rückgrat der Wirtschaft Livornos, die 1625 mit der Umwandlung des Porto Medíceo zum Freihafen einen weiteren Aufschwung erfuhr. Zählte die Stadt im 17. Jh. lediglich 5000 Einwohner, so waren es Ende des 18. Jh. über 80 000. Im 19. Jh. wurde die Stadt unter der Herrschaft der Lorena über die medicei-

AUF DER VIA AURELIA NACH LIVORNO ♥
Der Verlauf der Via Aurelia entspricht dem der antiken Straße, die Aurelius Cotta 241 v. Chr. anlegen ließ. Mit der Verlagerung des Verkehrs auf die Superstrada E80 hat sie einen Teil ihrer Faszination zurückgewonnen, und sie eignet sich nun hervorragend zur Erkundung der Maremma Pisana, denn die alte Straße führt mal am Meer entlang und mal durch das Landesinnere zu zahlreichen historischen Gebäuden.

Der Geburtsort der KPI
Am 12. Januar 1921 riefen einige Teilnehmer beim Kongress des Partito Socialista Italiano (darunter Bordiga, Gramsci und Tasca) die Kommunistische Partei Italiens als italienische Sektion der Kommunistischen Internationalen aus. Im Stadtteil Venezia Nuova erinnert eine Tafel an die Gründung der Partei.

▲ Von Volterra nach Livorno
Livorno

Ferdinand I. und die vier Mohren
Das 1595 dem Großherzog Ferdinando I. de' Medici gewidmete Denkmal ist das Wahrzeichen Livornos. Der Großherzog thront in der Uniform eines Gran Maestro vom Orden der Stephansritter, der zum Schutz gegen die Piratenüberfälle gegründet worden war, über den vier Statuen, die der Volksmund ›die Mohren‹ nennt.

sche Anlage hinaus erweitert. Nach der Vereinigung Italiens siedelte sich hier Industrie an, doch verlor die kleine Metropole aber auch etwas von ihrem kosmopolitischen Charakter. Im Zweiten Weltkrieg erlitt Livorno schwere Verwüstungen: Über 80 % Prozent der Altstadt wurden durch Bomben zerstört.

Von der Piazza Grande zur Fortezza Nuova. Die Piazza Grande, früher Piazza d'Arme genannt, war das Zentrum der Renaissancestadt von Bernardo Buontalenti, nach dessen Plan von 1576 sich hier die beiden Hauptstraßen kreuzten. Buontalentis Entwurf folgte 1587 auch die Piazza mit ihren Arkaden, die bei den Bombardements 1943 zerstört wurden, und die Kirche nach einem Entwurf von Cogorani. Der ebenfalls während des Zweiten Weltkriegs zerstörte Dom wurde nach dem Entwurf (1594-1606) von Alessandro Pieroni mit der Arkadengalerie an der Fassade wieder aufgebaut. Von der Piazza Cavour, an einer der Spitzen des Fünfecks gelegen, gelangt man über den ehemaligen Festungsgraben, den Fosso Reale, und die Via Buontalenti zum Mercato Centrale, einen großen Bau aus Stahl und Glas, den Angiolo Badaloni Ende des 19. Jh. schuf. Kurz hinter der Piazza della Repubblica führt der Weg durch die Via de Larderel zum Cisternone, einem beeindruckenden Werk im neoklassizistischen Stil von Pasquale Poccianti. Es gehört zum ausgedehnten Wasserversorgungssystem Livornos. Hat man die Piazza della Repubblica überquert, blickt man auf die mächtigen Bastionen der Fortezza Nuova, die 1590-94 am alten pisanischen Hafen entstand. Ursprünglich war die Festung über eine lange Festungsmauer mit der Fortezza Vecchia in der Nähe des Porto Mediceo verbunden. Vom Rasen aus hat man einen schönen Blick auf die Stadt.

Venezia Nuova. Der Stadtteil zeigt eines der faszinierendsten Gesichter der Stadt. Das Viertel zwischen der alten und der neuen Festung nimmt das venezianische Modell einer

Santa Giulia, die Schutzheilige Livornos
Nahe der linken Seite des Doms wurde 1603 die Kirche der hl. Giulia und des Santissimo Sacramento errichtet. Sie besitzt das wertvolle Goldgrundgemälde ›Santa Giulia‹ vom Maestro di San Torpè sowie acht ›Geschichten der Heiligen‹.

Von Volterra nach Livorno
Livorno

Stadt auf dem Wasser wieder auf. Den Grundriss entwarf G. B. Santi 1627 und nannte diesen Teil ›Isola Ferdinanda‹. Die starke Ähnlichkeit mit Venedig führte dazu, dass das Viertel statt mit seinem ›Taufnamen‹ bald nur noch ›Venezia Nuova‹ genannt wurde. Wie in der Lagunenstadt selbst zeigt auch die Nachbildung ein faszinierendes Labyrinth von Kanälen, Gassen und Brücken, die früher die Lager mit den Hafenkais verbanden. Indem die Waren auf Straßen und auf Kanälen transportiert werden konnten, wurde das Be- und Entladen der Schiffe erleichtert. Die Kaufleute wohnten meist in den oberen Stockwerken ihrer Lagerhäuser. Wasser und Land waren durch die charakteristischen Laufstege miteinander verbunden. In Venezia Nuova herrschte reges Geschäftstreiben. Davon zeugen auch die riesigen Bottini dell'Olio, die Cosimo III. 1705 errichten ließ, um darin das wertvolle Öl zu lagern. Die beiden Räume haben eine Fläche von ca. 1800 qm², die Decke wird von 32 Säulen getragen. Noch heute sind Reste von einigen der 304 Speicherbecken zu sehen, die den Inhalt von 24 000 Fässern kostbaren Öls aufnehmen konnten. Heute werden die Räumlichkeiten für Veranstaltungen und Ausstellungen genutzt. Bei einem Spaziergang durch Venezia Nuova lässt man sich am besten von seiner Neugier, dem Instinkt und dem Entdeckergeist treiben. Dann stößt man auch auf die schöne Chiesa del Luogo Pio (Chiesa dell'Assunzione e di Maria) und die Chiesa San Ferdinando (1707), die Marmorarbeiten, Stuck und Skulpturen von Giovanni Baratta schmücken. Sehenswert sind auch die Palazzi Monte di Pietà, Colonne, Rosciano und Huigens.

Zur Darsena Vecchia. ›Trockenen Fußes‹ kehrt man wieder zum Rathaus zurück, wo sich entlang der Via San Giovanni gegenüber der Fortezza Vecchia (unten) eine Art steinerne Chronik der Stadt eröffnet. Die ab 1518 von Antonio da Sangallo il Vecchio erbaute Festungsanlage besteht aus drei

Die Casa di Modigliani
Eine Tafel in der Via Roma Nr. 38 erinnert an den berühmten und rebellischen Sohn der Stadt: »Hier wurden dem Maler Amedeo Modigliani Leben, Begabungen und Tugenden geschenkt«.

Livornesischer Humor
»Ihre Einwohner sind verflucht geistreich. Ich sage verflucht, da sie über alles Witze reißen, über Himmel und Hölle, Freunde, Feinde und sogar über die nächsten Verwandten. Sie schwören auf das Grab ihrer Eltern und manchmal auch auf das der Kinder – die noch am Leben sind«, schreibt Davide Melodia in seinem Stadtführer über den Humor der Livorneser.

Die Nuova Sinagoga
Zu den ›Nationen‹, die sich nach 1593 in Livorno niederließen, gehörten auch viele Juden, die vor allem aus Spanien kamen. Ihre 1603 erbaute Synagoge wurde während der Bombardements 1943 zerstört. An derselben Stelle, nicht weit vom Dom, entstand nach dem Krieg eine neue Synagoge.

Von Volterra nach Livorno
Livorno

Giovanni Fattori zu Ehren
Die Villa Mimbelli aus dem 19. Jh. beherbergt das Museo Civico ›Giovanni Fattori‹ mit Gemälden livornesischer Künstler des 19. und 20. Jh. Unter den Werken Fattoris stechen vor allem drei Gemälde hervor: ›Signora Martelli in Castiglioncello‹, ›Maremmanische Scharen‹ und ›Porträt der Gattin‹.

Museen in Livorno
In der neoklassizistischen Villa Maria ist das Centro di Documentazione e Ricerca visiva untergebracht, das sich der Stadtgeschichte widmet. Im angrenzenden Castelletto befindet sich das Museo Mascagnano zu Leben und Werk von Pietro Mascagni (unten eine Karikatur). Die Biblioteca Labronica ist in der Villa Fabbricotti im gleichnamigen Park eingerichtet. Mit ihren 360 000 Bänden ist sie die zweitgrößte Bibliothek der Toscana.

Bastionen – Canaviglia, Capitania und Ampolletta – und dem Mastio di Matilde (Ende 11. Jh.), einem mächtigen Rundturm, den die Markgrafen der Toscana auf den Überresten einer römischen Festung erbauen ließen, des Castrum Liburni. Dieses stammt wahrscheinlich aus der Zeit des Konsuls Pompeius (ca. 67 v. Chr.). 1377 integrierten die Pisaner den Turm in eine größere Festungsanlage, die Quadratura dei Pisani, die Puccio di Landuccio und Francesco di Giovanni entworfen haben sollen. Nach den Bombardements des Zweiten Weltkriegs wurde sie teilweise restauriert und kann heute im Sommer besichtigt werden. Hier betritt man nun endlich das eigentliche Hafengelände und spaziert an der Darsena und den Befestigungen des Porto Mediceo mit dem Leuchtturm vorbei, den Giovanni Pisano entworfen haben soll. Schließlich erreicht man die Torre del Marzocco, das äußerste Bollwerk der Stadt.

Die Strandpromenade. Der Geruch von Jod und das Rauschen der Brandung begleiten den Besucher bei einem Spaziergang über die Strandpromenade Viale Italia, die vom Industriehafen bis zu den Klippen von Antignano von der heiteren Atmosphäre der vielen Gebäude aus dem 19. Jh. geprägt ist. Schon bald erreicht man die sonnige Aussichtsterrasse Mascagni, einen weitläufigen Platz, der zwischen 1927 und 1951 direkt am Meer angelegt wurde, sowie das sehenswerte Acquario Comunale Diacinto Cestoni (1937). Seit 1966 ist hier das Zentrum für Meeresbiologie untergebracht. Hinter der Piazza Modigliani sind die Badeanstalten Pancaldi-Aquaviva aus dem 19. Jh. zu sehen. Daran schließt sich der Stadtteil San Jacopo an, den der Canale dei Lazzaretti durchquert. Dieser Teil der Stadt wurde in der zweiten Hälfte des 16. Jh. als Borgo dei Greci gegründet. Die Griechen hatten von den Medici den Auftrag erhalten, die Flotte für den Stephans-Orden zu bauen. Zum Meer hin sind die Kirche San Jacopo Aquaviva (18. Jh.) und die schöne Accademia Navale zu sehen, ein Wohnviertel am Südrand der Stadt. In der ab 1878 auf Anregung von General Benedetto Brin errichteten Akademie wurden die Militärakademien von Genua und Neapel zusammengeschlossen. Bis nach Ardenza wechseln sich nun Jungendstilhäuser, Gärten, Lauben und Badeanstalten ab. Das Seebad Ardenza entstand als Wohnviertel rund um die Casini (1844), einer Gruppe von neoklassizistischen Häusern in Exedrenform.

Grosseto und die Maremma
Stefano Milioni

- 252 GROSSETO
- 253 VON ROSELLE NACH PUNTA ALA
- 254 VON CASTIGLIONE DELLA PESCAIA NACH ORBETELLO
- 256 *DER STEIN DER MAREMMA*
- 258 VOM MONTE ARGENTARIO BIS MANCIANO
- 260 VON PITIGLIANO NACH MONTEMERANO

▲ Grosseto und die Maremma

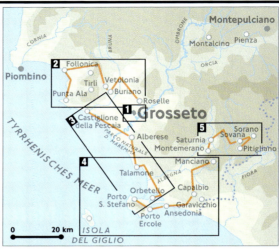

1. Grosseto ▲ 252
2. Von Roselle nach Punta Ala ▲ 253
3. Von Castiglione della Pescaia nach Orbetello ▲ 254
4. Vom Monte Argentario bis Manciano ▲ 258
5. Von Pitigliano nach Montemerano ▲ 260

Die Maremma kommt aus Spanien
Der Name dieser Gegend, in der die Kultur der Etrusker ihren höchsten Ausdruck fand, geht auf die Zeit nach dem Jahr 1000 zurück, als sie unter den politisch-militärischen Einfluss Spaniens geriet, der bis zum 15. Jh. andauerte. Damals wurde der Name Maremma geprägt, der auf das spanische *marismas* (›Sumpf‹) zurückgeht.

Rinderherde in der Nähe von Marina di Alberese (unten)

Das Herz der ausgedehnten Maremma erstreckt sich über die ganze Provinz Grosseto bis an die nördliche Grenze des Latium. Es ist noch immer ein einzigartiger ursprünglicher Lebensraum, in dem sich Meer und Pinienwälder, sonnige Ebenen und Hügel in allen erdenklichen Grüntönen abwechseln. Viele geschichtliche Zeugnisse und jahrhundertealte Traditionen warten darauf, vom Besucher entdeckt zu werden. Man kann aber auch durch die Wälder oder entlang der Küste reiten, entspannte Spaziergänge in einer intakten Natur unternehmen, Thermalkuren machen oder die Genüsse einer einfachen und traditionellen Gastronomie entdecken. Die Route verläuft von Grosseto aus zu den ländlichen Gebieten im Nordosten, eine Gegend, in der man abwechselnd die Überreste der Zivilisationen, die hier aufeinander folgten, und intensive Natureindrücke auf sich einwirken lassen kann.

Grosseto (◆ D D4)

Grosseto (● 70), Zentrum und größter Ort der Maremma, erlebte seine Glanzzeit während der

GROSSETO ▲

Herrschaft der Aldobrandeschi, der Medici und schließlich mit der Thronbesteigung Leopolds II. von Lothringen. Die bedeutendsten Denkmäler befinden sich in der von mächtigen Mauern umgebenen Altstadt.

Stadtmauer. Die beinahe sechseckig angelegten Stadtmauern sind vollständig aus Backstein errichtet und mit imposanten Stützpfeilern verstärkt. An einem der Eckpunkte befindet sich die Festung der Medici (›Fortezza Medicea‹) mit befestigten Gebäuden, Straßen, Plätzen und breiten Treppen.

Dom. Zu den wichtigsten Bauwerken gehört der von Sozzo di Rustichino 1294 begonnene Dom (oben) mit seiner typischen rosa-weiß gestreiften Fassade, in dem sich bemerkenswerte Kunstwerke befinden. Dazu gehören das Taufbecken und das Antependium (1470) des Architekten Antonio Ghini sowie eine Bildtafel mit einer Darstellung der Himmelfahrt Mariens, ein Werk von Matteo di Giovanni.

Kirche und Kloster San Francesco. Die beiden Bauwerke in gotisch-franziskanischem Stil sind puristisch aus Backstein gebaut. Im Innern gibt es bedeutende Fresken der Sieneser Schule sowie ein Kreuz (etwa 1289) über einer Bildtafel, die Duccio di Buoninsegna zugeschrieben wird. Im angrenzenden Kreuzgang kann ein kunstvoller Brunnen aus Travertin, den Ferdinando de' Medici 1590 errichten ließ, besichtigt werden.

Museum für Archäologie und Kunst der Maremma. Archäologische Fundstücke aus der Etruskerzeit, vor allem aus Roselle, sowie bedeutende Werke sakraler Kunst werden hier ausgestellt, von denen eine Darstellung des Jüngsten Gerichts, die Guido da Siena zugeschrieben wird, sowie eine ›Madonna der Kirschen‹ von Sassetta bemerkenswert sind.

VON ROSELLE NACH PUNTA ALA (◆ D CD4)

In der Gegend gleich nördlich von Grosseto finden Natur und Kultur auf wundervolle Weise zusammen.

Roselle. In dem Ort aus dem 7. Jh. v. Chr. sind aus etruskischer Zeit die Ringmauer und ein ovales Haus zu sehen, aus römischer die Überreste des Forums sowie ein kleines Amphitheater auf der nördlichen Anhöhe in der Nähe der Thermen.

Buriano. Der von einer Burg überragte Ort ist möglicherweise schon römischen Ursprungs und erlebte seine Glanzzeit zwischen dem 11. und 14. Jh. In der romanischen Kirche wird eine Reliquie des hl. Wilhelm aufbewahrt, der in der Einsiedelei (Romitorio) außerhalb des Ortes Zuflucht gefunden hatte.

Mauerrundgang
Dort, wo sich die mittelalterliche Stadtmauer befand (von der heute nur noch der sienesische Wehrturm von 1345 übrig ist), ließ Großherzog Franz I. 1574 die neuen Mauern bauen, die die Altstadt von Grosseto umschließen. 261 Jahre später, 1835, ließ Leopold II. die Glacis und Bollwerke in Spazierwege und Parks für die Bevölkerung umbauen. Zu Fuß braucht man etwa eine halbe Stunde für den Rundgang.

Etruskische Maske aus dem 5. Jh. v. Chr. im Archäologischen Museum von Grosseto (oben)

Sillas Rache
Bei Ausgrabungen in Roselle stieß man auf eine Bodenschicht, die darauf hindeutet, dass der Ort im 1. Jh. v. Chr. niedergebrannt wurde. Die Archäologen bringen sie mit ähnlichen Funden der gleichen Epoche in Vetulonia, Talamone, Populonia, Fiesole und Volterra in Verbindung, die allesamt Ergebnisse eines Rachezugs von Silla sein sollen, dem römischen Diktator und Repräsentanten der Patrizier, der so die etruskischen Städte bestrafte, die sich auf die Seite seines Gegners Mario gestellt hatten.

▲ Die Maremma
Von Castiglione della Pescaia
nach Orbetello

Toscanische Cowboys
Die Maremma ist die Heimat der ›Butteri‹, der berittenen Büffel- und Pferdehüter auf den Weiden an der Küste. Berühmt wurde ein Wettkampf mit echten Cowboys Anfang des 20. Jh., bei dem die Italiener den Sieg errangen.

Castel di Pietra – Geschichte und Legende
Im fünften Gesang des ›Fegefeuers‹ in der ›Göttlichen Komödie‹ erinnert Dante an Pia de' Tolomei, die im Castel di Pietra ermordet wurde: »Gedenke mein, der Pia, der das Leben Siena gab, der's die Maremma nahm…« Die Festung befindet sich unweit von Gavorrano an der Straße nach Follonica und wird schon 1067 als Besitz der Abtei von Sestinga erwähnt. 1203 wurde hier ein Pakt zwischen Ildebrandino degli Aldobrandeschi und Siena für den Salzhandel in Grosseto geschlossen.

Vetulonia. Der etwa 20 km westlich von Roselle gelegene Ort beherrschte die Region im 7.-6. Jh. v. Chr., geriet aber in Vergessenheit, bis 1181 die Burg von Colonna errichtet wurde. Aus etruskischer Zeit sind Reste der imposanten Stadtmauer und die Nekropole erhalten. Unbedingt sehenswert ist hier die Tomba del Diavolino II. Das als Diavolino I bezeichnete Grab ist im Archäologischen Museum in Florenz (▲ *132*) ausgestellt. Ebenfalls bemerkenswert sind die Tomba della Pietrera an der Straße nach Buriano sowie das Archäologische Museum.

Follonica. Der Küstenort mag wenig ansprechend erscheinen, ist aber wegen seines 7 km langen Sandstrands einer der beliebtesten Badeorte an der tyrrhenischen Küste. Charakteristisch sind die frei zugänglichen Strände mit feinem und gleichmäßigem Sand sowie das sanfte Meer ohne gefährliche Strömungen.

Punta Ala. Ein grüner Zipfel am südlichen Ende des Golfs von Follonica, der in eine elegante und exklusive Oase der Ruhe umgewandelt wurde. Der Badeort hat eine hervorragende Infrastruktur und ist durch einen schön angelegten Pinienwald gut geschützt. Zahlreiche Wege führen in die umliegenden Hügel und zur alten Burg, von der aus man eine schöne Aussicht genießt. Unmittelbar darunter befinden sich die I Porcellini (›Die Ferkel‹) genannten Felsen sowie die kleine Insel Troia Vecchia (›Alte Sau‹) mit den Resten eines Aussichtsturms aus dem 16. Jh.

Von Castiglione della Pescaia nach Orbetello (◆ **D** D4-5 E5-6)

Auf der interessanten Route Richtung Süden wechseln sich herrliche Aussichtspunkte und malerische Orte entlang der Küste der Maremma bis zur Lagune von Orbetello ab.

Die Maremma
Von Castiglione della Pescaia nach Orbetello

Castiglione della Pescaia. Die auf eine etruskische Siedlung zurückgehende Stadt ist ein beliebter Ferienort mit einem kleinem Hafen und kilometerlangem Strand, den ein dichter Pinienwald säumt. Der Stadtkern ist mittelalterlich und wird von einer mit Türmen versehenen Stadtmauer aus der Zeit der Pisaner Herrschaft (10.-13. Jh.) umgeben. Die Altstadt überragt das Castello Aragonese aus dem 15. Jh.

Parco Naturale della Maremma (● *20*). Der 1975 eingerichtete Naturpark erstreckt sich an der südlichen Küste von Principina a Mare bis nach Talamone. Die Palude della Trappola ›Trappola-Sumpf‹ ist von Alberese aus zugänglich. Das hügelige Gebiet der Monti dell'Uccellina erstreckt sich über 15 km an der Küste bis nach Talamone, wo sich der andere Zugang zum Naturpark befindet. Hier hält die üppige mediterrane Macchia die alten Aussichtstürme fest umschlossen, und Efeu bedeckt die Ruinen der Benediktinerabtei von San Rabano aus dem 11. Jh. Ebenfalls sehenswert sind die Reste einer romanischen Kirche (11.-12. Jh.).

Talamone. Der kleine Ort liegt hoch über dem Meer und wird vom Vorgebirge der Monti dell'Uccellina umschlossen. Der alte Kern wird von einer Stadtmauer begrenzt und von der über dem Ort thronenden Rocca beherrscht, die im 15. Jh. unter der Herrschaft der Republik Siena vom Architekten Lorenzo di Pietro gebaut wurde. Vom Aussichtspunkt in der Nähe des Leuchtturms befindet man sich ein herrliches Panorama. Bei Nordwind reicht der Blick vom Monte Argentario über die Küste von Punta Ala bis nach Castiglione della Pescaia.

Orbetello. Das Städtchen befindet sich auf einer kleinen Halbinsel zwischen der östlichen und der westlichen Lagune. Ein künstlicher Deich verbindet es mit dem Monte Argentario. Die Lagunen werden von zwei Landzungen begrenzt: Tombolo della Feniglia und Tombolo della Giannella mit kilometerlangen schönen Stränden. Unter den vielen geschichtlichen Zeugnissen befinden sich das Pulvermagazin, die Polveriera Guzman, wo sich Garibaldi 1860 beim ›Zug der Tausend‹ versorgte, und die Festung. In der kleinen Kirche Santa Maria ad Portam am zentralen Platz sind schöne Fresken der Sieneser Schule erhalten geblieben, darunter eine ›Jungfrau mit Kind‹. Wenige Meter weiter befindet sich die Porta Nova – zu Ehren des Herzogs von Medinaceli, eines spanischen Gouverneurs im 16. Jh., auch Porta Medinaceli genannt – mit einer

---

Tirli, das Dorf der Holzarbeiter
Die Maremma, das ist auch die Geschichte der Holzarbeiter, die Dörfer wie das zauberhaft zwischen Steineichen und Kastanienbäumen gelegene Tirli bauten. Hoch über den malerischen Gassen erhebt sich die um 1550 errichtete Klosterfestung, in der sich die Bevölkerung vor den Raubzügen der sarazenischen Piraten flüchtete.

DAS GEHÖFT AUF GIANNELLA ♥
In den ruhigen Gewässern um die Tombolo della Giannella tummeln sich häufig Flamingos mit ihrem schönen rosafarbenen Gefieder. Genau in der Mitte der Düne unterhält der WWF in einem spanischen Gehöft aus dem 17. Jh. (unten) ein Zentrum für Umwelterziehung. Am Meer entlang erstreckt sich die Düne als kilometerlanger Sandstrand, der durch mediterrane Macchia von der Straße getrennt wird.

Der steinerne Blick
Fragment aus dem Grabhügel Pietrera (zweite Hälfte des 7. Jh. v. Chr.)

Metall und Stein: Die etruskischen wie auch die römischen Machthaber haben diese zwei Materialien fast obsessiv verwendet. Das Metall symbolisierte den Kern militärischer Macht, denn es machte einen Sieg auch bei gleicher Kräfteverteilung möglich. Der Stein dagegen wurde als politisches Instrument eingesetzt. Er war Sinnbild für Festigung, für die endgültige Besitzergreifung von Städten und Gebieten. So riefen die neuen Herrscher nach einer Eroberung stets Handwerker, die den Stein bearbeiteten, die Straßen, Stadtmauern, Tore und Türme bauten. Dann beauftragten sie Architekten und Künstler mit der Errichtung von Amphitheatern sowie mächtigen und schönen Palästen und Tempeln, deren Verzierungen die Beherrschung der Materie und des Geistes zum Ausdruck brachten. Die archäologischen Funde sind Ergebnis einer Geschichte, in der die Zivilisationen die Zeugnisse ihrer Herrschaft in Stein formten.

Herrschaft über die Materie
Das Terrakotta-Fragment eines Kriegers (rechts) und die Marmorbüste (links), die beide im Antiquarium von Cosa ausgestellt sind, zeigen, dass die spätetruskische und die römische Bildhauerkunst wohl auch wegen des griechischen Vorbilds zu diesem Zeitpunkt bereits in der Lage war, die Materie jeder Darstellungsabsicht zu unterwerfen.

Der Giebel von Talamone
Der Giebel des Tempels von Talamone entstand ca. 150-130 v. Chr. und ist eines der bedeutendsten etruskischen Terrakotta-Werke der hellenistischen Periode. Thema der Darstellung ist der Zug der ›Sieben gegen Theben‹ (links ein Detail mit der Furie, die die Pferde Amphiaraos' in die Tiefe des Meeres zieht).

Roselle
Ein *opus reticulatum* aus den Ausgrabungen von Roselle, einer 294 v. Chr. von den Römern eroberten etruskischen Stadt. Die polygonalen Stadtmauern, die die Stadt noch heute umschließen, stammen aus dem 6. Jh. v. Chr. und wurden auf einer älteren Befestigungsmauer aus rohen Ziegelsteinen errichtet.

Vetulonia
Neben den Resten der römischen Straße (3.-1. Jh. v. Chr.) sind große Teile der etruskischen Stadtmauer erhalten geblieben, die zu mächtig war, als dass sie von den neuen Herren hätte zerstört werden können.

Ansedonia
Die Tagliata Etrusca ›etruskischer Einschnitt‹ ist ein Kanal, den die Römer geschaffen haben, um den Zu- und Abfluss des Meerwassers im antiken Hafen zu regulieren.

Cosa
Stadtmauern und Türme der 273 v. Chr. gegründeten römischen Kolonie. Die mächtige Ringmauer mit drei Stadttoren wurde aus riesigen, polygonalen und miteinander verkanteten Kalksteinen errichtet. Zum Meer hin ist sie mit 17 viereckigen Türmen versehen.

Das Ziborium von Sovana
Der Altarbaldachin der romanischen Kirche Santa Maria ist ein herrliches Beispiel vorromanischer Kunst (8.-9. Jh.) und verkörpert eine Etappe bei den Bemühungen, sich der Welt und der Materie erneut zu bemächtigen, wobei Letztere in diesem Fall kaum mehr als durch Einritzen bearbeitet wurde. Die Technik kennzeichnet auch die ganze mittelalterliche Kultur.

▲ Die Maremma
Vom Monte Argentario bis Manciano

Blick auf Porto Santo Stefano

Oase Burano
An der Küste südlich von Ansedonia erstreckt sich die Oase des Burano-Sees, die vom WWF unter Naturschutz gestellt wurde. Sie ist 410 ha groß und umfasst den See und einige kaum mehr als 1 m tiefe Wasserflächen. Man versucht hier, ein Ökotop zu bewahren, in dem u. a. Wasservögel (Krickenten, Reiher, Löffelenten, Stelzenläufer), viele Fischarten (Aale, Meeräschen, Seebarsche) sowie Füchse, Dachse und Stachelschweine leben.

Die Insel Giannutri
Die kleinste und südlichste Insel der Toscana. Sie wird vor allem von Tauchern besucht und ist am schönsten, wenn im Frühjahr alles zu blühen anfängt. Sehenswert sind die Ruinen der römischen Villa der Domizi Enobarbi aus dem 1. Jh. v. Chr. mit Mosaikresten, gepflasterten Alleen und Säulen.

Statue des hl. Blasius, des Schutzpatrons von Orbetello. Die Altstadt umgibt eine etwa 2 km lange etruskische Mauer. Weitere bedeutende Bauwerke sind die Kathedrale Santa Maria Assunta mit einer Fassade in gotisch-toscanischem Stil, das frühere Klarissinnen-Kloster, in dem sich der wertvolle Giebel des Tempels von Talamone befindet, der Palazzo di Spagna mit Campanile und der Anfang des 16. Jh. gebaute Palazzo del Municipio (Rathaus). Biegt man in die ›Diga‹ ein, sieht man den unvergleichlichen Mulino di Spagna, die letzte von neun Mühlen, die die Sieneser gebaut haben und die ihren Namen den Umbauten unter spanischer Herrschaft verdankt.

Vom Monte Argentario bis Manciano (◆ D E5-6 F5)

Das Vorgebirge des Monte Argentario beherrscht das Landschaftsbild, und in der Ferne taucht aus dem kristallklaren Meer die Isola del Giglio auf. Im Innern wechseln sich Weiden, Äcker und malerische mittelalterliche Dörfer ab.

Der Monte Argentario. Trotz Bodenspekulation und verheerender Brände in den letzten Jahren ist der Monte Argentario (oben) ein faszinierendes Reiseziel. Die steile Küste wechselt sich mit Buchten und wundervollen kleinen Stränden mit tiefem Wasser ab. Die ursprüngliche Natur wird gelegentlich von Mauern, Befestigungen und Türmen unterbrochen, die an strategisch wichtigen Stellen auftauchen. Sie waren Teil eines ausgedehnten Verteidigungs- und Überwachungssystems, das die Spanier im 16. und 17. Jh. errichtet haben.
Porto Santo Stefano. Der kleine Badeort liegt an zwei malerischen Buchten der nördlichen Küste des Monte Argentario. Vom Hafen aus wird seit römischer Zeit die Insel Giglio angefahren. Die von Villen und Prunkgebäuden gesäumte Panoramastraße windet sich rund um die Halbinsel in die Höhe. Ganz oben erhebt sich der Ortsteil Rione Fortezza, dessen Name sich auf den mittelalterlichen, erst sienesischen, dann spanischen Wehrturm bezieht.
Porto Ercole (● *51, 70*). Der Ort an der Ostküste des Monte Argentario wurde möglicherweise von den Phöniziern gegründet. In der Ortsmitte befindet sich der natürliche Hafen, der heute ein lebhaftes touristisches Zentrum ist. Die Altstadt mit kleinen Gassen und die dem Schutzpatron der Seefahrer geweihte Kirche Sant'Erasmo liegen innerhalb der charakteristischen Festung. Am Ende der Hauptstraße stößt man auf die Piazza Santa Barbara, eine schöne, zum Hafen gelegene

DIE MAREMMA
CAPALBIO

ISOLA DEL GIGLIO ★
Giglio liegt etwa 14 km vom Monte Argentario entfernt und ist die zweitgrößte der toscanischen Inseln mit einer Felsküste, die Sandstrände unterbrechen. In diesem Gebiet zerstörte Friedrich II. 1241 die Genueser Flotte, die die Prälaten zu dem von Papst Gregor IX. einberufenen, gegen den Kaiser gerichteten ökumenischen Konzil bringen sollte.

Terrasse. Hier steht der Palazzo Consani, der früher die offizielle Residenz des spanischen Gouverneurs war.

Isola del Giglio. Über 90 % der Inselfläche sind unbewohnt. Es gibt nur drei größere Ansiedlungen: Giglio Porto an einer Einbuchtung der Ostküste mit pastellfarbenen Häusern zwischen Anhöhen, die mit Weinreben bepflanzt sind, und Giglio Castello weiter oben auf einem steil ins Meer abfallenden Felsen, ein befestigtes Dorf mit einer hohen Stadtmauer, mittelalterlichen Türmen und zur Burg ansteigenden kleinen Gassen und steilen Treppen. Am gegenüberliegenden Hang erstreckt sich der lange Strand des Ortes Campese, der über einen mächtigen Turm aus der Zeit der Medici verfügt.

Die Küste der Isola del Giglio in der Nähe der Bucht Cala delle Cannelle (oben)

Ansedonia. Das bewaldete Vorgebirge erhebt sich hoch über der sandigen Küste und der dunkelgrünen mediterranen Macchia am Ende der Tombolo della Feniglia. Auf der Anhöhe befinden sich die Ruinen von Cosa, einer antiken römischen Stadt. An den meerwärts gelegenen Hängen ragen zahlreiche Villen aus dem dichten Grün hervor und bilden ein diffuses Wohngebiet mit Blick auf die Klippen, die zwischen dem Strand von Feniglia und der Tagliata Etrusca (▲ 257) liegen, einem Kanal, den die Römer in den Fels gehauen haben, um den Zu- und Abfluss des Wassers im antiken Hafen zu sichern.

Capalbio. Der Ort liegt fast an der Grenze zum Latium auf einer bewaldeten Erhebung und war die erste befestigte Kleinstadt der toscanischen Maremma. Die Stadtmauer hat zwei Tore: die Porta Senese und die Porta Porticina. In der romanischen Kirche San Nicola sind kostbare Fresken der umbrischen und sienesischen Schule des 15. und 16. Jh. zu sehen. Im Norden des Ortes befindet sich der Palazzo Collacchioni, der auf den Resten der antiken Rocca Aldobrandesca errichtet wurde und einen imposanten Verteidigungsturm aus dem 12 Jh. hat. Außerhalb der Stadtmauern liegt das Oratorio della Provvidenza mit einer Kapelle aus dem 15. Jh. und Verzierungen der Schule Umbriens und des Latiums.

Manciano. Ein mittelalterliches Dorf auf einem Hügel in üppiger, mit Weinreben und Olivenbäumen bepflanzter Landschaft. Sehr sehenswert sind das Oratorium Santissima Annunziata aus dem 17. Jh. sowie die Fortezza (15. Jh.), von der aus man einen herrlichen Blick vom Monte Amiata bis zum Tyrrhenischen Meer hat. Ebenfalls lohnend ist der Besuch des Museums für Ur- und Frühgeschichte.

Der Tarock-Garten
Nicht weit von Capalbio entfernt, in der Ortschaft Garavicchio, kann man den außergewöhnlichen Giardino dei Tarocchi (Tarock-Garten) mit 22 großen Figuren besichtigen. Die französische Künstlerin Niki de Saint-Phalle schuf diese fantastischen begehbaren Skulpturen aus Stahlbeton und Polyester. Die Oberfläche der Skulpturen ist mit Keramikmosaik aus lokaler Herstellung sowie mit Glasscheiben und Spiegeln dekoriert.

▲ Die Maremma
Von Pitigliano nach Montemerano

Das Ildebranda-Grab (oben) aus dem 3. Jh. v. Chr. in der Nähe der Nekropole Poggio Felceto in Sovana

Von Pitigliano nach Montemerano (♦ D EF5)

Die Orte an der Straße nach Montemerano sind sehr eindrucksvoll.

Pitigliano. In dem Dorf (unten rechts der Brunnen) befindet sich der bemerkenswerte Palazzo Orsini aus dem 16. Jh., der auf einen Bau aus dem 14. Jh. zurückgeht und neben dem sich ein Aquädukt aus dem 16. Jh. befindet. Im Innern des Palazzo Orsini befindet sich das Diözesanmuseum mit einer reichen Sammlung etruskischer Fundstücke. Schöne Gebäude sind auch die Kirche Santa Maria aus dem 16. Jh. in der Nähe der Porta di Capisotto und die Kathedrale mit Barockfassade. Im alten Ghetto kann die restaurierte und wieder für Gottesdienste genutzte Synagoge (1589) besichtigt werden.

Sorano. Der aus dunklem Tuffstein errichtete Ort (oben) ist etruskischen Ursprungs und wurde terrassenförmig an einen steil abfallenden Felsen gebaut. Sehenswert sind die Kirche und die Überreste des gräflichen Palastes. Die von Anton Maria Lar 1552 entworfene Fortezza war mit einem Verteidigungssystem verbunden, von dem Reste in Montorio, Castell'Ottieri und Vitozza erhalten geblieben sind.

Sovana. Jedes Haus dieses Ortes ist ein Denkmal, die kunstvollen Bauwerke zeugen von der Bedeutung, die der Ort im Mittelalter hatte. Am Hauptplatz befinden sich der Palazzo Pretorio (12.-13. Jh.), die Loggetta del Capitano, der Palazzo Bourbon del Monte aus der Renaissance und die romanische Kirche Santa Maria Maggiore mit Fresken der Sieneser Schule sowie einem vorromanischen Ziborium (8.-9. Jh., ▲ 257). Am Ende des Orts steht der romanische Dom, der den Heiligen Petrus und Paulus geweiht ist. Etwas außerhalb wurden zahlreiche etruskische Nekropolen gefunden, von denen Sopraripa die älteste ist (7.-6. Jh. v. Chr.).

Saturnia. Besucher aus aller Welt kommen zu den Thermalquellen, deren Wasser bei Rheuma, Stoffwechsel-, Magen- und Atemwegserkrankungen sowie bei allen Arten von Stress helfen soll. Aus der Vergangenheit sind die Stadtmauern, die im 15. Jh. von den Sienesern auf den Resten der etruskischen und römischen Mauern errichtet wurden, die Reste des Wehrturms und die des römischen Stadttors erhalten.

Montemerano. In dem alten Ort auf einem Hügel in ländlicher Umgebung ist innerhalb der Stadtmauern aus dem 15. Jh. eine mittelalterliche Burg erhalten. Neben dem schiefen Turm aus dem 14. Jh. steht die Kirche San Giorgio mit Kunstwerken des 15. Jh., darunter ein Polyptychon mit einer ›Thronenden Jungfrau mit Kind und den Heiligen Petrus, Georg, Lorenz und Franziskus‹ (1458) von Sano di Pietro.

Die Thermen von Saturnia ♥

Wegen seiner dampfenden Quellen war Saturnia jahrhundertelang von Legenden umgeben. Schon die Römer wussten die therapeutische Wirkung des radioaktiven Wassers von konstant 37,5° C zu schätzen. Mitte des 19. Jh. wurden die Quellen wieder für die Öffentlichkeit zugänglich gemacht, die wieder sehr beliebt sind.

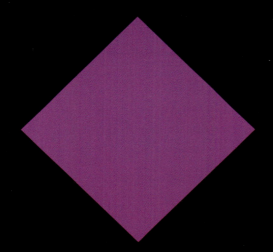

Praktische Informationen

262 REISEVORBEREITUNGEN/ANREISE
264 UNTERWEGS IN DER TOSCANA
265 TOSCANA VON A BIS Z
270 FESTE UND VERANSTALTUNGEN
271 SEHENSWÜRDIGKEITEN
292 ADRESSEN:
    HOTELS UND RESTAURANTS
312 LITERATURTIPPS
313 ABBILDUNGSNACHWEIS
319 REGISTER
325 REISEATLAS

◆ REISEVORBEREITUNGEN/ANREISE

AUSKUNFT

ITALIENISCHE FREMDEN-VERKEHRSÄMTER (ENIT)

... IN DEUTSCHLAND
- Infomaterial-Servicenummer:
0190-79 64 40
(0,12 DM/3 Sek.)
- Karl-Liebknecht-Straße 34
10178 Berlin
Tel. 030/247 83 97,
Fax 030/247 83 99
E-Mail: enit-berlin@t-online.de
- Kaiserstraße 65
60329 Frankfurt/M.
Tel. 069/23 74 30,
Fax 23 28 94
E-Mail: enit-ffm@t-online.de
- Goethestraße 20
80336 München
Tel. 089/53 03 60-9,
Fax 53 45 27, E-Mail: enit-muenchen@t-online.de

... IN ÖSTERREICH
- Infomaterial-Servicenummer:
Tel. 0900-400 646
(21 öS./Min.)
- Kärntnerring 4
1010 Wien
Tel. 01/505 16 39-0,
505 16 39-12
Fax 01/505 02 48
delegation.wien@enit.at

... IN DER SCHWEIZ
- Infomaterial-Servicenummer:
Tel. 0906-90 00 30
(2,13 sFr./Min.)
- Uraniastraße 32
8001 Zürich
Tel. 01/211 30 31,
Fax 211 38 85
enit@bluewin.ch

... IM INTERNET
- www.enit.it
Homepage der ENIT
(Ital., Engl., Deutsch)
- www.turismo.toscana.it
Aktuelle Infos, Veranstaltungen, Hotels, touristische Werbung (in Engl.)
- www.fionline.it
Florenz (Firenze) online, inkl. Hotelreservierung in Engl.
- Weitere Informationen auch über die ›Reiselinks‹ bei www.dumontverlag.de

BUDGET
Günstige Hotels in Florenz beginnen bei 80 000 Itl., in Luxushotels kann man aber auch 1 100 000 Itl. ausgeben. In günstigen Restaurants kostet ein Gericht ab 20 000 Itl. Die Eintrittspreise für Museen liegen zwischen 4000 und 12 000 Itl., ein Kaffee kostet 1500, ein Cappuccino 2000, ein Glas Chianti 2500-3000 Itl.

ELEKTRIZITÄT
Die Spannung des Wechselstroms liegt bei 220 V. Die Steckdosen können Zweipunkt- und Dreipunktstecker aufnehmen.

ERMÄSSIGUNGEN
Beim CTS (Centro Turistico Studentesco e Giovanile) kann man Karten erwerben, die zu Ermäßigungen in Museen, Geschäften, Restaurants, Hotels und sogar bei Flug- und Zugtickets berechtigen.
- **MEMBERSHIP CARD**
Für 50 000 Itl. für jeden ohne Altersbegrenzung erhältlich. Wer unter 26 Jahre ist, hat gleichzeitig Anspruch auf die Carta Giovani oder auf den Studentenausweis (ISIC).
- **INTERNATIONALER STUDENTENAUSWEIS**
Ausländische Studenten mit Studentenausweis haben ebenfalls Anspruch auf die CTS-Ermäßigungen.
- **CTS in Florenz**
via dei Ginori, 25/r
Tel. 055289721 und 055289570

FORMALITÄTEN
Für Staatsbürger der Europäischen Union genügt ein gültiger Personalausweis. Bei Minderjährigen ohne Begleitung eines Erziehungsberechtigten wird eine Ausreiseerlaubnis verlangt. Für Autofahrer gelten die europäischen Normen: Führerschein und Fahrzeugpapiere müssen, die internationale grüne Versicherungskarte sollte dabei sein.
HAUSTIERE müssen gegen Tollwut geimpft sein, die Impfung darf nicht länger als 11 Monate zurückliegen.

GELD
Bis 1. Jan. 2002 ist die Währung Italiens noch die Italienische Lira (Itl.) zu 100 Centesimi. Es heißt *lira* im Singular und *lire* im Plural. 1000 Itl. entsprechen 0,52 EUR, ca. 1 DM, 7,10 öS, 0,85 sFR. Es gibt Banknoten von 1000, 2000, 5000, 10 000, 50 000, 100 000 und 500 000 Lire sowie Münzen von 50, 100, 200, 500, 1000 Lire.

→ **DEVISENUMTAUSCH**
Geld kann an Schaltern und Automaten der großen Banken getauscht werden.

→ **KREDITKARTEN**
An Geldautomaten kann man mit den gängigen Karten (Visa, Master Card, American Express, EC-Karte etc.) Geld abheben. In Hotels und Geschäften in den Städten werden die wichtigsten Kreditkarten in der Regel akzeptiert, in kleineren Orten oder Geschäften sollte man sich vorsichtshalber erkundigen.

GESUNDHEIT
EU-Staatsbürger können sich die Bescheinigung E111 von ihrer Krankenversicherung ausstellen lassen. Damit ist eine Kostenübernahme im Krankheitsfall gewährleistet. Eine zusätzliche Auslandsversicherung ist dennoch sinnvoll.

SOMMERZEIT
Bei Frühlingsanfang tritt die Sommerzeit in Kraft, die Uhren werden eine Stunde vorgestellt, im Herbst werden sie wieder zurückgestellt.

KLEIDUNG
Für den Sommer sollte man leichte und kurzärmelige Kleidung vorsehen, für den Herbst auch Pullover und einen Regenmantel. Bei der Besichtigung von Kirchen müssen Knie und Schultern häufig bedeckt sein.

KLIMA
Das Klima variiert stark zwischen Küste und Inland, auch wenn sich die Toscana im Allgemeinen heißer und trockener Sommer und milder Winter erfreut. Die mittlere Temperatur in Florenz liegt zwischen 2 °C im Winter und 30 °C im Sommer. Die beste Reisezeit ist zwischen März und Juni, also vor der Sommerhitze, oder Sept. und Okt.

TELEFONIEREN
Wer vom Ausland in die Toscana telefoniert, wählt 0039 + Anschlussnummer, anders als in Deutschland aber stets mit der 0 der italienischen Teilnehmernummer.

ANREISE

→ **ENTFERNUNGEN**
Amsterdam 1282 km
Basel 700 km
Berlin 1188 km
Mailand 299 km
Rom 278 km
Wien 787 km

→ **MIT DEM AUTO**
Bei der Anreise von Deutschland aus kann man die Alpen entweder über den Brenner-Pass oder über den Gotthard überqueren.
- Wer aus Richtung Berlin, Nürnberg, München kommt,

ANREISE ◆

wählt den Brenner-Pass und fährt über Bologna beispielsweise Richtung Florenz weiter. Von München nach Florenz sind es etwa 650 km.

■ Aus Richtung Frankfurt/M. oder Stuttgart über Freiburg kommend wählt man die Gotthard-Strecke und fährt weiter über Mailand, dann entweder über Parma und La Spézia Richtung Livorno oder über Bologna Richtung Florenz. Von Basel nach Florenz sind es etwa 700 km.

■ Für die Benutzung der Schweizer Autobahnen muss man eine ›Vignette‹ kaufen. Auch die italienischen Autobahnen sind mautpflichtig. Man bezahlt an Mautstationen entweder in bar, mit der Kreditkarte oder mit der Viacard, die an Tankstellen und Mautstellen erhältlich ist.

■ Auf den italienischen Autobahnen gilt für PKW Tempo 130, auf Schnellstraßen 110, auf Landstraßen 90 und innerorts 50 km/h.

■ Man muss sich darauf einstellen, dass es in italienischen Städten schwierig ist, einen Parkplatz zu finden. Man sollte seinen Wagen möglichst nicht aus den Augen lassen, einen bewachten Parkplatz wählen und keine Wertsachen im Auto liegen lassen.

■ Bei Pannen: Tel. 803 116 (ACI, Italienischer Autoclub) und Tel. 0049/89/22 22 22 (ADAC-Notrufzentrale München, 24-Std.-Dienst)

→ **MIT DEM BUS**
Eine Busreise in die Toscana bietet am ehesten die Möglichkeit, schon während der Anreise die Reize der italienischen Landschaften zu genießen. Die Busse der italienischen Gesellschaft Eurolines verbinden etwa 70 westeuropäische Städte mit 30 Zielen in Italien. Die Busse sind komfortabel ausgestattet.
EUROLINES ITALIA
www.eurolines.it
Via Mercadante, 2/b
50144 Firenze
Tel. 055357110 und

INNERES EINES FERIENHOFS

CHIANTI

166845010 (kostenpflichtig).
Man kann sich dank des öffentlichen Verkehrsnetzes auch ohne eigenen PKW gut in der Toscana fortbewegen (◆ 264)

→ **MIT DEM FLUGZEUG**
Die Flughäfen von Florenz und Pisa werden von Frankfurt/M., München, Stuttgart und Wien direkt angeflogen. Weitere Verbindungen gibt es via Mailand.
INFORMATION:
www.aua.com
www.lufthansa.com
www.swissair.com
FLORENZ – FLUGHAFEN ›AMERIGO VESPUCCI‹
Der Flughafen in Florenz-Peretola liegt nur 6 km vom Florentiner Stadtzentrum entfernt. Mit dem SITA-Bus gelangt man für 6000 Itl. in das Zentrum von Florenz und kann ggf. von dort mit der Bahn weiterreisen. Der Linienbus der ATAF kostet 1500 Itl.
INFORMATION:
Tel. 055 37 34 98.

PISA – FLUGHAFEN GALILEO GALILEI
Auch der internationale Flughafen von Pisa wird von den meisten europäischen Flughäfen aus angeflogen. Von hier aus reist man per Bus oder per Bahn weiter.

→ **MIT DEM SCHIFF**
Wer aus anderen Teilen Italiens anreist, mag eine Schiffsreise vorziehen: Die Häfen von Livorno und Piombino haben Verbindungen nach Sizilien, Sardinien, und Korsika.

→ **MIT DEM ZUG**
Gute Bahnverbindungen in die Toscana, besonders nach Florenz, gibt es u. a. von Köln, Mannheim, München, Basel, Zürich, Innsbruck und Wien aus. Man hat die Wahl zwischen Schlaf-, Liegewagen und Autoreisezügen. Im Sommer ist es sinnvoll, Plätze zu reservieren. Sofern man nicht schon eine Bahncard hat, lohnt sich deren Anschaffung durchaus, um die sonst hohen Reisekosten zu reduzieren.
INFORMATION:
■ **Deutsche Bahn,**
www.bahn.de
Der Florentiner Zentralbahnhof, Stazione S. Maria Novella, liegt direkt im Stadtzentrum. Mit leichtem Gepäck kann man z. B. bequem zum Domplatz spazieren, oder ggf. auch das Hotel aufsuchen. Wer noch kein Zimmer reserviert hat, findet hier auch eine Zimmervermittlung.
Wer mit der italienischen Eisenbahn weiterreist, sollte stets mit einem gültigen Fahrschein in den Zug steigen, denn die Nachlösegebühren sind in Italien recht hoch. Achtung: Anders als in Deutschland müssen in Italien auch die Fernreise-Tickets vor der Abfahrt in den entsprechenden Automaten entwertet werden. Für den italienischen Schienenverkehr ist überwiegend die staatliche Gesellschaft Ferrovie dello Stato (FS) zuständig.
INFORMATION:
■ **Fs Informa**
Tel. 147888088
(7-21 Uhr)
www.fs-on-line.it
■ **Behinderte**
Tel. 0552352275

◆ Unterwegs in der Toscana

AUTO UND MOTORRAD
Gurtpflicht besteht für alle Insassen des Wagens, Helmpflicht für Motorradfahrer. Geschwindigkeitsbegrenzungen: innerorts 50 km/h, 90 km/h auf Landstraßen, 110 km/h auf Schnellstraßen und 130 km/h auf Autobahnen. Verkehr und Parkplatzsuche in den Städten sind in den Stoßzeiten recht mühsam.

BUSSE
■ **CAP**
Verkehrt zwischen Prato, Pistoia, Montagne Pistoiesi und das obere Mugello.
Tel. 055214637
■ **LAZZI**
Verbindungen von Florenz mit La Spezia, Pontedera und Arezzo.
Via Mercadante 2
Tel. 055363041
www.lazzi.it
■ **RAMA**
Verbindet Grosseto mit vielen Orten in der Provinz, Piombino, Siena und Florenz.
Via Topazio 12
Tel. 0564475111
■ **SENA**
Verkehrt zwischen Livorno, Pisa, Florenz, Siena und Lucca.
Piazza Gramsci, Unterführung ›La Lizza‹, Siena
Tel. 0577283203 und 0577247934
■ **SITA**
Öffentlicher Nahverkehr, Ersatzdienst für die FS, überregionale Linien. Sitz in der Toscana viale Cadorna 105, Florenz,
Tel. 0554782237

EISENBAHN
Die Ferrovie dello Stato bedienen den größten Teil des regionalen Streckennetzes. Fahrscheine erhält man in Bahnhöfen und Reisebüros, sie sind zwei Monate gültig und müssen vor Fahrtantritt entwertet werden.

FÄHREN
Die toscanischen Inseln verfügen über gute Verbindungen mit den Häfen von Piombino, Livorno und Porto Santo Stefano. Im Sommer noch zusätzliche Überfahrten. Piombino-Portoferraio (1 Std.); Livorno-Capraia (2.30 Std.); Porto Santo Stefano-Isola del Giglio (1 Std.) und Giannutri (1.30 Std.).
MOBY LINES
Tel. 0565918101
www.mobylines.it
TOREMAR
Tel. 0586224511
www.toremar.it
MAREGIGLIO
Tel. 0564809309

FAHRRAD
In den Verleihstationen gibt es Informationen und Touren für alle Ansprüche.
■ **CAI**
Sektion von Florenz
Tel. 0552398580

FLUGHÄFEN
→ **FLUGHAFEN ›AMERIGO VESPUCCI‹, FLORENZ**
Via del Termine, 11
www.safnet.it
Information
(7.30-23.30 Uhr)
Tel. 055373498
ATAF
Linie 62 (alle 20 Min., 6-22.35 Uhr); Fahrtdauer: 20 Min. Information:
Tel. 0555650222
SITA
Busse über S. Caterina da Siena 17 (seitlich von S. Maria Novella). Abfahrt stündlich bis dreiviertelstündlich (8.15-20.05 Uhr); Fahrtdauer: 20 Min. Information:
Tel. 800373760
Nach Pisa
Verbindung mit dem Zug (ca. 1 Std.) oder mit dem SITA-Bus (ca. 3 Std.).
Check-in für Pisa
Check-in für ›Galileo Galilei‹ in Pisa vom Air Terminal Firenze in Bahnhof S. Maria Novella, Gleis 5 (tgl. 6-16.30 Uhr).
Tel. 055216073
■ **AUTOVERMIETUNG**
(9-23 Uhr)
Avis
Tel. 055315588
Sixt
Tel. 055309790
Europcar
Tel. 055318609
Hertz
Tel. 055307370
Italy by Car
Tel. 055300413
Maggiore
Tel. 055311256

→ **FLUGHAFEN ›GALILEO GALILEI‹, PISA**
Via dell'Aeroporto, loc. San Giusto
Tel. 050500707
www.pisa-airport.com
■ **VERBINDUNGEN**
Vom Bahnhofsplatz zum Flughafen sind es 2 km.
Mit dem Bus
Bus Nr. 3 FS (alle 15 Min.); Fahrtdauer: 10 Min. Information:
C.P.T. Tel. 050505511
Mit dem Wagen
Direkter Anschluss an die Autobahnen A12 (Pisa-Genua), A11 (Pisa-Florenz) und an die Schnellstraße Florenz-Pisa-Livorno.
Nach Florenz
Anschluss an den Bahnhof S. Maria Novella in Florenz mit dem Zug oder mit den Bussen der SITA. Stazione di S. Maria Novella FS Ufficio Informazioni
Tel. 147888088
(7-21 Uhr)
■ **AUTOVERMIETUNG**
Avis
Tel. 05042028
Sixt
Tel. 05046209
Europcar
Tel. 05041017
Hertz
Tel. 05043220
Italy by Car
Tel. 05045490
Liberty Rent
Tel. 05049500
Maggiore
Tel. 05042574

ÖFFENTLICHER PERSONENVERKEHR
Für die Fortbewegung innerhalb der Städte sind die örtlichen Betreiber von Bussen und Kleinbussen zuständig. Fahrscheine werden an Schaltern an den Endstationen verkauft, in Kiosken, in Tabakgeschäften und in einigen Bars. Für besondere Fahrscheine wie Tagesoder Wochenkarten wende man sich an die örtliche Touristeninformation oder direkt an die Fahrkahrtenverkäufer.

TAXI
Taxis findet man vor den Flughäfen, vor den Bahnhöfen, vor großen Hotels sowie auf den großen Plätzen im Stadtzentrum.

VON FLORENZ NACH
Arezzo: 77 km
Grosseto: 143 km
Livorno: 115 km
Lucca: 73 km
Massa Carrara: 117 km
Pisa: 91 km
Pistoia: 36 km
Prato: 18 km
Siena: 68 km

RADFAHREN

Toscana von A bis Z ◆

APOTHEKEN
In der Regel geöffnet 8.30-12.30 und 15-19 Uhr. Wenn geschlossen, werden Name und Adresse der Bereitschaftsapotheke angegeben.

AUTOVERMIETUNG
Die wichtigsten Gesellschaften sind an den Flughäfen von Florenz und Pisa vertreten und verfügen über dichte Service-Netze in der Region.
- HERTZ
Tel. 199114411
www.hertz.it
- MAGGIORE
Tel. 147867067
www. maggiore.it
- AVIS
Tel. 064701400
- SIXT
Tel. 167018668
- NATIONAL CAR RENTAL
Tel. 167018668
- EURORENT
www.rent.it

BAHNHÖFE IN DER PROVINZ
- AREZZO
– Stazione F.S.
Piazza della Repubblica 1,
Tel. 147888088
– Stazione La Ferroviaria Italiana,
Via Guido Monaco 37,
Tel. 057539881
- FLORENZ
Tel. 166105050 und 147888088
- GROSSETO
Piazza Marconi 6,
Tel. 056422331
- LIVORNO
Piazza Dante,
Tel. 147888088
- LUCCA
Piazza Ricasoli,
Tel. 058347013
- MASSA CARRARA
Massa Centro,
Piazza IV Novembre 32, Tel. 0585790791
- PISA
Stazioni F.S.,
Centrale,
San Rossore
und Aeroporto,
Tel. 147888088
- PISTOIA
Piazza Dante Alighieri,
Tel. 057331192
- PRATO
Tel. 147888088

THERMALBAD IN SATURNIA

SPEZIALITÄTEN

- SIENA
Piazza Rosselli 7,
Tel. 0577280115

BALLON FLIEGEN
Chianti Balloon Club
Flüge mit dem Ballon über das Chianti.
Start morgens zwischen März und Sept.
Reservierung:
Tel. 057736323

BANKEN
In der Regel 8.30-13 (oder 13,30) und 14.45-15.45 Uhr (oder 16.30 Uhr) geöffnet.

FREIZEITPARKS
- ACQUA
Via Tevere 25,
Cecina Mare (Li)
Aqua-Park geöffnet bis Mitte September 10-18 Uhr (Juli und August 10-18.30 Uhr). Information:
Tel. 0586622539
- CICLILANDIA
Piazza dei Fiori (Nordseite),
Tirrenia (Pi)
Tel. 05033573
Geöffnet Mo-Sa 14.30-19.30, So 9.30-12.30 und 14.30-19.30 Uhr Verkehrslehrgarten
- GIARDINO ZOOLOGICO ‹CITTÀ DI PISTOIA›
Tgl. geöffnet 9-19 Uhr,
Tel. 0573911219
- IL CAVALLINO MATTO
Donoratico-Castagneto Carducci (Li) Tel. 0565745720
- MONDOBIMBO
Florenz, Parterre,
Piazza della Libertà;
tgl. geöffnet 10.30-24 Uhr
Tel. 0330909150
- PARCO GIOCHI ‹SKIZZOLAND›
Viale Marconi,
Torre del Lago
Tel. 0335262268
- PARCO DI PINOCCHIO
Collodi – Pescia (Pt)
Tgl. geöffnet 8.30 bis Sonnenuntergang
Tel. 0572429342

FREMDEN-VERKEHRSÄMTER
→ AREZZO
Piazza Risorgimento 116, Tel. 057523952
Informationsbüro:
Piazza della Repubblica 28,
Tel. 0575367678

→ FLORENZ
Via Manzoni 16,
Tel. 0552320
- Provincia-Comune,
Via Cavour 1/r,
Tel. 055290832
- Uffici Informazioni del Comune
Tel. 0552302124
- Büro in S. Maria Novella (außen)
Tel. 055212245
- Büro im Flughafen
Tel. 055315874

→ GROSSETO
Via Fucini 43/c,
Tel. 0564454510

→ LIVORNO
Piazza Cavour 6,
Tel. 0586898111
- Informationsbüro: (nach Saison)
Porto Mediceo,
Tel. 0586895320;
Stazione marittima,
Calata Carrara,
Tel. 0586210331

→ LUCCA
Piazzale Verdi,
Vecchia Porta San Donato,
Tel. 0583419689

→ MASSA CARRARA
in Marina di Massa,
Viale Vespucci 24,
Tel. 0585243636 und 0585240063

→ PISA
Viale Benedetto Croce 24/26,
Tel. 05040096
- Informationsbüro:
Via Cammeo 2,
Tel. 050560464;
Piazza Stazione,
Pisa Centrale,
Tel. 05042291;
Flughafen:
Tel. 050500707

→ PISTOIA
Piazza Duomo 4,
Tel. 057321622

→ PRATO
Via L. Muzzi 38,
Tel. 057435141
- Informationsbüro:
Via Cairoli 48,
Tel. 057424112

→ SIENA
Via di Città 43,
Tel. 057742209
- Piazza del Campo 56, Tel. 0577280551

◆ Toscana von A bis Z

GESCHÄFTE
Geöffnet auch an Feiertagen morgens und nachmittags, jedoch Montagvormittag im Winter und Samstagnachmittag im Sommer geschlossen. Lebensmittelgeschäfte haben Mittwochnachmittag geschlossen. Kaufhäuser, Einkaufszentren und einige Geschäfte in der Stadtmitte sind 9-19 Uhr geöffnet.

GOLF
CASTELFALFI GOLF & COUNTRY CLUB
Tenuta di Castelfalfi, Montaione (Fi)
Tel. 0571698093
Löcher: 18
COSMOPOLITAN GOLF CLUB & COUNTRY CLUB
Viale Pisorno 60, Tirrenia (Pi)
Tel. 05033633
Löcher: 18
ESSE GOLF CLUB
Località Esse, Piazza Garibaldi 18, Bettolle (Si)
Tel. 0577624466
GOLF CLUB ACQUA BIANCA
Statale 146, Località Acqua Bianca, Chianciano Terme (Si)
Tel. 057831073
Löcher: 18
GOLF CLUB ACQUABONA
Isola d'Elba, Portoferraio (Li)
Tel. 0565940066
Löcher: 9
GOLF CLUB CASENTINO
Località Pallazzo, Poppi (Ar)
Tel. 0575520167
Löcher: 9
GOLF CLUB DELL'UGOLINO FIRENZE
Strada Chiantigiana 3 Grassina (Fi)
Tel. 0552301009
Löcher: 18
GOLF CLUB FONTEVIVO
Via Fontevivo 5, Località S. Miniato (Pi)
Tel. 0571419012
Löcher: 9
GOLF CLUB GARFAGNANA
Località Braccicorti, Pieve Fosciana (Lu)
Tel. und Fax 0583644242
GOLF CLUB HERMITAGE
Baia della Biodola

Isola d'Elba, Portoferraio (Li)
Tel. 0565969932
Löcher: 6
GOLF CLUB LE PAVONIERE
Via della Fattoria 6/29 Località Tavola (Po)
Tel. 0574620855
Löcher: 18
GOLF CLUB MONTECATINI
Località Pievaccia, Via Dei Brogi, Monsummano Terme (Pt)
Tel. 057262218
Löcher: 18
GOLF CLUB PUNTA ALA
Via Del Golfo 1, Punta Ala (Gr)
Tel. 0564922121
Löcher: 18
GOLF CLUB TIRRENIA
Via San Guido, Tirrenia (Pi)
Tel. 05037518
Löcher: 9
GOLF CLUB VICOPELAGO
Via del Cimitero, Vicopelago (Lu)
Tel. 0583954014
POGGIO DEI MEDICI GOLF & COUNTRY CLUB
Via S. Gavino 27, Scarperia (Fi)
Tel. 0558430436,
Löcher: 18
SIENA GOLF CLUB LE SEGALAIE
Via Grossetana 176, San Rocco a Pilli (Si)
Tel. und Fax 0577348192
VERSILIA GOLF CLUB
Via della Sipe 100, Pietrasanta (Lu)

Tel. 0584881574
Löcher: 18

HISTORISCHE ZÜGE
Die Ferrovie Turistiche Italiane veranstalten Fahrten mit historischen Zügen auf verschiedenen Strecken durch archäologisch oder landschaftlich interessante Gebiete.
– ›Treno degli etruschi‹ Volterra und die Landschaften des Val di Cecina
– ›Trenonatura‹ Asciano und Monte Antico durch das Val d'Orcia
FTI, Tel. 0307402851
www.see.it/ok/fti

INTERNET
Informationen im Internet
– I luoghi della scienza in Toscana, www.imss.fi.it/multi/luoghi (it. u. engl.)
– http://acpb.com/moveaboutitaly.it
– http://www.wonderful-italy.it
– www.itwg.com
– www.toscanainfo.it
– www.emmmeti.it/Welcome/Toscana

KARTENVERKAUF
■ BOX OFFICE
– Via Alamanni 39, Florenz,
Tel. 055210804

– Chiasso dei Soldanieri 8/r, Florenz,
Tel. 055219402
■ EASYTICKETS
www.tkts.it
Tel. 166122166
(2540 Itl./Min.)
■ WWW.TICKETONE.IT
Online-Verkauf

MOTODROM
›Autodromo internazionale del Mugello‹. Reservierung und Information:
Scarperia (Fi), Via Senni 15
Tel. 0558499111

MUSEEN
Die Öffnungszeiten variieren von Ort zu Ort. In der Regel sind die Museen montags geschlossen.

NOTRUF
ACI in Florenz:
Tel. 05524861
Feuerwehr: 115
Forstwacht: 1515
Pannendienst: 116
Polizei: 112
Rettung: 113
SOS medico: 118

ÖFFENTLICHE TELEFONE
→ TELECOM
Tel. 800293822
■ MÜNZFERNSPRECHER
Einige Telefone akzeptieren noch Münzen zu 100, 200 oder 500 ltl.
■ TELEFONKARTE
Karten zu 5000, 10 000 und 15 000 ltl. sind in *tabaccherie*, Kiosken, Postämtern und Automaten erhältlich.
■ INTERNATIONALE TELEFONKARTE
Die Karte zu 12 500, 25 000, 50 000 und 100 000 ltl. erlaubt auch internationale Gespräche. Man erreicht den Dienst über die Nummer 1740.
■ T-CARDS
Es gibt auch die Möglichkeit, sich in Deutschland die T-Card der Deutschen Telecom zu besorgen, mit der die Telefonkosten über die

TOSCANA VON A BIS Z ◆

heimische Telefonrechnung abgerechnet werden können.

→ **INFOSTRADA**
Tel. 155
■ TELEFONKARTE
Es gibt Karten zu 3000, 5000 und 10 000 Itl. in *tabaccherie*, Kiosken und Geschäften mit dem Logo Infostrada.

→ **ALBACOM**
Tel. 800902942
■ MÜNZTELEFONE
Die Münzfernsprecher der Gesellschaft Albacom akzeptieren Münzen zu 100, 200, 500 und 1000 ltl, 5 DM, 10 FF und 1 £.
■ TELEFONKARTEN
Die Karten zu 5000 und 10 000 ltl. sind bei autorisierten Verkäufern oder an Automaten erhältlich.

PARKS UND NATURPARKS
Die Natur in der Toscana lernt man besser kennen mit:
■ **CORNATE E FOSINI**
Führungen veranstaltet von den Comune di Montieri Tel. 0566997722
■ **LAGO DI BURANO**
WWF-Oase von Burano, Tel. 0564898829
■ **LAGO DI MONTEPULCIANO**
Sektion Lipu von Montepulciano, Tel. 0577241352
■ **PARCO DELLE ALPI APUANE**
Besucherzentrum:
– Forno (Ms) ex Filanda
Tel. und Fax 0585315300
– Seravezza (Lu) Via C. del Greco 11, Tel. 0584756144
– Castelnuovo Garfagnana (Lu) Piazza Erbe 1, Tel. und Fax 0583644242
■ **MAREMMA, PARCO DELL'UCCELLINA**
Besucherzentrum: Via del Fante, Alberese (Gr), Tel. 0564407098

■ **MIGLIARINO-SAN ROSSORE-MASSACIUCCOLI**
Besucherzentrum:
– Tenuta di Coltano, Tel. 050989084
– Tenuta di San Rossore, Tel. 050539277
■ **OASI WWF DI ORBETELLO**
c/o Casale della Giannella, Tel. 0564820297
■ **ORRIDO DI BOTRI**
Besucherzentrum: Tel. 0583800083
■ **PADULE DI BOLGHERI, OASI WWF**
Besucherzentrum: c/o Vigili urbani di Donoratico, Tel. 0565777125
■ **PARCHI DELLA VAL DI CORNIA**
Sieben geschützte Gebirgs- und Küstengebiete. Information: Tel. 056549430
■ **PARCO FAUNISTICO DEL MONTE AMIATA**
Information: Tel. 0564966867

POST
Die Postämter sind 8.30-13 Uhr geöffnet. Eine Postkarte innerhalb Italiens kostet 800 ltl., innerhalb Europas 900 ltl.

PRESSE
La Nazione mit Berichten aus den Provinzen ist die meist gelesene Tageszeitung in der Toscana (www.lanazione.it). An der Küste ist *Il Tirreno* sehr verbreitet. Überregionale Tageszeitungen wie *Repubblica*, *Il Giornale* und *Manifesto* bringen auch täglich Berichte aus Florenz. Informationen zu Ausstellungen, Konzerten und Veranstaltungen in Florenz und in der Toscana gibt es in *Tascabile TV Toscana* (wöchentlich) und *Firenze spettacolo* (monatlich).

REITEN
Wer gerne reitet, wird auch in der Toscana glücklich, denn er kann zwischen zahlreichen Angeboten und Parcours wählen. Die Landschaft ist reizvoll für Reiter, und die Angebote nehmen ständig zu.

SKI
■ **ABETONE**
Azienda di promozione turistica (APT) von Abetone Abetone (Pt) Piazzale Piramidi, Tel. 057360001; 057360383; 057360231
■ **AMIATA**
APT von Amiata Via Mentana 98, Abbadia San Salvatore (SI) Tel. 0577776455 Fax 0577779013

SOUVENIRS
Es gibt eine riesige Auswahl an Souvenirs, von Kunsthandwerksobjekten bis zu den weltberühmten Luxusartikeln in den Boutiquen.
■ Kleidung und Accessoires: die historischen Namen der Florentiner Mode
■ Alabaster in Volterra
■ Keramik und Terracotta in Montelupo Fiorentino
■ Messer und Scheren in Scarperia
■ Schmiedeeisen
■ Goldschmuck in Arezzo und Florenz
■ Holzeinlegearbeiten
■ Stroh, Flechtwerk und Leder in Florenz.
■ Stickereien in Florenz und Arezzo
■ Leinen in Pienza
■ Glas und Kristall der Colle di Val d'Elsa

TANKSTELLEN
In der Regel sind die Zapfsäulen 8.30-13 und 14.30-19 Uhr geöffnet, verbreitet sind aber auch 24 Std. geöffnete Tankstellen.

TAUCHEN UND SEGELN
Die Küste und die toscanischen Inseln sind ein Paradies für Taucher und Segler. Es gibt reichlich Angebote besonders auf Elba l'Argentario, Capraia und der Insel Giglio.

TAXI
AREZZO
Radiotaxi
Tel. 0575382626

REITEN AUF EINEM FERIENHOF

SKIPISTE AUF DEM ABETONE

◆ Toscana von A bis Z

FLORENZ
Tel. 0554499/4390
GROSSETO
Tel. 05020005 (Bahnhof)
Tel. 05022478 (Dom)
LIVORNO
Tel. 0586401294 (Bahnhof)
LUCCA
Tel. 0583494989 (Bahnhof)
Tel. 0583492691 (Piazza Napoleone)
MASSA CARRARA
Tel. 0585790500 (Bahnhof von Massa)
Tel. 0585572277 (Via Roma, Carrara)
PISA
Tel. 05041252 (Bahnhof)
Tel. 050561878 (Dom)
PISTOIA
Tel. 057324291 (Bahnhof)
Tel. 057327763 (Piazza San Francesco)
PRATO
Radiotaxi 5656
SIENA
Radiotaxi 49222

THEATER

■ **AREZZO**
Teatro Petrarca
Via Guido Monaco 12,
Tel. 057523975
■ **EMPOLI**
– Excelsior
Via Ridolfi 75,
Tel. 057172023
Vorverkauf
Tel. 0577710746
– Centro Sociale Coop
Via P. Veronese 10,
Tel. 0571710746
■ **FLORENZ**
– Teatro Romano, Fiesole,
Tel. 055597265
– Puccini,
Piazza Puccini,
Tel. 055362067
– Verdi,
Via Ghibellina 99,
Tel. 055212320
– Pergola,
Via della Pergola 18,
Tel. 0552479651/2
– Teatro di Rifredi
Via Vittorio Emanuele 303,
Tel. 0554220361
– Teatro della Limonaia,
Sesto Fiorentino,
Via Gramsci 426,
Tel. 055440852

– Teatro Studio di Scandicci,
Via Donizetti 58,
Tel. 055757348
– Teatro del Cestello,
Piazza di Cestello 4,
Tel. 055294609
■ **GREVE IN CHIANTI (FI)**
Teatro A. Boito,
Via R. Libri 2,
Tel. 0558545219 e 055240397
■ **GROSSETO**
– Teatro Moderno
Via Tripoli,
Tel. 056422429
– Teatro degli Industri,
Via Mazzini,
Tel. 056421151
■ **LIVORNO**
– Teatro La Gran Guardia,
Via Grande 121,
Tel. 0586385165 und 0586883006
– Teatro delle Commedie,
Via G.M. Terreni 3
Tel. 0586404021
■ **LUCCA**
Teatro de Giglio,
Piazza del Giglio
Tel. 0583467521
■ **MASSA CARRARA**
– Teatro Guglielmi,
Via Chiesa 1, Massa
Tel. 0585441678
– Teatro Animosi,
Carrara, Piazza Cesare Battisti 1,
Tel. 0585777226
■ **MONTECARLO (LU)**
Teatro dei Rassicurati,
Via Carmignani 14,
Tel. 058322517

■ **PISA**
Teatro Verdi,
Via Palestro 40,
Tel. 050941111,
Fax 050941158
www.teatrodipisa.pi.it
■ **PISTOIA**
Manzoni,
corso Gramsci 127,
Tel. 0573991609
■ **PRATO**
– Fabbricone,
Via Targetti 10,
Tel. 0574690962
– Metastasio,
Via Cairoli 59,
Tel. 0574608501
www.metastasio.net
– Politeama pratese,
Via Garibaldi 33,
Tel. 0574603758
– Anfiteatro Museo Luigi Pecci,
Centro per l'Arte Contemporanea,
Viale della Repubblica 277,
Tel. 05745317
www.comune.prato.it/pecci
■ **SAN CASCIANO (FI)**
Niccolini,
Via Roma 47,
Tel. 0558290146
■ **SIENA**
– Teatro dei Rinnovati,
Piazza del Campo 1,
Tel. 0577292225 und 0577292265
– Teatro dei Rozzi,
Piazza Indipendenza 15, Tel. 057746960

THERMEN

In der Toscana gibt es zahlreiche Heilquellen, so die in Chianciano, Montecatini, Saturnia und viele andere.
■ **BAGNI DI LUCCA**
Information: IAT,
Tel. 058387946
■ **BAGNI SAN FILIPPO**
Information:
APT in Abbadia San Salvatore (Si),
Tel. 0577775811
■ **BAGNO VIGNONI**
Information: IAT in San Quirico d'Orcia,
Tel. 0577897211
■ **CASCIANA TERME**
Information: IAT,
Tel. 0587646258
■ **CHIANCIANO TERME**
Information: APT,
Tel. 0577763167 und 057763648
■ **EQUI TERME**
Information: APT in Marina di Massa,
Tel. 0585240046
■ **GAMBASSI TERME**
Information: Ufficio turistico comunale,
Tel. 0571638141
■ **MONSUMMANO TERME**
Information: APT in Montecatini Terme,
Tel. 0572772244
■ **MONTECATINI TERME**
Information: APT,
Tel. 0572772244
■ **MONTEPULCIANO**
Information: APT in Chianciano Terme,
Tel. 057863167
■ **PORTOFERRAIO**
Information: APT,
Tel. 0565914671
■ **RADICONDOLI**
Information:
APT di Siena, Tel. 0577280551
■ **RAPOLANO TERME**
Information: IAT,
Tel. 0577725541
■ **SAN CARLO TERME**
Information: APT in Massa Carrara,
Tel. 0585240046
■ **SAN CASCIANO DEI BAGNI**
Information: APT in Chianciano Terme,
Tel. 057863167 und 057863648
■ **SAN GIULIANO TERME**
Information: APT in Pisa, Tel. 050560464
■ **SATURNIA**
Information: APT in Grosseto,
Tel. 0564454510
■ **TERME DI PETRIOLO**
Information:

TOSCANA VON A BIS Z ◆

APT in Grosseto,
Tel. 0564454510
■ **VENTURINA**
Information: APT
in Livorno,
Tel. 0586895320

TREKKING
In verschiedenen
Niederlassungen des
C.A.I. (Club Alpino
Italiano) in der
ganzen Region
werden Kurse in
Bergsteigen und
Alpin-Ski veranstaltet. Häufig organisiert
der Verein auch Gebirgsausflüge und
Trekking-Touren.
■ **C.A.I.**
Sektion Florenz
Tel. 0552398580
■ **TREKKINGITALIA**
(Associazione Amici
del Trekking e della
Natura) Florenz,
Via dell'Oriuolo 17,
Tel. und Fax
0552341040
■ **LEGAMBIENTE
TOSCANA**
Florenz,
Via G.P. Orsini 44,
Tel. 0556810330,
Fax 0556811620
■ **LEGA MONTAGNA UISP**
Florenz
Tel. 0557331814

TRÖDELMÄRKTE
Jeden Monat gibt es
zahlreiche Termine
für alle, die Gebrauchtes und
Antiquitäten mögen:
■ **AREZZO**
Erster Sonntag im
Monat und der
Samstag davor auf
der Piazza Grande
■ **DICOMANO**
Markt von Mugello
und des Val di Sieve,
dritter Sonntag im
Monate
■ **FLORENZ**
– Erster Sonntag im
Monat auf der Piazza
Santo Spirito
– Letzter Sonntag im
Monat auf der Piazza
dei Ciompi
■ **LUCCA**
Dritter Sonntag und
Samstag davor auf
der Piazza Antelminelli
■ **PISA**
Zweiter Sonntag und
der Samstag davor in
der Via XX Settembre

WEINKELLEREI

WEINLESE IM CHIANTI

FLOHMARKT IN PISA

■ **PISTOIA**
Zweiter Sonntag und
der Samstag davor
auf der Piazza della
Repubblica (außer
Juli und August)
■ **QUARRATA (PT)**
Dritter Sonntag im
Monat auf der Piazza
Risorgimento
■ **SIENA**
Dritter Sonntag im
Monat in den San
Domenico-Loggien
■ **VIAREGGIO (LU)**
Vierter Sonntag im
Monat auf der Piazza
Manzoni

WEINSTRASSEN
Der Movimento del
Turismo del Vino
organisiert die
›Cantine Aperte‹ am
letzten Sonntag im
März sowie die
›Strade del vino‹,
touristische Rundfahrten, bei denen
Produzenten,
Enotecas, Weinschenken, Restaurants, Hotels und
Museen einladen.
Gegenwärtig gibt es
elf Routen in der
Toscana:
■ **CHIANTI COLLI
FIORENTINI**
Consorzio Vino
Chianti,
Lungarno Corsini 4,
Florenz
Tel. 055212333
Vier Routen in den
Vorstädten von Florenz und im Südosten der Provinz.
■ **CHIANTI RUFINA
E POMINO**
Consorzio Chianti
Rufina,
Lungarno Corsini 4,
Florenz
Tel. 055268204
Route mit 15 Weinschenken und einigen Ferienhöfen.
■ **COLLI DI MAREMMA**
Comune di Scansano,
Piazza del Pretorio 4,
Tel. 0564507122
Im südlichsten Teil
des Grossetano
mit ca. 170 Unternehmen.

■ **COLLINE LUCCHESI
E VINO MONTECARLO**
Bei den Touristeninformationen gibt es
einen gedruckten
Führer zu den 35
Weinbaubetrieben,
die mitmachen.
■ **COLLINE PISANE**
Piazza Vittorio
Emanuele II 4,
Pisa
Tel. 050929366
Routen in die Provinz
Pisa vom Randbereich von Florenz bis
an den von Livorno.
■ **COSTA DEGLI
ETRUSCHI**
Comune di
Donoratico (Li),
Via della Repubblica
15,
Tel. 0565773025
Eine Route in das
Binnenland der
Maremma mit einem
Abstecher auf die
Insel Elba.
■ **MONTEREGIO DI
MASSA MARITTIMA**
Comune di Massa
Marittima,
Via Garibaldi 10,
Tel. 0566902756
Route in den Bezirk
der Colline Metallifere
mit über 40 Unternehmen.
■ **MONTESPERTOLI**
Comune di
Montespertoli,
Piazza del Popolo 1,
Tel. 05716001
Drei Richtungen:
nach Empoli, nach
Montelupo und nach
Certaldo.
■ **STRADA MEDICEA DEI
VINI DI CARMIGNANO**
Comune di
Carmignano,
Piazza Vittorio
Emanuele II 2,
Tel. 0558712002
Auch für die Kommune Poggio a Caiano
interessant. 22 Weinbaubetriebe und
12 Restaurants.
■ **VERNACCIA DI
SAN GIMIGNANO**
Vier Routen vom
historischen Zentrum
zu 75 Herstellern.
■ **VINO NOBILE DI
MONTEPULCIANO**
Drei Routen in die
Hügel, die nachher
in die Chiana übergehen.

◆ FESTE UND VERANSTALTUNGEN

JANUAR-FEBRUAR UND JUNI-JULI	FLORENZ	MODENSCHAUEN UND VERANSTALTUNGEN IN DER MODEWELT
FEBRUAR	SAN GIMIGNANO	MITTELALTERLICHER KARNEVAL
	SIENA	WOCHE DES OLIVENÖLS IN DER FORTEZZA
	VIAREGGIO	KARNEVAL VON VIAREGGIO
OSTERN	FLORENZ (PIAZZA DUOMO)	SCIOPPO DEL CARRO UND FLUG DER ›COLOMBINA‹
APRIL-MAI	FLORENZ (FORTEZZA DA BASSO)	KUNSTHANDWERKSAUSSTELLUNG UND -MARKT ›MAGGIO MUSICALE FIORENTINO‹
1. MAI	GROSSETO	FRÜHLINGSFEST UND ›MERCA ALBERESE‹
LETZTE ZWEI SO IM MAI	LUCIGNANO MAGGIOLATA	KIRCHWEIHFEST MIT PROZESSION
LETZTER SO IM MAI	FLORENZ	TAG DER OFFENEN WEINKELLER, VERANSTALTET VOM MOVIMENTO DEL TURISMO DEL VINO
JUNI	SIENA (FORTEZZA)	WOCHE DER WEINKELLEREIEN
	BAGNI DI LUCCA	MEDIA VALLE CANTA, INTERNATIONALES FESTIVAL FÜR VOLKSTÜMLICHEN GESANG
3. SO IM JUNI UND 1. SO IM SEPT.	AREZZO	GIOSTRO DEL SARACINO (TURNIER DES SARAZENERS)
17. JUNI	PISA	ILLUMINATION VON SAN RANIERI UND REGATTA AUF DEM ARNO
LETZTER SO IM JUNI ODER 1. IM JULI	CHIUSI	PALIO DELLE TORRI ZUM FEST DES PATRONS VON SANTA MUSTIOLA
24. JUNI (PIAZZA DELLA SIGNORIA)	FLORENZ	HISTORISCHER FUSSBALL MIT KOSTÜMIERTEN SPIELERN UND FEST DES SAN GIOVANNI
26. JUNI	PISA	GIOCO DEL PONTE
JULI	MONTEPULCIANO	INTERNATIONALER KUNST-WORKSHOP
	MONTERIGGIONI	FESTA DELLE TORRI
	MONTICCHIELLO	TEATRO POVERO VON MONTICCHIELLO
	SAN GIMIGNANO	INTERNATIONALES FESTIVAL
	SIENA	MUSIKWOCHE DER ACCADEMIA CHIGIANA
	VOLTERRA	VOLTERRA-TEATRO
2. JULI UND 16. AUGUST	SIENA	PALIO MIT PFERDERENNEN
1. SO IM JULI	LIVORNO	PALIO MARINARO, REGATTA
12. JULI	LUCCA	HISTORISCHER UMZUG MIT PALIO DELLA BALESTRA, ARMBRUSTSCHIESSEN
MITTE JULI- ANFANG AUGUST	SIENA	RASSEGNA DEL JAZZ, ITALIENISCHES JAZZ-FESTIVAL DER STADT SIENA
VORLETZTER SO IM JULI	PONTREMOLI	LITERATURPREIS ›BANCARELLA‹
24. JULI	PISTOIA	GIOSTRA DELL'ORSO (›TURNIER DER BÄREN‹)
JULI-AUGUST	FIESOLE (RÖM. THEATER)	ESTATE FIESOLANA (›SOMMER VON FIESOLE‹)
	MARINA DI PIETRASANTA	FESTIVAL DELLA VERSILIANA
	TORRE DEL LAGO	FESTIVAL PUCCINIANO (›PUCCINI-FESTIVAL‹)
JULI-SEPTEMBER	FORTE DEI MARMI	FESTIVAL DER POLITISCHEN SATIRE
7. AUGUST	MASSA MARITTIMA	BALESTRO DEL GIRIFALCO
13.-15. AUGUST	MONTEPULCIANO	BRUSCELLO
28. AUGUST	MONTEPULCIANO	BRAVIO DELLE BOTTI
AUGUST-SEPTEMBER	SAN QUIRICO D'ORCIA	FORME NEL VERDE
ENDE AUGUST	VOLTERRA	ANNO DOMINI 1398
SEPTEMBER	AREZZO	INTERNATIONALE GOLD- UND EDELSTEINMESSE
	COLLE DI VAL D'ELSA	CRISTALLO TRA LE MURA
	PRATO	INTERNATIONALES TREFFEN FÜR COMIC UND FANTASY
1. SA UND SO IM SEPTEMBER	MONTALCINO	ITALIENISCHE HONIGMESSE (FIERA DEL MIELE)
1. SO IM SEPTEMBER	VOLTERRA	ASTILUDIUM, TORNEO DEI SBANDIERATORI
7. SEPTEMBER	FLORENZ	FESTA DELLA RIFICOLONA
8. SEPTEMBER	PRATO	HISTORISCHER UMZUG MIT DEM SACRO CINGOLO
	SAN MARCELLO PISTOIESE	LANCIO DELLA MONGOLFIERA (›START DES BALLONS‹)
13. SEPTEMBER	PISA	ILLUMINATION VON SANTA CROCE
SEPTEMBER -DEZEMBER	SAN GIMIGNANO COLLE DI VAL D'ELSA POGGIBONSI, MONTALCINO CASOLE D'ELSA VOLTERRA	ARTE ALL'ARTE (SECHS ZEITGENÖSSISCHE KÜNSTLER STELLEN AN HISTORISCHEN ORTEN AUS)
18. OKTOBER	IMPRUNETA	FIERA DELL'IMPRUNETA O DI SAN LUCA
LETZTER SO IM OKT.	MONTALCINO	SAGRA DEL TORDO IN FORTEZZA
OKTOBER-NOVEMBER	PITIGLIANO	PITIGLIANO FILMFESTIVAL
OKTOBER-APRIL	CHIANTI	TUSCIA ELECTA (PARCOURS MIT MODERNER KUNST)
24. DEZ.-6. JAN.	PORTO ERCOLE	PRESEPE MARINO VIVENTE

SEHENSWÜRDIGKEITEN ◆ FLORENZ

nnerhalb der elf Routen dieses Bandes sind die Sehenswürdigkeiten nach Orten und alphabetisch sortiert. Einzeln stehende Abteien, Kirchen und andere Monumente sind aus den Listen der Ortschaften, zu denen sie gehören, ausgegliedert.

FLORENZ	50100	◆ A
AZIENDA DI PROMOZIONE TURISTICA – FIRENZE Via Manzoni, 16 Tel. 05523320, Fax 0552346286	E-Mail info@firenze.turismo.toscana.it	
BADIA FIORENTINA Via del Proconsolo Tel. 05559155	Geöffnet 7-11.30 u. 17-19 Uhr	▲ 133 ◆ A D3-4
BATTISTERO DI SAN GIOVANNI Piazza San Giovanni Tel. 0552302885	Geöffnet 12-18.30, So u. Feiertage 8.30-13.30 Uhr Geschl. Ostern u. Weihn.	▲ 120 ◆ A D3
BIBLIOTECA LAURENZIANA Piazza San Lorenzo, 9 Tel. 055210760, 055214443 Fax 0552302992	Geöffnet Mo-Mi, Fr, Sa 8-13.45 Uhr, Do 8-17 Uhr Vestibolo u. Salone di Michelangelo wegen Renovierung geschl. Zutritt nur für Studenten mit besonderer Genehmigung.	▲ 121 ◆ A D3
CAMPANILE Piazza Duomo	Geöffnet 9-18.50 Uhr	▲ 119 ◆ A D3
CAPPELLA BRANCACCI Piazza del Carmine, 14 Tel. 0552382195	Geöffnet Mo, Mi-Sa 10-17, So 13-17 Uhr Geschl. Di	▲ 129 ◆ A B4
CAPPELLA PAZZI Piazza Santa Croce Tel. 055244619	Geöffnet Winter 8-12.30, Feiertage 15-18 Uhr Sommer 8-18.30, Feiertage 8-12 u. 15-18.30 Uhr	▲ 136 ◆ A E4
CASA BUONARROTI Via Ghibellina, 70 Tel. 055241752	Geöffnet Mi-Mo 9.30-13.30 Uhr Geschl. Neujahr, Ostern, 25. April, 1. Mai, Mariä Himmelfahrt u. Weihn.	▲ 136 ◆ A E4
CENACOLO DI SANT'APOLLONIA Via XXVII Aprile, 1 Tel. 0552388607	Geöffnet 8.30-13.50 Uhr Geschl. den 2. u. 4. Mo im Monat u. den 1., 3. u. 5. So im Monat	▲ 131 ◆ A D2
DOM (SANTA MARIA DEL FIORE) Piazza Duomo Tel. 055294514	Geöffnet 10-17, Feiertage 13-17 Uhr 1. Sa im Monat u. Do 10-15.30 Uhr	▲ 119 ◆ A D3
FORTE DI BELVEDERE Via di San Leonardo Tel. 055284571 (Soprintendenza)	Geöffnet Sommer 9-20, Winter 9-16 Uhr Informationen telefonisch	▲ 128 ◆ A C-D 5-6
GALLERIA DEGLI UFFIZI Piazzale degli Uffizi, 6 Tel. 0552388651, 055294883	Geöffnet 8.30-18.50 Uhr. Geschl. Mo Besichtigung telefonisch vereinbaren	▲ 126 ◆ A D4
GALLERIA DELL'ACCADEMIA Via Ricasoli, 60 Tel. 0552388612 Fax 055388699	Geöffnet Di-So 8.15-18.50 Uhr Geschl. Mo	▲ 132 ◆ A D-E2
GIARDINO DI BOBOLI Piazza Pitti Tel. 055265171	Geöffnet Sommer 9-19, Winter 9-17 Uhr Geschl. den 1. u. letzten Mo im Monat	▲ 125 ◆ A C5
LOGGIA UND MUSEO DEL BIGALLO Piazza San Giovanni, 1 Tel. 055215440	Geöffnet 8.30-14 Uhr Geschl. So	▲ 118 ◆ A D3
MEDICI-KAPELLEN Piazza Madonna degli Aldobrandini, 6 Tel. 0552388602	Geöffnet 8.15-17, Feiertage 8.15-13.50 Uhr Geschl. den 1., 3., 5. Mo u. den 2. u. 4. So im Monat	▲ 122 ◆ A D3
MUSEO ARCHEOLOGICO Via della Colonna, 36 Tel. 0552478641	Geöffnet Mo 14-19, Di u. Do 8.30-19, Mi, Fr, Sa u. So 8.30-14 Uhr	▲ 132 ◆ A E2-3
MUSEO DELL'OPERA DEL DUOMO Piazza Duomo, 9 Tel. 0552647287	Geöffnet Mo-Sa 9.30-18.30, So 8.20-14 Uhr	▲ 120 ◆ A D3
MUSEO DELL'OPERA DI SANTA CROCE Piazza Santa Croce, 16 Tel. 055244619	Geöffnet 10-18 Uhr Geschl. Mi	▲ 136 ◆ A E4
MUSEO DELLE PORCELLANE Giardino di Boboli Tel. 0552388710	Geöffnet den 2., 4. (wenn er nicht der letzte ist) Mo im Monat, Di, Sa, 1., 3., 5. So im Monat 9-13.50 Uhr	▲ 128 ◆ A C-D6
MUSEO DI FIRENZE COM'ERA Via dell'Oriuolo, 24 Tel. 0552616545	Geöffnet 9-14 Uhr Geschl. Do	▲ 133 ◆ A E3
MUSEO DI SAN MARCO Piazza San Marco, 1 Tel. 05523885	Geöffnet Di-Fr 8.15-13.50, Sa 8.15-18.50, 2. u. 4. So im Monat 8.15-19, 1., 3. u. 5. Mo im Monat 8.15-13.50 Uhr	▲ 131 ◆ A D-E2

◆ SEHENSWÜRDIGKEITEN
FLORENZ

Achtung: Die Öffnungszeiten variieren häufig.
Es empfiehlt sich daher, telefonisch nachzufragen.

MUSEO MARINO MARINI Piazza San Pancrazio Tel. 055219432, Fax 055219438	*Geöffnet Mo, Mi-Sa 10-17, So u. Feiertage 10-13 Uhr* *Geschl. Di*	▲ *129* ◆ **A** C3
OPIFICIO DELLE PIETRE DURE Via degli Alfani, 78 Tel. 055289414	*Geöffnet Mo, Mi-Sa 8.15-14, Di 8.15-19 Uhr* *Geschl. So u. Feiertage*	▲ *132* ◆ **A** D-E2
ORSANMICHELE Via Arte della Lana Tel. 055284944	*Geöffnet 9-12 u. 16-18 Uhr* *Geschl. 1. u. letzter Mo im Monat*	▲ *122* ◆ **A** D4
OSPEDALE DEGLI INNOCENTI Piazza SS. Annunziata, 12 Tel. 0552491708	*Geöffnet 8.30-14, Feiertage 8-13 Uhr*	▲ *132* ◆ **A** E2-3
PALAZZO DAVANZATI Via Porta Rossa, 13 Tel. 0552388610	*Geöffnet 8-13.50 Uhr*	▲ *122* ◆ **A** D4
PALAZZO DEL BARGELLO **UND MUSEO NAZIONALE** Via del Proconsolo, 4 Tel. 0552388606	*Geöffnet 8.30-13.50 Uhr* *Geschl. den 2. u. 4. Mo im Monat u. den 1., 3. u.* *5. So im Monat*	▲ *134* ◆ **A** D3-4
PALAZZO MEDICI-RICCARDI Via Cavour, 1 Tel. 0552760340	*Geöffnet 9-12.45 u. 15-17, So 9-12.45 Uhr* *Geschl. Mi*	▲ *121* ◆ **A** D3
PALAZZO PITTI Piazza Pitti, 1 Tel. 0552388701		▲ *128* ◆ **A** C5
– **GALLERIA D'ARTE MODERNA** Tel. 0552388616 – **GALLERIA PALATINA** Tel. 0552388614 – **MUSEO DELL'ARGENTERIA** Tel. 0552388709 – **MUSEO DELLE CARROZZE**	*Geöffnet 8.30-13.50 Uhr; geschl. den 2. u. 4. So im* *Monat u. den 1., 3. u. 5. Mo im Monat* *Geöffnet 8.30-18.50, So 8.30-19 Uhr* *Geschl. Mo* *Geöffnet 8.30-13.50 Uhr* *Geschl. den 2. u. 4. So im Monat u. den 1., 3.* *5. Mo im Monat* *Zurzeit geschl. Informationen unter Tel. 0552388614*	
PALAZZO STROZZI Piazza Strozzi, 1 Tel. 0552398563	*Geöffnet 8-19 Uhr* *Geschl. So*	▲ *129* ◆ **A** C-D4
PALAZZO VECCHIO Piazza della Signoria Tel. 0552768465	*Geöffnet Mo-Mi u. Fr-Sa 9-19 Uhr* *Do u. So 9-14 Uhr*	▲ *123* ◆ **A** D4
SAMMLUNG ZEITGENÖSSISCHER **KUNST ›ALBERTO DELLA RAGIONE‹** Piazza della Signoria, 5 Tel. 055203078	*Geöffnet Mo, Mi-So 9-13 Uhr* *Geschl. Di*	▲ *123* ◆ **A** D4
SAN LORENZO Piazza San Lorenzo, 9 Tel. 055216634	*Geöffnet 8-12 u. 15.30-17.30, So 15.30-17.30 Uhr*	▲ *121* ◆ **A** D3
SAN MINIATO AL MONTE Via Monte alle Croci Tel. 0552342731	*Geöffnet Sommer 8-12 u. 14-19,* *Winter 8-12 u. 14.30-18 Uhr*	▲ *137* ◆ **A** E-F6
SAN SALVATORE AL MONTE Via San Salvatore al Monte, 9 Tel. 0552342640	*Geöffnet 8-12 u. 13-17 Uhr*	▲ *137* ◆ **A** F6
SANTA CROCE Piazza Santa Croce, 16 Tel. 055244619, 055244618	*Geöffnet 9.30-12.15 u. 15-17.10, So 15-17.30 Uhr*	▲ *136* ◆ **A** E4
SANTA MARIA DEL CARMINE Piazza del Carmine Tel. 055212331	*Geöffnet 10-17, Feiertage 13-17 Uhr* *Geschl. Di*	▲ *129* ◆ **A** B4
SANTA MARIA NOVELLA Piazza Santa Maria Novella Tel. 055210113	*Geöffnet 7-12 u. 15-18 (Sa u. Vorabende 15-17),* *So 15-17 Uhr*	▲ *130* ◆ **A** C3
SANTA TRINITA Piazza Santa Trinita Tel. 055293161	*Geöffnet 8-12 u. 16-19 Uhr*	▲ *129* ◆ **A** C4
SANTISSIMA ANNUNZIATA Piazza SS. Annunziata Tel. 0552398034	*Geöffnet 7-12.30 u. 16-18.30 Uhr* *So u. Feiertage 7-13.30 u. 16-19 Uhr*	▲ *132* ◆ **A** E2
SANTO SPIRITO Piazza Santo Spirito, 20 Tel. 055210030	*Geöffnet 8.30-12 u. 15.45-18 Uhr* *Feiertage 9.30-10.30 u. 14.45-17 Uhr*	▲ *128* ◆ **A** C4-5

SEHENSWÜRDIGKEITEN ◆ UMGEBUNG VON FLORENZ

CAREGGI — 50100 — ◆ C B2

VILLA MEDICEA DI CAREGGI
Viale Piraccini, 21
Tel. 0554277329
Geöffnet 9-18 Uhr
Geschl. So
▲ 138

CASTELLO — 50100 — ◆ C B2

VILLA LA PETRAIA
Via Petraia, 40
Tel. 055451208
Geöffnet 9-16.30 (Nov.-Jan.), 9-17.30 (Feb.-März),
9-18.30 (April-Mai u. Sept.), 9-19.30 Uhr (Juni-Aug.).
Geschl. 2. u. 3. Mo im Monat, 1. Mai, Weihn., Neujahr
▲ 138

VILLA MEDICEA DI CASTELLO
Via di Castello, 47
Tel. 055454791
Geöffnet 9-15 (Villa), 9-16 Uhr (Park)
Geschl. den 2. u. 3. Mo im Monat
▲ 138

FIESOLE — 50014 — ◆ C B2

DOM
Piazza del Duomo
Tel. 05523320 (APT in Florenz)
Besichtigung nur nach Vereinbarung
▲ 137

MUSEO ARCHEOLOGICO
Via Portigiani, 1
Tel. 05559477, Fax 05559118
Geöffnet Mo-So 9.30-19 (28. März-28. Sept.), 9.30-18
(1.-27. März u. 1.-23. Okt.), 9.30-17 (24. Okt.-28. Feb.)
Geschl. Di
▲ 137

SAN MICHELE
Via Giuseppe Mantellini
Tel. 05523320 (APT in Florenz)
Besichtigung nur nach Vereinbarung
▲ 137

VILLA MEDICI
Via Vecchia Fiesolana
Tel. 05523320 (APT in Florenz)
Besichtigung nur nach Vereinbarung
▲ 137

SETTIGNANO — 50014 — ◆ B F4

VILLA GAMBERAIA
Via del Rossellino, 72
Tel. 055697205
Geöffnet 8.30-18 Uhr (Park)
Sa u. So Besichtigung nach Vereinbarung
▲ 138

DAS FLORENTINER HINTERLAND

ARTIMINO — 59015 — ◆ B E4

VILLA MEDICEA
Tel. 0558792040 (Villa),
0558718124 (Museum)
Geöffnet Di nach Vereinbarung
▲ 138

CARMIGNANO — 59015 — ◆ B E4

SAN MICHELE
Piazza SS. Francesco e Michele
Tel. 0558712046
Geöffnet 7-12.30 u. 15-19 Uhr
▲ 142

CASTELFIORENTINO — 50051 — ◆ C A3

MUSEO DI SANTA VERDIANA
Piazza Santa Verdiana
Tel. 057164096, Fax 0571628452
Geöffnet Sa 16-19, So 10-12 u. 16-19 Uhr
Auch nach Vereinbarung zu besichtigen
▲ 144

CERRETO GUIDI — 50050 — ◆ C A2

VILLA MEDICEA
Via dei Ponti Medicei
Tel. 057155707
Geöffnet 9-19 Uhr
▲ 142

CERTALDO — 50052 — ◆ C A3

CASA DEL BOCCACCIO
Via Boccaccio
Tel. 0571664208
Geöffnet Winter 10-12 u. 14.30-17.30,
Sommer 10-19 Uhr (Di 10-16.30 Uhr)
▲ 144

CERTOSA DEL GALLUZZO — 50124 — ◆ C A2

PINACOTECA UND CHIESA DEI MONACI
Tel. 0552049226
Geöffnet Winter 9-12 u. 15-17,
Sommer 9-12 u. 15-18 Uhr
▲ 143

EMPOLI — 50053 — ◆ C A3

MUSEO DELLA COLLEGIATA DI SANT'ANDREA
Piazza della Propositura, 3
Tel. 057176284
Geöffnet Di-So 9-12 u. 16-19 Uhr
Geschl. Mo
▲ 141

SANT'ANDREA
Piazza Farinata degli Uberti
Tel. 057172220
Geöffnet 8-12 u. 16-19 Uhr
▲ 141

◆ Sehenswürdigkeiten
Pisa und Lucca

SANTA MARIA A RIPA Via Livornese Tel. 057180247	*Geöffnet 8-12 u. 16-19 Uhr*	▲ *141*
SANTO STEFANO Via de' Neri Tel. 057176284	*Geöffnet Di-Fr 9-12 u. 16-19 Uhr* *Geschl. Sa Nachmittag, So u. Mo*	▲ *141*
POGGIO A CAIANO	**59016**	◆ **C** A2
VILLA MEDICEA Via Pistoiese Tel. 055877012	*Geöffnet 8-16.30 (Nov.-Feb.), 8-17.30 (März), 8-18.30* *(April-Mai u. Sept.-Okt.), 8-19.30 Uhr (Juni-Aug.)*	▲ *142*
RACCOLTA COMUNALE D'ARTE Via Tilli, 41 Tel. 057164019	*Geöffnet Di, Do, Sa 16-19,* *So u. Feiertage 10-12 u. 16-19 Uhr* *Geschl. Mo, Mi, Fr*	
SAN CASCIANO IN VAL DI PESA	**50026**	◆ **C** B3
MUSEO VICARIALE D'ARTE SACRA Via Roma, 31 Tel. 0558229444	*Geöffnet Feiertage 10-12.30 u. 16-19,* *Sa 16.30-19 Uhr*	▲ *143*
SANT'ANDREA IN PERCUSSINA Via Scopeta, 46 Tel. 055820351	*Besichtigung nur nach Vereinbarung*	▲ *144*
VINCI	**50059**	◆ **C** A2
CASA DI LEONARDO Anchiano Tel. 057156055	*Geöffnet Sommer 9.30-19, Winter 9.30-18 Uhr*	▲ *142*
MUSEO LEONARDIANO Via della Torre, 2 Tel. 057156055	*Geöffnet Sommer 9.30-19, Winter 9.30-18 Uhr*	▲ *142*

PISA UND LUCCA

BORGO A MOZZANO	**55023**	◆ **B** C3-D
SANT'JACOPO Tel. 0583419689 (APT in Lucca)	*Besichtigung nur nach Vereinbarung*	▲ *161*
CALCI	**56011**	◆ **B** C3-D
CERTOSA DI PISA Via Roma Tel. 050938430 Fax 050938430	*Geöffnet Di-Sa 9-18.30, So u. Feiertage 9-12 Uhr* *Geschl. Mo, 1. Mai, Weihn. u. Neujahr*	▲ *154*
MUSEO DI STORIA NATURALE **E DEL TERRITORIO PISANO** Via Roma, 103 Tel. 050936193 Fax 050937778	*Im Winter geöffnet Di-Sa 9-18 Uhr, So u. Feiertage* *10-19 Uhr*	▲ *154*
MUSEO STORICO E ARTISTICO **DELLA CERTOSA** Via Roma Tel. 050938430 Fax 050938430	*Geöffnet 9-19, Feiertage 9-13 Uhr* *Geschl. Mo, 1. Mai, Weihn. u. Neujahr*	▲ *154*
CAMIGLIANO	**55010**	◆ **B** C4
VILLA TORRIGIANI Tel. 0583928889	*Tgl. geöffnet*	▲ *160*
CASTELNUOVO DI GARFAGNANA	**55032**	◆ **B** C3
DOM Tel. 058362170	*Geöffnet vormittags u. nachmittags 15-19 Uhr*	▲ *162*
ROCCA Tel. 0583644801	*Geöffnet 10-13 u. 17.30-22 Uhr* *Nur teilweise zu besichtigen*	▲ *162*
COREGLIA ANTELMINELLI	**55025**	◆ **B** C3-D
MUSEO DELLA FIGURINA DI GESSO Via del Mangano, 17 Tel. 058378082	*Geöffnet Juni-Sept.* *Geschl. So zwischen 1. Okt. und 31. Mai*	▲ *162*
SAN MICHELE (KIRCHE) Tel. 058378023 (Pfarrer)	*Geöffnet 8.30-18 Uhr*	▲ *162*

Sehenswürdigkeiten ◆
Pisa und Lucca

DIECIMO	55020	◆ B C4-D
SANTA MARIA A DIECIMO Tel. 058388881 (parroco)	Geöffnet 8-18 Uhr	▲ 161

LUCCA	55100	◆ B C4-D
AZIENDA DI PROMOZIONE TURISTICA – LUCCA Piazza Verdi Tel. 0583419689, Fax 0583312581	E-Mail aptlucca@lucca.turismo.toscana.it	
CASA DI PUCCINI Via di Poggio, 9 Tel. 05835840287	Geöffnet Di-So 10-13 u. 15-18 (April-Mai), 10-18, auch Mo (Juni-Sept.), 10-13 u. 15-18 Uhr (Okt.-Dez.)	▲ 157
PALAZZO MANSI Via Galli Tassi, 43 Tel. 058355570	Geöffnet 9-19, Feiertage 9-14 Uhr Geschl. Mo, 1. Mai, Weihn. u. Neujahr	▲ 157
SAN FREDIANO (KIRCHE) Via Anguillara, 9 Tel. 0583493627	Geöffnet vormittags u. nachmittags Variable Öffnungszeiten	▲ 156
SAN MARTINO (DOM) Piazza del Duomo Tel. 0583957068	Geöffnet Sommer Mo-Fr 10-18, Sa-So 10-19, Winter Di-So 10-13 u. 15-18 Uhr Geschl. Mo	▲ 158
SAN MICHELE IN FORO (KIRCHE) Piazza San Michele Tel. 058348459	Geöffnet vormittags u. nachmittags Variable Öffnungszeiten	▲ 157
TORRE DELLE ORE Via Fillungo Tel. 0583419689 (APT Lucca)	Geöffnet 10-16.30 (Nov.-Feb.), 9-19.30 (März-Sept.), 10-18 Uhr (Okt.)	▲ 157
VILLA GUINIGI (MUSEO NAZIONALE) Via della Quarquonia Tel. 0583496033	Geöffnet 9-19, Feiertage 9-14 Uhr Geschl. Mo, 1. Mai, Weihn. u. Neujahr	▲ 159

MARINA DI PISA	56013	◆ B C5
TENUTA DI SAN ROSSORE Tel. 050525500	Geöffnet April-Sept. So u. Feiertage	▲ 154

MARLIA	55014	◆ B C4-D
VILLA REALE Tel. 058330108, 058330009	Park geöffnet 10-12 u. 15-19 Uhr (März-Nov.)	▲ 160

PISA	56100	◆ B C5
AZIENDA DI PROMOZIONE TURISTICA – PISA Piazza della Stazione, 13 Tel. 05042291	E-Mail info@pisa.turismo.toscana.it	
BAPTISTERIUM (BATTISTERO) Piazza del Duomo Tel. 050560547, 050561820	Geöffnet Winter 9-16.40, Frühling u. Herbst 9-17.40, Sommer 8-19.40 Uhr	▲ 148
CAMPANILE (›SCHIEFER TURM‹) Piazza del Duomo Tel. 050560547, 050561820	Nicht zu besichtigen	▲ 148
CAMPOSANTO Piazza del Duomo Tel. 050560547, 050561820	Geöffnet Winter 9-16.40, Frühling u. Herbst 9-17.40, Sommer 8-19.40 Uhr	▲ 148
DOM Piazza del Duomo Tel. 050560547, 050561820	Geöffnet Winter 10-12 u. 15-16.45, Feiertage 15-16.45, Frühling u. Herbst 10-19.40, Feiertage 13-19.40, Sommer (April-Sept.) 10-19.40, Feiertage 13-19.40 Uhr	▲ 147
MUSEO DELL'OPERA DEL DUOMO Piazza Arcivescovado, 8 Tel. 050560547, 050561820	Geöffnet Winter 9-16.20, Frühling u. Herbst 9-17.20, Sommer 8-19.20 Uhr	▲ 149
MUSEO DELLE SINOPIE Piazza del Duomo Tel. 050560547, 050561820	Geöffnet Winter 9-16.40, Frühling u. Herbst 9-17.40, Sommer 8-19.40 Uhr	▲ 149
MUSEO NAZIONALE DI SAN MATTEO Piazza San Matteo in Soarta, 1 Tel. 050926511, 050926539 Fax 050500099	Geöffnet Di-Sa 9-19, So u. Feiertage 9-14 Uhr Geschl. Mo	▲ 152
PALAZZO DEI CAVALIERI Piazza dei Cavalieri Tel. 050509111	Besichtigung nur nach Vereinbarung	▲ 149

◆ SEHENSWÜRDIGKEITEN PISA UND LUCCA

PALAZZO DELL'OROLOGIO Piazza dei Cavalieri Tel. 050509111	Besichtigung nur nach Vereinbarung	▲ 149
SAN FRANCESCO Piazza San Francesco, 4 Tel. 050544091	Geöffnet vormittags u. nachmittags Variable Öffnungszeiten	▲ 152
SAN MARTINO Piazza San Martino, 1 Tel. 05049568	Geöffnet vormittags u. nachmittags Variable Öffnungszeiten	▲ 153
SAN MICHELE IN BORGO Borgo Stretto Tel. 050541849	Geöffnet vormittags u. nachmittags Variable Öffnungszeiten	▲ 153
SAN PAOLO A RIPA D'ARNO Piazza San Paolo a Ripa d'Arno Tel. 05041515	Geöffnet vormittags u. nachmittags Variable Öffnungszeiten	▲ 153
SAN SEPOLCRO Lungarno Galileo Galilei, Piazza Santo Sepolcro Tel. 050502728	Geöffnet vormittags u. nachmittags Variable Öffnungszeiten	▲ 153
SANTA CATERINA Piazza Santa Caterina Tel. 050552883	Geöffnet vormittags u. nachmittags Variable Öffnungszeiten	▲ 152
SANTA MARIA DELLA SPINA Lungarno Gambacorti Tel. 050910365, 0553215446	Geöffnet Winter 9-13, 11-13 u. 14.30-18.30 (März-Mai u. Sept.-Okt.), Di-Fr 11-13 u. 14.30-18.30 u. Sa-So 11-13 u. 14-20 Uhr (Juni-Aug.). Geschl. Mo, 1. Mai, Mariä Himmelfahrt, Weihn. u. Neujahr	▲ 153
SANTO STEFANO DEI CAVALIERI Piazza dei Cavalieri Tel. 050580814	Geöffnet vormittags u. nachmittags Variable Öffnungszeiten	▲ 152
PONTEDERA	**56025**	◆ **B** D4
SANTI JACOPO E FILIPPO Piazza Curtatone e Montanara Tel. 058752017	Geöffnet vormittags u. nachmittags Variable Öffnungszeiten	▲ 155
SAN GIORGIO A BIBBIANO	**55100**	◆ **B** C4-D
PIEVE DI SAN GIORGIO in Vinchiana, Statale 12 Tel. 0583965281 (Pfarrer)	Besichtigung nur nach Vereinbarung	▲ 161
SAN MINIATO	**56028**	◆ **B** D4
DOM Piazza del Duomo Tel. 05714180171	Geöffnet vormittags u. nachmittags Variable Öffnungszeiten	▲ 155
MUSEO DIOCESANO D'ARTE SACRA Tel. 0571418071	Geöffnet im Winter Sa-So 9-12 u. 14.30-17, im Sommer Di-So 9-12 u. 15-18 Uhr. Geschl. Mo	▲ 155
SAN DOMENICO Loggiati di San Domenico Tel. 057143150	Geöffnet vormittags u. nachmittags Variable Öffnungszeiten	▲ 155
SAN PANCRAZIO	**55100**	◆ **C** B3
VILLA GRABAU (EX VILLA CITTADELLA) Via S. Pancrazio Tel. 0583406325	Besichtigung nur nach Vereinbarung	▲ 160
VILLA OLIVA (ORA BOTTINI) Tel. 0583494066	Besichtigung nur nach Vereinbarung	▲ 160
SAN PIETRO A GRADO	**56100**	◆ **B** C5
ROMANISCHE BASILIKA Tel. 05042291	Tgl. geöffnet, Tel. 050560464 (APT in Pisa)	▲ 154
SEGROMIGNO IN MONTE	**55018**	◆ **B** C4-D
VILLA MANSI Via delle Selvette Tel. 0583920234, 0583920096, 0583920474	Geöffnet Di-So 9.30-12 u. 14.30 Uhr bis Sonnenuntergang Geschl. Mo	▲ 160
VICOPISANO	**56010**	◆ **B** C4-D
SANTI MARIA E GIOVANNI BATTISTA Via Moricotti, 2 Tel. 050799155	Variable Öffnungszeiten	▲ 155

SEHENSWÜRDIGKEITEN ◆ PRATO UND PISTOIA

TORRE DELL'OROLOGIO Tel. 050551285 Fax 050796511	*Geöffnet Sa 15.30-19.30, So 10-12.30 u. 15-19 Uhr*	▲ 155

MASSA, CARRARA UND APUANISCHE ALPEN

AULLA — 54011 ◆ B B2

FORTEZZA DELLA BRUNELLA Tel. 0187409077 Fax 0187420727	*Geöffnet Mo-So 9-12 u. 16-19 (Juni-Sept.), Mo-So 9-12 u. 15-18 Uhr (Okt.-Mai)*	▲ 167

CARRARA — 54033 ◆ B B3

AZIENDA DI PROMOZIONE TURISTICA MASSA CARRARA Viale Amerigo Vespucci, 24 Tel. 0585240063	*E-Mail apt@massacarrara.turismo.toscana.it*	
ACCADEMIA DI BELLE ARTI Piazza dell'Accademia Tel. 058571658	*Besichtigung nur nach Vereinbarung*	▲ 165
DOM Piazza del Duomo Tel. 058571942	*Geöffnet 8-12 u. 15-19 Uhr*	▲ 166

MASSA — 54100 ◆ B B3

AZIENDA DI PROMOZIONE TURISTICA MASSA CARRARA Viale Amerigo Vespucci, 24 Tel. 0585240046	*E-Mail apt@massacarrara.turismo.toscana.it*	
ROCCA (CASTELLO MALASPINA) Via della Rocca Tel. 058545916	*Geöffnet 9-12 u. 16-19 Uhr*	▲ 165

PONTREMOLI — 54027 ◆ B B2

MUSEO DELLE STATUE-STELE DELLA LUNIGIANA Castello del Piagnaro Tel. 0187831439	*Geöffnet im Winter 9-12 u. 14-17 Uhr*	▲ 168

PRATO UND PISTOIA

COLLODI — 51014 ◆ B C4-D

PARCO DI PINOCCHIO Via San Gennaro Tel. 0572429342	*Geöffnet 8.30-Sonnenuntergang*	▲ 181
VILLA GARZONI Tel. 0572428400	*Wegen Renovierung geschl.* *Park den ganzen Tag geöffnet* *Besichtigung nur nach Vereinbarung*	▲ 181

CUTIGLIANO — 51024 ◆ B D3

PALAZZO PRETORIO Tel. 057368383	*Tgl. geöffnet*	▲ 182

MONTECATINI TERME — 51016 ◆ B D4

KURPARK Viale Giuseppe Verdi, 67 Tel. 0572773295	*Freecall 800018962*	▲ 181

PESCIA — 51027 ◆ B D4

DOM Piazza del Duomo Tel. 057321622 (APT in Pistoia)	*Tgl. geöffnet* *Besichtigung nur nach Vereinbarung*	▲ 181
SAN FRANCESCO Piazza di San Francesco Tel. 0573368096	*Geöffnet 8.30-12 u. 16-17.45 Uhr*	▲ 181

PISTOIA — 51100 ◆ B E3

AZIENDA DI PROMOZIONE TURISTICA – PISTOIA Piazza del Duomo, 4 Tel. 057321622	*E-Mail aptpistoia@comune.pistoia.it*	

◆ SEHENSWÜRDIGKEITEN PRATO UND PISTOIA

BAPTISTERIUM (BATTISTERO) Piazza Duomo Tel. 057321622 (APT in Pistoia)	Geöffnet 9.30-12.30 u. 15-18, Feiertage 9.30-12.30 Uhr. Geschl. Mo	▲ 179
KAPITELMUSEUM VON SAN ZENO Palazzo dei Vescovi, Piazza del Duomo Tel. 0573369272	Geöffnet Di, Do u. Fr Besichtigung nur nach Vereinbarung	▲ 179
MADONNA DELL'UMILTÀ Via della Madonna Tel. 057322045	Tgl. geöffnet 8-12 u. 16-19 Uhr	▲ 180
MUSEO CIVICO Piazza del Duomo, 1 Tel. 0573371296 Fax 0573371289	Geöffnet Di-Sa 10-19, So u. Feiertage 9-12.30 Uhr Geschl. Mo Sa nachmittag Eintritt frei	▲ 179
SAN DOMENICO Piazza San Domenico, 1 Tel. 057328158	Geöffnet 6.30-11.50 u. 16.30-18, So 6.30-11.50 u. 16.30-20 Uhr	▲ 180
SAN FRANCESCO Piazza San Francesco, 1 Tel. 0573368096	Geöffnet 7.30-12 u. 16-19 Uhr	▲ 180
SAN GIOVANNI FORCIVITAS Via Cavour Tel. 057324784	Geöffnet 8-12 u. 17-18.30 Uhr	▲ 180
SAN ZENO Piazza Duomo Tel. 057325095	Geöffnet 9-12 u. 16-19, Feiertage 11.20-12 u. 16-17.30 Uhr Altar an Feiertagen 10-12 u. 16-17.45 Uhr	▲ 179
SANT'ANDREA Via Sant'Andrea Tel. 057321912	Geöffnet 8-13 u. 16-18.30 Uhr	▲ 180
SPEDALE DEL CEPPO Piazza Giovanni XXIII Tel. 0573352220	Besichtigung nur nach Vereinbarung	▲ 180

PRATO — 59100 — ◆ B E4

AZIENDA DI PROMOZIONE TURISTICA – PRATO Via Cairoli Benedetto Tel. 057424112	E-Mail aptprato.turismo.toscana.it	
CASTELLO DELL'IMPERATORE Piazza delle Carceri Tel. 057438207	Geöffnet 10-16 (Nov.-Feb.), 10-17 (März-Mai), 10-18.30 (Juni-Sept.), 10-17 Uhr (Okt.) Geschl. Di	▲ 178
DOM Piazza del Duomo Tel. 057429339	Geöffnet 7-12 u. 15.30-18.30, Feiertage 7-12 u. 15.30-20 Uhr	▲ 175
DOMMUSEUM Piazza del Duomo, 49 Tel. 057429339, Fax 0574445077	Wegen Renovierung geschl.	▲ 178
MUSEO CIVICO Piazza del Comune Tel. 0574616302, Fax 0574616229	Geöffnet Mo, Mi-Sa 10-13 u. 15.30-19, So 10-13 Uhr Geschl. Di	▲ 175
PALAZZO DATINI Via Ser Lapo Mazzei, 33 Tel. 057421391	Geöffnet 9-12 u. 16.30-19 Uhr Geschl. Feiertage	▲ 178
SAN FRANCESCO Piazza San Francesco Tel. 057431555	Geöffnet 8-12 u. 15.30-18.30 Uhr	▲ 178
SANTA MARIA DELLE CARCERI Piazza delle Carceri Tel. 057427933	Geöffnet 6.30-12 u. 16-19.30 Uhr	▲ 178
TEXTILMUSEUM Piazza del Comune Tel. 0574611503, Fax 0574611503	Geöffnet Mo 14.30-18.30, Mi-So 10.30-18.30 Uhr Geschl. Di	▲ 175

AREZZO UND UMGEBUNG

ANGHIARI — 52031 — ◆ C D3

MUSEO STATALE (PALAZZO TAGLIESCHI) Piazza Mameli, 16 Tel. 0575788001	Geöffnet Mo-Fr 15-19, Sa u. Feiertage 9-13 u. 15-19 Uhr. Für Schulklassen nach Anmeldung Di u. Do 9-13 Uhr Geschl. 1. Mai, Weihn. u. Neujahr	▲ 190

SEHENSWÜRDIGKEITEN ◆ AREZZO UND UMGEBUNG

AREZZO — 52100 ◆ C D4

AZIENDA DI PROMOZIONE TURISTICA – AREZZO
Tel. 057523952
Fax 057528042
E-Mail info@arezzo.turismo.toscana.it

ABTEIKIRCHE
Piazza di Badia
Tel. 0575356612
Geöffnet 8-12 u. 16-19, Feiertage 7-12.30 Uhr ▲ 189

CASA DEL PETRARCA
Via dell'Orto, 28
Tel. 057524700
Fax 057524700
Besichtigung nur nach Vereinbarung ▲ 187

CASA DI VASARI
Via XX Settembre
Tel. 0575409040
Geöffnet 9-19, Feiertage 9-12.30 Uhr ▲ 189

DOM (CATTEDRALE DI SAN DONATO)
Piazza Duomo
Tel. 057523991
Geöffnet 7-12 u. 15-18.30 Uhr ▲ 187

FORTEZZA MEDICEA
Tel. 057523952
(APT in Arezzo)
Geöffnet 7-20 (28. März-30. Okt.), 7.30-18 Uhr (31. Okt.-27. März) ▲ 187

MUSEO ARCHEOLOGICO STATALE
Via Margaritone, 10
Tel. 057520882
Geöffnet 9-14, Feiertage 9-13 Uhr ▲ 189

MUSEO D'ARTE MEDIEVALE E MODERNA
Via San Lorentino, 8
Tel. 0575409050
Geöffnet 8.30-19.30, Sa 8.30-23 Uhr (Juni-Sept.) Geschl. Mo ▲ 188

MUSEO DIOCESANO
Piazzetta dietro il Duomo
Tel. 057523991
Geöffnet Do-Sa 10-12 Uhr ▲ 188

PALAZZO DELLA FRATERNITA DEI LAICI
Piazza Grande
Tel. 0575377678
(Touristeninformation)
Nicht zu besichtigen ▲ 187

PALAZZO PRETORIO
Tel. 0575377678
(Touristeninformation)
Nicht zu besichtigen ▲ 187

SAN DOMENICO
Piazza San Domenico
Tel. 057522906
Geöffnet 15.30-19 Uhr ▲ 188

SAN FRANCESCO
Piazza San Francesco
Tel. 057520630
Geöffnet 8.30-12 u. 14-19 Uhr ▲ 185

SANTA MARIA
Corso Italia
Tel. 057522629
Geöffnet 8-13 u. 15-18.30 Uhr ▲ 187

SANTA MARIA DELLE GRAZIE
Via Santa Maria
Tel. 0575323140
Geöffnet 8-12 u. 16-19 Uhr ▲ 189

SANTISSIMA ANNUNZIATA
Via Garibaldi, 185
Tel. 057526774
Geöffnet 8-12.30 u. 15.30-19 Uhr ▲ 188

BIBBIENA — 52011 ◆ C D3

UFFICIO INFORMAZIONI
Via Berni, 25
Tel. u. Fax 0575593098

SANTI IPPOLITO E CASSIANO
Via Rosa Scoti, 41
Tel. 0575593079
Geöffnet 7.30-13 u. 15-19 Uhr ▲ 195

CAMALDOLI — 52010 ◆ C D2

CHIESA DEL SALVATORE
Tel. 0575556013
Geöffnet 9-12.30 u. 14.30-18 (16. Nov.-31. März), 9-12.30 u. 14.30-18 Uhr (1. April-15. Nov.). Geschl. Mi ▲ 195

CASTELFRANCO DI SOPRA — 52020 ◆ C C3

SAN GIOVENALE (KIRCHE) — Besichtigung nur nach Vereinbarung ▲ 197
SAN PIETRO A GROPINA (KIRCHE) — Besichtigung nur nach Vereinbarung ▲ 197
SAN SALVATORE A SOFFENA (KIRCHE)
Via di Soffena
Tel. 0559148055
Geöffnet Mo-Sa 8-14 Uhr ▲ 197

◆ SEHENSWÜRDIGKEITEN
AREZZO UND UMGEBUNG

CASTIGLION FIORENTINO	52043	◆ C D4
PINACOTECA COMUNALE (CHIESA DI SANT'ANGELO) Via del Cassero Tel. 0575657466 Fax 0575659457	Geöffnet 10-12.30 u. 16-18.30 (1. April-30. Sept.), 10-12 u. 15.30-18 Uhr (1. Okt.-31. März)	▲ 200

CHIUSI DELLA VERNA	52010	◆ C D3
SANTUARIO DELLA VERNA Chiusi della Verna Tel. 05755341, 05755534002, 05755534004	Geöffnet 6.30-19.30 Uhr	▲ 194

CORTONA	52044	◆ C D4
AZIENDA DI PROMOZIONE TURISTICA – CORTONA Via Nazionale, 42 Tel. 0575630352	Internet: www.valdichiana.net	
CONVENTO DELLE CELLE Località Celle, 73 Tel. 0575603362, 0575601017	Geöffnet 8-19 Uhr (Kirche: 8-12 u. 15-19 Uhr)	▲ 200
GIRIFALCO-FESTUNG Tel. 0575603793	Geöffnet 10-18 Uhr (1. April-30. Sept.) Geschl. Mo	▲ 199
MELONE DEL SODO Tel. 0575637235	Geöffnet 9.30-17.30 Uhr (Mai-Okt.) Besichtigung der Gräber nur nach Anmeldung	▲ 199
MUSEO DELL'ACCADEMIA ETRUSCA (PALAZZO CASALI) Piazza Signorelli, 9 Tel. 0575630415 Fax 0575637248	Geöffnet 10-17 (Nov.-April), 10-19 Uhr (Mai-Okt.) Geschl. Mo	▲ 199
MUSEO DIOCESANO Piazza Duomo, 1 Tel. 057562830	Geöffnet 9-13 u. 15-18.30 (1. April-30. Sept.), 9-13 u. 15-17 Uhr (1. Okt.-31. März) Geschl. Mo	▲ 200
SAN DOMENICO Largo Beato Angelico Tel. 0575603041	Geöffnet 9-12 u. 15-18 Uhr	▲ 200
SAN FRANCESCO (KIRCHE) Via Berrettini Tel. 0575603217	Geöffnet 8-12 u. 15-18.30 Uhr	▲ 200
SAN NICCOLÒ Via San Niccolò Tel. 0575604591	Geöffnet 9.30-12 u. 15.30-18.30 Uhr	▲ 199
SANTA MARGHERITA Piazzale Santa Margherita Tel. 0575603116	Geöffnet 7.30-12 u. 15-19.30 Uhr	▲ 199
SANTA MARIA AL CALCINAIO (KIRCHE) Tel. 057562537, 0575604830	Geöffnet vormittags u. nachmittags Variable Öffnungszeiten	▲ 200
TANELLA DI PITAGORA Località Cinque Vie Tel. 0575603083	Geöffnet 9.30-17.30 Uhr (Mai-Okt.) Besichtigung der Gräber nur nach Anmeldung	▲ 199

FOIANO	52045	◆ C D5
SAN MARTINO (KIRCHE) Piazza della Collegiata Tel. 0575648888, 0575643236 (Comune di Foiano)	Geöffnet 8.30-12 u. 15-18.30 Uhr	▲ 198
SANTISSIMA TRINITÀ (KIRCHE) Via SS.Trinità	Zurzeit geschl.	▲ 198

LUCIGNANO	52046	◆ C C5
MUSEO COMUNALE Piazza del Tribunale, 22 Tel. 0575838001 Fax 0575838026	Geöffnet 10.30-12.30 u. 15.30-17.30 Uhr (1. Okt.-30. März), 10.30-12.30 u. 15.30-18.30 (April), 10.30-12.30 u. 15.30-19 Uhr (1. Mai-30. Sept.)	▲ 198
SAN FRANCESCO (KIRCHE) Piazza del Tribunale Tel. 0575583801 (Kommune Lucignano)	Geöffnet 9 Uhr-Sonnenuntergang	▲ 198

SEHENSWÜRDIGKEITEN ◆ CHIANTI

MONTERCHI	52035	◆ C D4
AUSSTELLUNGSRAUM ‹MADONNA DEL PARTO› Via Reglia, 1 Tel. 057570713 Fax 057570713	Geöffnet Di-So 9-13, 14-19 u. 21-24 (Juli-Aug.), Di-So 9-13 u. 14-19 (Juni u. Sept.), Di-So 9-13 u. 14-18 Uhr (Okt.-Mai) Geschl. Mo	▲ 190
CAPPELLA DI SANTA MARIA IN MOMENTANA Via della Regina, 1 Tel. 057570713	Geöffnet 9-13 u. 14-18 (27. Sept.-31. März), 9-13 u. 14-19 (1. April-26. Sept.), 9-13, 14-19 u. 21-24 Uhr (Juli-Aug.)	

MONTEVARCHI	52025	◆ C C4
MUSEO PALEONTOLOGICO Via Poggio Bracciolini, 36 Tel. 055981227 Fax 055982670	Geöffnet Di-Sa 9-12.30 u. 16-18, So 10-12 Geschl. Mo	▲ 197
SAN LORENZO Piazza Varchi Tel. 055980468	Geöffnet 8-12 u. 16-19 Uhr	▲ 197

POPPI	52014	◆ C C3
KASTELL DES GRAFEN VON GUIDI Tel. 0575529964 Fax 0575529964	Geöffnet im Winter 9.30-12.30 u. 14.30-17.30 Uhr, im Sommer 9.30-12.30 u. 15.30-18.30 Uhr	▲ 196

PRATOVECCHIO	52015	◆ C C2-D
KASTELL VON ROMENA Via Romena, 12/a (Località Romena) Tel. 0575581353	Geöffnet 15-18 Uhr	▲ 196
PFARRKIRCHE VON ROMENA Località Pieve di Romena Tel. 0575583725	Besichtigung nur nach Vereinbarung	▲ 196

SAN GIOVANNI VALDARNO	52027	◆ C C3
INFORMACITTÀ Tel. 0559126321	Internet: www.comune.san-giovanni-valdarno.ar.it	
MUSEO DI SANTA MARIA DELLE GRAZIE Piazza Masaccio Tel. 0559122445 Fax 055941265	Geöffnet Di-Fr 11-13 u. 15-17, Sa 11-13 u. 15-18, So 15-18 Uhr Geschl. Mo	▲ 197
PALAZZO PRETORIO Piazza Cavour, 1 Tel. 0559126300 Fax 0559120152	Geöffnet Mo, Mi, Fr 10-13, Di-Do 15-18 Uhr Geschl. Sa u. So	▲ 197

SANSEPOLCRO	52037	◆ C E3
INFORMATION Piazza Garibaldi, 2 Tel. u. Fax 0575740536	Internet: www.sansepolcro.net/index.asp	
HAUS VON PIERO DELLA FRANCESCA Via Niccolò Aggiunti, 71 Tel. 0575740411	Besichtigung nur nach Vereinbarung	▲ 191
MUSEO CIVICO Via Niccolò Aggiunti, 65 Tel. 0575732218 Fax 0575740338	Geöffnet 9.30-13 u. 14.30-18 (1. Jan.-31. Mai), 9.30-13.30 u. 14.30-19.30 (1. Juni-30. Sept.), 9.30-13 u. 14.30-18 Uhr (1. Okt.-31. Dez.) Geschl. Mariä Himmelfahrt, Weihn. u. Neujahr	▲ 191
SAN LORENZO Via Santa Croce Tel. 0575740536	Besichtigung nur nach Vereinbarung	▲ 194

CHIANTI

BROLIO	53010	◆ C C4
KASTELL Tel. 0577747156, 0577747104	Geöffnet im Winter 10-12 u. 14.30-16.30 Uhr, im Sommer 10-12 u. 15-18 Uhr	▲ 206

CASTELLINA IN CHIANTI	53011	◆ C B4
ROCCA (RATHAUS) Piazza del Comune, 1 Tel. 0577742311		▲ 205

◆ SEHENSWÜRDIGKEITEN
SIENA

CASTELNUOVO BERARDENGA	53019	◆ C C4
VILLA CHIGI Tel. 0577355500	Geöffnet im Winter So u. Feiertage 10-17 Uhr, im Sommer So u. Feiertage 10-20 Uhr	▲ 206
GAIOLE IN CHIANTI	**53013**	**◆ C B4-C**
INFO: COMUNE DI GAIOLE IN CHIANTI Via Ricasoli Tel. 0577749365		
ABTEI IN COLDIBUONO Tel. 0577749498 Fax 057749235	Variable Öffnungszeiten	▲ 205
SANTA MARIA A SPALTENNA Via Spaltenna, 13 Tel. 0577749483	Besichtigung nur nach Vereinbarung	▲ 206
GREVE IN CHIANTI	**50022**	**◆ C B3**
SANTA CROCE Piazzetta Santa Croce Tel. 055853085	Tgl. geöffnet	▲ 204
MELETO	**52020**	**◆ C C4**
KASTELL Tel. 0577749496	Besichtigung nur nach Vereinbarung	▲ 206
MONTEFIORALLE	**50022**	**◆ C B3-4**
SAN CRESCI Tel. 055853085	Besichtigung nur nach Vereinbarung	▲ 204
SANTO STEFANO Tel. 055853057, 055853085	Besichtigung nur nach Vereinbarung	▲ 204
PANZANO	**50020**	**◆ C B3-4**
SANTA MARIA Tel. 055852037	Tgl. geöffnet	▲ 204
PASSIGNANO	**50020**	**◆ C B3-4**
BADIA DI PASSIGNANO Tel. 0558071622	Geöffnet So 15-17 Uhr	▲ 203
RADDA IN CHIANTI	**53017**	**◆ C B4**
INFORMATION Piazza Ferrucci, 1 Tel. 0577738494	E-Mail proradda@chiantinet.it	
SANTA MARIA AL PRATO Tel. 0577738003	Besichtigung nur nach Vereinbarung	▲ 205
SIENA	**53100**	**◆ C B4**
AZIENDA DI PROMOZIONE TURISTICA – SIENA Il Campo, 56 Tel. 0577280551 Fax 0577270676	E-Mail aptsiena@siena.turismo.toscana.it	
ACCADEMIA DEGLI INTRONATI Via di Città, 75 Tel. 0577284073		▲ 212
ACCADEMIA DEI FISIOCRITICI Prato di S. Agostino, 4 Tel. 057747002	Geöffnet Mo-Fr 9-13 u. 15-18 Uhr Geschl. Do Nachmittag, Sa, So u. Feiertage	▲ 217
ACCADEMIA DEI ROZZI Via di Città, 36 Tel. 0577280122	Privat, nicht zu besichtigen	▲ 220
ACCADEMIA MUSICALE CHIGIANA Via di Città, 89 Tel. 057746152	Besichtigung nur nach Vereinbarung	▲ 212
BAPTISTERIUM (BATTISTERO) Piazza San Giovanni Tel. 0577283048 Fax 0577280626	Geöffnet 9-19.30 (15. März-30. Sept.), 9-18 (Okt.), 10-13 u. 14.30-17 Uhr (1. Nov.-14. März)	▲ 216
BIBLIOTECA COMUNALE DEGLI INTRONATI Via della Sapienza, 5	Geöffnet Mo-Fr 9-19, Sa 9-14 (Sept.-Juni), 9-14 Uhr (Juli-Aug.) Geschl. Feiertage	

SEHENSWÜRDIGKEITEN ◆ SIENA

Tel. 0577280704 Fax 057744293		
CAPPELLA DI PIAZZA Piazza del Campo Tel. 0577280551 (APT in Siena)	*Nicht zu besichtigen*	▲ 212
CHIESA DI FONTEGIUSTA (KIRCHE) Via Fontegiusta Tel. 0577280551 (APT in Siena)	*Geöffnet 8-12 u. 15-19 Uhr*	▲ 220
DOM Piazza del Duomo Tel. 0577283048, 0577280626 Fax 0577 226265	*Geöffnet 7.30-13 u. 14.30-17 (1. Nov.-15. März),* *9-19.30 Uhr (16. März-31. Okt.)* *Für Information und Anmeldung faxen*	▲ 212
DOMMUSEUM **(MUSEO DELL'OPERA METROPOLITANA)** Piazza del Duomo, 8 Tel. 057742309	*Geöffnet 9-19.30 (15. März-30. Sept.), 9-18 (Okt.),* *9-13.30 Uhr (1. Nov.-14. März)*	▲ 216
MEDICI-FESTUNG (ENOTECA ITALIANA) Viale Vittorio Veneto Tel. 0577288497, Fax 0577270717	*Geöffnet Di-Sa 12-1, Mo 12-20 Uhr* *Geschl. So*	▲ 220
MONTE DEI PASCHI Piazza Salimbeni, 3 Tel. 0577294758	*Besichtigung nur nach Vereinbarung*	▲ 220
MUSEO ARCHEOLOGICO Piazza del Duomo Tel. 0577749153, Fax 057749153	*Geöffnet Mo, Do 8-17, Di, Mi, Fr, Sa 8-14, So u.* *Feiertage 8-13 Uhr. Geschl. 1. u. 3. So im Monat*	▲ 216
MUSEO CIVICO PALAZZO PUBBLICO Piazza del Campo, 1 Tel. 05774169	*Geöffnet 10-18.30 (1. Nov.-15. März),* *10-19 (16. März-31. Okt.), Oster-Mo 9.30-19.45 Uhr*	▲ 210
MUSEO DELLA SOCIETÀ DI ESECUTORI **DELLE PIE DISPOSIZIONI** Via Roma, 71 Tel. 0577284300 Fax 0577284347	*Besichtigung nur nach Vereinbarung*	▲ 221
MUSEO NATURALISTICO Prato di S. Agostino, 4 Tel. 057747002	*Geöffnet Mo-Fr 9-13 u. 15-18 Uhr* *Geschl. Do Nachmittag, Sa u. So*	▲ 217
ORTO BOTANICO Prato di S. Agostino, 4 Tel. 0577298874	*Geöffnet Mo-Fr 8-17, Sa 8-12 Uhr*	▲ 217
PALAZZO CHIGI SARACINI Via di Città, 89 Tel. 057746152	*Besichtigung nur nach Vereinbarung*	▲ 212
PALAZZO CHIGI ZONDADARI Piazza del Campo Tel. 0577280551 (APT in Siena)	*Besichtigung nur nach Vereinbarung*	▲ 210
PALAZZO D'ELCI Via di Città, 43 Tel. 0577280551 (APT in Siena)	*Besichtigung nur nach Vereinbarung*	▲ 210
PALAZZO DEL MAGNIFICO Piazza San Giovanni Tel. 0577280551 (APT in Siena)	*Besichtigung nur nach Vereinbarung*	▲ 217
PALAZZO DELL'UNIVERSITÀ Via Sallustio Bandini, 25 Tel. 0577280551 (APT in Siena)	*Besichtigung nur nach Vereinbarung*	
PALAZZO DELLE PAPESSE Via di Città, 126 Tel. 057741169	*Geöffnet Mo-So 12-19, 12-23 Uhr (17. Juli-15. Sept.)*	▲ 212
PALAZZO DI SAN GALGANO Via Roma, 47	*Privat, nicht zu besichtigen*	▲ 221
PALAZZO MARSILI Via di Città, 132 Tel. 0577280551 (APT in Siena)	*Besichtigung nur nach Vereinbarung*	▲ 212
PALAZZO PICCOLOMINI Via Banchi di Sotto, 52 Tel. 0577247145	*Wegen Renovierung geschl.* *Geöffnet Mo, Fr 8-13.45, Di, Mi u. Do 8-17.30* *(Sala di Studio)*	▲ 211
PALAZZO PUBBLICO Piazza del Campo, 1 Tel. 0577226265	*Geöffnet 10-18.30 (1. Nov.-15. März),* *10-19 (16. März-31. Okt.), Oster-Mo 9.30-19.45 Uhr*	▲ 211
PALAZZO REALE O DEL GOVERNO Piazza del Duomo	*Informationen bei der Azienda di Promozione* *Turistica*	▲ 216

◆ SEHENSWÜRDIGKEITEN
SIENA

PALAZZO SPANNOCCHI Via Banchi di Sopra Tel. 0577280551 (APT in Siena)	*Besichtigung nur nach Vereinbarung*	▲ 220
PALAZZO TOLOMEI Piazza Tolomei, 11 Tel. 0577280551 (APT in Siena)	*Besichtigung nur nach Vereinbarung*	▲ 220
PINACOTECA NAZIONALE Via San Pietro, 29 Tel. 0577281161	*Geöffnet Mo 8.30-13.30, Di-Sa 8-19, So u. Feiertage 8-13 Uhr*	▲ 217
RACCOLTE DELLE TAVOLETTE DI BICCHERNA Via Banchi di Sotto, 52 Tel. 057741271	*Wegen Umbau geschl.*	▲ 221
SAN BERNARDINO Piazza San Francesco Tel. 057741169 (Centro Servizi)	*Geöffnet 10.30-13.30 u. 15-17.30 (15. März-31. Okt.)*	▲ 221
SAN DOMENICO Piazza San Domenico Tel. 0577280893	*Geöffnet vormittags u. nachmittags Variable Öffnungszeiten*	▲ 220
SAN FRANCESCO Piazza San Francesco Tel. 0577289081	*Geöffnet vormittags u. nachmittags Variable Öffnungszeiten*	▲ 220
SAN GIORGIO Via di Pantaneto	*Informationen bei der Azienda di Promozione Turistica*	▲ 221
SAN MARTINO Via del Porrione, 47 Tel. 0577289178	*Geöffnet 8-12 u. 16.30-19.30 Uhr*	▲ 221
SAN NICCOLÒ AL CARMINE Pian de' Mantellini Tel. 0577280551 (APT in Siena)	*Geöffnet 8-12 u. 16.30-19.30 Uhr*	▲ 217
SAN PIETRO ALLA MAGIONE Via Malta, 3 Tel. 057747226	*Geöffnet vormittags u. nachmittags Variable Öffnungszeiten*	▲ 220
SAN RAIMONDO AL REFUGIO Via Roma Tel. 0577280551 (APT in Siena)	*Geöffnet 8-12 u. 16.30-19.30 Uhr*	▲ 221
SANT'AGOSTINO Prato di Sant'Agostino Tel. 057741169 (Centro Servizi) Fax 0577226265	*Geöffnet 10.30-13.30 u. 15-17.30 Uhr (15. März- 31. Okt.)*	▲ 217
SANTA CATERINA Costa di S.Antonic, 10 Tel. 057744177	*Geöffnet Winter 9-12.30 u. 15.30-18, Sommer 9-12.30 u. 14.30-18 Uhr*	▲ 220
SANTA MARIA DEI SERVI Piazza Manzoni, 5 Tel. 0577222633	*Geöffnet 8-12 u. 16-19 Uhr*	▲ 221
SANTA MARIA DI PROVENZANO Piazza Provenzanc Salvani Tel. 0577285223	*Geöffnet 8-12 u. 16.30-19.30 Uhr*	▲ 221
SANTISSIMA ANNUNZIATA Piazza del Duomo Tel. 0577280551 (APT in Siena)	*Geöffnet 8-12 u. 16.30-19.30 Uhr*	▲ 216
SPEDALE DI SANTA MARIA DELLA SCALA (HOSPIZ) Piazza del Duomo Tel. 057741169 (Centro Servizi Comune di Siena)	*Geöffnet 10.30-16.30 (1. Nov.-24. Dez.), 10-18 (25. Dez.-6. Jan.), 10.30-16.30 (7. Jan.- 15. März), 10-18 Uhr (16. März-31. Okt.)*	▲ 216
STAATSARCHIV Via Banchi di Sottc, 52 Tel. 0577247145	*Geöffnet Mo-Sa 9-13 Uhr*	▲ 221
TORRE DEL MANGIA Piazza del Campo, 1 Tel. 057741169 (Centro Servizi)	*Geöffnet 10-16 (1. Nov.-15. März), 10-19 (16. März-31. Okt.), 10-23 Uhr (Juli-Aug.)*	▲ 212
PONTIGNANO	**53010**	◆ **C** B4
CERTOSA DI PONTIGNANO Tel. 0577356851	*Besichtigung nur nach Vereinbarung*	▲ 222

SEHENSWÜRDIGKEITEN ◆ SENESE

SENESE

ABBADIA SAN SALVATORE — 53021 — ◆ C C6
ABTEI
Via del Monastero
Tel. 0577778083
Geöffnet 5-19 Uhr
▲ 232

ABBAZIA DI MONTE OLIVETO MAGGIORE — 53020 — ◆ C C6
Chiusure
Tel. 0577707017, 0577707106,
0577707611
*Geöffnet im Winter 9.15-12 u. 15.15-17 Uhr,
im Sommer 9.15-12 u. 15.15-17.45 Uhr*
▲ 229

ABBAZIA DI SAN GALGANO — 53012 — ◆ C B5
Località Chiusdino
Tel. 0577756738
Tgl. geöffnet
▲ 228

ABBAZIA DI SANT'ANTIMO — ◆ C C6
Tel. 057783565
*Geöffnet Mo-Fr 10.30-12.30 u. 15-18.30,
So u. Feiertage 9.15-10.45 u. 15-18 Uhr*
▲ 229

ARCIDOSSO — 38031 — ◆ C C6
PIEVE DI SANTA MARIA AD LAMULAS
Località Pieve Montelaterone
Tel. 0564967045
Besichtigung nur nach Vereinbarung
▲ 232

ROCCA ALDOBRANDESCA
Tel. 0564966438
Nur bei Ausstellungen öffentlich zugänglich
▲ 232

SAN LEONARDO
Piazza della Chiesa
Tel. 0564966140
Tgl. geöffnet außer zur Messe (17.30 Uhr)
▲ 232

ASCIANO — 53041 — ◆ C C5
CASA CORBOLI
Vicolo Sant'Agostino, 1
Tel. 0577719510
Besichtigung nur nach Vereinbarung
▲ 228

MUSEO CASSIOLI
Via Mameli
Tel. 0577718745
*Geöffnet 10-12.30, im Sommer auch 16.30-18.30 Uhr
Geschl. Mo*
▲ 229

SAN FRANCESCO
Via San Francesco
Tel. 0577719510, 057771441
Variable Öffnungszeiten
▲ 228

SANT'AGATA
Piazza Bandiera
Tel. 0577719510
Variable Öffnungszeiten
▲ 228

BUONCONVENTO — 53022 — ◆ C C5
**MUSEO D'ARTE SACRA
DELLA VAL D'ARBIA**
Via Soccini, 17
Tel. 0577807181, Fax 0577807181
Vorübergehend geschl.
▲ 229

CASOLE D'ELSA — 53031 — ◆ C B4
PRO LOCO
Via Consolani, 32
Tel. 0577948705, Fax 0577948118

CASA TORRE DI ARNOLFO DI CAMBIO
Via del Castello, 63
Tel. 0577948705
(Touristeninformation)
Besichtigung nur nach Vereinbarung
▲ 227

COLLEGIATA
Piazza della Libertà
Tel. 0577948705
(Touristeninformation)
Besichtigung nur nach Vereinbarung
▲ 227

**MUSEO ARCHEOLOGICO
E DELLA COLLEGIATA**
Piazza della Libertà, 1
Tel. 0577948705, Fax 0577948705
*Geöffnet im Winter Di-Sa 15-19, So u. Feiertage
10-12 u. 15-18, im Sommer 10-12 u. 16-19 Uhr*
▲ 227

CASTEL DEL PIANO — 58033 — ◆ C C6
SANTI NICCOLÒ E LUCIA
Piazza Madonna
Tel. 0564955272
Besichtigung nur nach Vereinbarung
▲ 232

◆ SEHENSWÜRDIGKEITEN SENESE

CETONA	53040	◆ C D6	
PARCO ARCHEOLOGICO E NATURALISTICO (BELVERDE) Tel. 0578238004, Fax 0578230816	Besichtigung nur nach Vereinbarung		▲ 234

CHIANCIANO TERME	53042	◆ C D6	
MUSEO CIVICO ARCHEOLOGICO DELLE ACQUE Viale Dante Tel. 057830471	Geöffnet 10-19 (April-Juni u. Sept.-Okt.), 10-13.30, 16-19.30 u. 21-23 (Juli-Aug.), 10-13 u. 15-19 Uhr (Nov.-März)		▲ 234

CHIUSI	53043	◆ C D6	
CATACOMBE DI SANTA MUSTIOLA UND LABIRINTO DI PORSENNA (CUNICOLI ETRUSCO-ROMANI) Piazza Duomo Tel. 0578226490	Führungen um 11, an Feiertagen um 11 u. 16 Uhr		▲ 234
DOM Piazza Duomo Tel. 0578226490	Geöffnet 9-13 u. 15-19 Uhr		▲ 234

COLLE DI VAL D'ELSA	53034	◆ C A4	
UFFICIO INFORMAZIONI TURISTICHE Via Campana, 43 Tel. 0577922791, Fax 0577922621			
MUSEO ARCHEOLOGICO RANUCCIO BIANCHI BANDINELLI Piazza del Duomo Tel. 0577922954	Geöffnet Winter Di-Fr 15.45-17.45 u. Sa, So u. Feiertage 10-12 u. 15.30-18.30, im Sommer Di-Fr 10-12 u. 16.45-18.45, Sa, So u. Feiertage 10-12 u. 16.30-19.30 Uhr		▲ 227
MUSEI CIVICO E D'ARTE SACRA Via di Castello, 31 Tel. 057792388	Geöffnet im Winter Sa, So u. Feiertage 10-12 u. 15.30-18.30, im Sommer 10-12 u. 16-19 Uhr Geschl. Mo		▲ 227
PALAZZO CAMPANA Situato all'ingresso del Castello Tel. 0577922791 (Touristeninformation)	Informationen telefonisch erfragen		▲ 227
PALAZZO PRETORIO Piazza del Duomo Tel. 0577922791 (Touristeninformation)	Informationen telefonisch erfragen		▲ 227
SANT'AGOSTINO Via dei Fossi Tel. 0577922791 (Touristeninformation)	Informationen telefonisch erfragen		▲ 227
SANTA CATERINA Piazza Santa Caterina Tel. 0577922791 (Touristeninformation)	Informationen telefonisch erfragen		▲ 227

MONTALCINO	53024	◆ C C5	
MUSEO CIVICO E DIOCESANO D'ARTE SACRA Via Ricasoli, 31 Tel. 0577846014	Geöffnet 10-13 u. 14-17.30 (Jan.-März), 10-18 Uhr (April-Okt.). Geschl. Mo		▲ 229
ROCCA Piazzale della Fortezza Tel. 0577849211	Geöffnet im Winter 9-13 u. 14-18, im Sommer 9-13 u. 14.30-20 Uhr		▲ 229

MONTEPULCIANO	53045	◆ C D5	
DOM Piazza Grande Tel. 0578757556	Geöffnet 9-18 Uhr		▲ 233
PALAZZO COMUNALE Piazza Grande Tel. 0578787121, Fax 0578757355	Geöffnet 8-13 Uhr, geschl. an Feiertagen Nur der Turm ist zu besichtigen		▲ 233
PALAZZO DEL MONTE CONTUCCI Piazza Grande Tel. 0578757006	Besichtigung nur nach Vereinbarung		▲ 233
PALAZZO NERI ORSELLI Via Ricci, 10 Tel. 0578716935	Besichtigung nur nach Vereinbarung		▲ 233

SEHENSWÜRDIGKEITEN ◆ SENESE

PALAZZO NOBILI TARUGI Piazza Grande Tel. 0578758687	Besichtigung nur nach Vereinbarung	▲ 233
SAN BIAGIO (ISTITUTO DIOCESANO) Tel. 0578757556	Geöffnet vormittags u. nachmittags Variable Öffnungszeiten	▲ 233
SANT'AGNESE Tel. 0578758687	Geöffnet an Wochentagen 9-12 u. 15-18, an Feiertagen 15-18 Uhr	▲ 233

MONTERIGGIONI — 53035 ◆ C B4

UFFICIO TURISTICO PRO LOCO Largo Fontebranda, 3 Tel. 0577304810		
ABBADIA ISOLA	Für Besichtigungen an das Informationsbüro neben der Kirche oder an den Küster wenden	▲ 224
SANTA MARIA Tel. 0577304810 Fax 0577304810	Variable Öffnungszeiten	▲ 224

PIANCASTAGNAIO — 53025 ◆ C C6

ROCCA UND MUSEO Rocca degli Aldobrandeschi Tel. 0577786024	Besichtigung nur nach Vereinbarung	▲ 232

PIENZA — 53026 ◆ C C5

UFFICIO INFORMAZIONI Corso Rosellino, 59 Tel. u. Fax 0578749071	Internet: www.ctnet.it/pienza	
KATHEDRALE Piazza Pio II Tel. 0578749071	Geöffnet 7.30-13 u. 14.30-19 Uhr	▲ 233
KLOSTER SANT'ANNA IN CAMPRENA Tel. 0578748303	Besichtigung nur nach Vereinbarung	▲ 233
PALAZZO PICCOLOMINI Piazza Pio II Tel. 0578748503	Geöffnet 10-12.30 u. 15-18 (Okt.-Mai), 10-12.30 u. 16-19 (Juni-Sept.)	▲ 233
MUSEO DIOCESANO Corso Rossellino, 30 Tel. 0578749905	Geöffnet Sa, So u. Feiertage 10-13 u. 15-18 (3. Nov.-13. März), 10-13 u. 14-18.30 (14. März-2. Nov.)	▲ 233

POGGIBONSI — 53036 ◆ C B4

TOURIST SERVICE VALDELSA SRL Via Borgaccio, 23 Tel. 0577987017, Fax 0577992775	E-Mail info@comune.poggibonsi.si.it	
COLLEGIATA Piazza Cavour Tel. 0577987017, 0577986203 Fax 0577992775, 986229	Besichtigung nur nach Vereinbarung	▲ 224
PALAZZO PRETORIO Via Marmocchi, angolo via della Repubblica Tel. 0577987017, 0577986203 Fax 0577992775, 0577986229	Besichtigung nur nach Vereinbarung	▲ 224
SAN LUCCHESE Nei pressi della via Cassia, località San Lucchese Tel. 0577936219	Besichtigung nur nach Vereinbarung	▲ 224

SAN GIMIGNANO — 53037 ◆ C B4

UFFICIO INFORMAZIONI ASSOCIAZIONE PRO LOCO Piazza del Duomo, 1 Tel. 0577940008, Fax 0577940903	E-Mail prolocsg@tin.it	
MUSEO CIVICO Piazza del Duomo Tel. 0577990340, Fax 0577940112	Geöffnet 9.30-19.30 (April-Okt.), Di-So 9.30-17 Uhr Geschl. Mo (Nov.-März)	▲ 226
PALAZZO DEL POPOLO UND TORRE GROSSA Piazza del Duomo Tel. 0577940008 (Touristeninformation)	Geöffnet 10.30-16.20 Uhr, geschl. Fr (Nov.-Feb.), 9.30-19.20 Uhr (März-Okt.)	▲ 226

◆ Sehenswürdigkeiten
Von Volterra nach Livorno

SANT'AGOSTINO Piazza Sant'Agostino Tel. 0577940008 (Touristeninformation)	*Geöffnet im Winter 7-12 u. 15-18 Uhr, Sommer 7-12 u. 15-19 Uhr*	▲ 226
SANTA FINA Piazza del Duomo Tel. 0577940008 (Touristeninformation)	*Geöffnet Mo-Sa 9.45-12 u. 15.15-16.30, So u. Feiertage 15.15-16.30 (21. Jan.-28. Feb.), Mo-Sa 9.30-17, So u. Feiertage 13-17 (März), Mo-Fr 9.30-19.30, Sa 9.30-17, So u. Feiertage 13-17 Uhr (April-Okt. u. 3. Nov.-20. Jan.)*	▲ 226
SAN QUIRICO D'ORCIA	**53027**	**◆ C C5**
TOURISTENINFORMATION Via Alighieri, 33 Tel. 05778972111	*Geöffnet 8 Uhr-Sonnenuntergang*	
HORTI LEONINI Piazza della Libertà Tel. 0577898303, 0577898247 Fax 0577897591	*Besichtigung nur nach Vereinbarung*	▲ 233
SARTEANO	**53047**	**◆ C D6**
CASTELLO DEI MANENTI Via della Rocca Tel. 05782691	*Geöffnet Sa u. So 10-12 u. 16-19 (1. Nov.-31. Mai)*	▲ 234
MUSEO CIVICO ARCHEOLOGICO Via Roma, 29 Tel. 0578269261	*Für Informationen an den Pfarrer wenden*	▲ 234
SAN MARTINO Piazza San Martino Tel. 0578265573	*Besichtigung nur nach Vereinbarung*	▲ 234
STAGGIA	**53038**	**◆ C B4**
MUSEUM Piazza Grazzini Tel. 0577930901 (parroco)	*Geöffnet Sa 15-17.30 Uhr (13. April-31. Okt.). An anderen Tagen nach Vereinbarung*	▲ 225

VON VOLTERRA NACH LIVORNO

CAMPIGLIA MARITTIMA	**57021**	**◆ D C3**
PALAZZO PRETORIO Via Cavour Tel. 0565838958 (Touristeninformation)	*Besichtigung nur nach Vereinbarung*	▲ 245
ROCCA Monte Calvi Tel. 0565838958 (Touristeninformation)	*Besichtigung nur nach Vereinbarung*	▲ 245
SAN GIOVANNI (KIRCHE) Via di Venturina Tel. 0565838958 (Touristeninformation)	*Besichtigung nur nach Vereinbarung*	▲ 245
CASTAGNETO CARDUCCI	**57022**	**◆ D C2**
TOURISTENINFORMATION Via Marconi Tel. 0565763624	*E-Mail castagneto.turismo@infol.it*	
CENTRO CARDUCCIANO Via Carducci Tel. 0565777868	*Geöffnet im Sommer 10.30-12.30 Uhr Geschl. Sa-Mo*	▲ 246
MUSEO ARCHIVIO **DI CASTAGNETO CARDUCCI** c/o Touristeninformation	*Geöffnet im Sommer 10.30-12.30 Uhr Geschl. Sa-Mo*	▲ 246
LIVORNO	**57100**	**◆ D B1**
AZIENDA DI PROMOZIONE **TURISTICA – LIVORNO** Piazza Cavour, 6 Tel. 0586898111		
ACQUARIO COMUNALE Viale Nazario Sauro, 1 Tel. 0586807287	*Geöffnet 9.30-12.30 u. 14.30-17.30 (Nov.-Jan.), 9.30-12.30 u. 16-19 Uhr (Feb.-Okt.). Geschl. Mo*	▲ 250
CISTERNONE Tel. 0586242111	*Besichtigung nur nach Vereinbarung*	▲ 248

Sehenswürdigkeiten ◆
Von Volterra nach Livorno

DOM Piazza Grande Tel. 0586884642	Geöffnet 7.15-12 u. 17-19 Uhr	▲ 248
FORTEZZA NUOVA Via Scali della Fortezza Nuova Tel. 0586802518	Geöffnet 8-20 Uhr	▲ 248
FORTEZZA VECCHIA UND MASTIO DI MATILDE Darsena Nuova, porto Mediceo	Besichtigung nur nach Vereinbarung, Kontakt: Litoral Sind (Tel. 0586897071), Tecatravel (Tel. 0586898444), Vietu (Tel. 0586897020)	▲ 249, 250
SAN FERDINANDO (KIRCHE) Piazza del Luogo Pio Tel. 0586888541	Besichtigung nur nach Vereinbarung	▲ 249
SAN JACOPO ACQUAVIVA (KIRCHE) Via San Jacopo Tel. 0586800590	Geöffnet 8-12 u. 16-20 Uhr	▲ 250
SYNAGOGE Piazza Benamozegh, 1	Besichtigung nur nach Vereinbarung, Kontakt: Comunità Ebraica (via del Tempio 3, Tel. 0586896290)	▲ 249
TORRE DEL MARZOCCO Via Mogadiscio Tel. 0586802454, 0586820132 (Touristeninformation)	Nicht zu besichtigen	▲ 250

MASSA MARITTIMA — 58024 — ◆ D D3

PALAZZO COMUNALE Piazza Garibaldi Tel. 0566902051	Nicht zu besichtigen (nur Büros)	▲ 242
PALAZZO PRETORIO Piazza Garibaldi Tel. 0566902289	Geöffnet im Winter Di-So 10-12.30 u. 15-17 Uhr, im Sommer Di-So 10-12.30 u. 15.30-19 Uhr (Juli-Aug. tgl. 10-13 u. 15.30-22.30)	▲ 242
SAN CERBONE (BASILIKA) Piazza Garibaldi Tel. 0566902237 (Pfarrer)	Geöffnet im Winter 8-12 u. 15.30-18.30 Uhr, Sommer 8-12 u. 15.30-19 Uhr	▲ 242
TORRE DEL CANDELIERE Piazza Matteotti Tel. 0566902289	Geöffnet 11-12.30 u. 17-19 Uhr	▲ 242

PIOMBINO — 57025 — ◆ D C3

PALAZZO COMUNALE Piazza Bovio Tel. 056583111	Besichtigung nur nach Vereinbarung	▲ 243
SANT'ANTIMO (KIRCHE) Piazza Curzio Desideri Tel. 056583111	Besichtigung nur nach Vereinbarung	▲ 243

POPULONIA — 57020 — ◆ D C3

ROCCA	Geöffnet 9.30-12.30 u. 14.30-17	▲ 243

SAN PIETRO IN PALAZZI — 57010 — ◆ D C2

MUSEO ETRUSCO-ROMANO Via Guerrazzi Tel. 0586660411, 0586680145	Geöffnet Di, Do, Sa 13-17.30 Uhr Mo, Mi, Fr u. So Besichtigung nur nach Vereinbarung	▲ 246

SUVERETO — 57028 — ◆ D C3

PALAZZO COMUNALE Via Piave Tel. 0565829923	Geöffnet 10-12.30. Geschl. an Feiertagen	▲ 245
SAN FRANCESCO Via del Crocifisso Tel. 0565829923	Besichtigung nur nach Vereinbarung	▲ 245

VOLTERRA — 56048 — ◆ D D1

CONSORZIO TURISTICO VOLTERRA VALDICECINA Piazza dei Priori, 20 Tel. u. Fax 058887257	Internet: www.volterra.it E-Mail ced@sirt.pisa.it	
BAPTISTERIUM (BATTISTERO) Piazza San Giovanni Tel. 058887654	Geöffnet 7.30-12.30 u. 15-18 Uhr	▲ 238
DOM Piazza San Giovanni Tel. 058887654	Geöffnet 7.30-12.30 u. 15-18 Uhr	▲ 238

◆ SEHENSWÜRDIGKEITEN
GROSSETO UND DIE MAREMMA

MUSEO DIOCESANO D'ARTE SACRA Via Roma, 1 Tel. 058886290	Geöffnet Mo-So 9-13 u. 15-18 (15. März-2. Nov.), Mo-So 9-13 Uhr (3. Nov.-14. März)	▲ 238
MUSEO ETRUSCO GUARNACCI Via don Minzoni, 15 Tel. 058886347	Geöffnet 9-14 (3. Nov.-15. März), 9-19 Uhr (16. März- 2. Nov.)	▲ 239
PALAZZO DEI PRIORI Piazza dei Priori Tel. 058886050	Geöffnet Di, Do 10-13 u. 15-18, Mo, Mi, Fr 10-13 Uhr	▲ 238
PALAZZO INCONTRI VITI Via dei Sarti, 41 Tel. 058884047, 053887801	Geöffnet Mo, Mi-Fr 9-13, Sa, So u. an Feiertagen 9-13 u. 15-17.30 Uhr (16. März-30. Sept.) Geschl. Di	▲ 239
PALAZZO PRETORIO Piazza dei Priori	Geschlossen	▲ 238
PINACOTECA UND MUSEO CIVICO (PALAZZO MINNUCCI SOLAINI) Via Sarti, 1 Tel. 058887580	Geöffnet 9-14 (3. Nov.-15. März), 9-19 Uhr (16. März- 2. Nov.)	▲ 239
SANTI GIUSTO E CLEMENTE Via Borgo San Giusto Tel. 058886302	Besichtigung nur nach Vereinbarung	▲ 237
TEATRO ROMANO Porta Fiorentina	Geöffnet 11-17 Uhr (16. März-2. Nov.). Bei Regen geschl.	▲ 239
TORRE DEL PORCELLINO Piazza dei Priori	Geschlossen	▲ 238

GROSSETO UND DIE MAREMMA

ALBERESE ◆ D D5

ABTEI SAN RABANO Località Poggio Lenci Parco dell'Uccellina Tel. 0564407098 Pro Loco: Tel. 0564860447	Besichtigung nur nach Vereinbarung	▲ 255

ANSEDONIA 58016 ◆ D E6

RUINEN VON COSA Tel. 0564881421	Geöffnet 8-17 (Okt.-April), 8-20 Uhr (Mai-Sept.)	▲ 259

CAPALBIO 58011 ◆ D E5

ORATORIO DELLA PROVVIDENZA Tel. 0564896018 (Touristeninformation)	Besichtigung nur nach Vereinbarung	▲ 259
PALAZZO COLLACCHIONI Via Collacchioni, 1 Tel. 0564896611 (Touristeninformation)	Besichtigung nur nach Vereinbarung	▲ 259
SAN NICOLA Centro urbano Tel. 0564896018	Besichtigung nur nach Vereinbarung	▲ 259

GIARDINO DEI TAROCCHI 58011 ◆ D E6 F

ORTSCHAFT GARAVICCHIO-CAPALBIO Tel. 0564895122, Fax 0564895700	Geöffnet 14.30-19.30 Uhr (Mai-Okt.), andere Daten per Fax anmelden. Geschl. So u. an Feiertagen	▲ 259

GROSSETO 58100 ◆ D D4

AZIENDA DI PROMOZIONE **TURISTICA – GROSSETO** Via Monte Rosa, 206 Tel. 0564462611	E-Mail aptgrosseto@grosseto.turismo.toscana.it	
DOM Piazza del Duomo Tel. 0564414303 (Touristeninformation)	Informationen telefonisch erfragen	▲ 253
MUSEO ARCHEOLOGICO **E D'ARTE DELLA MAREMMA** Piazza Baccarini, 3 Tel. 0564417629	Geöffnet im Winter Di-So 9-13 u. 16-18, im Sommer Di-So 10-13 u. 17-20 Uhr Geschl. Mo	▲ 253
SAN FRANCESCO Piazza Indipendenza Tel. 0564414303	Variable Öffnungszeiten	▲ 253

SEHENSWÜRDIGKEITEN ◆
GROSSETO UND DIE MAREMMA

MANCIANO — 58014 ◆ D F5

MUSEO DI PREISTORIA E PROTOSTORIA
Via Corsini, 5
Tel. 0564629222
Geöffnet Winter Di, Fr 10.30-13.30, Sa 10.30-13 u. 14.30-16.30 Uhr
▲ 259

ORBETELLO — 58015 ◆ D E5

INFORMATION: PRO LOCO
Via dell'Unione
Tel. 0564860447
Internet: www.orbetellonline.it

PALAZZO DEL MUNICIPIO
Piazza Plebiscito
Tel. 0564861111
Wegen Renovierung geschl.
▲ 258

PALAZZO DI SPAGNA
Piazza Garibaldi
Tel. 0564861111
Geschlossen
▲ 258

PARCO NATURALE DELLA MAREMMA
Sitz: Località Pianacce (Alberese)
Tel. 0564407098
Besichtigung nur nach Vereinbarung
▲ 255

POLVERIERA GUZMAN
Tel. 0564861111
Geschlossen
▲ 255

SANTA MARIA AD PORTAM
Piazza IV Novembre
Tel. 0564861111
Geschlossen
▲ 255

SANTA MARIA ASSUNTA
Piazza Duomo
Tel. 0564867480
Geöffnet 7-12.30 u. 15-20 Uhr
▲ 258

PITIGLIANO — 58017 ◆ D F5

KATHEDRALE
Piazza San Gregorio VII
Tel. 0564614433
Tgl. geöffnet
▲ 260

MUSEO DELLA DIOCESI (PALAZZO ORSINI)
Piazza della Fortezza Orsini
Tel. 0564615568
Geöffnet 10-13 u. 15-20 (April-Sept.), 10-13 u. 15-19 Uhr (Okt.-Dez.)
▲ 260

SANTA MARIA
Via Orsini
Tel. 0564614433
Tgl. geöffnet
▲ 260

ROSELLE — 58100 ◆ D E4

ARCHÄOLOGISCHES GELÄNDE
Tel. 0564402403
Geöffnet 9-17.30 (Nov.-Feb.), 9-18.30 (März-April), 9-19.30 Uhr (Mai-Aug.)
▲ 253

SORANO — 58010 ◆ D F4

FESTUNG
Via San Marco
Tel. 0564633767
Geöffnet Fr, Sa, So u. an Feiertagen 10-16 (Okt.-März), Mo-So 10-19 Uhr (April-Sept.)
▲ 260

SOVANA — 58010 ◆ D F5

DOM
Piazza del Pretorio
*Geöffnet im Winter Sa u. So, im Sommer tgl. geöffnet
Information bei der APT in Grosseto*
▲ 260

ETRUSKISCHE NEKROPOLE
Poggio di Sopra Ripa
*Tgl. geöffnet
Information bei der APT in Grosseto*
▲ 260

ROCCA ALDOBRANDESCA
Via del Pretorio
Geschlossen

SANTA MARIA
Piazza del Pretorio
*Tgl. geöffnet
Information bei der APT in Grosseto*
▲ 260

TALAMONE — 58010 ◆ D D5

ROCCA
Tel. 0564861111
(Orbetello)
Besichtigung nur nach Vereinbarung
▲ 255

VETULONIA — 58040 ◆ D D4

MUSEO ARCHEOLOGICO
Via Garibaldi
Tel. 0564927432
Besichtigung nur nach Vereinbarung
▲ 254

TOMBA DEL DIAVOLINO II UND TOMBA DELLA PIETRERA
Tel. 0564949587
Besichtigung nur nach Vereinbarung
▲ 254

◆ ADRESSEN
HOTELS UND RESTAURANTS

Die ◆ mit Buchstabe und Seitenzahl verweist auf den Kartenteil. Die Legende der verwendeten Symbole befindet sich in der Umschlagklappe.

UNTERKUNFT
- ▫ unter 100 000 ltl.
- ▪ 100 000-200 000 ltl.
- ▪ 200 000-300 000 ltl.
- ▪ über 300 000 ltl.

FLORENZ
FIESOLE

◆ **B** F4
→ **UNTERKUNFT**

VILLA AURORA ****
Piazza Mino, 39
Tel. 05559100
Fax 05559587
Villa des 19. Jh. im Zentrum mit historischen Möbeln und modernem Komfort.

VILLA SAN MICHELE *****
Via Doccia, 4
Tel. 05559451
Fax 05559734
Villa des 15. Jh. in großem Park mit ausgesuchtem Komfort. Bei Bedarf auch Babysitting.

VILLA SAN MICHELE, FIESOLE

VILLA FIESOLE ***
Via Frà Angelico, 35
Tel. 055597252
Fax 055599133
In einem Wohngebiet, erfreut sich eines freien Blicks über Fiesole und Florenz.

FLORENZ

◆ **B** F4
→ **UNTERKUNFT**

EXCELSIOR *****
Piazza Ognissanti, 3
Tel. 055264201
Fax 055210278
In einem Palazzo im Renaissance-Stil im historischen Zentrum. Mit schönem Blick auf den Arno. Lebendiges Restaurant ›Il Castello‹.

GRAND HOTEL VILLA CORA *****
Viale Machiavelli, 18
Tel. 0552298451
Fax 055229086
Die von Baron Oppenheim in der zweiten Hälfte des 19. Jh. erbaute Villa hat Damen, Staatschefs, Diplomaten und Künstler aus aller Welt beherbergt. Luxuriöses Ambiente in einem privilegiert ruhigen Winkel. Man sollte die Gerichte in der ›Taverna Machiavelli‹ probieren.

HELVETIA & BRISTOL *****
Via de' Pescioni, 2
Tel. 055287814
Fax 055288353
Mitten in Florenz, im elegantesten Bereich vor dem Palazzo Strozzi. Seit sie in der zweiten Hälfte des 19. Jh. errichtet wurde, sind hier Künstler, Dichter und Schriftsteller abgestiegen. Das Gebäude vereinigt Tradition und modernen Empfang.

REGENCY *****
Piazza Massimo d'Azeglio, 3
Tel. 055245247
Fax 0552346735
Luxuriöse Villa des 19. Jh. mit raffinierter Dekoration, die ein elegantes Restaurant mit eher klassischer Küche vervollständigt. In einem schönen Park gelegen.

GRAND HOTEL MINERVA ****
Piazza Santa Maria Novella, 16
Tel. 055284555
Fax 055268281
Klasse-Hotel im Zentrum. Der Pool auf der Terrasse, die Veranda und der Garten, an den das Restaurant grenzt, machen den Aufenthalt hier sehr angenehm.

GRAND HOTEL BAGLIONI ****
Piazza Unità Italiana, 6
Tel. 05523580
Fax 0552358895
Ein Klassiker unter den Hotels, der modernisiert wurde, um aktuellen Komfort zu bieten, während die Klasse und der Reiz einer Epoche erhalten bleiben.

J AND J ****
Via di Mezzo, 20
Tel. 0552345005
Fax 055240282
Dieses Hotel in einem alten Kloster bietet von seinen kostbaren Zimmern einen Blick auf die Florentiner Dächer und Hügel.

KRAFT ****
Via Solferino, 2
Tel. 055284273
Fax 0552398267
Im Neobarock-Stil und mit einer Terrasse mit Swimming-Pool versehen. Wundervoller Blick.

RIVOLI ****
Via della Scala, 33
Tel. 055282853
Fax 055294041
Das alte Kloster im historischen Zentrum wurde 1990 renoviert und vereinigt Tradition und Moderne. Kleiner Pool und sehr hübscher Patio.

APRILE ***
Via della Scala, 6
Tel. 055216237
Fax 055280947
Hübscher Garten in einem alten Medici-Palazzo. Freskierte Zimmerdecken, alte Gemälde und Möbel, ruhige Zimmer.

BOTTICELLI ***
Via Taddea, 8
Tel. 055290905
Fax 055294322
Nicht weit vom Mercato di San Lorenzo und der gleichnamigen Kirche. Palazzo aus dem 16. Jh. mit Fresken im Saal und überdachter Terrasse.

HERMITAGE ***
Vicolo Marzio, 1
Ecke Piazza del Pesce
Tel. 055287216
Fax 055212208
Intime und komfortable Atmosphäre in der Nähe des Ponte Vecchio. Graziler hängender Garten, von dem aus man einen schönen Blick auf den Arno hat.

LOGGIATO DEI SEVITI ***
Piazza Santissima

ADRESSEN ◆
HOTELS UND RESTAURANTS

RESTAURANTS
- unter 50 000 ltl.
- 50 000-80 000 ltl.
- 90 000-120 000 ltl.
- über 120 000 ltl.

Annunziata, 3
Tel. 055289592
Fax 055289595
In einem Gebäude aus dem 16. Jh. mit großen Salons und Zimmern, die mit historischen Möbeln ausgestattet sind. Großartiger Blick auf die Piazza.

SPLENDOR *
Via San Gallo, 30
Tel. 055483427
Fax 055461276
Alte und beständige Restauration, die über jeglichen modernen Komfort verfügt. Traumhafter Ort für einen romantischen Aufenthalt. Wundervolle Terrasse mit angrenzendem Lesesaal und historischen Möbeln.

VILLA AZALEE *
Viale Fratelli Rosselli, 44
Tel. 055214242
Fax 055268264
Romantisches Hotel mit Blumendekoration, das durch die Qualität des Empfangs verführt. Fahrradverleih.

BELLETTINI **
Via dei Conti, 7
Tel. 055213561
Fax 055283551
Familienbetrieb. Die Stärke des Hotels liegt im Frühstücksbuffet, das auch hausgemachte Süßspeisen enthält.

CASCI **
Via Cavour, 13
Tel. 055211686
Fax 0552396461
Einige Tage im Januar geschlossen. In einem Gebäude aus dem 15. Jh., in dem auch schon Gioacchino Rossini wohnte.

DESIRÉE **
Via Fiume, 20
Tel. 0552382382
Fax 055291439
Einige Tage im August geschlossen. Kleines Hotel mit großen klimatisierten Zimmern, das von einem sehr höflichen Herrn geführt wird. Bestes Preis-Leistungsverhältnis.

RESIDENZA APOSTOLI B&B
Borgo Santi Apostoli, 8
Tel. 055284837; 055288432
Fax 055268790
Alle Zimmer sind unterschiedlich und geschmackvoll dekoriert. Nicht nur

ENOTECA PINCHIORRI, FLORENZ

ein bed and breakfast, sondern ein Hotel (die Eigentümer wohnen nicht im Palazzo aus dem 14. Jh.). Empfehlenswert ist Zimmer 3, das auf die Loggia geht. Gratis für Kinder unter zwei Jahren.

RESIDENZA HANNAH E JOHANNA B&B
Via Bonifacio Lupi, 14
Tel. 055481896
Fax 055482721
In einem Palazzo aus dem 19. Jh. in der Nähe des Doms. Helle und schön renovierte Zimmer, gepflegt. Gratis für Kinder unter zwei Jahre.

RESIDENZA JOHANNA B&B
Via delle V Giornate, 12
Tel. u. Fax 055473377
Kleine Villa vom Anfang des 19. Jh. mit einem grazilen Gärtchen. Herzliche Atmosphäre, gut ausgestattete Bibliothek. In jedem Zimmer ein Kocher und alles Nötige für das Frühstück.

→ **RESTAURANTS**
ALLE MURATE
Via Ghibellina, 52/r
Tel. 055240618
mittags, Mo und Weihnachten geschl. Intim, mit einer sorgfältigen Musikauswahl, die die Atmosphäre noch angenehmer macht. Der Abend plätschert bei der wundervollen Weinauswahl aus einer der besten Weinkellereien der Stadt mit großen italienischen und französischen Marken angenehm dahin.

AL LUME DI CANDELA
Via delle Terme, 23/r
Tel. 055294566
Fax 055283815
Geschl. So. und Mo mittag. Gepflegtes und romantisches Ambiente in einem Turm aus dem 14. Jh. Nicht das Dessert versäumen!

DON CHISCIOTTE
Via Rodolfi, 4/r
Tel. 0554754430
Fax 055485305
Geschl. So, Mo mittag und im Aug.
Geschmackvoll eingerichtet und mit Bildern der Abenteuer von Don Quichotte dekoriert. Traditionsbewusste Küche.

ENOTECA PINCHIORRI
Via Ghibellina, 87
Tel. 055242777
Fax 055244983
Geschl. So, Mo und Mi mittag. In einem schönen Palazzo des historischen Zentrums. Elegante Tische, klasse Service und eine seit 25 Jahren erfolgreiche Küche. Gepflegte Gerichte, bemerkenswerte Auswahl an Käse und Dessert. Großer und berühmter Weinkeller, der für die Kunden zugänglich ist.

LA BARAONDA
Via Ghibellina, 67
Tel. 0552341171
Geschl. So, Mo mittag, erste Woche im Jan. und Aug. Im historischen Viertel Santa Croce, wenige Tische in ruhiger Atmosphäre. Im Sommer speist man im Garten.

LA BARUCIOLA
Via Maggio, 61/r
Tel. 055218906
Geschl. So und Mariä Himmelfahrt. Ein jugendliches und familiäres Ambiente in einer alten Straße im Viertel Oltrarno, nicht weit von der Piazza Pitti.

LOGGIA
Piazzale Michelangelo, 1
Tel. 0552342832
Fax 0552342832
Geschl. Mo. Für seine Lage oberhalb der Stadt und seine Spezialitäten sehr renommiertes Restaurant.

◆ ADRESSEN
HOTELS UND RESTAURANTS

UNTERKUNFT
- unter 100 000 ltl.
- 100 000–200 000 ltl.
- 200 000–300 000 ltl.
- über 300 000 ltl.

MARIONE
Via della Spada, 27/r
Tel. 055214756
Geschl. So und einige Tage im Aug.
Einfache und traditionelle Trattoria, die es seit den 60er-Jahren gibt.

OLIVIERO
Via delle Terme, 51/r
Tel. 055212421
Fax 0552302407
Geschl. So und Aug.
Der Küchenchef mit gutem Ruf bereitet eine toscanische Küche, in der sich traditionelle Gerichte mit gelungenen Kreationen auf der Basis von Fisch und einfachen Produkten abwechseln.

→ CAFÉS

CAFFÈ RIVOIR
Piazza della Signoria, 5/r
Tel. 055214412
Geschl. Mo
Schönes Café mit der besten heißen Schokolade in der Stadt.

GIACOSA
Via Tornabuoni, 83/r
Tel. 0552396226
Geschl. So
Elegante Konditorei; Eis und Süßspeisen hausgemacht.

GILLI
Piazza della Repubblica 39/r
Tel. 055213896
Geschl. Di
1733 gegründet: zauberhafte Atmosphäre und Qualitätsservice.

GIUBBE ROSSE
Piazza della Repubblica 13/14/r
Tel. 055212280
Literarisches Café vom Anfang des 20. Jh., heute bekannt für seine ›Cantucci di Prato‹ und seinen Vin Santo.

IL CIBREO
Via dei Macci, 118/r
Tel. 0552341100
Fax 055244966
Geschl. So und Mo.

IL CIBREO, FLORENZ

Fröhliches und mitreißendes Lokal, das durch unmittelbaren Genuss sowie die sympathische und professionelle Bedienung verzaubert. Gute Weinkarte, ausgezeichnetes Brot.

IL LATINI
Via dei Palchetti, 6/r
Tel. 055210916
Geschl. Mo
Die Familie Latini serviert seit drei Generationen selbst gemachte Gerichte der toscanischen Küche im Palazzo Rucellai. Gutes Preis-Leistungsverhältnis.

IL SASSO DI DANTE
Piazza delle Pallottole, 6/r
Tel. 055282113
Typisches Lokal mit beschränkter Zahl von Plätzen. Sympathisch; klassisch gehaltene Küche.

OSTERIA DEL CAFFÈ ITALIANO
Via Isola delle Stinche, 11-13/r
Tel. 055289368
›Wein und Küche aus der Toscana‹ heißt der Slogan dieser Osteria im Erdgeschoss des historischen Palazzo Salviati, dessen Architektur und originale Möbel erhalten sind.

PASZKOWSKI
Piazza della Repubblica, 6/r
Tel. 055210236
Geschl. Mo
Das ganze Jahr über Pianobar und im Sommer großes Orchester auf der Terrasse.

SABATINI
Via de' Panzani, 9/a
Tel. 055212559
Fax 0552102293
Geschl. Mo
Solide alte Tradition und renommiert, mit einem Ambiente von klassischer Eleganz und Küche von hoher Qualität.

→ EISDIELEN

ANTARTIDE
Via Ponte di Mezzo, 40/b
Tel. 055366859
Geschl. Mo

VIVOLI
Via Isola delle Stinche, 7/r
Tel. 055292334
Geschl. Mo
Gilt als beste Eisdiele in Florenz.

→ BARS

JAZZ CLUB
Via Nuova de' Caccini, 3
Tel. 0552479700
Geschl. Mo
Herzlicher Empfang. Jeden Abend Live-Musik.

REX CAFFÈ
Via Fiesolana, 23/25/r
Tel. 0552480331
Geschl. Di
Zwischen blauen Mosaiken kann man auch tagsüber essen und abends ein Bier trinken.

TENAX
Via Pratese, 46
Tel. 055308160
Geschl. Di

ZOE
Via Dei Renai, 13/r
Tel. 055243111
Die Bar ist sehr in Mode und bietet Ausstellungen.

→ WEINKELLEREIEN

ENOTECA OGNISSANTI
Borgo Ognissanti, 133/r
Tel. 055287505
Trüffel-Spezialitäten.

IL CANTINONE DEL GALLO NERO
Via di Santo Spirito, 6/r
Tel. 055218898

LA CANTINETTA ANTINORI
Piazza Antinori, 3
Tel. 055292234

LA CANTINETTA DEL VERRAZZANO
Via di Tavolini, 18/20
Tel. 055268590
Mit Probe toscanischer Weine.

→ BOTTEGHE ALIMENTARI

CIBREO
Via Andrea del Verrocchio, 8/r
Tel. 0552341094
Öl, Wein, Aceto balsamico, Weinbrände, Marmelade, Rezeptbücher ... Hier kann man alles kaufen. Etwas teuer, aber gut.

PEGNA
Via dello Studio, 8
Tel. 055282701
Edel-Metzgerei, die Wurst, Milchprodukte, Wein, Gebäck und verschiedene Konserven verkauft.

PROCACCI
Via Tornabuoni, 64/r
Tel. 055211656
Spezialität sind Trüffel-Brötchen.

→ OLIVERIEN

MARCHESI ANTINORI
Piazza Antinori, 3
Tel. 0552359848

ADRESSEN ◆
HOTELS UND RESTAURANTS

RESTAURANTS
- ■ unter 50 000 ltl.
- ■ 50 000-80 000 ltl.
- ■ 90 000-120 000 ltl.
- ⊞ über 120 000 ltl.

→ **WEINHANDEL**

CASA DEL VINO
Via dell'Ariento, 16/r
Tel. 055215609

DE' GIRALDI
Via de' Giraldi, 4/r
Tel. 055216518

FUORI PORTA
Via Monte alle
Croci, 10/r
Tel. 0552342483

LE BARRIQUE
Via del Leone, 40/r
Tel. 055224192

LE VOLPI E L'UVA
Piazza dei Rossi, 2/r
Tel. 0552398132

ZANOBINI
Via Sant'Antonino,
47/r
Tel. 0552396850

→ **ANTIQUITÄTEN**

BARTOLOZZI
Via Maggio, 18/r
Tel. 055215602
Mittelalterliche Gegenstände.

CAMPOLMI
Via Maggio, 5
Tel. 055295367
Möbel und Tische des 16. und 17. Jh.

CARNEVALI
Borgo San Jacopo, 34/r
Tel. 055295064
Kleidung.

PISELLI
Via Maggio 23/r
Tel. 0552398029
Alte Bilder und Stoffe.

PRATESI
Via Maggio, 13
Tel. 0552396568
Gemälde und Skulpturen des 17. Jh. und des Neoklassizismus.

ROMANO
Borgo Ognissanti, 36
Tel. 0552396006
Gegenstände des 17. und des 18. Jh.

STUDIO SANTO SPIRITO
Via dello Sprone, 19/21/r
Tel. 055214873
Restaurator von Porzellan und Majoliken.

MAIANO
◆ B F4
→ **RESTAURANTS**

CAVE DI MAIANO
Via delle Cave, 16
Tel. 05559133
Geschl. Mo mittag
Die alte Trattoria wurde 1897 gegründet und verfügt über eine Panorama-Terrasse und Tische im Freien.
◨ ☐ ♫ ☒

UMGEBUNG VON FLORENZ
ARTIMINO
◆ B E4
UNTERKUNFT
☑ **PAGGERIA MEDICEA ****
Viale Papa Giovanni XXIII, 3
Tel. 0558718081
Fax 0558718080
Die Pagen-Residenz aus dem 16. Jh. geht im Grün von Olivenbäumen und Weinreben unter. Das Restaurant ›Biagio Pignatta‹, das sich in den Räumen des ersten Majordomo von Ferdinando de' Medici befindet, bietet Gerichte mit dem Geschmack der Renaissance.
◨☐▥·♫☒♪☒ ☒☒⊞

→ **RESTAURANTS**
☑ **DELFINA**
Via della Chiesa, 1
Tel. 0558718074
Fax 0558718175
Geschl. So Abend, Di, Aug., Neujahr und Dreikönigsfest.
Einer der Tempel für authentische toscanische Küche, in der Bratspieße vorherrschen.
☑☐♫☒♪☒

CARMIGNANO
◆ B E4
→ **ÖL-ERZEUGER**

TENUTA DI CAPEZZANA
Via di Capezzana, 100
Tel. 05587060065
Marke ›Capezzana‹.

CERTALDO
◆ B E5
→ **UNTERKUNFT**

LA SPERANZA **
Borgo Garibaldi, 80
Tel. 0571668014
Die Unterkunft im Borgo basso ist eine bequeme und ökonomische Lösung.
☐

→ **RESTAURANTS**

OSTERIA DEL VICARIO
Via Rivellino, 3
Tel. 0571668228
Geschl. Mi
Gebäude aus dem 13. Jh. im historischen Zentrum. Kreative toscanische Küche; Übernachtung möglich.
☐▥♫☒☒

EMPOLI
◆ B E4
→ **UNTERKUNFT**

IL SOLE **
Piazza Don Minzoni, 18
Tel. 057173779
Fax 057179871
Ein kleines Haus gegenüber vom Bahnhof, das als Familienbetrieb geführt wird.
☐▥☒♪☒

GELATERIA VIVOLI, FLORENZ

→ **RESTAURANTS**

BIANCONI
Via Tosco Romagnola, 92
Tel. 0571590558
Geschl. Mi
Großes Lokal mit offenem Grill für die Spezialitäten.
☐▥♫☒☒

GALEONE
Via Curtatone e Montanara, 67
Tel. 057172826
Geschl. So
Das Ambiente des Familienbetriebs ist in klassischem Ton gehalten. Am besten sind die Fischgerichte und die Pizzen.
☐▥☒

FUCECCHIO
◆ B D4
→ **UNTERKUNFT**

LA CAMPAGNOLA **
Viale Colombo, 144
Tel. 0571260786
Fax 0571261781
Hotel auf dem freien Land, das eine entspannte und familiäre Gastlichkeit bietet.
☐▥♫☒☒

→ **RESTAURANTS**

VEDUTE
Via Romana Lucchese, 121
a Le Vedute
Tel. 0571297498
Geschl. Mo
Ehemals eine ländliche Trattoria, heute ein komfortables Restaurant, das saisonabhängige Küche bietet.
☐☒☒

MONTELUPO FIORENTINO
◆ B E4
→ **UNTERKUNFT**

BACCIO DA MONTELUPO **
Via Don Minzoni, 3
Tel. 057151215
Fax 057151171
Geschl. Aug.
Ein typisches toscanisches Gebäude, das moderne Gastlichkeit bietet.
☐▥♫☒♪☒

→ **RESTAURANTS**
AGRITURISMO FATTORIA PETROGNANO
Via Bottinaccio, 116

◆ ADRESSEN
HOTELS UND RESTAURANTS

UNTERKUNFT
- unter 100 000 ltl.
- 100 000-200 000 ltl.
- 200 000-300 000 ltl.
- über 300 000 ltl.

Tel. 0571913795
Fax 0571913796
Das auf dem Hügel gelegene Restaurant bietet einen wundervollen Panorama-Blick und traditionelle Küche.

→ **KERAMIK**
CERAMICHE ARTISTICHE BROGI
Via della Pesa, 30
Tel. 0571542652
Fax 0571911811

ELLEGI PORCELLANE
Località Camaioni
Via Tosco Romagnola Nord, 3/b
Tel. 0571910107
Fax 0571910140
E-Mail info@ellegi.it

FERCOLOR
Via Caverni, 87
Tel. 0571541626
Fax 05711910894
E-Mail info@fercolor.com

SAN CASCIANO IN VAL DI PESA

◆ **B** F5
→ **RESTAURANTS**
IL SALOTTO DEI CHIANTI
Via Sonnino, 92
in Mercatale (5 km)
Tel. 0558218016
Geschl. Mi und an Feiertagen mittags, einige Tage im Jan.
Toscanische Küche, die auf Innovationen achtet. Käse und Aufschnitt von hoher Qualität und reichhaltige Weinkarte.

TENDA ROSSA
Piazza del Monumento, 9
in Cerbaia (6 km)
Tel. 055826132
Fax 0558825210
Geschl. So und Mo mittag sowie einige Tage im Aug.
Ausgesuchte toscanische Küche mit besonderer Aufmerksamkeit für Fisch in einem der besten Restaurants Italiens. Unpersönliche Einrichtung und warmer Empfang.

→ **ÖL-ERZEUGER**
CONSORZIO OLIO EXTRAVERGINE TERRE DEL CHIANTI
Tel. 0558228245
Fax 0558228173

FATTORIA DI CIGLIANO
Via di Cigliano, 17
Tel. 0558248032

VINCI

◆ **B** E4
→ **UNTERKUNFT**
ALEXANDRA ***
Via dei Martiri, 38/40
Tel. 0571556224
Fax 0571567972
Modernes und komfortables Ambiente in einer Oase der Stille.

GINA ***
Via Lamporecchiana, 27/29
Tel. 057156266
Fax 0571567913
Komfortable Zimmer in einem Hotel, das erst kürzlich gebaut wurde.

DAS GEBIET VON PISA UND LUCCA

BAGNI DI LUCCA

◆ **B** D3
→ **UNTERKUNFT**
BRIDGE ***
Piazza Ponte a Serraglio, 5/a
in Ponte a Serraglio (2 km)
Tel. 0583805324
Fax 0583805324
Klein und gemütlich, mit gepflegtem und sauberem Ambiente.

CORONA ***
Via Serraglia, 78
in Ponte a Serraglio (2 km)
Tel. 0583805151
Fax 0583805134
Ein modernisierter Palazzo vom Anfang des 19. Jh., der sich neben dem Bach Lima erhebt.

CASTELNUOVO DI GARFAGNANA

◆ **B** C3
→ **UNTERKUNFT**
HAMBROS PARCO HOTEL ***
Località Lunata
Tel. 0583935355
Fax 0583935355
Die Villa vom Ende des 18. Jh. garantiert eine ausgesuchte Atmosphäre.

→ **RESTAURANTS**
DA CARLINO
Via Garibaldi, 15
Tel. 0583644270
Geschl. Mo
Lokal mit Terrasse und Garten, das Kitz, Dinkel und hausgemachte Nudeln bietet. Italienischer Wein.

LUCCA

◆ **B** C4
→ **UNTERKUNFT**
LOCANDA L'ELISA *****
Via Nuova per Pisa 1952
in Massa Pisana (4 km)
Tel. 0583379737
Fax 0583379019
Eine napoleonische Villa, die in ein Luxushotel umgewandelt wurde. Größte Sorgfalt wurde auf die Details und das Ambiente angewendet. Gutes Restaurant ›Gazebo‹.

GRAND HOTEL GUINIGI ****
Via Romana, 1247
Tel. 05834991
Fax 0583499800
Effizienter und funktionaler Komplex, mit Zimmern und Suiten, die erstrangige Bequemlichkeit und Service bieten. Saal für Feiern und ein Restaurant mit toscanischer und internationaler Küche.

VILLA SAN MICHELE ****
Via della Chiesa, 462
in San Michele in Escheto (4 km)
Tel. 0583370276
Fax 0583370277
Geschl. Mitte Nov.-Feb.
Eine Villa aus dem 14. Jh., die in eine angesehene Herberge umgewandelt wurde. In den Dependancen befinden sich Mini-Apartments.

LA LUNA ***
Via Fillungo ang. Corte Compagni, 12
Tel. 0583493634
Fax 0583490021
Das Hotel im historischen Zentrum der Stadt zeichnet sich durch eine sichere und aufmerksame Führung durch die Besitzer aus, sodass ein komfortabler und gastlicher Aufenthalt gewährleistet wird.

PICCOLO HOTEL PUCCINI ***
Via di Poggio, 9
Tel. 058355421
Fax 058353487
Moderne und funktionale Zimmer in einem Renaissance-Palast im Herzen der Stadt.

STIPINO **
Via Romana, 95
Tel. 0583495077
Fax 0583490309
Einfach, aber bequem; jedes Zimmer ist individuell ein-

ADRESSEN ◆
HOTELS UND RESTAURANTS

RESTAURANTS
- ■ unter 50 000 ltl.
- ■ 50 000-80 000 ltl.
- ■ 90 000-120 000
- ⊞ über 120 000 ltl.

gerichtet. Familienbetrieb.

→ **RESTAURANTS**
ANTICO CAFFÈ DELLE MURA
Piazza Vittorio Emanuele, 2
Tel. 0583467962
Geschl. Di und einige Tage im Jan.
Der Name und die Möbel einer anderen Epoche unterstreichen die traditionellen Gerichte, die auch zwischen den Bäumen im Garten serviert werden.

BUCA DI SANT'ANTONIO
Via della Cervia, 3
Tel. 058355881
Fax 0583312199
Geschl. So abend und Mo sowie einige Tage im Juli
Küche von guter Tradition, die die Sympathie des Besitzers und ein respektabler Weinkeller begleiten.

MORA
Via Sesto di Moriano, 1748
in Ponte in Moriano (9 km)
Tel. 0583406402
Fax 0583406135
Geschl. Mi und einige Tage im Jan.
Seit Jahren gilt die Küche als die beste in der Tradition Luccas: Perfekt in Auswahl und Präsentation der gelegentlich historischen, jedoch modernisierten Gerichte. Beste Auswahl an Öl und interessante Weinkarte.

PUCCINI
Corte San Lorenzo, 1/3
Tel. 0583316116
Fax 0583316031
Geschl. Nov.-Feb., Di und Mi mittag.
Modernes und bequemes Ambiente in einem Palazzo aus dem 15. Jh. Die Meeresfrüchte

ANTICO CAFFÈ DI SIMO, LUCCA

BUCA DI SANT'ANTONIO, LUCCA

kommen täglich frisch vom Markt in Viareggio. Im Sommer speist man im Freien in eindrucksvoller Umgebung.

→ **CAFÉS**
ANTICO CAFFÈ DI SIMO
Via Fillungo, 58
Tel. 0583467148
Liberty-Möbel, die an die Zeit der lebhaften literarischen Versammlungen erinnern. Für die Freunde zeitgenössischer Atmosphäre sehr zu empfehlen.

TADDEUCCI
Piazza San Michele, 34
Tel. 0583494933
Typische Konditorei, die für ihr Buccellato berühmt ist.

→ **WEINKELLEREIEN**
ENOTECA LUCCA IN TAVOLA
Via San Paolino, 130
Tel. 0583581022
Kostbare Weine in toscanischer Tradition.

→ **FEINKOST**
LA CACIOTECA
Via Fillungo
Tempel für Käse, vom
jüngsten bis zum reifen und explosiven Schafskäse aus dem Fass.

LA GROTTA
Piazza Anfiteatro, 2
Geschäft in einem alten Salzlager; verkauft neben Pfefferschinken auch ›biroldo‹, eine Salami auf der Basis von Schweineblut und Sultaninen.

PISA

◆ **B** C4-5

→ **UNTERKUNFT**
D'AZEGLIO **
Piazza Vittorio Emanuele II, 18
Tel. 050500310
Fax 05028017
Zentral gelegen, bequem und modern zugeschnitten, mit Möglichkeiten für kleine Versammlungen.

ROMA **
Via Bonanno Pisano, 111
Tel. 050554488
Fax 050550164
Hotel mit guten und funktionalen Einrichtungen, die ein befriedigendes Niveau von Komfort garantieren.

VERDI **
Piazza Repubblica, 5
Tel. 050598947
Fax 050598944
Der historische Palazzo in der Altstadt ist umfassend renoviert, die Ausstattung garantiert modernen Komfort.

→ **RESTAURANTS**
ARTILAFO
Via Volturno, 38
Geschl. mittag, So und Aug.
Empfiehlt sich schon wegen der akkuraten und kreativen Küche, aber auch wegen der großen Auswahl an italienischem und ausländischem Käse.

RISTORO DEI VECCHI MACELLI
Via Volturno, 49
Tel. 05020424
Fax 050506008
Geschl. Mi und So mittag sowie einige Tage im Aug.
Typisches Ambiente und traditionelle Küche, die korrekt mit gutem Wein serviert wird.

OSTERIA DEI CAVALIERI
Via San Frediano, 16
Tel. 050580858
Geschl. Sa mittag und So, erste Woche im Jan. und einige Tage im Juli.-Aug.
Das gastliche Lokal in einem historischen Palazzo bietet neben der Karte auch individuelle Menüs.

→ **CAFÉS**
CAFFÈ DELL'USSERO PALAZZO AGOSTINI
Lungarno Pacinotti, 27
Tel. 050581100

PASTICCERIA SALZA
Borgo stretto, 44
Tel. 050580144

→ **WEINKELLEREIEN**
MARCELLINO... PANE UND VINO
Piazza Bartolo da Sasso Ferrato, 16
Tel. 050544559

◆ ADRESSEN
HOTELS UND RESTAURANTS

UNTERKUNFT
- ▫ unter 100 000 ltl.
- ▫ 100 000-200 000 ltl.
- ▫ 200 000-300 000 ltl.
- ▫ über 300 000 ltl.

→ FEINKOST
LA BOTTEGA DELLA PASTA FRESCA
Piazza delle Vettovaglie, 28
Die Produkte werden auch im Ausland verlangt. Eine der Spezialitäten sind gefüllte Ravioli.

→ ÖL-ERZEUGER
OLIO DELLE COLLINE LUCCHESI
c/o Camera di Commercio
in Corte Campana
Tel. 05839765
Fax 05839765529

PONTEDERA
◆ B D5
→ UNTERKUNFT
ARMONIA ★★★★
Piazza Caduti di Cefalonia und Corfù, 11
Tel. 0587278511
Fax 0587278540
Die alte Herberge mitten in der Altstadt wurde im Stil vom Anfang des 19. Jh. renoviert, reich möbliert und mit Goldstuck versehen.

LA ROTONDA ★★★
Via Dante, 52
Tel. 058752287
Fax 058755580
Eine Unterkunft in bester Lage, besonders für Geschäftsreisende.

→ RESTAURANTS
AEROSCALO
Via Roma, 8
Tel. 058752024
Geschl. Mo und Aug.
Fast hundert Jahre bestehendes Lokal, noch immer mit der alten Besitzerfamilie, gastlich und familiär.

LA POLVERIERA
Via Fratelli Marconcini, 54
Tel. 058754765
Geschl. Mo
Sympathisches Lokal, geschmackvoll eingerichtet; beste Meeresplatten und eine künstlerische Ader.

SAN MINIATO
◆ B D5
→ UNTERKUNFT
MIRAVALLE ★★★
Piazza del Castello, 3
Tel. 0571418075
Fax 0571419681
Das Haus in einer alten Festung hat viel Atmosphäre und ist gut ausgestattet.

MASSA, CARRARA UND APUANE

CAMAIORE
◆ B C4
→ UNTERKUNFT
LOCANDA LE MONACHE ★★★
Piazza XXIX Maggio, 36
Tel. 0584989258
Fax 0584984011
Ein alter Wohnsitz in der Altstadt, der akkurat restauriert wurde. Das Restaurant bietet besonders Pilz und Wildbret.

→ RESTAURANTS
EMILIO UND BONA
in Lombrici (3 km)
Tel. 0584989264
Geschl. Mo und einige Tage im Jan. und Feb.
Das Ambiente ist das einer alten Olivenpresse, die Küche typisch toscanisch mit einem Blick auf Pilze und Trüffel.

CARRARA
◆ B B3
→ UNTERKUNFT
MICHELANGELO ★★★
Corso Fratelli Rosselli, 3
Tel. 0585777161
Fax 0585774545
Geschl. Mitte Dez.-Mitte Jan.
Jedes Zimmer ist individuell und mit zeitgenössischen Möbeln eingerichtet.

→ RESTAURANTS
ENOTECA NINAN
Via Bartolini, 3
Tel. 0585744741
Geschl. So
Es gibt nur wenige Plätze, reservieren! Lokale Küche und große Weinauswahl.

COLONNATA
◆ B B-C3
→ RESTAURANTS
VENANZIO
Piazza Palestro, 3
Tel. 0585758062
Geschl. So abend und Do
Ein sehr reizvolles Lokal unter den Kellereien. Einfache und schmackhafte lokale Küche.

FORTE DEI MARMI
◆ B B3
→ UNTERKUNFT
BYRON ★★★★★
Viale Morin, 46
Tel. 058478052
Fax 0584787152
Zwei Villen vom Ende des 19. Jh. am Meer. Gastlichkeit aus einer anderen Zeit, die durch das Restaurant ›La Magnolia‹ bereichert wird.

IL NEGRESCO ★★★★
Lungomare Italico, 82
Tel. 0584787133
Fax 0584787535
Schöner Panorama-Blick, elegantes und gastliches Inneres.

RITZ FORTE DEI MARMI ★★★★
Via Gioia, 2
Tel. 0584787531
Fax 0584787522
Die schöne Konstruktion im Liberty-Stil, nur wenige Schritte vom Meer, ist kürzlich renoviert worden.

FRANCESCHI ★★★
Via XX Settembre, 19
Tel. 0584787114
Fax 0584787471
Geschl. Nov.-Mitte März
Ambiente einer herrschaftlichen Villa mit zeitgenössischen Möbeln und feiner Atmosphäre. Das Hotel bietet auch einen eigenen Strand.

→ RESTAURANTS
ALBERTO
Via Alpi Apuane, 33
in Querceto (3 km)
Tel. 0584742300
Geschl. Di, einige Tage in Okt. und Nov.
Rustikales, aber elegantes Lokal mit gepflegter Küche.

LA MAGNOLIA
Viale Morin, 46
Tel. 0584787052
Geschl. in Nov.
Feines Lokal im Liberty-Stil. Beste toscanische Küche, besonders bei Fisch.

LORENZO
Tel. 058466961
Fax 058484030
Geschl. Mo, mittags in Juli. und Aug., sowie Mitte Dez.-Jan.
Essenzielle Küche mit einfachen Gerichten auf der Basis regionaler Produkte; am besten ist der frisch zubereitete Fisch.

LIDO DI CAMAIORE
◆ B B-C4
→ UNTERKUNFT
VILLA ARISTON ★★★★
Viale Colombo, 355
Tel. 0584610633
Fax 0584610631
Geschl. Nov.-Feb.
Der Wohnsitz im Liberty-Stil verschwindet in einem Park zwischen Meer und Pinienhain. Restaurant ›D'Annunzio‹.

MASSA
◆ B B3
→ RESTAURANTS
RUOTA
Via Bergiola Nuova, 2
in Bergiola Maggiore
Tel. 058542030
Geschl. Mo in der Nebensaison
Rustikales Lokal unter erprobter Führung durch die Familie des Besitzers.

ADRESSEN ◆
HOTELS UND RESTAURANTS

RESTAURANTS
- unter 50 000 ltl.
- 50 000-80 000 ltl.
- 90 000-120 000
- über 120 000 ltl.

PIETRASANTA
◆ **B** C3
→ **UNTERKUNFT**
PIETRASANTA ****
Via Garibaldi, 35
Tel. 0584793726
Fax 0584793728
Bequeme und moderne Unterkunft im Zentrum in einem Palazzo aus dem 17. Jh. Freskierte Zimmer, die alle unterschiedlich eingerichtet sind. Wintergarten.

PALAGI ***
Piazza Carducci, 23
Tel. 058470249
Fax 058471198
Hotel im Zentrumsbereich, klimatisiert und mit funktionaler Effizienz.

→ **RESTAURANTS**
ENOTECA MARCUCCI
Via Garibaldi, 40
Tel. 0584791962
Geschl. mittags, Mo (außer Juli und Aug.) und im Nov.
Große Weine und bester Speck.

MARTINATICA
Via Martinatica, 20
Tel. 0584792534
Geschl. Di
Sehr reizvolles Lokal mit ausgesuchter toscanischer Küche.

ROCCHETTA
Via Montiscendi, 172 in Strettoia
Tel. 0584799728
Fax 05844799840
Geschl. Di
Das Restaurant wurde auf den Resten einer alten Festung gebaut. Typisch und mit lokaler Küche.

PONTREMOLI
◆ **B** B2
→ **UNTERKUNFT**
GOLF HOTEL ***
Località La Pineta
Tel. 0187831573
Große und komfortable Zimmer; man kann auch im Säulengang speisen.

→ **RESTAURANTS**
CA' DEL MORO
Via Casa Corvi
Tel. 0187830588
Geschl. So abend und Mo, einige Tage in Jan. und Feb., Juli
Im Stall eines alten Bauernhauses im Schatten von Kastanien eingerichtetes Lokal mit intimen Sälen. Regionale Küche.

DA BUSSÈ
Piazza Duomo, 31
Tel. 0187831371
Geschl. abends und Fr
Klassische und traditionelle Küche mit regionalen Gerichten. Die Törtchen sind unwiderstehlich.

ENOTECA MARCUCCI, PIETRASANTA

PLAZA E DE RUSSIE, VIAREGGIO

→ **BÜCHER**
CITTÀ DEL LIBRO
Località Santissima Annunziata, 21
Tel. 0187830676

LIBRERIA DEL CAMPANONE
Piazza Repubblica, 5
Tel. 0187830092

→ **SPEZIALITÄTEN**
IL FUNGO
Via 1° Maggio, 8
Es ist nicht schwer, sich die Spezialität dieses Geschäfts für lokale Produkte vorzustellen. Doch sind hier auch Kastanienmehl, Konserven und die typischen ›testaroli‹ der Lunigiana erhältlich.

TORRE DEL LAGO PUCCINI
◆ **B** C4
→ **RESTAURANTS**
BUTTERFLY
Belvedere Puccini, 24/26 am Lago di Massaciuccoli
Tel. 0584341024.
Geschl. Do, einige Tage in Okt. und Nov.
Hotel-Restaurant mit hellen Räumen und einem großen Garten. Nicht weit von Puccinis Haus entfernt.

DA CECCO
Belvedere Puccini 10/12 am Lago di Massaciuccoli
Tel. 0584341022
Geschl. So abend und Mo sowie einige Tage in Juli und Nov.
Rustikales nüchternes Ambiente, traditionelle Rezepte auf der Basis von Fisch und Fleisch.

LOMBARDI
Via Aurelia, 127
Tel. 0584341044
Geschl. Di
Geräumiges und traditionelles Lokal, was die Räumlichkeiten angeht, aber auch in den Gerichten.

VIAREGGIO
◆ **B** B-C4
→ **UNTERKUNFT**
PALACE HOTEL ****
Via Gioia, 2
Tel. 058446134
Fax 058447351
Gebäude im Liberty-Stil vom Anfang des 20. Jh., komfortabel eingerichtet.

PLAZA E DE RUSSIE ****
Piazza D'Azeglio, 1
Tel. 058444449
Fax 058444031
Das 1871 errrichtete Hotel ist eins der ersten von Viareggio. Umfassend renoviert, die Zimmer sind gepflegt und die Gemeinschaftsräume mit zeitgenössischen Möbeln eingerichtet.

GRAND HOTEL & ROYAL ***
Viale Carducci, 44

◆ ADRESSEN
HOTELS UND RESTAURANTS

UNTERKUNFT
- ▪ unter 100 000 ltl.
- ▪▪ 100 000-200 000 ltl.
- ▪▪▪ 200 000-300 000 ltl.
- ▦ über 300 000 ltl.

GRAND HOTEL & LA PACE, MONTECATINI TERME

Tel. 058445151
Fax 058431438
Geschl. Nov.-März
Das zwischen Meer und Pinienhain gelegene Hotel zeigt mit ihren ›torrette‹ die typische Architektur vom Anfang des 20. Jh. Umfassend renoviert.
☐ P ♋ ◘ ☒ ♂ 🜨

→ **RESTAURANTS**
♋ OCA BIANCA
Via Coppino, 409
Tel. 0584388477
Geschl. mittags in Juli. und Aug., sonst Di und Mi mittags
Sehr schönes und elegantes Lokal mit wundervollem Blick auf den Hafen. Fischgerichte mit besonderen Beilagen. Gutes Preis-Leistungsverhältnis.
♋ ☐ ▥ P 🜨 ♣

♋ ROMANO
Via Mazzini, 122
Geschl. Mo und einige Tage im Jan.
Ausgezeichnetes, sympathisches und gastliches Lokal mit gutem Service und großer Auswahl an Süßspeisen. Hervorragende Weinkarte.
♋ ☐ ▥ ♣

→ **WEINKELLEREIEN**
MAGAZZINO DEL VINO-NOVI
Via Zanardelli, 116
Tel. 058445581

TAVERNA DELL'ASSASSINO
Viale Manin, 1
Tel. 058445011

UMGEBUNG VON PRATO UND PISTOIA

ABETONE
◆ B D3
→ **UNTERKUNFT**
BELLAVISTA **
Via Brennero, 383
Tel. 057360028
Fax 057360245
Geschl. Mitte Sept.-Nov. und Mai-Juni
Gastlich, gut ausgestatte Zimmer. Blick auf die Berge.
☐ ▥ P ♋ ☒ ♣ ◘

REGINA **
Via Uccelliera, 9
Tel. 057360007
Fax 057360257
Geschl. Mitte April-Juni und Mitte Sept.-Weihnachten.
Familiäres und gastliches Ambiente in einer Villa vom Ende des 19. Jh.
☐ P ♋ ◘ ◘

PRIMULA **
Via Brennero, 195
Tel. 057360108
Fax 057360254
Geschl. Mitte Sept.-Nov.
Zimmer mit gutem Komfort und familiäres Ambiente. In der Nähe der wichtigsten Liftanlagen.
☐ P ♋ ☒ ♣ ◘

→ **RESTAURANTS**
Capannina
Via Brennero, 520
Tel. 057360562
Geschl. Mo sowie einige Tage in Mai und Okt.
Traditionelle Gerichte in familiärem Ambiente.
☐ ♣

PIERONE
Via Brennero, 556
Tel. 057360068
Geschl. Do sowie einige Tage in Juni und Okt.
Einfaches und sauberes Lokal, dessen Spezialität in der Zubereitung von Pilzen und Trüffeln liegt. Reservierung empfehlenswert.
☐ ☒ ♣

COLLODI
◆ B D4
→ **RESTAURANTS**
OSTERIA DEL GAMBERO ROSSO
Via San Gennaro, 1
Tel. 0572429364
Geschl. Mo abend und Di sowie einige Tage in Nov. und Jan.
Großes Restaurant mit Saal für Bankette und Feiern im Parco di Pinocchio.
☐ ▥ P ♣

MONTECATINI TERME
◆ B D4
→ **UNTERKUNFT**
♋ GRAND HOTEL & LA PACE ***
Via della Torretta, 1/a
Tel. 05729240
Fax 057278451
Geschl. Nov.-März
Ambiente im Liberty-Stil, das durch adäquate Ausstattung komfortabler gemacht wurde.
♋ ☐ ▥ P ♋ ◘ ☒ ♣
🜨

TETTUCCIO **
Viale Verdi, 74
Tel. 057278051
Fax 057275711
Raffiniertes Klasse-Ambiente in einem Palazzo vom Anfang des 20. Jh. Gleich in der Nähe der Thermalgebäude.
♋ ☐ ▥ P ◘ ♣ ◘

♋ ADUA **
Viale Manzoni, 46
Tel. 057278134
Fax 057278138
Geschl. Mitte Nov.-Mitte März (Neujahr geöffnet).
Eine Herberge nahe bei den Thermen, die kürzlich renoviert wurde. Familienbetrieb mit klassischer Einrichtung.
♋ ☐ ▥ P ♋ ☒ ◘

PARMA UND ORIENTE **
Via Cavallotti, 135
Tel. 057278313
Fax 057272137
Geschl. Nov.-März
Gut ausgestattes Hotel im Liberty-Stil, seit den 20er-Jahren von der derselben Familie geführt.
☐ ▥ P ♋ ◘ ☒ ♣ ◘

PALO ALTO **
Via Bruceto, 10
Tel. 0572278978
Fax 0572773140
Geschl. Nov.-März
Kleine und sympathische Einrichtung, die von den Besitzern geführt wird. Kürzlich renoviert worden.
☐ ▥ ◘ ◘

→ **RESTAURANTS**
GOURMET
Via Amendola, 6
Tel. 0572771012
Geschl. Di sowie einige Tage in Aug. und Jan.
Restaurant im Liberty-Stil, zentral gelegen, bietet auch Menüs zu maßvollen Preisen.
☐ ▥ 🜨

IL CUCCO
Via del Salsero, 3
Geschl. Di.
Modernes und sau-

ADRESSEN ◆
HOTELS UND RESTAURANTS

RESTAURANTS
- ◘ *unter 50 000 ltl.*
- ◘ *50 000-80 000 ltl.*
- ◘ *90 000-120 000 ltl.*
- ⊞ *über 120 000 ltl.*

beres Lokal mit Blick in die Küche. Einfache regionale Gerichte.
◘ Ⅲ ◘ ◘

→ WEINKELLEREIEN
ENOTECA GIOVANNI
Via Garibaldi, 25
Tel. 057271695
Rustikale Enoteca, wo man auch traditionelle toscanische Gerichte probieren kann.

PESCIA
◆ B D4
→ UNTERKUNFT
DEI FIORI ***
Via VIII Settembre, 10
Tel. 0572477871
Fax 0572490021
Einfaches Gebäude mit dem nötigen Komfort.
◘ ◘ ◘

SAN LORENZO ***
Località San Lorenzo
Tel. 0572408340
Fax 0572408333
Renovierter Palazzo aus dem 19. Jh., verfügt über einige Apartments, die bewohnt werden können.
◘ P ◘ ◘

→ RESTAURANTS
CECCO
Via Forti, 96/98
Tel. 0572477955
Geschl. Mo sowie einige Tage in Jan. und Juli.
100 Jahre Bestehen und Geschichte, hohe Kochkunst.
◘ Ⅲ ◘

FORTUNA – DA PIERO E FRANCA
Via Colli per Uzzano, 32/34
Geschl. Mo und im Aug.
Die Küche bietet auch Fischgerichte in einem familiären Ambiente im Schatten von Olivenbäumen.
◘ Ⅲ P ◘ ◘

PISTOIA
◆ B E3-4
→ UNTERKUNFT
LEON BIANCO ***
Via Panciatichi, 2
Tel. 057326676

Fax 057326704
Ein Klassiker in der Fußgängerzone in der Altstadt.
◘ ◘ ◘ ◘

PATRIA ***
Via Crispi, 6/8
Tel. 057325187
Fax 0573368168
Ein renovierter Palazzo aus dem 17. Jh. in der Altstadt, sorgfältig geführter Familienbetrieb.
◘ ◘ ◘ ◘

→ RESTAURANTS
CASTAGNO DI PIER ANGELO
Via del Castagno, 46
in Castagno di Piteccio (12 km)
Tel. 057342214
Geschl. Mo sowie einige Tage in Jan. und zwischen Okt. und Nov.
Regionale Küche, besonders Fisch und Waldfrüchte aus dem Apennin. Beste Süßspeisen.
◘ ◘ P ◘ ◘

MANZONI
Corso Gramsci, 112
Geschl. Sa mittag, So und im Aug.
Mitten im Zentrum, gleich gegenüber vom gleichnamigen Theater.

Fischgerichte in eleganter Umgebung.
◘ Ⅲ ◘ ◘

SAN JACOPO
Via Crispi, 25
Geschl. Mo und Di mittag sowie einige Tage im Aug.
Ein familiäres Lokal in zeitgenössischem renovierten Haus mit traditioneller toscanischer Küche bietet Gerichte zum Fixpreis und à la carte.
◘ Ⅲ ◘

→ CAFÉS
CAFFÈ PASTICCERIA VALIANI
Via Cavour, 55
Tel. 057323034
Torten nach Großmutters Art, Cassata Valiani.

PRATO
◆ B E4
→ UNTERKUNFT
FLORA ***
Via Cairoli, 31
Tel. 057433521
Fax 057440289
Raffiniertes Ambiente von anmutiger Familiarität mit guter Ausstattung. Das Restaurant ›Salomè‹ bietet vegetarische Menüs an der Bar oder auf der Terrasse.
◘ Ⅲ P ◘ ◘

CAFFÈ PASTICCERIA VALIANI, PISTOIA
BAGHINO, PRATO

GIARDINO ***
Via Magnolfi, 4
Tel. 0574606588
Fax 0574606591
In einem Palazzo aus dem 14. Jh. an der Piazza del Duomo, klimatisiert und schallgedämpft.
◘ Ⅲ P ◘ ◘ ◘ ◘

→ RESTAURANTS
BAGHINO
Via Accademia, 9
Tel. 0574427920
Geschl. So und Mo mittag sowie einige Tage im Aug.
Angenehmes und rustikales Lokal in zeitgenössischem Ambiente. Im Sommer speist man im Garten.
◘ ◘ ◘

OSVALDO BARONCELLI
Via fra Bartolomeo, 13
Tel. 057423810
Geschl. Sa mittag und So sowie einige Tage im Aug.
Modernes und elegantes Ambiente; schmackhafte traditionelle Gerichte.
◘ Ⅲ ◘

PIRAÑA
Via Valentini, 110
Tel. 0547425746
Geschl. Sa mittag, So und im Aug.
Zwei elegante und komfortable Säle, bezaubernde Fisch- und Meeresfrüchte-Gerichte.
◘ Ⅲ ◘ ◘

→ CAFÉS
PASTICCERIA CAFFÈ NUOVO MONDO
Via Garibaldi, 23
Tel. 057427765
Blätterteiggebäck, kleine Konditorei.

PASTICCERIA LUCA MANNONI
Via Lazzerini, 2
Tel. 0574216228
Torten ›Sette Veli‹, ›Abbraccio di Venere‹, ›Orient Express‹.

→ SPEZIALITÄTEN
BISCOTTIFICIO ANTONIO MATTEI
Via Ricasoli, 20/22
Tel. 057425756

◆ ADRESSEN
HOTELS UND RESTAURANTS

UNTERKUNFT
- ⊡ unter 100 000 ltl.
- ⊡ 100 000-200 000 ltl.
- ⊡ 200 000-300 000 ltl.
- ⊞ über 300 000 ltl.

Seit 1858 gibt es hier die typischen ›Biscotti di Prato‹: Kekse aus Brotteig mit Anis.

→ STOFF

PROFILO
Via Marradi, 43
Tel. 0574692297
Fax 0574692297

REMO FERRARIO&FIGLI
Via Galcianese, 39/a
Tel. 057427312
Fax 057427298

STARTEX
Via Fonda di Mezzana, 21
Tel. 0574505796
Fax 0574582254
E-Mail startexl@lanificiostartex.it

TEGITEX
Via Matteo degli Organi, 40
Tel. 0574663473

AREZZO UND UMGEBUNG

AREZZO
◆ C D4
→ UNTERKUNFT

ETRUSCO PALACE HOTEL ****
Via Fleming, 39
Tel. 0575984067
Fax 0575382131
Ein wuchtiger Klotz mit fünf Etagen. Bequeme und gut ausgestattete Zimmer.
⊡ ⓘ P ⊡ & 🚭 ⊞

CONTINENTALE ***
Piazza Guido Monaco, 7
Tel. 057520251
Fax 0575350485
Modern und komfortabel, mitten in Arezzo. Ausstattung für mittelgroße Kongresse.
⊡ ⓘ P C ⊡ ⊡

EUROPA ***
Via Spinello, 43
Tel. 0575357701
Fax 0575357703
Klassiker mit gutem Komfort und in zentraler Lage.
⊡ ⓘ P C ⊡ & 🚭 ⊞

→ RESTAURANTS

ANTICA TRATTORIA AL PRINCIPE
Piazza Giovi, 25
in Giovi (8 km)
Geschl. Mo, im Aug. und einige Tage im Jan.
Typisches Ambiente in historischem Arezziner Stil, mit Kassettendecke und zeitgenössischen Möbeln. Regionale Küche.
⊡ ⊡

BUCA DI SAN FRANCESCO
Via San Francesco, 1
Tel. 057523271
Geschl. Mo abend und Di sowie einige Tage im Juli.
Holzgetäfelte und freskierte Wände, der Boden mit Platten aus etruskisch-römischer Zeit. Originelle Küche, einfach, aber wohlschmeckend.
⊡ ⓘ ⊡

RELAIS SAN PIETRO IN POLVANO CASTIGLION F.

LE TASTEVIN
Via de' Cenci, 9
Tel. 057528304
Geschl. So und einige Tage im Aug.
Drei Säle, in der Mitte liegt die Pianobar. Große Auswahl an Wein.
⊡ ⓘ ⊡

→ SPEZIALITÄTEN

BOTTEGA DELL'ALVEARE
Via N. Aretino, 19
Tel. 057520769
Alle Art Honig und Mus.

LA MACELLERIA GASTRONOMIA ALIGI BARELLI
Via della Chimera, 22
Tel. 0575357754
Salami aus Casentino aus dem Chianti, Speck und Käse.

→ ÖL-ERZEUGER

FATTORIA SAN FABIANO
Via San Fabiano
Tel. 0575370368
Marke ›Laudemio‹.

BIBBIENA
◆ C D3
→ UNTERKUNFT

⚑ BORGO ANTICO ***
Via Dovizi, 18
Tel. 0575536445
Fax 0575536447
Geschl. einige Tage im Nov.
Eine kleine Herberge in der Altstadt mit Restaurant, das reine regionale Küche bietet.
⚑ ⊡ ⓘ C ⊡ ⊡

CAMALDOLI
◆ C D2
→ UNTERKUNFT

IL RUSTICHELLO ***
Via Corniolo, 14
Tel. 0575556020
Fax 0575556046
Ruhig und erholsam, versteckt im Wald von Camaldoli. Guter Komfort.
⊡ P ⚑ & ⊡

→ RESTAURANTS

CEDRO
Via di Camaldoli, 20
in Moggiona (5 km)
Tel. 0575556080
Geschl. Mo außer im Sommer
Lokal in einem hübschen Dorf, dessen Spezialität die Zubereitung von Wildbret ist.
🍴 ⊡

CASTELFRANCO DI SOPRA
◆ C C3
→ RESTAURANTS

VICOLO DEL CONTENTO
in Mandri (1 km)
Tel. 0559149277
Fax 0559149906
Geschl. mittags (außer So), Mo, Di und in Aug.
Ausgesuchte Küche, die sich auf die regionalen Traditionen beruft. Wirklich interessanter Weinkeller.
⊡ P ⚑ ⊡

CASTIGLION FIORENTINO
◆ C D4
→ UNTERKUNFT

PARK ***
Via Umbro-Casentinese, 88
Tel. 0575680288
Fax 0575680008
Das renovierte Hotel bietet gastliche Zimmer und freundliche Umgebung. Familienbetrieb.
⊡ P ⚑ ⚑ ⊡ & ⊡

RELAIS SAN PIETRO IN POLVANO ***
Località Polvano
Tel. 0575650100
Fax 0575650255
Geschl. Mitte Nov.-Mitte Feb.
Das in einem alten Bauernhaus eingerichtete Hotel liegt halb im Wald und zeichnet sich durch Ruhe und Gastlichkeit aus.
⊡ ⓘ ⓘ P ⚑ 🚭 ⊞

→ RESTAURANTS

DA MUZZICONE
Piazza San Francesco, 8
Geschl. Di.
Tel. 0575680346
Streng lokale Küche; auf Bankette und Feiern eingestellt.
⊡ ⚑ ⊡

CORTONA
◆ C D4-5
→ UNTERKUNFT

SAN MICHELE ****
Via Guelfa, 15
Tel. 0575604348
Fax 0575630147
Geschl. Mitte Jan.-Feb.
Gastliches Hotel mit viel Atmosphäre in einem Renaissance-Palast.
⊡ ⓘ P ⚑ ⊡ & 🚭 ⊞

OASI NEUMANN ***
Via Contesse, 1
Tel. 0575630354
Fax 0575630354
Geschl. Nov.-März
Ein altes Haus in einem großen Park,

ADRESSEN ◆ HOTELS UND RESTAURANTS

RESTAURANTS
- ◼ unter 50 000 ltl.
- ◼ 50 000-80 000 ltl.
- ◼ 90 000-120 000 ltl.
- ⊞ über 120 000 ltl.

ruhig und mit Panorama-Blick, ideal für Feiern.

PORTOLE *
Via Umbro Cortonese, 39
a Portole
Tel. 0575691008
Fax 0575691035
Geschl. Mitte Nov.-März
Typische toscanische Villa, die im Grün verschwindet. Großer Saal, in dem traditionelle Gerichte serviert werden.

→ **RESTAURANTS**
IL CACCIATORE
Via Roma, 11/13
Tel. 0575630552
Geschl. Mi, Dreikönigsfest-Mitte Feb.
Zwei Säle in 19.-Jh.-Ambiente. Die Küche bietet regionale Gerichte.

IL FALCONIERE
in San Martino a Bocena (3 km)
Tel. 0575612679
Fax 0575612927
Geschl. Mo.
Gerichte aus dem Meer und vom Land, bemerkenswerte Weinkarte, in einem Zitronenhain gelegen.

OSTERIA DEL TEATRO
Via Maffei, 5
Tel. 0575630556
Geschl. Mi im Winter
Traditionelle Küche in ländlichem Ambiente. Sorgfältig geführter Familienbetrieb.

LORO CIUFFENNA
◆ **C C3**
→ **ÖL-ERZEUGER**
AZIENDA AGRICOLA ROSSI BANDINO
Località Levane
Via Sette Ponti
Tel. 055977635
Fax 055977538

POPPI
◆ **C C3**
→ **UNTERKUNFT**
PARC HOTEL *
Via Roma, 214

FIORENTINO, SANSEPOLCRO

in Ponte a Poppi (1 km)
Tel. 0575529994
Fax 0575529984
Das Innere ist von angenehmer und gastlicher Funktionalität. Familienbetrieb.

CAMPALDINO **
Via Roma, 93
in Ponte a Poppi (1 km)
Tel. 0575529008
Fax 0575529032
Wenige, aber sehr ordentliche Zimmer, beste Ausstattung. Herzlicher und gastlicher Empfang. Kürzlich renoviert.

→ **RESTAURANTS**
LA LOGGIA
in Lierna (5 km)
Tel. 0575520365
Geschl. Mo und Di im Winter, einige Tage im Jan.
Rustikal gehalten, Obst der Saison im Überfluss.

REGGELLO
◆ **C C3**
→ **UNTERKUNFT**
VILLA RIGACCI **
Via Manzoni, 76

in Vaggio (5 km)
Tel. 0558656718
Fax 0558656537
In einem alten Landhaus; die Zimmer sind mit historischen provençalischen und toscanischen Möbeln eingerichtet. Restaurant ›Le Vieux Pressoir‹.

SANSEPOLCRO
◆ **C E3**
→ **UNTERKUNFT**
BORGO PALACE **
Via Senese Aretina, 80
Tel. 0575736050
Fax 0575740341
Im Randbereich, guter Komfort; ideal für Kongresse und Zusammenkünfte.

FIORENTINO **
Via Pacioli, 60
Tel. 0575740350
Fax 0575740370
In der Altstadt; das Hotel konnte sich eine Atmosphäre bewahren, die den Aufenthalt angenehm gastlich macht.

→ **RESTAURANTS**
OROSCOPO
DI PAOLA UND MARCO
Via Togliatti, 66/68

in Pieve Vecchia (1 km)
Tel. 0575734875
Geschl. mittags, So, Neujahr-Dreikönigsfest, Mitte Juni-Mitte Juli
In herrschaftlichem Haus aus dem 19. Jh. mit englischer Einrichtung; talentierte Küche, die wahren Wohlgeschmack bietet.

VENTURA
Via Aggiunti, 30
Tel. 0575742560
Geschl. Sa sowie einige Tage in Jan. und Aug.
Drei rustikale Säle mit sichtbaren Deckenbalken in der Altstadt. Bewährte Führung.

CHIANTI
BADIA A COLTIBUONO
◆ **C B-C4**
→ **RESTAURANTS**
BADIA A COLTIBUONO
Tel. 0577749424
Geschl. Mo (außer Mai-Okt.), Anfang Feb.-März
Räumlichkeiten für Empfänge und Bankette, im Sommer Garten.

→ **WEINHÄNDLER**
TENUTA DI COLTIBUONO
Tel. 0577749498

CASTELLINA IN CHIANTI
◆ **C B4**
→ **ÖL-ERZEUGER**
ROCCA DELLE MACIE
Località Rocca delle Macie
Tel. 0577743220
Fax 0577743150
Marke ›Rocca delle Macie‹.

CASTELNUOVO BERARDENGA
◆ **C C4**
→ **UNTERKUNFT**
RELAIS BORGO SAN FELICE **
in San Felice (10 km)
Tel. 0577359260
Fax 0577359089
Geschl. Nov.-März
Die wundervolle Herberge bietet u. a.

◆ ADRESSEN
HOTELS UND RESTAURANTS

UNTERKUNFT
- ⊡ unter 100 000 ltl.
- ⊡ 100 000-200 000 ltl.
- ⊡ 200 000-300 000 ltl.
- ⊞ über 300 000 ltl.

zwölf Suiten und liegt in einem historischen Dorf, wie auch das sehr gute Restaurant ›Poggio Rosso‹.

⚑ VILLA ARCENO ****
in San Gusmè (5 km)
Località Arceno
Tel. 0577359292
Fax 0577359276
Geschl. Dez.-Mitte März
Die Villa aus dem 17. Jh. in den Bergen des Chianti ist heute eine elegante und raffinierte Herberge.

POSTA DEL CHIANTI ***
in Colonna del Grillo (5 km)
Tel. 0577353000
Fax 0577353050
In einer alten Mühle mitten im Senese. Familienbetrieb.

→ RESTAURANTS
DA ANTONIO
Via Fiorita, 38
Tel. 0577355321
Geschl. Mo.
Gerichte auf der Basis von frischem Fisch. Sehr gute Weinkarte.

→ WEINKELLEREIEN UND WEINHÄNDLER
DIEVOLE
Località Dievole
Tel. 0577322613
Eine Villa aus dem 17. Jh., die ein Landgut von ca. 400 ha umgibt. Für diejenigen, die die große Bestände von Chianti Classico lieben.

ENOTECA BENGODI
Via Società Operaia, 11
Tel. 0577355116

FATTORIA DELL'AIOLA
Località Vagliagli
Tel. 0577322615

GAIOLE IN CHIANTI
◆ C B-C4
→ UNTERKUNFT
CASTELLO DI SPALTENNA ****
in Pieve di Spaltenna
Tel. 0577749483
Fax 0577749269
Geschl. Mitte Nov.-Mitte März
Altes befestigtes Kloster, heute ein Hotel von nüchterner Eleganz.

L'ULTIMO MULINO ****
Località La Ripresa dei Vistarenni
Tel. 0577738520
Fax 0577738659
Geschl. Dreikönigsfest-Feb.
In einer restaurierten Mühle im Grünen.

→ WEINHÄNDLER
BARONE RICASOLI
Località Brolio
Tel. 05777301

CAPANNELLE
Località Capannelle
Tel. 0577749691

PODERE CAPACCIA, RADDA IN CHIANTI

GREVE IN CHIANTI
◆ C B3
→ UNTERKUNFT
⚑ VILLA LE BARONE ***
Via San Leolino, 19
in Panzano (5 km)
Tel. 055852621
Fax 055852277
Geschl. Nov.-März
Alte Villa zwischen Olivenbäumen, die modern eingerichtet ist und ein komfortables Ambiente bietet.

RADDA IN CHIANTI
◆ C B4
→ UNTERKUNFT
⚑ RELAIS FATTORIA VIGNALE ****
Via Pianigiani, 8
Tel. 0577738300
Fax 0577738592
Geschl. Dreikönigsfest-Mitte März
Gastliches Ambiente, reich mit Fresken, Kaminen und Möbeln aus dem 19. Jh. ausgestattet.

VESCINE ***
in Vescine (6 km)
Tel. 0577741144
Fax 0577740263
Geschl. Mitte Nov.-Mitte März
Mittelalterliches Dorf, renoviert, raffiniert.

→ RESTAURANTS
VIGNALE
Via XX Settembre, 23
Tel. 0577738094
Geschl. Do, Dreikönigsfest-Mitte März
In einer alten restaurierten Olivenpresse neu interpretierte regionale Küche.

→ WEINKELLEREIEN
ENOTECA DANTE ALIGHIERI
Piazza Dante Alighieri, 1
Tel. 0577738059
Fax 0577738732
Im Stadtzentrum, mit großer Terrasse, die auf die Piazza geht.

→ WEINHÄNDLER
CASTELLO D'ALBOLA
Via Pian d'Albola, 31
Tel. 0577738019

COLLE BERETO
Località Collebereto
Tel. 0577738083

FATTORIA CASTELLO DI VOLPAIA
Località Volpaia
Tel. 0577738066
Zentrum für Ferien auf dem Lande. Chianti Classico, Öl und lokaler Aceto.

LE BONATTE
Località Le Bonatte
Tel. 0575738783

PICCOLO MUSEO DEL CHIANTI
Fattoria di Montevertine
Tel. 0577738009
Bietet echten roten Tafelwein.

PODERE CAPACCIA
Località Capaccia
Tel. 0577738385
E-Mail
capaccia@chiantinet.it

PODERE TERRENO
Via della Volpaia, 21
Tel. 0577738312
E-Mail
podereterreno@chiantinet.it

POGGERINO
Località Poggerino
Tel. 0577738232

SIENA
◆ C B4
→ UNTERKUNFT
⚑ CERTOSA DI MAGGIANO ****
Via Certosa, 82
Tel. 0577288180
Fax 0577288189
Das in einer Certosa aus dem 14. Jh., einer der ältesten in der Toscana, eingerichtete Hotel ist ein Konzentrat von Schönheit, Eleganz und Bequemlichkeit.

⚑ VILLA SCACCIAPENSIERI ****
Via di Scacciapensieri, 10
Tel. 057741441
Fax 0577270854
Geschl. Dreikönigsfest-Mitte März
Eleganz, Ambiente und Service für einen privilegierten Aufenthalt in einem Palazzo aus dem 19. Jh. Auch einige Suiten verfügbar.

⚑ ANTICA TORRE ***
Via Fieravecchia, 7

ADRESSEN ◆
HOTELS UND RESTAURANTS

RESTAURANTS
- ◧ unter 50 000 ltl.
- ◧ 50 000-80 000 ltl.
- ◧ 90 000-120 000 ltl.
- ⊞ über 120 000 ltl.

Tel. 0577222255
Fax 0577222255
Acht Zimmer mit eindrucksvollem Komfort in einem restaurierten Turm aus dem 17. Jh.
◻▥◼◙◨◪◉

PICCOLO HOTEL OLIVETA ***
Via Enea Silvio Piccolomini, 35
Tel. 0577283930
Fax 0577270009
Geschl. Dreikönigs-fest-Feb.
Das einsame Häuschen aus dem 19. Jh. vor der Porta Romana wurde restauriert, doch blieben die originale Architektur und Atmosphäre erhalten. Es besteht aus zwei separaten Teilen: Im einen befinden sich die angenehm möblierten Gemein-schaftsräume, im anderen die gepfleg-ten Gastzimmer. Großer Garten, wo auch das Frühstück serviert wird.
◻▥◧◨◉◪

SANTA CATERINA ***
Via Enea Silvio Piccolomini, 7
Tel. 0577221105
Fax 0577271087
Restauriertes Ge-bäude aus der zweiten Hälfte des 18. Jh., mit Garten und Veranda, wo das Frühstück serviert wird.
◻▥◧◨◉◪

PICCOLO HOTEL IL PALIO **
Piazza del Sale, 19
Tel. 0577281131
Fax 0577281142
Die bequeme Herberge ist auch mit dem Wagen leicht zu erreichen.
◻▥◧◨◉◪▦◉

→ **RESTAURANTS**
ANTICA TRATTORIA BOTTEGANOVA
Via Chiantigiana, 29
Tel. 0577284230
Geschl. Mo sowie einige Tage in Jan. und Aug.
Traditionelle Gerichte, die dem modernen Geschmack ange-passt wurden. Mit-tagsmenüs in allen Preislagen.
◻▥◧◨

ANTICA OSTERIA DA DIVO
Via Franciosa, 25
Tel. 0577286054
Einzigartige und ein-drucksvolle Atmo-sphäre, estruskisches Ambiente mit altem Brunnen.
◻▥◧

ENZO
Via Camollia, 49
Tel. 0577281277
Geschl. Mo; einige Tage im Juli.
Ein klassisches Lokal in einem zeitgenössi-schen Palazzo, wo es Fleisch- und Fisch-menüs und eine gute Weinauswahl gibt. Familienbetrieb.
◻◨

OLIVO
Via di Marciano, 18
Tel. 0577744803
Fax 057749020
Elegantes Ambiente, das durch historische Elemente verschönert wird. Regionale Küche mit medi-terranem Einfluss.
◻▥◧◨▦◉⊞

→ **SPEZIALITÄTEN**
ENOTECA ITALIANA
Fortezza Medicea
Tel. 0577288497
Fax 0577270717
www.enotecaitaliana.it
Wichtigstes staatliches Unternehmen für den Vertrieb von Qualitäts-wein. Vierhundert Güter werden vorgestellt, dazu noch einige Sorten Olivenöl.

IL MAGNIFICO
Via dei Pellegrini
Altes Lebensmittel-geschäft mit dazu-gehörigem histori-schen Ofen.

PALAZZO DELLA CHIGIANA
Via di Città
Äußerst bewunderns-werte Auswahl an Wurst und Käse.

SENESE
CASOLE D'ELSA
◆ C A4
→ **UNTERKUNFT**
♡ RELAIS LA SUVERA ****
Via della Suvera in Pievescola (13 km)
Geschl. Nov.-März
Eine prunkvolle Anlage: Das Hotel ist im Landhaus von Papst Julius II., einem Protagonisten der italienischen Renaissance, ein-gerichtet.
◻▥◧◉◨◪▦◉▩⊞

CHIANCIANO TERME
◆ C D5-6
→ **UNTERKUNFT**
AMBASCIATORI ****
Viale della Libertà, 512
Tel. 057864371
Fax 057864371
Renoviert und mit adäquater Ausstat-tung versehen; guter Komfort in der Nähe der Thermal-Einrich-tungen.
◻▥◧◨◉◉▦◪◉

♡ GRAND HOTEL TERME ****
Piazza Italia, 8

VILLA SCACCIAPENSIERI, SIENA

Tel. 057863254
Fax 057862014
Geschl. einige Tage im Jan.
Das zentral gelegene Hotel verfügt über einige Suiten und Fitness-Möglich-keiten. Restaurant ›Bellevue‹.
◻▥◧◨◉▦◉▩◪◉

CHIANCIANO ***
Via Buozzi, 51
Tel. 057863649
Fax 057864121
Geschl. Nov.-März
Funktionales und komfortables Haus mitten im Zentrum. Familienbetrieb.
◻◧◨◉◪◉

SOLE ***
Via delle Rose, 40
Tel. 057860194
Fax 057860196
Geschl. Nov.-März
Moderner, erst kürzlich renovierter Komplex, ruhig und sonnig.
◻▥◧◨◉◪◉

→ **RESTAURANTS**
LORY
Tel. 057863704
Fax 057861100
Lebendig und sorgfältig geführter Familienbetrieb. Toscanische Küche.
◻◨

CHIUSI
◆ C D6
→ **UNTERKUNFT**
♡ IL PATRIARCA ***
in Querce al Pino (4 km)
Tel. 0578274407
Fax 0578274594
Das Hotel in der Umgebung einer alten Villa bietet gute Gastlichkeit und einen wundervollen Park.
◻▥◧◨◉▦◉◪◉

LA SFINGE **
Via Marconi, 2
Tel. 057820157
Fax 0578222153
Geschl. Mitte Jan.-Feb.
Hotel in der Altstadt, von angenehmer Einfachheit.
◻▥◧◨◉

◆ ADRESSEN
HOTELS UND RESTAURANTS

UNTERKUNFT
- ▫ unter 100 000 ltl.
- ▪ 100 000-200 000 ltl.
- ▦ 200 000-300 000 ltl.
- ▦ über 300 000 ltl.

→ RESTAURANTS
OSTERIA LA SOLITA ZUPPA
Via Porsenna, 21
Tel. 0578821006
Geschl. Di,
Mitte Jan.-Feb.
Intimes und gastliches Lokal mit Ziegelgewölben; traditionelle Küche nach der Saison.
▫ ▪

ZAIRA
Via Arunte, 12
Tel. 057820260
Geschl. Mo und einige Tage im Nov.
In einem mittelalterlichen Palazzo; regionale Küche und gut sortierter Weinkeller.
▫ ▪

COLLE DI VAL D'ELSA
◆ C A-B4
→ UNTERKUNFT
LA VECCHIA CARTIERA ***
Via Oberdan, 5/9
Tel. 0577921107
Fax 0577923688
Effizientes und modernes Hotel-Restaurant in einem Gebäude aus dem 13. Jh.

→ RESTAURANTS
⚑ ARNOLFO
Via XX Settembre, 50/52a
Tel. 0577920549
Geschl. Di und einige Tage im Jan.-Feb.
Komfortabel, elegante und raffinierte Küche. Wundervoller Weinkeller, beste Süßspeisen.

L'ANTICA TRATTORIA
Piazza Arnolfo, 23
Tel. 0577923747
Geschl. Di, Weihnachten-Dreikönigsfest
Gute Menüs in dem Familienbetrieb.

MONTALCINO
◆ C B-C5
→ UNTERKUNFT
AL BRUNELLO DI MONTALCINO ***
Località Bellaria
Tel. 0577849304
Fax 0577849430
Komfortable und gute Ausstattung in neuem Gebäude.

BELLARIA ***
Via Osticcio, 19
Tel. 0577848668
Fax 0577849326
Neues Gebäude im Stil eines toscanischen Casolare. Möblierung im Arte povera-Stil und gastliche Atmosphäre.

AZIENDA AGRICOLA BARBI E CASATO, MONTALCINO

LA VECCHIA CARTIERA, COLLE DI VAL D'ELSA

DEI CAPITANI ***
Via Lapini, 6
Tel. 0577847227
Fax 0577847239
Geschl. Mitte Jan.-Feb.
Ruhige und einfache Herberge mitten in der Altstadt.

→ RESTAURANTS
PIEVE DI SAN GISMONDO
in Poggio alle Mura (18 km)
Podere La Pieve, 19
Tel. 0577816026
Geschl. Di und einige Tage im Jan.-Feb.
Renoviertes Restaurant mit delikater toscanischer Küche.

⚑ POGGIO ANTICO
in Poggio Antico (4 km)
Tel. 0577849200
Geschl. So abend, Mo
Elegantes Lokal, das im Grün verschwindet. Raffinierte, ambitionierte und fantasiereiche Küche.

→ FERIEN AUF DEM LAND
AZIENDA AGRICOLA BARBI E CASATO
Località Pordenovi
Tel. 0577841111
Fax 0577849356
Ein Ferienhof mit Gelegenheit, lokale Produkte zu kosten. Kurse in Kunsthandwerk.

→ WEINKELLEREIEN
BACCHUS
Via Matteotti, 15
Tel. 0577847054

DALMAZIO
Via Traversa dei Monti, 214
Tel. 0577849019

FRANCI
Piazzale Fortezza, 6
Tel. 0577848191

LA CASA DEL VINO
Piazza del Popolo, 16
Tel. 0577849113

LA FORTEZZA
Piazzale Fortezza
Tel. 0577849211

→ ÖL-ERZEUGER
TENUTA COL D'ORCIA
Località Sant'Angelo in Colle
Tel. 0577814232
Fax 0577864018
Marke ›Col d'Orcia‹.

→ WEINHÄNDLER
CASTELLO POGGIO ALLE MURA BANFI
Località Casenove, 222
in Sant'Angelo in Colle
Tel. 0577840111
Ein schöner Weinkeller, ein kleines Glas- und Flaschenmuseum, das beste Stück ist jedoch der ›Brunello‹.

MONTEPULCIANO
◆ C D5
→ UNTERKUNFT
GRAN DUCATO ***
Via delle Lettere, 62
Tel. 0578758610
Fax 0578758597
Gleich neben der Altstadt, modern eingerichtet und von den Besitzern geführt.

⚑ IL MARZOCCO ***
Piazza Savonarola, 18
Tel. 0578757262
Fax 0578757530
Geschl. einige Tage in Nov.-Dez.
Ein Palazzo aus dem 16. Jh. in der Stadtmitte. Nüchterne Einrichtung, schöne Panorama-Terrasse.

→ RESTAURANTS
LA GROTTA
Località San Biagio
Tel. 0578757607
Geschl. Mi und Dreikönigsfest-Ende Feb.
Das Lokal im Wohnhaus des Architekten Antonio da Sangallo hat eine gute Weinauswahl.

→ WEINKELLEREIEN UND WEINHÄNDLER
ENOTECA PICCOLI PRODUTTORI VINO NOBILE
Piazza Pasquino da Montepulciano
Tel. 0578788444

ADRESSEN ◆
HOTELS UND RESTAURANTS

RESTAURANTS
- ◼ unter 50 000 ltl.
- ◼ 50 000-80 000 ltl.
- ◼ 90 000-120 000 ltl.
- ◼ über 120 000 ltl.

FATTORIA DELLA TALOSA
Via Talosa, 8
Tel. 0578758277

FATTORIA DI PALAZZO VECCHIO
Via Terrarossa
Tel. 0578724170

OINOCHOE
ENOTECA ANTICHITÀ
Via Voltaia
nel Corso, 82
Tel. 0578757524

REDI
Via di Collazzi, 5
Tel. 0578757166
In einem Renaissance-Palazzo: ›Nobile‹ und ›Rosso‹ aus Montepulciano, ›Valdichiana‹, ›Vin Santo‹.

TENUTA SANT'AGNESE
Viale Calamandrei, 27
Tel. 0578757266

MURLO
◆ C B-C5
→ **ÖL-ERZEUGER**
AGRICOLA CAMPRIANO
Località Campriano
Tel. 0577814232
Fax 0577281937
Marke ›Campriano‹.

PIENZA
◆ C5
→ **UNTERKUNFT**
RELAIS IL CHIOSTRO DI PIENZA ***
Corso Rosellino, 26
Tel. 0578748400
Fax 0578748440
Geschl. Jan.-Mitte März
Komfortables Ambiente in einem ehemaligen Kloster aus dem 15. Jh., das restauriert wurde.

→ **RESTAURANTS**
BUCA DELLE FATE
Corso Rosellino, 38/A
Tel. 0578748272
Geschl. Mo sowie einige Tage in Jan. und Juni
Das Restaurant in einem Palazzo der Gonzaga bietet eine gepflegte traditionelle Küche und eine gute Weinauswahl.

POGGIBONSI
◆ C B4
→ **UNTERKUNFT**
VILLA SAN LUCCHESE ****
in San Lucchese (1 km)
Tel. 0577934231
Fax 0577934729
Geschl. Mitte Jan.-Mitte Feb.
Wohnsitz mit schöner Aussicht, modern und komfortabel ausgestattet.

CASTELLO POGGIO ALLE MURA BANFI, MONTALCINO

POGGIO ANTICO, MONTALCINO

→ **RESTAURANTS**
GALLERIA
Galleria Vittorio Veneto, 20
Tel. 0577982356
Geschl. So.
Gepflegte traditionelle Küche, die Fischgerichten besondere Aufmerksamkeit widmet. Modernes und komfortables Ambiente. Im Sommer wird auch im Freien serviert.

SOLE
Via Trento, 5
Tel. 0577936283
Geschl. Mo sowie einige Tage im Aug.
Vielleicht das älteste Lokal der Stadt. Toscanische Küche mit angenehmen ›kreativen Ausflügen‹.

SAN GIMIGNANO
◆ C A4
→ **UNTERKUNFT**
LA COLLEGIATA ****
Località Strada 27
Tel. 0577943201
Fax 0577940566
Geschl. Jan.-Anf. Feb.
Eine Villa des 16. Jh. in jahrhundertealtem Park, der sich auf eine wundervolle Landschaft öffnet. Sehr gutes Restaurant.

VILLA SAN PAOLO ****
Straße nach Certaldo (4 km)
Tel. 0577955100
Fax 0577955113
Geschl. Dreikönigsfest-Mitte Feb.
Villa des 19. Jh. in jahrhundertealtem Park, etwas nördlich der Stadt.

BEL SOGGIORNO ***
Via San Giovanni, 91
Tel. 0577940375
Fax 0577943149
Geschl. Mitte Jan.-Mitte Feb.
Gebäude aus dem 14. Jh. mit modernem Komfort und passender Einrichtung.

DA GRAZIANO ***
Via Matteotti, 39/a
Tel. 0577940101
Fax 0577940655
Geschl. Dreikönigsfest-Feb.
Einfach und essenziell. Abends speist man bei Kerzenlicht auf der Terrasse.

LA CISTERNA ***
Piazza della Cisterna, 24
Tel. 0577940328
Fax 0577942080
Geschl. Dreikönigsfest-Mitte März
Palazzo aus dem 14. Jh. in florentinischem Stil eingerichtet. Zeitgenössische Atmosphäre und moderner Komfort.

→ **RESTAURANTS**
DORANDÒ
Vicolo dell'Oro, 2
Tel. 0577941862
Geschl. Mo (in der Nebensaison) und Mitte Jan.-Feb.
Intimes und gastliches Lokal, historische Gerichte.

LA GRIGLIA
Via San Matteo, 34/36
Tel. 0577940005
Geschl. Do und Mitte Dez.-Feb.
Der frei sichtbare Grill hat dem Lokal seinen Namen gegeben; Panorama-Terrasse mit Pergola.

→ **WEINKELLEREIEN**
ENOTECA BRUNI
Via Quercecchio, 61
Tel. 0577940442

ENOTECA CASA DEL CAFFÈ
Via San Matteo, 2
Tel. 0577940371

ENOTECA GUSTAVO
Via San Matteo, 29
Tel. 0577940057

ENOTECA LA BOTTE E IL FRANTOIO
Via San Giovanni, 56
Tel. 0577940353

GUICCIARDINI STROZZI
Località Cusona

◆ ADRESSEN
HOTELS UND RESTAURANTS

UNTERKUNFT
- ▫ unter 100 000 ltl.
- ▫ 100 000-200 000 ltl.
- ▫ 200 000-300 000 ltl.
- ▫ über 300 000 ltl.

Tel. 0577950028
Der berühmte ›Vernaccia‹ und ›San Gimignano Rosso‹.

SAN QUIRICO D'ORCIA
◆ C C5-6
→ UNTERKUNFT
LE TERME *
Tel. 0577887150
Fax 0577887497
Geschl. einige Tage zw. Nov. und Dez.
Päpstliche Sommerresidenz, die in ein gastliches Hotel umgebaut wurde. Im Eingangsbereich ein großes Becken mit Thermalwasser.
◻ ▥ P ◻ ◻ ▫

VOLTERRA BIS LIVORNO
CAMPIGLIA MARITTIMA

◆ D C3
→ RESTAURANTS
DAL CAPPELLAIO PAZZO
Via di San Vincenzo
Tel. 0565838358
Geschl. Di (in der Nebensaison) und einige Tage zw. Jan. und Feb.
Zwei Säle in einem Gebäude aus dem 19. Jh., an deren Wänden Hüte hängen. Im Sommer wird unter einer Pergola serviert.
◻ P ◻ ◻

ENOTECA PIZZICA
Via della Vittoria, 2
Tel. 0565838383
Geschl. Mo und einige Tage im Okt.
Rustikales Lokal mit guter Weinauswahl. Schöne Panorama-Terrasse. Familienbetrieb.
◻ ▥ ◻

CAPRAIA
◆ D A3
→ UNTERKUNFT
IL SARACINO **
Via Cibo, 40
Tel. 0586905018
Fax 0586905062
Elegant und komfortabel, mit Blick aufs Meer.
◻ ▥ ▥ ◻ ◻ ◻ ◻ ▫

CASTAGNETO CARDUCCI
◆ D C2-3
→ UNTERKUNFT
▫ **I GINEPRI ****
Viale Italia, 13
in Marina di Castagneto (8 km)
Tel. 0565744027
Fax 0565744344
Geschl. Nov.-Feb.
Nahe beim Meer, mit gut ausgestatteten Zimmern.
◻ ▥ ▥ P ◻ ◻ ◻ ◻ ◻ ▫

▫ **NUOVO HOTEL BAMBOLO ****
Località Il Bambolo, 31
in Marina di Castagneto (8 km)
Tel. 0565775206
Fax 0565775346
Geschl. einige Tage im Feb.
Restauriertes Gebäude mit sehr guten Zimmern und Pool im Garten.
◻ ▥ ▥ P ◻ ◻ ◻ ◻ ▫

→ RESTAURANTS
DA UGO
Via Pari 3/a
Tel. 0565763746
Geschl. Mo (außer Juli. und Aug.) sowie einige Tage im Nov.
Seit praktisch 30 Jahren werden hier schmackhafte Gerichte angeboten.
◻ ◻

IL BAMBOLO
Località Il Bambolo, 31
in Marina di Castagneto (8 km)
Tel. 0565775055
Geschl. Mo (in der Nebensaison) und Mitte Dez.-Mitte Jan.
Das rustikal eingerichtete typisch toscanische Restaurant zeichnet sich wegen seiner gastlichen Führung durch die Besitzer aus. Interessante Fischgerichte.
◻ ▥ P ◻ ◻

ELBA
◆ D A-B4
→ UNTERKUNFT
▫ **DEL GOLFO ****
in Marciana
Località Procchio (14 km)
Tel. 0565907565
Fax 0565907898
Geschl. Okt.-Mitte Mai
Ein Palastkomplex, der im Grün von Pinien verschwindet. Vertraulich.
◻ ▥ ▥ ◻ P ◻ ◻ ◻ ◻ ◻

▫ **HERMITAGE ****
in Portoferraio
Località La Biodola (9 km)
Tel. 0565936911
Fax 0565969984
Geschl. Mitte Okt.-April

Grazile kleine Landhäuschen, die nach dem Modell eines Dorfes angeordnet sind und nur wenig vom Meer entfernt liegen.
◻ ▥ ▥ P ◻ ◻ ◻ ▫

PARK HOTEL NAPOLEONE **
in Portoferraio
Località San Martino (6 km)
Tel. 0565918502
Fax 0565917836
Eine Villa vom Ende des 19. Jh., die in einem großen Park verschwindet.
◻ ▥ P ◻ ◻ ◻ ◻ ▫

RIVA DEL SOLE **
Via degli Eroi, 11
in Marina di Campo
Tel. 0565976316
Fax 0565976778
Geschl. Mitte Okt.-Mitte April
Rustikales Ambiente und nüchterne Gastlichkeit.
◻ ▥ P ◻ ◻ ◻ ▫

▫ **VILLA OTTONE ****
in Portoferraio
Località Ottone (10 km)
Tel. 0565933042
Fax 0565933257
Geschl. Okt.-Mitte Mai
In einem schönen Park eine Villa aus dem 19. Jh. sowie einige Bungalows.
◻ ▥ ▥ ◻ P ◻ ◻ ◻ ▫

▫ **ANTARES ****
in Capoliveri
Tel. 0565940131
Fax 0565940084
Geschl. Mitte Okt.-April
Ein moderner Komplex mit bestem Service und wundervollem Blick auf die Isola di Montecristo.
◻ ▥ ▥ P ◻ ◻ ◻ ◻

▫ **BARRACUDA ****
in Marina di Campo
Viale Elba, 2
Tel. 0565976893
Fax 0565977254
Geschl. Mitte Okt.-Mitte April
Das Hotel in einem Palmengarten zeichnet sich durch seine besondere Aufmerksamkeit Kindern gegenüber aus. Große Zimmer und Winterterrasse.
◻ ▥ ▥ P ◻ ◻ ◻ ◻ ▫

MARINELLA **
Viale Margherita, 38
in Marciana Marina
Tel. 056599018
Fax 0565996895
Geschl. Okt.-März
Familiär gehaltene Gastlichkeit.
◻ P ◻ ◻ ◻ ◻ ◻ ▫

MARISTELLA **
Via Kennedy
in Rio Marina
Località Cavo (7 km)
Tel. 0565931109
Fax 0565949859
Geschl. Mitte Sept.-Mitte Mai
Hell und gastlich,

ADRESSEN ◆
HOTELS UND RESTAURANTS

RESTAURANTS
- ◼ *unter 50 000 ltl.*
- ◼ *50 000-80 000 ltl.*
- ◼ *90 000-120 000*
- ⌸ *über 120 000 ltl.*

direkt am Meer gelegen. Großer Garten.
▢ Ⅲ P ♦ ▪

→ **RESTAURANTS**
BOLOGNA
Via Firenze, 27
in Marina di Campo
Tel. 0565976105
Geschl. Di und Nov.-Mitte März
Klassisch-toscanisches Lokal vom Ende des 19. Jh. mit typischer Küche der Inseln.
▢ Ⅲ ♦ ▪

CANOCCHIA
Via Palestro, 1
in Rio Marina
Tel. 0565962432
Geschl. Mo
und Nov.-Jan.
In der Stadtmitte, einfache und klassische Küche.
▢ Ⅲ ▪

CAPO NORD
in Marciana Marina
Località La Fenicia, 89
Tel. 0565996983
Geschl. Mo und Jan.-Mitte März
Fischgerichte je nach dem täglichen Fang. Elegante und höfliche Bedienung.
▢ Ⅲ ※ ▪

DA VITTORIO
Via dell'Amore, 54
in Portoferraio
Tel. 0565917446
Geschl. Mi und Dreikönigsfest-Feb.
Kreative Fischküche in familiärem Ambiente.
▢ Ⅲ ▪

LIVORNO
◆ **B** C5
→ **UNTERKUNFT**
BOSTON ***
Piazza Mazzini, 40
Tel. 0586882333
Fax 0586882044
Moderne und komfortable Unterkunft, renoviert, in der Nähe des Fähranlegers zu den Inseln.
▢ P ▪ ⤴ ▪

GRAN DUCA ***
Piazza Micheli, 16
Tel. 0586891024
Fax 0586891153
Mit der Front zum Meer gelegenes Hotel, gastlich und komfortabel, in einer alten Medici-Festung eingerichtet. Es sind auch fünf Suiten zu haben. Blick auf den Hafen.
▢ Ⅲ P ※ ▣ ▢ ※ ⌸ ▪

→ **RESTAURANTS**
ANTICO MORO
Via E. Bartelloni, 59
Tel. 0586884659
Geschl. mittags, Mi und einige Tage zw. Aug. und Sept.
Typisches Lokal, dessen Gerichte eher der typischen Küche Livornos zugerechnet werden. Die Familie Bulletti hat seit 1918 Erfahrung in der Restauration.
▢ Ⅲ ▪

🔲 **CIGLIERI**
Via O. Franchini, 38
Tel. 0586508194

CIGLIERI, LIVORNO

Fax 0586589091
Geschl. Mi und einige Tage im Jan.
Das beste Restaurant der Stadt. Beste Gerichte auf der Basis von Fisch. Ein Applaus dem Weinkeller, der immer interessant ist.
🔲 ▢ Ⅲ ▪

GENNARINO
Via Santa Fortunata, 11
Tel. 0586888093
Geschl. Mi und einige Tage im Okt.
Lokal mit familiär gehaltener Atmosphäre, dessen Küche sich den regionalen Fleisch- und Fischgerichten verschrieben hat.
▢ Ⅲ ▪

LA BARCAIOLA
Viale Carducci, 63
Tel. 0586402367
Geschl. So
Ein gastliches und familiär gehaltenes Ambiente in der Nähe des Bahnhofs. Fischgerichte und lokale Spezialitäten zeichnen sich durch Qualität aus. Gut sortierter Weinkeller.
▢ ▪

→ **WEINKELLEREIEN**
ENOTECA DOC
PAROLE UND CIBI
Via Goldoni, 40
Tel. 0586887583

ENOTECA FARAONI
Via Mentana, 85
Tel. 0586886078

ENOTECA NARDI
Via Cambini, 6
Tel. 0586808006

→ **SPEZIALITÄTEN**
AZIENDA BIOAGRICOLA
MARCANTONI SANTE
Via del Vecchio Lazzaretto, 110
Tel. 0586500669
›Biologische‹ Taubenzucht.

MACELLERIA
DI BONELLI PAOLO
Via Monte Grappa, 7/9
Tel. 0586886344
Fleisch, Öle, Schafskäse, Feinkost.

TORTERIA GAGARIN
Via D. Cardinale, 24
Tel. 0586884086

MASSA MARITTIMA
◆ **D** D3
→ **UNTERKUNFT**
IL SOLE ***
Via della Libertà, 43
Tel. 0566901971
Fax 0566901959
Unterkunft in einem restaurierten Gebäude aus dem Mittelalter.
▢ ▣ ▪ ▪

→ **RESTAURANTS**
🔲 **BRACALI**
in Ghirlanda (2 km)
Tel. 0566902318
Fax 0566940302
Geschl. Mo abend und Di; einige Tage zw. Jan. und Feb. sowie im Nov.
Die alte Trattoria ist in die Hände der nächsten Generation übergegangen, die fantasievoll die regionale Küche neu interpretiert. Gute Auswahl an Wein und Spirituosen.
🔲 ▢ Ⅲ ⤴ P ⌸

→ **ÖL-ERZEUGER**
FRANTOIO SOCIALE
MASSA MARITTIMA
Località Valpiana
Tel. und Fax 0566919211

VOLTERRA
◆ **D** D1-2
→ **UNTERKUNFT**
SAN LINO ****
Via San Lino, 26
Tel. 058885250
Fax 058880620
Geschl. Nov.
In einem alten Kloster eingerichtet, aber mit modernem Komfort.
▢ Ⅲ P ▣ ▢ ※ ▪ ⤴
▪

🔲 **SOLE** ***
Via dei Cappuccini, 10
Tel. 058884000
Fax 058884000
Am Stadtrand gelegener Familienbetrieb. Bietet zwar nur zehn Zimmer, dafür aber garantiert Ruhe.
🔲 ▢ P ▣ ※ ▪ ⤴
▪

◆ ADRESSEN
HOTELS UND RESTAURANTS

UNTERKUNFT
- ▫ unter 100 000 ltl.
- ▪ 100 000-200 000 ltl.
- ▦ 200 000-300 000 ltl.
- ▩ über 300 000 ltl.

VILLA NENCINI *
Borgo Santo
Stefano, 55
Tel. 058886386
Fax 058880601
Eindrucksvolles, gastliches und funktionales Inneres in einer Villa vom Ende des 17. Jh.

→ RESTAURANTS
IL VECCHIO MULINO
Via del Molino
in Saline (9 km)
Tel. 058844060
Geschl. Mo (außer Juli. und Aug.).
In einer alten Mühle in sehr schöner und eindrucksvoller Lage. Stark regional gefärbte Küche.

VECCHIA OSTERIA DEI POETI
Via Matteotti, 55
Tel. 058886029
Geschl. Do und Mitte Jan.-Mitte Feb.
Mitten im Zentrum. Typische toscanische Rezepte mit vollem Respekt gegenüber der Tradition.

→ ALABASTRO
Società Cooperativa
Artieri Alabastro
Via Provinciale
Pisana, 28
Tel. 058886135
Fax 058886224

GROSSETO UND MAREMMA

ANSEDONIA
◆ D E6
→ RESTAURANTS
PITORSINO
Via Aurelia, 40
Tel. 0564862179
Geschl. Mi (im Winter).
Regionale und experimentelle Küche. Im Sommer kann man auch im Garten speisen.

CAPALBIO
◆ D E-F5
→ UNTERKUNFT
VALLE DEL BUTTERO *
Via Silone, 21
Tel. 0564896097
Fax 0564896518
Geschl. Weihnachten.
Die Residenz bevorzugt kleine Apartments.

→ RESTAURANTS
DA MARIA
Via Comunale, 3
Tel. 0564896014
Geschl. Di und Dreikönigsfest-Anfang Feb.
Rustikal gehaltenes Lokal mit klassisch toscanischer Küche.

SOC. COOP. ARTIERI ALABASTRO

PORTA
Via Vittorio
Emanuele II, 1
Tel. 0564896311
Geschl. Di und einige Tage im Dez.
Geräumiges Lokal mitten in der Altstadt, wo man regionale Spezialitäten genießt, insbesondere Fleisch am Spieß.

CASTIGLIONE DELLA PESCAIA
◆ D D4
→ UNTERKUNFT
L'APPRODO *
Via Porte Giorgini, 29
Tel. 0564933466
Fax 0564933086
Schön gelegen mit Panorama-Blick auf den Kanalhafen, auf das Meer und auf den Pinienhain.

FOLLONICA
◆ D C4
→ UNTERKUNFT
PARCO DEI PINI *
Via delle Collacchie, 7
Tel. 056653280
Fax 056653280
Nur wenige Schritte vom Meer entfernt, mit modernem und komfortablem Ambiente.

→ RESTAURANTS
**LEONARDO CAPPELLI
GIÀ PAOLINO**
Piazza XXV Aprile, 33
Tel. 056657360
Geschl. So abend (in der Nebensaison) und Mo sowie einige Tage zw. Jan. und Feb.
Meeresgerichte in intimem Ambiente.

GROSSETO
◆ D D4
→ UNTERKUNFT
**BASTIANI
GRAND HOTEL ****
Piazza Gioberti, 64
Tel. 056420047
Fax 056429321
Palazzo vom Anfang des 20. Jh., Foyer mit Marmorboden, schöne Treppe zum ersten Stock, Zimmereinrichtungen im englischen Stil und Dachterrasse. Nicht weit von der Altstadt.

MAREMMA *
Via F. Paolucci de
Calboli, 11
Tel. 056422293
Fax 056422051
Unterkunft mit klimatisierten Zimmern in der Fußgängerzone. Das anschließende Restaurant hat eine eigene Geschäftsführung.

→ RESTAURANTS
TERZO CERCHIO
Piazza del Castello, 2
in Istia d'Ombrone
(7 km)
Tel. 0564409235
Geschl. Mo und Nov.
In den Räumen des historischen Palazzo Pretorio, rustikal und elegant, genießt man regionale Küche.

CANAPONE
Piazza Dante, 3
Tel. 056424546
Geschl. So sowie einige Tage zw. Juli. und Aug.
Ein Lokal mit langer Tradition an der zentralen Piazza der Stadt. Spezialität: Fisch und Fleisch vom Spieß.

→ SPEZIALITÄTEN
ENRICO OMBRONELLI
Via Telamonio, 61
Tel. 05644943327
Fleisch, Wurst aus Castel del Piano.

ISOLA DEL GIGLIO
◆ D D6
→ UNTERKUNFT
IL SARACENO *
Via del Saraceno, 69
in Giglio Porto
Tel. 0564809006
Fax 0564809007
Geschl. Sept.-April
Direkt am Meer mit sehr guten Zimmern und gutem Komfort.

PARDINI'S HERMITAGE **
Località Cala
degli Alberi
Tel. 0564809034
Fax 0564809177
Nur über das Meer oder durch einen einstündigen Fußmarsch zu erreichen. Vertraulichkeit wird gewährleistet.

→ RESTAURANTS
DA SANTI
Via Marconi, 20
in Giglio Castello
Tel. 0564806188
Geschl. Mo und Weihnachten-Jan.
Sehr gute, wohlschmeckende und originale Fischgerichte in der Altstadt.

ADRESSEN ◆
HOTELS UND RESTAURANTS

RESTAURANTS
- ■ unter 50 000 ltl.
- ■ 50 000-80 000 ltl.
- ■ 90 000-120 000
- ⊞ über 120 000 ltl.

MONTEMERANO
◆ **D** E-F5
→ **UNTERKUNFT**
VILLA ACQUAVIVA *
Località Acquaviva
Tel. 0564602890
Fax 0564602895
Lage mit Panorama-Blick über die Hügel, gepflegte und familiär gehaltene Gastlichkeit.

→ **RESTAURANTS**
CAINO
Via Canonica, 3
Tel. 0564602817
Fax 0564602807
Geschl. Mi.
Reizvolle kleine, aber sehr elegante Locanda mit nur wenigen Tischen. Regionale Küche auf hohem Niveau.

ORBETELLO
◆ **D** E5-6
→ **UNTERKUNFT**
VECCHIA MAREMMA **
in Quattrostrade (7 km)
Tel. 0564862147
Fax 0564862347
Atmosphäre einer Privatvilla, die mit Komfort und Bedienung ausgestattet ist. Das Restaurant im Gebäude hat eine eigene Geschäftsführung.

→ **RESTAURANTS**
RUOTA
in Orbetello Scalo (4 km)
Tel. 0564862137
Geschl. Do
Das Restaurant in einem kleinen Haus der Maremma beruft sich auf eine lange Tradition und bietet traditionelle Gerichte zu günstigen Preisen. Auch Hotelbetrieb.

PITIGLIANO
◆ **D** F5
→ **UNTERKUNFT**
CORANO **
Statale 74
Maremmana Ovest
Tel. 0564616112
Fax 0564614191
Geschl. einige Tage im Jan.
Einfaches und ruhiges Ambiente, das im Grün der Maremma versteckt ist.

→ **RESTAURANTS**
IL TUFO ALLEGRO
Vicolo della Costituzione, 2
Tel. 0564616192
Geschl. Di, einige Tage zw. Jan. und Feb. sowie im Juli.
Kleines Restaurant, das in den Tuffstein gegraben ist. Gepflegte Küche direkt vom Besitzer. Beste Weinauswahl.

PORTO ERCOLE
◆ **D** E6
→ **UNTERKUNFT**
IL PELLICANO **
Località Cala

dei Santi
Tel. 0564858111
Fax 0564833418
Geschl. Mitte Okt.-Mitte April
Unabhängiger Hof mit hundertjährigen Olivenbäumen. Atmosphäre eines Privathauses, Komfort und Service eines Hotels von höchstem Niveau. Auch Suiten

sind zu haben.

→ **RESTAURANTS**
GAMBERO ROSSO
Lungomare Andrea Doria, 70
Tel. 0564832650
Geschl. Mi und Feb.
Sorgfältig und höflich servierte Fischgerichte und Blick aufs Meer.

PUNTA ALA
◆ **D** C4
→ **UNTERKUNFT**
CALA DEL PORTO **
Via del Pozzo
Tel. 0564922455
Fax 0564920716
Geschl. Sept.-Mai
Moderner Komplex neben dem Yachthafen, mit eleganter Einrichtung und bestem Service.

PICCOLO HOTEL ALLELUJA **
Via del Porto
Tel. 0564922050
Fax 0564920734
Geschl. Nov.-März
Ein gastliches Landhaus mitten im Park. Die Restaurants sind gut.

SATURNIA
◆ **D** E-F5
→ **UNTERKUNFT**
TERME DI SATURNIA **
Via della Follonata
Tel. 0564601061
Fax 0564601266
Das Gebäude verschwindet fast im Park. Die Anlage umfasst auch ein exklusives Thermalbad.

→ **RESTAURANTS**
DUE CIPPI-DA MICHELE
Piazza Vittorio Veneto, 26/a
Tel. 0564601074
Fax 0564601074
Geschl. Di und einige Tage im Dez.
Ehemalige Adelsresidenz mit klassischer Einrichtung. Die Küche bietet Gerichte aus der Maremma.

SOVANA
◆ **D** F5
→ **RESTAURANTS**
SCILLA
Via Rodolfo Siviero 1/3
Tel. 0564616531
Geschl. Di, Nov. oder Feb.
Großes Lokal, das kürzlich renoviert wurde, touristisch. Traditionelle Küche auf der Basis von Pilzen und Wild. Auch Hotelbetrieb.

TALAMONE
◆ **D** D-E5
→ **UNTERKUNFT**
CORTE DEI BUTTERI **
in Fonteblanda (4 km)
Via Aurelia, bei km 156
Tel. 0564885548
Fax 0564886282
Geschl. Mitte Okt.-April
Lang gestrecktes Gebäude, nur wenige Meter vom Meer. Die Architektur erinnert an die ländlichen Traditionen der Maremma. Mit Privatstrand.

◆ LITERATURTIPPS

LEBENSART

◆ ASHLEY, MAUREEN *Toskana*. Hugh Johnsons Weinreisen. Hallwag im Verlag Gräfe und Unzer, München 2000

◆ BALTER, PETRA *Die schönsten Routen in der Toskana*. Bruckmann, München 2000

◆ CUNACCIA, CESARE M. *Unbekannte Toskana*. Komet Ma-Servie, Frechen 2000

◆ LEWANDOWSKI, NORBERT *Die Weine der Toskana*. W. Heyne, München 2000

◆ MEUTH, MARTINA / NEUNER-DUTTENHOFER, BERND *Die neue Toskana*. Droemer Knaur, München 2000. Kulinarische Landschaften, Küche, Land und Leute.

◆ *Mini Culinaria Toskana*. Könemann, Köln 2000

◆ RACINE, BRUNO *Lebenskunst in der Toskana*. Gebr. Gerstenberg, Hildesheim 2001

◆ *Toskana. Eine Bildreise*. Ellert und Richter, Hamburg 1989

◆ *Toskana sehen und erleben*. Südwest, München 1999

◆ SORGES, JÜRGEN / KINDER, THOMAS *Wandern in der Toskana*. Scheuble und Baumgartner, Stühlingen 1990

◆ TEUSCH, HERMANN *Die Hügel des Lichts*. Lübbe, Bergisch-Gladbach 1998. Eine sinnliche Reise in die Geheimnisse der Toskana.

GESCHICHTE

◆ BARON, HANS *Bürgersinn und Humanismus im Florenz der Renaissance*. Wagenbach, Berlin 1992

◆ CAFERRO, WILLIAM *Mercenary Companies and the Decline of Siena*. Johns Hopkins Univ Press 1998

◆ GIANNOTTI, DONATO *Die Republik Florenz (1534)*. Wilhelm Fink, München 1996

◆ GIES, JOSEPH *Leonard of Pisa and the New Mathematics of the Middle Ages*. 2000

◆ GOEZ, WERNER *Grundzüge der Geschichte Italiens in Mittelalter und Renaissance*. WBG, Darmstadt 1984

◆ GRAZZINI, ANTONFRANCESCO *Feuer auf dem Arno*. Wagenbach, Berlin 1999. Novellen aus dem Florenz der Medici

◆ LOHRJM, MEINOLF / DÖRTELMANN, MARIA MAGDALENA *Katharina von Siena*. St. Benno Verlag, Leipzig 1997 *Lorenzo der Prächtige und die Kultur im Florenz des 15. Jahrhunderts*. Dunker und Humblot, Berlin 1995

◆ MACHIAVELLI, NICCOLÒ *Das Leben Castruccio Castracanis aus Lucca*. C.H. Beck, München 1998

◆ MACHIAVELLI, NICCOLÒ *Geschichte von Florenz*. Manesse, Stuttgart 1987

◆ MARSHALL, RICHARD K. *Local Merchants of Prato: Small Entrepreneurs in the Late Medieval Economy*. Johns Hopkins Univ Press 1999

◆ MORMANDO, FRANCO *Preacher's Demons: Bernardino of Siena and the Social Underworld of Early Renaissance Italy*. Univ of Chicago Pr 1999

◆ REINHARDT, VOLKER *Die Medici*. C.H. Beck, München 1998 PIPER, ERNST *Der Aufstand der Ciompi*. Pendo, Zürich 2000

◆ RIEDERER-GROHS, BARBARA *Florentinische Feste des Spätbarock. Ein Beitrag zur Kunst am Hof der letzten Medici 1670-1743*. Haag + Herchen, Frankfurt/M. 1978

◆ STARN, RANDOLPH *Ambrogio Lorenzetti: The Palazzo Pubblico, Siena*. 1994

◆ TORELLI, MARIO *Die Etrusker*. Campus, Frankfurt 1988

KUNST UND ARCHITEKTUR

◆ BEUYS, BARBARA *Florenz. Stadtwelt – Weltstadt. Urbanes Leben von 1200 bis 1500*. Rowohlt, Reinbek 1992

◆ BRAUNFELS, WOLFGANG *Mittelalterliche Stadtbaukunst in der Toskana*. Gebr. Mann, Berlin 1982

◆ BRILLI, ATTILIO *Il ›Petit Tour‹. Itinerari minori del viaggio in Italia*. Milano 1988

◆ BRILLI, ATTILIO *Lo spirito della campagna toscana*. Cinisello Balsamo 1992

◆ BRILLI, ATTILIO *Viaggiatori stranieri in terra di Siena*. Roma 1986

◆ BROOKS, PERRY *Piero Della Francesca: The Arezzo Frescoes*. Rizzoli Intl Publ & St Martins 1992

◆ CHASTEL, ANDRÉ *Die Kunst Italiens*. München, Prestel 1987

◆ CIVAI, MAURO, UND TOTI, E. *Siena. Il sogno gotico. Nuova guida alla città*. Siena 1992

◆ GREGORI, MINA *Uffizien und Palazzo Pitti*. Hirmer, München 1994

◆ *Italienische Malerei. Die Uffizien, Florenz*. Benedikt Taschen, Köln 2000

◆ JÄGER, MICHAEL *Die Theorie des Schönen in der italienischen Renaissance*. DuMont, Köln 1990

◆ MEISS, MILLARD *Malerei in Florenz und Siena nach der Schwarzen Pest*. Verlag der Kunst, Dresden 1999

◆ SCHWARZ, MICHAEL VIKTOR *Die Mosaiken des Baptisteriums in Florenz*. Böhlau, Köln 1997

◆ *Toskana. Kunst und Architektur*. Könemann, Köln 2000

◆ ZIMMERMANNS, KLAUS *Florenz. Kunst - Reiseführer*. DuMont Buchverlag, Köln 1997

BELLETRISTIK

◆ BEYER, ANDREAS (Hrsg.) *Florenz. Lesarten einer Stadt*. Insel, Frankfurt/M. 1983

◆ BOCCACCIO, GIOVANNI *Das Dekameron*, übersetzt von Karl Witte. Winkler, München 1979

◆ DANTE ALIGHIERI *Vita Nova – Das Neue Leben*, übersetzt u. kom. v. A. Coseriu u. U. Kunkel. DTV, München 1988

◆ MANGANELLI, GIORGIO ›Florenz‹ In: *Italienische Reise. Literarischer Reiseführer durch das heutige Italien*. Berlin, Wagenbach 1985

◆ PRATOLINI, VASCO *Chronik armer Liebesleute*, übersetzt von W. J. Buerkle. Freiburg i. Br., Beck & Glückler 1989.

◆ DERS. *Das Quartier*, übersetzt von E. Wiszniewsky und E.-A. Nicklas. Ebd. 1988.

◆ DERS. *Die Mädchen von Sanfrediano*, übersetzt von H. Riedt. Ebd. 1990

◆ ROMMEL, ALBERTA *Hochzeit in Florenz. Zwei Erzählungen um Lorenzo Medici il Magnifico und Clarice*. Mühlacker, Stieglitz 1990

◆ SACCHETTI FRANCO *Die wandernden Leuchtkäfer. Renaissancenovellen aus der Toscana*, übersetzt von H. Floerke, neu durchgesehen v. M. Schneider. Wagenbach, Berlin 1988

QUELLENNACHWEISE

98 MALAPARTE, CURZIO *Verdammte Toskaner*, übers. v. Hellmut Ludwig. Stahlberg, Karlsruhe 1957

99 STENDHAL *Rom, Neapel und Florenz*, übersetzt von Katharina Scheinfuss. Rütten & Loening, Berlin 1985, © Rütten und Loening, Berlin 1964

100 RILKE, RAINER MARIA *Das Florenzer Tagebuch*. © Insel Verlag, Frankfurt/M. 1982

100 KRAUSSER, HELMUT *Melodien*. Fischer TB, Frankfurt/M. 1994, © Paul List Verlag 1993

102 PRATOLINI, VASCO *Chronik einer Familie*, übers. v. Charlotte Birnbaum. © Beck und Glückler, Freiburg i. Br. 1988

103 FRUTTERO, CARLO UND LUCENTINI, FRANCO *Der Palio der toten Reiter*, übers. v. Burkhart Kroeber. © Piper Verlag GmbH, München 1986

104 CHARLES DICKENS *Bilder aus Italien*, übers. v. Ulrich C. A. Krebs. Hugendubel, München 1981, © Büchergilde Gutenberg, Frankfurt/M., Wien, Zürich 1981

105 LAWRENCE, DAVID H. *Etruskische Orte*, übers. v. Oswald von Nostiz. Wagenbach, Berlin 1999

106 GREGOROVIUS, FERDINAND *Wanderjahre in Italien*. C. H. Beck, München 1967, © Beck'sche Verlagsbuchhandlung (Oscar Beck), München 1967

108 HEINE, HEINRICH *Italien*. Insel, Frankfurt/M. 1982

Leider konnten wir nicht alle Rechteinhaber ausfindig machen. Wir bitten sie, sich beim DuMont-Buchverlag zu melden.

ABBILDUNGSNACHWEIS ◆

Umschlag und Rücken
Die Türme von San Gimignano, Zeichnung von Alfonso Goi.
Umschlagrückseite
Geburt der Venus, Detail, Sandro Botticelli, Galleria degli Uffizi, © Scala. *Sangiovese-Traube*, © G. Cappelli. *Abtei von Passignano*, © G. Cozzi/Atlantide. *Türme von Pisa*, Zeichnung von M. Durante. *Reiter 1947*, Museo Marino Marini, Florenz.
Umschlaginnenseite vorn
Florenz, Lungarni, © S. Caporali/The Image Bank. *Pisa, Piazza dei Miracoli*, © G. Baviera. *Lucca, Domfassade*, Detail, © S. Occhibelli/Il Dagherrotipo. *Arezzo, Piazza Grande*, © S. Chieppa/Il Dagherrotipo. *San Giuliano*, Detail, Piero della Francesca, Museo Civico, Sansepolcro, © Soprintendenza von Arezzo. *Leuchter in Cortonda*, Museo dell'Accademia Etrusca, © Archivio fotografico TCI. *Fattoria im Chianti*, © S. Amantini/Atlantide. *Siena, Innenansicht des Doms*, © Scala. *San Gimignano, Piazza della Cisterna*, © G. Rinaldi/Il Dagherrotipo. *Pienza, Piazza Pio II*, © F. Giaccone/Marka. *Volterra, Palazzo dei Priori*, Terracotta-Schild, © E. Caracciolo. *Insel Elba*, © G. Cozzi/Atlantide.
10-11 *Fonterutoli (Siena), Umgebung*, ca. 1915-20, © Archivi Alinari, Florenz.
12-13 *Marina di Carrara, Strand*, Anfang 20. Jh., © idem.
14 *Blick vom Palazzo Vecchio auf den Dom*, Anfang 20. Jh., © idem.
15 *Pinien am Meer*, Alphonsus Hollaender (1845-1923), Galleria d'Arte Moderna, Florenz.
16 *Fattoria in der Nähe von Panzano, Chianti*, © S. Amantini/Atlantide. *Crete Senesi*, © A. De Bernardi/Marka. *Isola del Giglio, Küste*, © G. Cozzi/Atlantide. *Parco Nazionale della Maremma*, © S. Amantini/Atlantide.
17 *Abtei Monte Oliveto Maggiore*, © E. Papetti/Marka. *Ansicht von San Gimignano*, © G. Baviera. *Hügel in der Nähe von Volterra*, © G. Cozzi/Atlantide. *Wälder des Casentino*, © D. Donadoni/Marka.
18 *Hügel von Florenz*, © G. Cappelli.
18-19 *Ansicht von Florenz*, Galleria d'Arte Moderna, Florenz, © Scala.
20 *Parco Nazionale della Maremma, Uccellina-Küste*, © V. Martegani/Marka.
21 *Parco Nazionale della Maremma, Düne*, © P. Lavoretti/Panda Photo. *Fluss Ombrone im Trappola-Sumpf*, © V. Martegani/Marka.
22 *Ansicht der Apenninen vom Casentino aus*, aquarellierte Zeichnung, 18.-19. Jh., Archivi Alinari, Florenz.
23 *Blick auf den Abetone*, © D. Donadoni/Marka.
26 ›Fagioli al fiasco‹, © F. Pizzochero/Marka. *Steinpilze*, © D. Donadoni/Marka. *Kastanienwald*, © idem. *Kastanienmehl*, © S. Occhibelli/Il Dagherrotipo.
27 *Saatschule in der Umgebung von Pistoia*, © D. Donadoni/Marka. *Dinekl aus der Garfagnana*, © S. Occhibelli/Il Dagherrotipo.
28 *Olivenernte in der Maremma*, © S. Amantini/Atlantide. *Oliven auf Gittern*, © G. Cozzi/Atlantide.
29 *Etiketten toscanischer Weine: Poggio al vento, Brunello Banfi, Poggio Rosso, Castello di Volpaia*, © Archivio fotografico TCI. *Über 38 Sorten*, Bartolomeo Bimbi (1648-1725), Galleria Palatina, Florenz, © Scala. *Flasche Vin Santo*, © Gallimard. *Ernterbeiter im Umland von Figline Valdarno in der Toscana*, 1927, © Archivi Alinari, Florenz. *Der Weinkeller vom Palazzo Contucci in Montepulciano*, © G. Rinaldi/Il Dagherrotipo. *Sangiovese-Traube*, © G. Cappelli.
30 *Bauer mit Schweinen neben einem Ochsenkarren*, Giovanni Fattori, Galleria d'Arte Moderna, Florenz, © Scala. *Wildschweine der Maremma*, © L. Fioroni/Marka. *Schäfer mit Herde in den Crete*, © G. Cozzi/Atlantide.
31 *Zug der heiligen Drei Könige*, Detail, Benozzo Gozzoli, Fresko 1439, Palazzo Medici Riccardi, Florenz, © Archivio fotografico TCI.
32 *Chimäre von Arezzo, etruskische Bronze*, Museo Archeologico, Florenz, © Scala.
33 *Mathilde von Canossa*, Miniatur, Anfang 12. Jh., Biblioteca Vaticana, Rom, © Flammarion-Giraudon. *Schlacht von Montaperti*, Manuskript, Biblioteca degli Intronati Siena.
34 *Wappen von Florenz*, Palazzo Vecchio, © L. Castellucci. *Adler, Symbol des Kaiserreichs*, Miniatur, 15. Jh., Biblioteca Nazionale Marciana, Venedig, © Giraudon.
34-35 *Ricoverino de' Cerchi ha il naso mozzato*, in *Cronica di Villani*, © Biblioteca Vaticana, Rom.
35 *Lotta tra le fazioni sui tetti di Firenze*, in *Cronica von Villani*, © Biblioteca Vaticana, Rom. *Farinata degli Uberti*, Andrea del Castagno, Fresko, Galleria degli Uffizi, Florenz, © Scala. *Dante e i Mondi della Commedia*, Domenico di Michelino, Fresko, Dom von Florenz, © Scala.
36 *Lorenzo empfängt die Musen und verspricht Italien den Frieden*, Cecco Bravo (1607-61), Museo degli Argenti, Florenz, © Scala. *Einzug von Karl VIII. in Florenz*, Giuseppe Bezzuoli (1784-1855), Galleria d'Arte Moderna, Florenz, © idem.
37 *Wappen der Medici in Pietra dura*, San Lorenzo, Cappella dei Principi, © Scala. *Apotheose von Cosimo I.*, Giorgio Vasari, Fresko, Palazzo Vecchio, © Scala.
38 *Wappen der Medici*, San Lorenzo, Sagrestia Vecchia, © Scala. *Cosimo il Vecchio*, Stich, © Bibliothèque Nationale, Paris. *Piero di Cosimo de' Medici*, A. Bronzino, National Gallery, London. *Papst Leo X.*, Stich, © Bibliothèque Nationale, Paris. *Caterina de' Medici*, idem, © idem.
39 *Lorenzo de' Medici wird durch die Botschafter verschiedener Länder geehrt*, Detail, Fresko, Palazzo Vecchio, © Scala. *Die Hochzeit der Maria de' Medici*, Detail, P. P. Rubens, Musée du Louvre, © RMN. *Giovanni dalle Bande Nere*, Portico degli Uffizi, © L. Castellucci. *Porträt von Cosimo I.*, A. Bronzino, Galleria degli Uffizi, © Scala. *Giangastone de' Medici*, Stich, © Bibliothèque Nationale, Paris.
40 *Wappen der Medici-Lorena in Pietra dura*, Opificio delle Pietre Dure, © Scala.
41 *Krönungsfeier von Ferdinand III. auf der Piazza della Signoria 1791*, Antonio Cioci (18.-19. Jh.), Museo ›Firenze com'era‹, © Scala. *Elisa Baciocchi, Großherzogin der Toscana*, Detail, P. Benvenuti, Schloss von Versailles, © RMN.
42 *Leopold II., Erzherzog von Österreich und Großherzog der Toscana*, Stich von Pieraccini, 1870, © T. Salmi. *Die Toscaner verkünden dem König den Anschluss*, Francesco Mochi (19. Jh.), Museo ›Firenze com'era‹, © Scala.
43 *Postkarte zur Erinnerung an die ›Settimana del Balilla‹*, Florenz, 16. November 1933, M. Romoli, © T. Salmi. *Umschlag von ›Firenze, Rassegna del Comune 1944-1951‹*, Nr. 1 vom Mai 1951, Zeichnung von Renato Guttuso, © Archivio fotografico TCI.
44 *Dante e i Mondi della Commedia*, Domenico di Michelino, Fresko, Dom von Florenz, © Scala. *Frontispiz des ›Vocabolario degli accademici della Crusca‹*, von 1691. © Archivio fotografico TCI. *Porträt von Galileo*, J. Susterman, 1635, Galleria degli Uffizi, © Pineider.
45 *Schaufeln der Accademia della Crusca mit den Emblemen ihrer Mitglieder*, Medici-Villa von Castello, © M. Listri.
46 *Bänkelsänger*, frühes 20. Jh. (Coll. Aldo Giovannini, Borgo San Lorenzo), © Archivi Alinari, Florenz. *Der ›Bruscello‹, Compagnia di Casalino, Pratovecchio (Arezzo)*, © M. E. Giusti. *Fest des ›Maggio‹, Casole Lunigiana*, © Marka.
47 *Historischer Fußball*

313

◆ ABBILDUNGSNACHWEIS

in Florenz, © S. Amantini/Atlantide.
48 Teller mit Wappen der Tornabuoni, Museo Nazionale del Bargello, Florenz, © Scala. Krug in Zaffera-Farben, erste Hälfte des 15. Jh., Museo Nazionale del Bargello.
49 Ovale Schale mit orientalischer Figur, Carlo Ginori, ca. 1740 Museo delle Porcellane di Doccia, Sesto Fiorentino. Maiolika-Vase mit Schlangenhenkeln, Galileo Chini, ca. 1900, Lido di Camaiore, Privatsammlung. Becken mit dem Evangelisten Matthäus, Porzellan der Medici-Manufaktur, Museo Statale d'Arte Medievale e Moderna, Arezzo, © Scala. Tondino senese, Porzellan der Renaissance, Civiche Raccolte d'Arte Applicata, Musei del Castello Sforzesco, Milano, © Archivio Electa. Große Vase mit Pfauen. Società Ceramica Richard-Ginori, ca. 1902, Museo delle Porcellane di Doccia, Sesto Fiorentino.
50 Castiglion Fiorentino, Osterprozession, Vermummte Angehörige einer Bruderschaft, © G. Cozzi/Atlantide. Buti (Pisa), Inszenierung der ›Überquerung des Jordan‹ in der Karwoche, Compagnia del Maggio, © M. E. Giusti. Castiglion Fiorentino, Osterprozession, © G. Cozzi/Atlantide. Florenz, ›Scoppio del carro‹ auf der Piazza Santa Maria del Fiore, Ostersonntag, © S. Amantini/Atlantide.
51 Porto Ercole (Grosseto), Sant' Erasmo-Prozession, © S. Barba/Il Dagherrotipo. Pitigliano (Grosseto), Vorbereitung des Feuers für das Fest des San Giuseppe, © G. Rinaldi/Il Dagherrotipo. Camporgiano (Lucca), Feuer in der Weihnachtsnacht, © M. E. Giusti. Pisa, Öllämpchen für San Ranieri, © G. Cozzi/Atlantide. Camaiore (Lucca), Teppich aus Sägemehl für die Fronleichnamsprozession, © idem.
52 Porto Santo Stefano, historischer Umzug zum Palio Marinaro der Stadtviertel, Detail, © G.

Rinaldi/I Dagherrotipo. Viareggio, Karneval, S. Occhibelli/Il Dagherrotipo. Sarteano, Massa Marittima, Balestro del Girifalco, © F. Tovoli/Marka.
52-53 Pisa, Gioco del Ponte, © idem.
53 Florenz, historischer Fußball © ENIT. Arezzo, Giostra del Saracino, © G. Rinaldi/Il Dagherrotipo. Pistoia, Giostra dell'Orso, © idem.
54 *Il trippaio*, Mitelli, Stich, 17. Jh., Biblioteca Nazionale, Florenz, © Scala.
54-55 Zubereitung von Ribollita, © Gallimard.
56-57 Zubereitung von Cacciucco, © C. Rezzonico.
58 Ladenschild einer Metzgerei, Greve in Chianti, © Mapi/Marka. Käse-Erzeugnisse der Senese, © G. Oddi/Il Dagherrotipo. Zubereitung von Käse in Orecchiella (Lucca), © S. Barba/Il Dagherrotipo. Käse, © C. Rezzonico.
59 Finocchiona, © Gallimard. Schinkengerüst, © M.Borchi/Atlantide. Buristo, © C. Rezzonico. Schinkengerüst, © G. Cozzi/Atlantide. Lardo di Colonnata, © C. Rezzonico. Lardo di Colonnata, © Ristorante Venanzio di Colonnata. Zubereitung von Räucherfisch © E. Russo, Orbetello.
60 Tablett mit Etikett von Panforte, Privatsammlung, Siena. Toscanisches Brot, © F. Pizzochero/Marka. Pagnotta Maremmana, © C. Rezzonico. Honiggläser, © idem. Panforte, © G. Corti/Marka. Buccellato, Befanini, ricciarelli, Cantuccini, © C. Rezzonico.
62 Festung, Detail aus *Guidoriccio da Fogliano*, Simone Martini, Fresko, Palazzo Pubblico, Siena, © Scala.
64 *Ansicht der Piazza della Signoria mit Denkmal für den Großherzog Cosimo I.*, Gaspare Mola (1530-ca. 1640) Pietra dura, Kristall und Gold, Musei di Palazzo Pitti, Florenz.
68 Plan der Zitadelle von Poggio Imperiale, von Francesco di Giorgio Martini, *Trattato di Architettura Militare*, Cod. Torinese Saluzziano 148,

Biblioteca Reale, Turin. Plan aus dem 18. Jh. der Zitadelle von Poggio Imperiale, Archivio ISCAG, Roma.
69 Plan der Piazza von Pienza, von C.R. Mack, *Pienza the Creation of a Renaissance City*, Cornell University Press, Ithaca und London 1987-A. Schiavo, Monumenti di Pienza, ENIT-FS, Milano, 1972.
›Plan der Befestigungsmauer von Livorno‹, ca. 1720, G. Bodenehr, Civica Raccolta Stampe A. Bertarelli, Milano.
70 Plan der Festung von Porto Ercole, von Coronelli, 1690 ca., Civica Raccolta Stampe A. Bertarelli, Milano.
71 Studie für die Befestigung von San Miniato, Michelangelo, Handzeichnung, Gabinetto dei Disegni e delle Stampe, Galleria degli Uffizi.
72 Medici-Villen: *La Petraia, Pratolino, Cafaggiolo, Lappeggi*, Giusto Utens, 16. Jh., Museo ›Firenze com'era‹, © Scala.
74 Weinpergola, aus *Hypnerotomachia Poliphili*, Venezia, 1499, Biblioteca Nazionale Braidense, Mailand.
75 *Medici-Villa in Castello*, Giusto Utens, 16. Jh., Museo ›Firenze com'era‹, © Scala.
78 *Kruzifix*, Cimabue, 1260-65, San Domenico, Arezzo, Archivio fotografico TCI.
79 *Ansicht von Santa Maria della Spina* in Pisa, Aquatinta, Paris ca. 1812, Civica Raccolta Stampe A. Bertarelli, © Foto Saporetti.
85 *Sacra conversazione Nerli*, Detail, Filippino Lippi, 1488-95, Kirche von Santo Spirito, Florenz.
86-87 *Auswirkung der guten Regierung*, Ambrogio Lorenzetti, Fresko, 14. Jh., Palazzo Pubblico, Siena, © Archivi Alinari, Florenz. *Grablegung oder Tafelbild von San Marco*, Detail, Beato Angelico, Museo di San Marco, Florenz, © Scala.
87 *Ansicht von Pisa*, 14. Jh., San Nicola, Pisa, © Aldo Mela.
88 *Der hl. Petrus Alessandrinus segnet und schützt Siena*, Sano di Pietro, 15. Jh., Palazzo Pubblico, Siena, © F. Lensini.

88-89 *Ein Engel übergibt Val d'Elsa dem hl. Marziale*, unbekannter Florentiner Meister, 16. Jh., Museo Civico, Colle di Val d'Elsa. *San Gimignano*, Detail, Taddeo di Bartolo, 14.-15. Jh., Musei Civici, San Gimignano, © Scala.
90 *Der selige Ambrosius Sansedoni erbittet den Schutz der Jungfrau von Siena*, Santa Maria in Portico in Fontegiusta, © F. Lensini.
91 *La Madonna in Gloria*, Ilario Casolani, 1630, Museo Archeologico e d'Arte della Maremma, Grosseto, © C. Bonazza.
92 *Blick auf Florenz*, John Ruskin, Sepia, 1845?, Birmingham Art Museum.
92-93 *Blick auf Florenz von den Boboli-Gärten*, J. B. Corot, Musée du Louvre, Parigi, © RMN.
93 *Eindruck von Fiesole*, E. Jeanneret Le Corbusier genannt, aquarellierte Zeichnung, 1907, © Fondazione Le Corbusier, Paris.
94-95 *Il riposo* oder *Il carro rosso*, Giovanni Fattori,1887, Pinacoteca di Brera, Mailand, © Scala. *Rotonde bei den Palmieri-Bädern*, Giovanni Fattori,1866, Galleria d'Arte Moderna, Florenz, © Archivi Alinari/Giraudon.
96 *Landschaft*, Mino Maccari, Pastell und Aquerell auf Karton, 1935, Privatsammlung, Forte dei Marmi. *Piazza del Carmine*, Ottone Rosai,1920, Galleria d'Arte Moderna, Florenz, © Scala.
97 Frontispiz zu *Famiglie ammesse alla cittadinanza fiorentina*, Orazio Ansaldi, 1658, © Archivio fotografico TCI.
98 *La Politica*, Giuseppe Viviani, 1948, Privatsammlung, Pisa.
101 *Auf dem Ponte Vecchio*, Jodocus S. van der Abeele, Stich, Paris, Galerie Cailleux. A.R. vorbehalten.
102 *Blick auf Siena*, Richard C.Hoare, aquarellierter Stich, Victoria and Albert Museum, London.
103 *Porta San Miniato*, E. Burci, Tusche, 19. Jh., Gabinetto dei Disegni e delle Stampe, Galleria degli Uffizi, © Scala.
104 *Blick auf die Piazza*

ABBILDUNGSNACHWEIS ◆

del Duomo in Pisa, aquarellierter Stich, 18. Jh., Civica Raccolta Stampe A. Bertarelli, Milano, © Foto Saporetti.
105 *Porta dell'Arco in Volterra*, E. Catenacci, Zeichnung, 1875, aus *Il Giro del Mondo*. A.R. vorbehalten.
106-107 *Blick auf Porto Ferraio*, Stich, 19. Jh., Civica Raccolta Stampe A. Bertarelli, Mailand.
108 *Torre und Palazzo Guinigi in Lucca*, Detail, John Ruskin, Zeichnung, Ruskin Foundation, University of Lancaster.
110 Maremma, © G. Andreini. Landschaft bei Volterra, © G. Cozzi/Atlantide. Weinfelder im Chianti, © S. Amantini/Atlantide.
111 Landschaft im Senese, © A.Getuli/Il Dagherrotipo.
112 Grosseto, Piazza Dante Alighieri,© S. Barba/Il Dagherrotipo. Abtei von San Galgano, © G. Andreini. Pienza, Piazza Pio II, © M. Borchi/Atlantide.
113 Lucca, Portal von San Pietro Somaldi, Detail, © G. Foschi. Monteriggioni, Porta Romea, © G. Rinaldi/Il Dagherrotipo. Pistoia, Fassade des Doms, © S. Occhibelli/Il Dagherrotipo.
114 Elba, Umgebung von Viticcio, © G. Cozzi/Atlantide. Golf von Baratti, © S. Amantini/Atlantide. Costa dell' Argentario, © G. Cozzi/Atlantide.
115 Florenz, Palazzo Vecchio und Torre di Arnolfo, © G. Oddi/Il Dagherrotipo.
116 *David*, Michelangelo, © L. Castellucci.
116-117 I Lungarni bei Nacht, © S. Caporali/The Image Bank.
117 Goldener Fiorino, Museo Nazionale del Bargello, © Scala.
118 Porträt von Gerolamo Savonarola, alias Fra' Bartolomeo, Armadio degli Argenti, Museo di San Marco, © Scala. Santa Maria del Fiore, © Toyohiro Yamada/Marka.
119 Kuppel von Santa Maria del Fiore, Filippo Brunelleschi, © V. Arcomano/Marka. Giottos Campanile, © D. Donadoni/Marka.
120 Blick auf das Baptisterium, © M. Borchi/Atlantide. Bronzereliefs an der Porta del Paradiso: *Storie di Adamo ed Eva, Storie di Caino e Abele, Storie di Giuseppe e Beniamino, Storie di David,* Lorenzo Ghiberti, 1425, Museo dell'Opera del Duomo, © Scala. *Il profeta Abacuc,* Donatello, idem, © idem.
121 Kreuzgang von San Lorenzo, © G. Baviera.
122 Grab von Giuliano, Herzog von Nemours, Detail, Michelangelo, San Lorenzo, Sagrestia Nuova, © G. Baviera. Sala dei Pappagalli, Palazzo Davanzati, © idem.
123 Palazzo Vecchio, von den Uffizien aus gesehen, © G. Cozzi/Atlantide. Innenhof des Palazzo Vecchio, © idem.
124 *Geburt der Venus,* Detail, Sandro Botticelli, Galleria degli Uffizi, © Scala.
124-125 Blick auf den Ponte Vecchio, © G. Cozzi/Atlantide.
125 Boboli-Gärten, Fontana del Forcone im Belvedere, © L. Castellucci.
126 *Hl. Anna mit Maria, dem Kind und Engeln,* Masolino und Masaccio, Galleria degli Uffizi, © Scala. *Die Schlacht von San Romano,* Paolo Uccello, idem, © idem. *Madonna mit Kind und Engeln,* Filippo Lippi, idem, © idem. *Herkules und Hydra,* Antonio Pollaiolo, idem, © idem.
127 *Verkündigung,* Leonardo da Vinci, idem, © idem. *Frühling,* Sandro Botticelli, idem, © idem. *Hl. Familie mit dem hl. Johannes,* Michelangelo, idem, © idem.
128 Kuppel von Santo Spirito, © L. Castellucci. Fassade von Santo Spirito, © S. Amantini/Atlantide.
129 *Der Tribut,* Masaccio, Cappella Brancacci, Santa Maria del Carmine, © Archivi Alinari, Florenz. *Reiter 1947,* Marino Marini, Patinierter Gips, Museo Marino Marini.
130 *Trinità,* Masaccio, Fresko, Santa Maria Novella, © Scala. Santa Maria Novella, © M. Borchi/Atlantide.
131 *Grablegung Cristo,* Tafel von Santa Trinita, Beato Angelico, Museo di San Marco, © Scala.
132 *Gefangener mit Bart,* Michelangelo, Marmor, Galleria dell' Accademia, © Scala.
132-133 *Mariä Geburt,* Andrea del Sarto (ca. 1487-1530), Chiesa della Santissima Annunziata, © Scala.
133 Sarkophag der Amazonen, 4. Jh. v. Chr., Museo Archeologico, © Archivio fotografico TCI.
134 Büste von Cosimo I., Benvenuto Cellini, Bronze, 16. Jh., Museo Nazionale del Bargello, © Scala. *Merkur,* Giambologna, Bronze, 16. Jh., idem, © idem. Platte mit ›Leda mit der Schwan‹, Florentinische Werkstatt, 16. Jh., idem, © idem.
135 *Opferung des Isaak,* Lorenzo Ghiberti, Kachel, 15. Jh., idem, © idem. *Bachus,* Michelangelo, Marmor, 1496-97, idem, © idem. *Opferung des Isaak,* Filippo Brunelleschi, Kachel, 15. Jh., idem, © idem. *Der hl. Georg tötet den Drachen,* Donatello, Flachrelief, 15. Jh., idem, © idem.
136 Santa Croce, Fassade, © G. Cozzi/Atlantide. Santa Croce, Michelangelos Grabmonument, © F. Roiter/The Image Bank. Innenansicht der Cappella Pazzi, © Scala.
137 San Miniato al Monte, Inneres, © A. Pistolesi/The Image Bank. Badia Fiesolana, Fassade, © S. Barba/Il Dagherrotipo.
138 Medici-Villa in Careggi, © S. Amantini/Atlantide. Medici-Villa in Cafaggiolo, © E. Papetti/Marka. Blick auf Settignano, © G. Cozzi/Atlantide.
139 Certaldo, Palazzo Pubblico, © G. Corti/Marka.
140 Der Arno in Montelupo Fiorentino, © D. Donadoni/Marka.
141 Abtei von Settimo, © G. Cozzi/Atlantide. *Pietà,* Masolino, Museo della Collegiata, Empoli, © Scala.
142 Sumpf von Fucecchio, © M. Leoni/Il Dagherrotipo. *Heimsuchung,* Pontormo, San Michele, Carmignano, © Scala.
143 Medici-Villa in Artimino, © Marka. Certosa del Galluzzo, © Borchi & Cozzi/Atlantide.
144 Val d'Elsa, Pfarrkirche Sant'Appiano, © G. Cozzi/Atlantide. Terrakotta-Arbeiten in Impruneta, © idem.
145 Pisa, Campo dei Miracoli, Detail, © G. De Besanez/Marka.
147 Pisa, Fassade des Doms, Detail, © S. Occhibelli/Il Dagherrotipo. Campo dei Miracoli, © G. Baviera.
148, Pisa, Baptisterium, © M. Borchi/Atlantide. Camposanto, © G. Cozzi/Atlantide.
149 *Triumph des Todes,* Detail, Maestro del Trionfo della Morte, 14. Jh., Camposanto, Pisa, © Scala. *Madonna mit Kind,* Giovanni Pisano, Museo dell' Opera del Duomo, Pisa, © idem.
150 Kanzel im Baptisterium von Pisa, Nicola Pisano, © Scala. *Christi Geburt,* Detail, Kanzel des Baptisteriums von Pisa, © idem. *Herkules,* Detail, Kanzel des Baptisteriums von Pisa, © idem.
151 *Der Kindermord von Bethlehem,* Detail, Kanzel, Sant'Andrea di Pistoia, Giovanni Pisano, © idem. Kanzel des Doms von Pisa, Giovanni Pisano, © idem. *Scham,* Detail, Kanzel, Dom von Pisa, © idem. Detail aus *Der Kindermord von Bethlehem,* Kanzel, Sant' Andrea di Pistoia, Giovanni Pisano, © idem.
152 *Madonna mit Kind und Heiligen,* Simone Martini, Museo Nazionale di San Matteo, Pisa, © Scala.
152-153 Pisa, Lungarni, Öllämpchen für San Ranieri, © M. Borchi/Atlantide.
153 Pisa, Straße im Viertel Chinzica, © G. Andreini. Graffito, Keith Haring, Sant'Antonio, Pisa.
154 Tenuta di San Rossore, © G. Rinaldi/Il Dagherrotipo.
154-155 Ansicht von San Miniato, © G. Andreini.
155 Reklame-Postkarte für die Vespa, 50er-Jahre, Coll. Badalato. San Miniato, Torre di Federico II, © G. Andreini.
156 Lucca, Luftbild der Piazza del Mercato, © Archivio fotografico TCI. San Miniato, Mosaik an der Fassade, © G. Tatge, Archivi Alinari-SEAT, Florenz.
157 *Porträt eines Jünglings,* Pontormo, Pina-

315

◆ ABBILDUNGSNACHWEIS

coteca Nazionale, Lucca. Via Fillungo, © G. Cozzi/Atlantide.
158 *Grab der Ilaria del Carretto*, John Ruskin, Zeichnung, Ruskin Foundation, University of Lancaster. Lucca, Turm und Wohnhaus der Guinigi, © V. Arcomano/Marka. Dom, Fassade, Detail, © S. Occhibelli/Il Dagherrotipo.
159 Lucca, Stadtmauer, © G. Foschi. Romanisches Kapitell, Museo Nazionale di Villa Guinigi, © idem.
160 Camigliano, Villa Torrigiani, © idem. Marlia, Villa Reale, © G. Oddi/Il Dagherrotipo.
161 Borgo a Mozzano, Teufelsbrücke, © G. Foschi. Plakat für *Das Mädchen aus dem Goldenen Westen* von Giacomo Puccini, Ed. Ricordi, s.d., © Archivio fotografico TCI.
162 Kopie von *Amor und Psyche* aus lackiertem Gips, Canova, Museo della figurina di gesso, Coreglia Antelminelli, © G. Tatge/Archivi Alinari-SEAT, Florenz. Grotta del Vento, Flut im Salon des Acheron, © Edizioni La Grotta del Vento. Castelnuovo Garfagnana, Rocca del Ariosto, © G. Cozzi/Atlantide.
163 Forte dei Marmi, Strand bei Sonnenuntergang, F. Tovoli/Marka.
164 *Meer bei Viareggio*, Telemaco Signorini, 1860, Privatsammlung.
165 Massa, Kathedrale, Altar in der Cappella del Santissimo Sacramento, © G. Tatge/Archivi Alinari-SEAT, Florenz. Castello Malaspina, Detail des Bogengangs, © CFF Studio/Archivi Alinari-SEAT, Florenz. Carrara, Accademia di Belle Arti, Inneres, © Archivi Alinari, Florenz.
166 Le Cassanelle, Figurengruppe aus Marmor, die Verkündigung darstellend, 14. Jh., Dom in Carrara, © G. Tatge/Archivi Alinari-SEAT, Florenz. Carrara, Dom, Detail der Fassade, © D. Donadoni/Marka.
167 Fosdinovo, Ansicht des Castello Malaspina, © M. Borchi/Atlantide. Aulla, Fortezza della Brunella, © idem.

168 Stele aus der Lunigiana, Museo delle Statue-Stele Lunigianesi, Pontremoli, © S. Amantini/Il Dagherrotipo. Il Premio Bancarella, © Fondazione Città del Libro, Pontremoli.
168-169 Lido di Camaiore, Strand, © S. Occhibelli/Il Dagherrotipo.
169 Monte Forato, Parco Naturale delle Alpi Apuane, © F. Tovoli/Marka.
170 Bildhauerwerkstatt, Pietrasanta, © S. Amantini/Atlantide. Bildhauer bei der Bearbeitung von Marmor aus Carrara, Pietrasanta, © idem. Idem, © idem.
170-171 Apuanische Alpen, Blick auf die Steinbrüche von Campo Cecina, © F. Tovoli/Marka.
171 Giottos Campanile, Florenz, Detail, © Gallimard. Santa Maria della Spina, Pisa, Detail der Fassade, © G. Baviera. Marmorbruch, Carrara, © G. Tatge/Archivi Alinari-SEAT, Florenz. Marmorblöcke in einem Steinbruch, © G.Cozzi/Atlantide. Marmorsorten, © IMM Carrara spa. Bildhauer bei der Arbeit in einem Steinbruch © S. Barba/Il Dagherrotipo.
172 Werbe-Postkarte für das Puccini-Festival 2000, Torre del Lago Puccini. *Strand*, 1920, Moses Levy, Privatsammlung. Postkarte zum Karneval in Viareggio 2000, Michel Folon. Lago di Massaciuccoli, © F. Tovoli/Marka.
173 Pistoia, Campanile des Doms, © D. Donadoni/Marka.
174 *Holzsammlerinnen*, Cristiano Banti (1824-1904), Galleria d'Arte Moderna, Florenz.
175 Prato, Palazzo Pretorio, Detail, © F. Tovoli/Marka. Pergamo del Sacro Cingolo, Dom, Prato, © idem. Damast-Fragment aus Seide, Toscanische Manufaktur, 17. Jh., Museo del Tessuto, Prato. *Geschichte von Johannes dem Täufer, Festmahl des Herodes*, Detail, F. Lippi, 15. Jh., Dom, © Scala.
176 *Nackter Mann, Rückenansicht*, Michelangelo Pistoletto, farbiger Siebdruck auf spiegelndem Stahl, Centro per l'Arte Contemporanea ›Luigi Pecci‹, Prato, © S. Domingie-M. Rabatti. *Ohne Titel*, Jannis Kounellis, Eisen, Blei, Obstmesser, Gas, idem, © Mit Genehmigung der Galleria Christian Stein, Milano. Teilansicht des Museums, © G. Cozzi/Atlantide.
177 *Die Spirale erscheint*, Mario Merz, Reisigbündel, Eisen, Zeitungen, Neon, Centro per l'Arte Contemporanea ›Luigi Pecci‹, Prato, © S. Licitra. *Ohne Titel, (Berg)*, Enzo Cucchi, idem, © C. Gianni. *Schwarz*, Alberto Burri, Acryl, Bimsstein auf Cellotex, Leihgabe der Fondazione Palazzo Albizzini-Collezione Burri, Città di Castello, idem, © mit Genehmigung der Fondazione Palazzo Albizzini. *Irregular tower (Pecci)*, Sol LeWitt, 994 Parallelepipede aus skulptiertem Beton, idem, © Carlo Fei.
178 Prato, Markt auf der Piazza Mercatale, © Scala. Rundbild mit San Matteo, Andrea della Robbia, Santa Maria delle Carceri, © G. Tatge/Archivi Alinari-SEAT.
178-179 Prato, ›Stauferkastell‹, © M. Borchi/Atlantide.
179 Pistoia, Dom, © G. Cozzi/Atlantide.
180 Pistoia, Baptisterium, © S. Occhibelli/Il Dagherrotipo. Pistoia, Fassade des Spedale del Ceppo, Darstellung barmherziger Werke, Giovanni della Robbia, © Archivi Alinari, Florenz.
181 Montecatini Terme, Tettuccio-Thermen, © S. Amantini/Atlantide. Idem, Inneres der Excelsior-Thermen, © idem. *Die Kaninchen mit dem Sarg*, Pietro Consagra, Paese dei Balocchi, Collodi, © S. Occhibelli/Il Dagherrotipo.
182 Cutigliano, Palazzo Pretorio, © S. Occhibelli/Il Dagherrotipo. Die Pyramiden von Abetone, Anni Venti, © Archivi Alinari, Florenz.
183 Arezzo, Turm der Pfarrkirche Santa Maria, © P. H. Giove/Marka.
184 Büste von Giorgio Vasari, Arezzo, Corso Italia, © S.Chieppa/Il Dagherrotipo.

185 Stadt Arezzo, Ausschnitt aus *La leggenda della vera Croce*, Piero della Francesca, San Francesco, © Soprintendenza di Arezzo. Ansicht von Arezzo, © Archivio fotografico TCI.
186-187 *Die Königin von Saba und ihr Gefolge*, Detail aus *La Leggenda della vera Croce*, Piero della Francesca, © Soprintendenza di Arezzo. Arezzo, Piazza Grande, © S.Chieppa/Il Dagherrotipo.
187 Pfarrkirche Santa Maria, Detail der Apsis © S. Amantini/Atlantide.
188 San Donato-Bogen, Dom, Arezzo, © Archivio fotografico TCI.
189 Arezzo, Wohnhaus von Vasari, © G. Cozzi/Atlantide. Santa Maria delle Grazie, © S. Occhibelli/Il Dagherrotipo.
190 Monterchi, Ansicht, © G. Tomsich/Marka.
190-191 Sansepolcro, Medici-Festung, © S. Barba/Il Dagherrotipo.
191 Polyptychon von Niccolò di Segna, Dom von Sansepolcro, © Soprintendenza di Arezzo. *Hl. Julianus*, Detail, Piero della Francesca, Museo Civico, Sansepolcro, © Soprintendenza di Arezzo.
192 *Auferstehung Christi*, Detail, Piero della Francesca, Museo Civico, Sansepolcro, © Archivi Alinari, Florenz. *Konstantins Traum, Kreuzlegende*, San Francesco, Arezzo, © Soprintendenza di Arezzo. *Konstantins Sieg*, idem, © idem.
193 Polyptychon der *Madonna della Misericordia*, Museo Civico, Sansepolcro, © Archivi Alinari, Florenz. *Madonna del parto*, Spazio espositivo, Monterchi, © Archivio fotografico TCI. *Auferstehung Christi*, Museo Civico, Sansepolcro, © Scala.
194 *Il Sasso Spicco della Verna*, Jacopo Ligozzi, 16.-17. Jh., © Soprintendenza di Arezzo. Kloster von la Verna, © G. Cozzi/Atlantide. Buchenwald in Chiusi della Verna, Casentino, © D. Donadoni/Marka.
195 Typische Waldpilze des Casentino, © D. Donadoni/Marka. *Einsiedelei von Camaldoli*, Philipp

ABBILDUNGSNACHWEIS ◆

Hackert, Landesgalerie, Hannover.
196 Poppi, Kastell der Grafen von Guidi, 13. Jh., © S. Barba/Il Dagherrotipo. *Landschaft mit dem Kloster von Vallombrosa und dem hl. Giovanni Gualberto, der das Kreuz anbetet*, E. Hughford, 18.-19. Jh., © Archivio fotografico TCI.
196-197 Pfarrkirche in Romena, © A. Lopez.
197 Geometrische und zoomorphe Muster am Pluteus der Kirche Sant'Agata in Arfoli (Reggello), 8. Jh., © G. Tatge/Archivi Alinari, Florenz.
198 Lucignano, Kirche San Francesco, © G. Rinaldi/Il Dagherrotipo. Landschaft in der Umgebung von Foiano, © G. Cozzi/Atlantide.
199 Leuchter von Cortona, Museo dell'Accademia Etrusca, Cortona, © Archivio fotografico TCI. Cortona, Piazza della Repubblica, © idem.
200 Cortona, Convento delle Celle, © D. Donadoni/Marka. *Verkündigung*, Detail, Beato Angelico, Museo Diocesano, Cortona. Santa Maria delle Grazie al Calcinaio, © T. Nicolini.
201 Das Dorf Volpaia, in der Nähe von Radda in Chianti, © S. Amantini/Atlantide.
203 Weinfelder, © G. Cozzi/Atlantide. Plakat im Gebiet des Chianti Classico ›Gallo Nero‹, © S. Bisconcini/Marka. Abtei von Passignano, © G. Cozzi/Atlantide.
204 Montefioralle, © S. Amantini/Atlantide. Greve in Chianti, Fattoria von Verrazzano, Herstellung von Vin Santo, © idem. Trinkgefäß für Wein, hergestellt in Montelupo Fiorentino, 17. Jh., Museo del vino, Torgiano.
205 Chianti, Castello di Volpaia, © S. Amantini /Atlantide. Bottini, © F. Lensini.
206 Der trinkende Frosch, San Sano. © Centro culturale e sociale San Sano. *Madonna mit Kind*, Detail, Giovanni di Paolo, Propstkirche von Castelnuovo Berardenga, © Archivio fotografico TCI. Chianti, Castello di Brolio, © G. Rinaldi/Il Dagherrotipo. Idem, Castello di Meleto, © S. Amantini/Atlantide.
207 Siena, Fonte Gaia, © M. Borchi/Atlantide.
208 *Wölfin säugt die Zwillinge*, Giovanni di Turino, 1429, Palazzo Pubblico, Siena, © Scala.
209 *San Bernardino predigt vor dem Palazzo Pubblico*, Sano di Pietro, Museo dell' Opera Metropolitana, Siena, © G. Tatge/ Archivi Alinari-SEAT, Florenz. Ansicht von Siena mit Dom, © R.Valladares/The Image Bank.
210 Siena, Luftbild der Piazza del Campo, © Archivi Alinari, Florenz. *Die gute Regierung*, Detail aus *Effekte der guten Regierung*, Ambrogio Lorenzetti, Palazzo Pubblico, Siena, © Archivio fotografico TCI. Siena, Palazzo Pubblico, Sala del Mappamondo, © Scala.
210-211 *Guidoriccio da Fogliano bei der Belagerung von Monte Massi*, Simone Martini, Palazzo Pubblico, Siena, © idem.
211 Orgel der Cappella dei Signori, Palazzo Pubblico, Siena, © idem.
212 Wappen der Accademia degli Intronati, © F. Lensini. Siena, Ansicht des Palazzo Pubblico, © R.G. Everts/Marka.
213 Szenen aus dem Leben von Papst Pius II., Detail, Pinturicchio, Libreria Piccolomini, Dom von Siena, © M. Borgese/Marka. Siena, Innenansicht des Doms, © Scala. Innenansicht der Libreria Piccolomini, Dom von Siena, © S. Occhibelli/Il Dagherrotipo.
214 Wappen der Contraden Tartuca, Istrice und Bruco, Icilio Federigo Ioni, Seitentafeln des *Carroccio*, der am 20. Juli 1928 eingeweiht wurde, © F. Lensini. Siena, der Carroccio del Palio, © G. Corti/Marka. Das Pferd geht zur Segnung in die Kirche, © M. Fraschetti.
214-215 Siena, Palio, Curva del Casato, © G. Rinaldi /Il Dagherrotipo.
215 Siena, Palio, das Rennen, © G. Simeone/Marka. Siegesmahl nach dem Rennen, © M. Fraschetti.
216 Siena, Spedale di Santa Maria della Scala, © G. Cozzi/Atlantide.
217 *Thronende Madonna*, Detail aus der Pala del Carmine, Pietro Lorenzetti, Pinacoteca Nazionale, Siena, © Archivio fotografico TCI. Porträt von Pandolfo Petrucci, © F. Lensini. *Glaube*, Bronze, Baptisterium von Siena, © Scala.
218 *Maestà*, Detail, Duccio di Buoninsegna, Museo dell'Opera Metropolitana, Siena, © Scala. *Maestà*, Lippo Memmi, Musei Civici, San Gimignano, © idem.
218-219 *Maestà*, Duccio di Buoninsegna, Museo dell'Opera Metropolitana, Siena, © idem.
219 *Die vier Wunder des Beato Agostino Novello*, Simone Martini, Museo dell'Opera Metropolitana, Siena, © idem. *Kreuzabnahme*, Pietro Lorenzetti, San Francesco, Assisi, © idem. *Verkündigung*, Ambrogio Lorenzetti, Pinacoteca Nazionale, Siena, © idem.
220 *Santa Caterina da Siena*, Andrea Vanni (1330 ca.-1414), Basilika San Domenico, Siena, © Scala. Siena, Blick auf Fonte Branda und San Domenico, © D. Donadoni/Marka.
221 Siena, Stadtmauern und Kirche San Francesco, © M. Borchi/Atlantide. Tavoletta di Biccherna, Palazzo Piccolomini, Siena, © Archivio fotografico TCI.
222 Certosa di Pontignano, © G. Andreini. Eremo di Lecceto, © idem.
223 Crete senesi, © idem.
224 *Herbst in Siena*, Telemaco Signorini, Privatsammlung, Siena.
225 Poggibonsi, Castello della Magione, © G. Rinaldi/Il Dagherrotipo. *Assunzione di Maria Egiziaca*, Antonio Pollaiolo, Kirche Santa Maria, Staggia Senese, © Scala.
226 San Gimignano, Piazza della Cisterna, © G. Rinaldi /Il Dagherrotipo. *Beisetzung der Santa Fina*, Domenico Ghirlandaio (1449-94), Cappella di Santa Fina, Collegiata di San Gimignano, © Scala. *Verkündigungsengel Gabriel*, Jacopo della Quercia (1371 ca.- 1438), Collegiata di San Gimignano, © idem.
227 Colle di Val d'Elsa, Statdmauer, © M. Borchi/Atlantide.
228 Schwert des hl. Galgano, Cappella di San Galgano, Montesiepi, © G. Cozzi/Atlantide. Abtei San Galgano, Innenansicht, © M. Borchi/Atlantide. Crete senesi, © E. Lasagni/Marka.
229 *Vergine Annunciata*, Domenico di Agostino (?), 1369, Museo Civico e Diocesano d'Arte Sacra, Montalcino, © G. Rinaldi/Il Dagherrotipo.
230 Intarsien mit Katze, Fra Giovanni da Verona, Chor der Kirche, Abtei Monte Oliveto Maggiore, © G. Tatge/ Archivi Alinari-SEAT, Florenz. Abtei Monte Oliveto Maggiore, Großer Kreuzgang, © E. Papetti/Marka. Besucher im Kreuzgang, © M. Borchi/ Atlantide.
231 *Storie di San Benedetto*, Fresken von Sodoma und Luca Signorelli, Kreuzgang der Abtei Monte Oliveto Maggiore, © Scala.
232 Pienza, Piazza Pio II, © F. Giaccone/Marka. Gehölz auf dem Monte Amiata, © G. Rinaldi/Il Dagherrotipo. Landschaft im Val d'Orcia, © A. Getuli/Il Dagherrotipo.
233 Montepulciano, Piazza Grande, © E. Papetti/Marka.
234 Lago di Chiusi, © S. Barba/Il Dagherrotipo. Paoluzzi-Urne, 7. Jh. v. Chr., Museo Archeologico Nazionale, Chiusi, © Archivio fotografico TCI. Majuskel des Kodize ›B‹, Museo della Cattedrale, © Archivi Alinari, Florenz.
235 Capraia, © L. Fioroni/Marka.
236 Volterra, die Balze, © G. Cozzi/Atlantide.
237 Volterra, Luftbild, © Archivi Alinari, Florenz. Alabaster-Leuchter, Gallerie Agostiniane, Volterra, © E. Caracciolo.
238 Volterra, Palazzo dei Priori, Wappen aus Terrakotta, © E. Caracciolo. Ansicht des Palazzo Pretorio in der

◆ ABBILDUNGSNACHWEIS

Dämmerung, © M. Borchi/Atlantide. *Kreuzabnahme,* Rosso Fiorentino, 1521, Pinacoteca, Volterra, © Scala.
239 Volterra, Rocca Nuova, © M. Borchi/Atlantide. Römisches Theater, © D. Donadoni/Marka.
240 Kyatos aus Monteriggioni, Museo Etrusco Mario Guarnacci, Volterra, © Scala. *Krieger,* Detail einer Urne mit der thebanischen Sage, *Sieben gegen Theben,* idem, © idem. *Begräbnisstele des Avile Tite,* idem, © idem.
241 *Urna degli Sposi,* idem, © idem. *L'ombra della sera,* idem, © idem. *Urna con defunta detta di Atteone,* idem, © idem.
242 Massa Marittima, Dom, © E. Caracciolo. Larderello, Kühltürme, © G. Cozzi/Atlantide.
243 Populonia, Festung, © S. Amantini/Atlantide. Baratti, Buche delle Fate, © E. Caracciolo.
244 *Cosimo I. zwischen den Architekten und Verwaltern der Festung auf der Insel Elba,* Fresko, Sala di Cosimo I, Palazzo Vecchio, © Scala. Insel Elba, Blick auf Portoferraio,© G. Cozzi/Atlantide. Porto Azzurro, © idem.
245 Insel Elba, Strand Fetovaia, © idem. Insel Montecristo, unter Wasser, © M. Melodia/Il Dagherrotipo.
246 Cecina, Macchia della Magona, © E. Caracciolo. Bolgheri, Straße der Zypressen bei San Guido, © G. Rinaldi/Il Dagherrotipo.
247 Livorno, Hafen, © A. Korda/Marka.
248 Livorno, Denkmal Quattro Mori, Detail, © D. Donadoni/Marka. *Santa Giulia mit Geschichten aus ihrem Leben,* Schule Giottos, 14. Jh., Santa Giulia, Livorno, © G. Tatge/Archivi Alinari-SEAT.
248-249 Livorno, Fortezza Vecchia, © M. Borchi/Atlantide.
249 *Selbstporträt* Amedeo Modigliani, Privatsammlung, San Paolo del Brasile.
250 *Rinderherde in der Maremma,* Detail, Giovanni Fattori, 1893, Museo Civico Giovanni Fattori, Livorno, © Archivi Alinari-SEAT, Florenz. Pietro Mascagni, Karikatur von Cas, Museo Teatrale alla Scala, Milano. Livorno, Terrazza Mascagni, © D. Donadoni/Marka.
251 Butteri in der Maremma, © C. Mauri/Marka.
252 Marina di Alberese, © G. Sosio/Marka.
253 Grosseto, Dom, © S. Barba/Il Dagherrotipo. Etruskische Maske, 5. Jh. v. Chr., Museo Archeologico e d'Arte della Maremma, © idem.
254 Maremma, Pferdehüter bei der Arbeit auf einem landwirtschaftlichen Hof © S. Amantini/Atlantide. Punta Ala, Yachthafen, © S. Barba/Il Dagherrotipo. Küste bei Punta Ala, © G. Sosio/Marka.
254-255 Torre delle Saline an der Mündung der Albegna, Tombolo della Giannella, Orbetello, © G. Rinaldi/Il Dagherrotipo.
256 Vetulonia, Fragment aus dem Grabhügel Pietrera, © Archivio fotografico TCI. *Marmorbüste,* Antiquarium di Cosa, © S. Barba/Il Dagherrotipo. *Krieger,* Terrakotta-Fragment, © idem. Giebel des Tempels von Talamone, Detail, ehemaliges Klarissen-Kloster, Orbetello, © Scala.
257 Vetulonia, Reste der römischen Straße, © S. Barba/Il Dagherrotipo. Roselle, Detail der Mauer, © Mapi/Marka. Mauer und Türme der römischen Kolonie, Sughereto di Ballantino, Ansedonia, © S. Barba/Il Dagherrotipo. Ansedonia, Tagliata Etrusca, © G. Rinaldi/Il Dagherrotipo. Ziborium, Santa Maria, Sovana,© Archivio fotografico TCI.
258 Argentario, Ansicht von Porto Santo Stefano, © G. Cozzi/Atlantide. Landvorsprung bei Argentario, © idem.
259 Isola del Giglio, Küste zwischen Punta Castellari und Cala delle Cannelle, © S. Barba/Il Dagherrotipo. Capalbio, Giardino dei Tarocchi, © idem.
260 Sorano, Ansicht, © G. Cozzi/Atlantide. Sovana, Ildebranda-Grab, Detail, © G. Rinaldi/Il Dagherrotipo. Pitigliano, Brunnen, © D. Donadoni/Marka. Saturnia, Thermen, © M. Borchi/Atlantide.
263 Chianti, Inneres eines Ferienhofs, © S. Amantini/Atlantide. Chianti, © idem.
264 Radfahren, © E. Caracciolo.
265 Thermalbad in Saturnia, © M. Borchi/Atlantide. Spezialitäten, © G. Rinaldi/Il Dagherrotipo.
266 Geschäft für Reitzubehör, © G. Rinaldi/Il Dagherrotipo. Maggio Musicale Fiorentino, © K&B News Foto.
267 Reiten auf einem Ferienhof in der Umgebung von Grosseto, © E. Caracciolo. Skipiste bei Abetone, © G. Rinaldi/Il Dagherrotipo.
268 Tauchen, © M. Melodia/Il Dagherrotipo. Höhlenerkundung, © F. Tovoli/Marka.
269 Weinkellerei, © G. Rinaldi/Il Dagherrotipo. Weinlese im Chianti, © idem. Flohmarkt in Pisa, © G. De Besanez/Marka.
292 Villa San Michele, Fiesole, © G. Cozzi/Atlantide.
293 Enoteca Pinchiorri, Florenz, © Enoteca Pinchiorri.
294 Il Cibreo, Florenz, © G. Mannucci.
295 Gelateria Vivoli, Florenz, © Vivoli.
296 Ferienhof Fattoria di Petrognano, Montelupo Fiorentino, © Fattoria di Petrognano.
297 Antico Caffè Di Simo, Lucca, © G. Cozzi/Atlantide. Buca di Santantonio, Lucca, © G. Foschi.
299 Enoteca Marcucci, Petrasanta, © Enoteca Marcucci. Plaza E de Russie, © G. Rinaldi/Atlantide.
300 Grand Hotel & La Pace, Montecatini Terme, © S. Amantini/Atlantide.
301 Caffè Pasticceria Valiani, Pistoia, © G. Cozzi/Atlantide. Baghino, Prato, © idem.
302 Relais San Pietro in Polvano, Castiglion Fiorentino, © Relais San Pietro in Polvano.
303 Fiorentino, Sansepolcro, © Fiorentino.
304 Podere Capaccia, Radda in Chianti, © G. Cozzi/Atlantide.
305 Villa Scacciapensieri, Siena, © Villa Scacciapensieri.
306 Azienda Agricola Barbi e Casato, Montalcino, © G. Cozzi/Atlantide. La Vecchia Cartiera, Colle di Val d'Elsa, © S. Amantini/Atlantide.
307 Castello Poggio alle Mura Banfi, © G. Rinaldi/Il Dagherrotipo. Poggio Antico, Montalcino, © idem.
308 Park Hotel Napoleone, Portoferraio, © G. Cozzi/Atlantide.
309 Ciglieri, Livorno, © Ciglieri.
310 Società Cooperativa Artieri Alabastro, © S.C.A.A.
311 Hotel Terme di Saturnia, © M. Borchi/Atlantide. Caino, Montemerano, © Caino.

Die Herausgeber danken besonders: dem Museo Pecci di Prato, dem Museo Marino Marini in Florenz, Dr. F. Comanducci vom Museo Civico in Sansepolcro, A. Neri von der Villa Balmain auf Elba, dem Ristorante Venanzio (Piazza Palestro 3, Colonnata Carrara), F. Anichini vom Centro Culturale e Sociale San Sano in Gaiole in Chianti (Siena), der Azienda Zootecnica F.lli Fabbrini in Vico d'Arbia (Siena), der Azienda Giannetto Cugusi in Montepulciano, Caseificio Cooperativo della Val d'Elsa in Casole d'Elsa, der Associazione ›Pro Anghiari‹, E. Polverini von der Fondazione Città del Libro in Premio Bancarella, dem Architekten M. Ragone von der IMM. Carrara spa.

Leider konnten wir einige Rechtsinhaber und Verleger von Dokumenten nicht ausfindig machen. Wir bitten sie, sich ggf. an Gallimard, Paris, zu wenden.

REGISTER ◆

Personen

A

Acciaioli, Niccolò 143
Acuto, Giovanni 119
Alberti, Leon Battista 36, 66, 74, 80, 129, 130, **141**, 233
Albertini, Giannozzo 233
Albertini, Lisandro 233
Aldi, Pietro 212
Aldobrandeschi, Ildebrandino degli 254
Alexander III. (Orlando Bandinelli), Papst 34
Alexander VI. (Rodrigo Borgia), Papst 36
Alexander VII. (Fabio Chigi), Papst 221
Alfieri, Vittorio 136
Allori, Alessandro 203
Alvaro, Corrado 176
Ammannati, Bartolomeo 121, 128, 169, 180
André, Gaspard 82
Andrea da Fiesole 179
Andrea da Sansovino 238
Andrea del Castagno 131
Andrea del Sarto 132, 143, 148, 157
Andrea di Nerio **188**
Andrei, Tommaso 227
Angolanti, Alessandro di Giovanni 178
Annunzio, Gabriele d' 186, 195, 196, 178, **238**
Anreiter, Karl Wendelin 49
Antelami, Benedetto 187
Antonio da Sangallo il Vecchio 81
Antonio Veneziano 148
Appiani, Gherardo 243
Ariosto, Ludovico 162
Arnolfo di Cambio 119, 120, 122, 123, 130, 133, **150**, 196, 213, 227
Ascoli, Graziadio Isaia 45
Atticciati, Domenico 222

B

Baccio d'Agnolo (Bartolomeo d'Agnolo Baglioni) 129
Baciocchi Bonaparte, Elisa, Großherzogin von Toscana 41, 160
Badaloni, Angiolo 248
Baldacci, Luigi 157
Bandinelli, Baccio 124
Banti, Cristiano 174
Baratta, Giovanni 249
Barellai, Giuseppe 172
Barili, Antonio 233
Barna da Siena 226
Bartoli, Danielle 44
Bartolini, Lorenzo 149
Bartolo di Fredi 225, 226
Bartolomeo, Fra (Baccio della Porta) 159
Beato Angelico (Guido di Piero, Fra Giovanni da Fiesole) 87, **126**, **129**, **131**, 137, 153, 197, 200
Beatrice Portinari 133
Beccafumi, Domenico 157, 213, 216, 217, 221, 234
Bembo, Pietro 44
Benedetto da Maiano 66, 119, 137, 179, 189, 226
Benincasa, Jacopo 220
Berlinghieri, Berlinghiero 156
Berlinghieri, Bonaventura 181
Bernini, Gian Lorenzo 221
Betti, Adelson 161
Betti, Adolfo 161
Bianchi, Angiolo 238
Bicci di Lorenzo 196, 199, 204
Bistolfi, Leonardo 49, 162
Boccaccio, Giovanni 44, 45, **144**
Böcklin, Arnold 137
Borbone-Parma, Ludovico I. di (Ludwig I.), König von Etrurien 41
Borbone-Parma, Ludovico II (Ludwig II.), König von Etrurien 41
Borbone-Parma, Maria Luigia die (Maria Luisa), Königin von Etrurien 41, 159
Bordiga, Amadeo 247
Botticelli, Sandro 36, **124**, **127**
Bramante (Donato di Pascuccio d'Antonio) 67
Brin, Benedetto 250
Bronzino, Agnolo 157
Brunelleschi, Filippo 36, 81, 117, 119, 121, 124, 128, 129, 130, 132, **135**, 136, 179
Bruni, Leonardo 44
Bueri, Piccarda di Odoardo 39
Buffalmacco, Bonamico 149
Buglion, Santi 205
Buglioni, Benedetto 161
Buonarroti, Cosimo 136
Buonarroti, Filippo 136
Buonarroti, Michelangelo (der Jüngere) 136
Buonparenti 239
Buontalenti, Bernardo 49, 69, 75, 81, 125, 128, 129, 138, 141, 142, 143, 203, 248
Buonvisi, Ludovico 160
Burri, Alberto **176**, **177**
Buscheto (Boschetto oder Busketus) 147
Buti, Lucrezia 175
Byron, George Gordon 161

C

Cambiaso, Luca 168
Cambray-Digny, Louis de 204
Camus, Albert 198
Capponi, Gino 42
Cardinale, Claudia 239
Carducci, Giosue 246
Carmassi, Massimo 82, 83
Carretto, Ilaria del 158
Casolani, Ilario 91
Cassioli, Amos 212, 229
Castiglione, Baldesar 44
Cecchino di Giorgio 180
Cellini, Benvenuto 38, 124, **134**
Cenni di Francesco Cenni **239**
Cennini, Cennino 225
Chigi, Flavio 233
Chini, Galileo 49
Cicognani, Bruno 87, 107
Cigoli (Ludovico Cardi) 155, 227
Cilla, Gräfin 141
Cimabue (Cenni di Pepi) 78, 136, 148, 188
Civitali, Matteo 157, 158, 159, 160, 161, 162
Clemens VII. (Giulio de' Medici), Papst **38**, 121, 122, 180
Cogorani, Claudio 248
Collodi, Carlo (Carlo Lorenzini) 75, 181
Colò, Zeno 182
Conca, Sebastiano 216
Concini, Concino 39
Condivi, Ascanio 135
Consagra, Pietro 75, 181
Coppedè, Carlo 205
Coppedè, Gino 82
Coppo di Marcovaldo 143, 179, 221
Corbi, Augusto 220
Corot, Jean-Baptiste 92
Cozzarelli, Giacomo 217
Crogi, Pietro d'Achille **216**
Cronaca (Simone del Pollaiuolo) 66, 129, 137
Cucchi, Enzo **176**, **177**
Cybo-Malaspina, Alberico I. 165

D

Daddi, Bernardo 175
Dandini, Pier 204
Dante Alighieri 35, 44, 46, 68, 123, 133, **144**, 149, 154, 158, 179, 195, 209, 225, 246, 254
Datini, Francesco di Marco 178
Davanzati, Bernardo 122
Desiderio da Settignano 121, 138
Dickens, Charles 104-105
Diodati, Ottaviano 74
Dolfi, Giuseppe 42
Domenico d'Agostino 212
Domenico di Bartolo **216**
Domenico di Michelino 226
Domenico di Niccolò 212
Donatello (Donato di Niccolò Betto Bardi) 36, 120, 121, 126, 133, **135**, 136, 153, 174, 175, 178, 217
Doveri, Alessandro 220
Dovizi, Bernardo 195
Duccio di Buoninsegna 216, 217, **218**, 242, 253
Durando di Mende 188
Dürer, Albrecht 142

E

Eleonora di Toledo (Gattin von Cosimo I. de' Medici) 128
Elias, Bruder 200

F

Fantastici, Agostino 206, 217, 227
Farinata degli Uberti **35**
Fattori, Giovanni 94, 250
Friedrich II. von Aragona, König von Sizilien 73
Federighi, Antonio 212, 213, 220
Fei, Marcello Inghirami 237
Ferrucci, Francesco 182
Fetti, Giovanni 121
Fiumi, Enrico 239
Fontana, Carlo 233
Fontana, Giovanni 221
Foscolo, Ugo 136
Fossombroni, Vittorio 41
France, Anatole 93, 101
Franceschini, Pietro 239, **240**
Francesco d'Antonio **222**
Francesco di Giovanni 250
Francesco di Traini 152
Franciabigio (Francesco di Cristofano) 143
Franz I., König von Frankreich 37
Franz III., Herzog von Modena 182
Franziskus, hl. (San Francesco) 194, 195, 200
Friedrich I. Barbarossa, Kaiser 34, 167
Friedrich II., Kaiser 34, 155, 178
Fruttero, Carlo 103

G

Gaddi, Agnolo 175, **239**
Gaddi, Taddeo **144**, 148, 152, 180
Galilei, Galileo 40, 44, 136, 148
Gamberini, Italo **176**
Gano da Siena 227
Gasdia, Gräfin 141
Gatta, Bartolomeo della **188**, 200
Gauffier, Louis 196
Genga, Girolamo 217
Gentile da Fabriano 153
Gerini, Niccolò di Pietro 178
Gherardini, Alessandro 168
Ghiberti, Lorenzo 36,

319

◆ REGISTER

120, 122, 135, 217
Ghini, Antonio 253
Ghirlandaio (Domenico Bigordi) 129, 130, 158, 203, 226
Ghirlandaio, Ridolfo 227
Giambologna (Jean oder Jehan Boulogne) 122, 124, 132, 134
Gianni, Francesco 40
Ginori, Karl I. 49
Giono, Jean 99
Giotto 79, 117, 119, 130, 136, 171, **218**
Giovanni da Maiano 175
Giovanni da Milano 175
Giovanni da Salerno 130
Giovanni da Verona, Fra 229, **230**
Giovanni del Fantasia 247
Giovanni di Paolo 206, 217, 221, 222
Giovanni di Simone 148
Giovanni di Stefano 213
Giovanni di Turino 216, 217
Girolamo del Pacchia 221
Giroldo da Como 242
Giuliano da Maiano 137, **141**, 175, 226
Giuseppe Nicola 232
Goes, Hugo van der 129
Goro di Gregorio 242
Goro di Neroccio 217
Gozzoli, Benozzo 121, **144**, 148, 226
Gramsci, Antonio 247
Greco, Emilio 181
Gregor VII., Papst 34
Gregor IX., Papst 259
Gregor XI. (Pierre Roger de Beaufort), Papst 220
Gregorovius, Ferdinand 106-107
Grillparzer, Franz 117
Gruamonte, 180
Guadagni, Enrico 91
Gualberto, Hl. Giovanni **141**, 196
Guarnacci, Mario **240**
Guercino (Giovanni Francesco Barbieri) 221
Guglielmo da Pisa 180
Guido Bigarelli da Como 148
Guido da Siena 217, 253
Guidoriccio da Fogliano 62
Guidotti, Galgano 228
Guinigi, Paolo 158, 159
Guittone d'Arezzo 184
Guttuso, Renato 190

H

Hackert, Jakob-Philipp 195, 196
Haring, Keith 153
Heine, Heinrich 108
Heinrich II., König von Frankreich 38
Heinrich III., König von Frankreich 38
Heinrich IV., König von Fankreich 39
Heinrich IV., Kaiser 34
Hugford, H. 196
Hugo von Toscana,
Markgraf 33
Hutton, Edward 195, 198

I-K

Jacopo da Varagine 186
James, Henry 199
Johanna von Neapel 174
Joseph II., Kaiser 40
Julius II. (Giuliano della Rovere), Papst 37, 132
Juvarra, Filippo 73, 160
Kapoor **176**
Karl V., Kaiser 37, 38, 180
Karl VI., Kaiser 40
Karl VIII., König von Frankreich 36
Karl IX., König von Frankreich 38
Karl d. Gr. 33, 229
Karl von Anjou, König von Sizilien 34
Konrad von Schwaben 34
Kounellis, Jannis **176**
Krausser, Helmut 100-102

L

Lamartine, Alphonse de 119
Lambruschini, Raffaello 42
Lanci, Baldassarre 91, 220
Lanfranco da Como, 180
Lar, Anton Maria 260
Lawrence, David Herbert 105
Lazzaretti, Davide 232
Le Corbusier (Charles-Édouard Jeanneret), 92
Le Witt, Sol **176**, **177**
Leader, John Temple 138
Lee, Vernon 168, 196
Leo X. (Giovanni de' Medici), Papst **38**, **39**, 122, 143
Leonardo da Vinci, 36, 117, **127**, 131, 142
Leoni, Diomede 233
Levy, Moses 172
Ligozzi, Jacopo 49
Lippi, Filippino 133, 157, 175, 178, 226
Lippi, Filippo 126, 155, 174, 175
Lorenzetti, Ambrogio 87, 144, 210, 211, 217, **218**, **219**, 220, 221, 222, 228, 242
Lorenzetti, Pietro 187, 200, 213, 217, **218**, **219**, 220, 221, 222, 233
Lorenzo di Credi 179
Lorenzo di Pierfrancesco 127
Lorenzo di Pietro 255
Lorenzo Monaco **131**
Lothringen, Ferdinand III. von, Großherzog der Toscana 41
Lothringen, Franz Stephan von, Herzog 40
Lothringen, Leopold I. von, Großherzog der Toscana 169, 182
Lothringen, Leopold II. von, Großherzog der Toscana 41, 42, 118, 157
Lothringen, Pietro Leopold I. von, Großherzog der Toscana 40, 41, 84, 181
Lucentini, Franco 103
Ludwig XIII., König von Frankreich 39
Ludwig XIV., König von Frankreich 153

M

Maccari, Cesare 212
Maccari, Mino 96
Machiavelli, Niccolò 39, 44, 217
Maestro dell'Osservanza 222, 228
Maestro di Badia a Isola 227
Maestro di San Torpè 248
Malaparte, Curzio (Kurt Erick Suckert) 98-99, 178
Malaspina, Galeotto 166
Malebranca, Latino 130
Mancini Colonna, Maria 153
Manetti, Rutilio 217
Manfred, König von Sizilien 34, 35
Mansi, Lucida 157
Manzoni, Alessandro 45
Maratta, Carlo 217
Marcellus II. (Marcello Cervini), Papst 233
Marcillat, Guillaume de 188, **200**
Margarito d'Arezzo 188
Maria Magdalena von Habsburg, Großherzogin 137
Maria Theresia von Habsburg, Kaiserin 40
Marino, Giambattista 46
Martini, Francesco di Giorgio 68, 69, 71, **200**, 213, 217, 220
Martini, Simone 62, 152, 153, 211, 217, **218**, **219**, 226, 233
Masaccio (Tommaso di ser Giovanni Cassai) 36, 63, 126, **129**, 130, 131, 197, **218**
Mascagni, Pietro 250
Maso di Bartolomeo 178
Masolino da Panicale (Tommaso di Cristoforo Fini) **126**, **129**, 141
Mastro Benedetto 49
Mathilde von Canossa, Marquise 33, 117, 155
Matteo di Giovanni 194, 217, 221, 233, 253
Maximilian II., Kaiser 134
Maximilian von Habsburg, Kaiser 239
Medici, Alessandro de', Herzog von Florenz und Urbino 37, **38**, **39**
Medici, Anna Maria Luisa de' 39
Medici, Carlo de' 38
Medici, Caterina de,' Königin von Frankreich 38
Medici, Cosimo I. de', Großherzog der Toscana 37, **39**, 40, 64, 65, 68, 118, 123, 124, 128, **134**, 142, 149, 180, 187, 220, 244
Medici, Cosimo II. de', Großherzog der Toscana 39, 137
Medici, Cosimo III. de', Großherzog der Toscana 39, 40, 167, 249
Medici, Cosimo il Vecchio de' 36, **38**, 40, 67, 117, 121, 124, **126**, 131, 137
Medici, Donato de' 179
Medici, Ferdinand I. de', Großherzog der Toscana 37, **39**, 40, 72, 128, 132, 143, 247, 248, 253
Medici, Ferdinand II. de', Großherzog der Toscana 39
Medici, Francesco I. de', Großherzog der Toscana 37, **39**, 49, 124, 247
Medici, Gian Gastone de', Großherzog der Toscana **39**, 40
Medici, Giovanni de', 38, **124**, 128
Medici, Giovanni delle Bande Nere de' 39
Medici, Giovanni di Averardo de' (Bicci) 38
Medici, Giuliano de' (Bruder von Lorenzo il Magnifico) 36, 38, **124**
Medici, Giuliano de', Herzog von Nemours 36, 37, 38, **122**
Medici, Giulio de': siehe Clemens VII.
Medici, Ippolito de', Kardinal 37, 38
Medici, Leopold de', Kardinal 39
Medici, Lorenzino de' 37, 39
Medici, Lorenzo de', (il Magnifico) **36**, **38**, **39**, **122**, **124**, **127**, 137, 152, 178, 195, 225, 237, 239
Medici, Lorenzo de' 39
Medici, Lorenzo de', Signore von Piombino 39, **127**
Medici, Lorenzo II. de', Herzog von Urbino 38, **122**
Medici, Maria de', Königin von Frankreich **39**
Medici, Pierfrancesco de' 39
Medici, Pierfrancesco de' (Sohn des Signore von Piombino) 39

REGISTER ◆

Medici, Piero II. de', Signore von Florenz 36, 38
Medici, Piero il Gottoso de' 36, 38, 121, **124**
Medici, Salvestro de' 38
Meliore 204
Melodia, Davide 249
Memmi, Federico 226
Memmi, Lippo 152, 212, **218**, 226
Memmo di Filippuccio **218**, 225, 226
Menou, General 41
Merz, Mario **176**, **177**
Michelangelo Buonarroti 67, 71, 116, 117. 121, 122, 124, **127**, 132, 133, **135**, 136, **137**, 168
Michelazzi, Giovanni 82
Michele di Ridolfo del Ghirlandaio 204
Michelino, Domenico 155
Michelozzi, Michelozzo 67, 121, 129, 131, 137, 138, 175, 233
Michelucci, Giovanni 82, 83, 130, 181, 185
Milton, John 196
Mino da Fiesole 137, 175, 238
Modigliani, Amedeo 249
Montaigne, Michel de 75, 197
Montgolfier, Jaques-Étienne de 182
Montgolfier, Joseph-Michel de 182
Morandi, Giorgio 82
Morton, H. V. 190
Mussini, Luigi 209
Mussolini, Benito 43

N

Nando di Cione 130
Nanni di Banco 120, 122
Nanni di Bartolo 120
Napoleon Bonaparte, Kaiser 41
Nasini, Francesco 232
Natali, Francesco 168
Navesi, Giovanni di Raffaele **216**
Neri, Pompeo 40
Neroccio di Bartolomeo 220
Nervi, Pier Luigi 82, 83
Niccolò di Segna 191
Niccolò di Ser Sozzo 226
Nigetti, Matteo 122
Nikolaus II. (Gherardo di Borgogna), Papst 34
Nottolini, Lorenzo 156

O

Ordóñez, Bartolomeo 166
Orlandi, Deodato 154
Orsini, Clarice 39

P

Paggi, Giovanni Battista 227
Paolo Uccello (Paolo di Dono) **126**, 175
Parri di Spinello **188**
Partini, Giuseppe 206, 222
Pascoli, Giovanni 162
Passerini, Silvio, Kardinal 38
Passignano (Domenico Cresti) 203
Pazzi, Andrea de' 136
Pecci, Luigi 174
Perugino (Pietro Vannucci) 191, 217
Peruzzi, Baldassarre 203, 213, 234
Petrarca, Francesco 44, 144, 184, 187
Petrucci, Pandolfo 217
Pia de' Tolomei 220, 254
Pico della Mirandola (Giovanni) **124**
Pier delle Vigne 155
Piero della Francesca 36, 184, 185, 186, **188**, 190, **191**, **192-193**, 194, **239**
Pieroni, Alessandro 248
Pietro Aretino 39, 184
Pietro da Cortona 199, 200
Pietro di Giovanni d'Ambrogio 222
Piffaro (Giovanni d'Ambrogio) 211
Pinturicchio (Bernardino Betti) 165, 213, 217
Piovene, Guido 108
Pisano, Andrea 119, 120, 153, 180
Pisano, Bonanno **147**
Pisano, Giovanni 78, 148, 149, **150**, **151**, 180, 213, 233, 242, 250
Pisano, Nicola 148, 150, 180, 213, 238, 243
Pisano, Nino 149, 152, 153
Pisano, Tommaso 152
Pistoletto, Michelangelo **176**
Pitti, Luca 125
Pius II. (Enea Silvio Piccolomini), Papst 69, 212, 213, 221, **233**
Pius III. (Francesco Piccolomini Todeschini), Papst 213
Pius V. (Antonio Ghislieri), Papst 37
Poccetti, Bernardino 222
Poccianti, Pasquale 248
Poggi, Giuseppe 122, 137
Poliziano, Angelo **124**
Pollaiolo, Antonio (Antonio Benci) **126**, 225
Pollaiolo, Piero (Piero Benci) **126**, 226
Pontormo (Jacopo Carrucci) 132, 140, 141, **142**, 143, 157
Porcinai, Pietro 75
Porrina, Beltramo Aringhieri del 227
Porta, Orazio 222
Pratolini, Vasco 102
Puccini, Giacomo 157, 161, 172

Puccio di Landuccio 250

Q

Quercia, Jacopo della 157, 158, 190, 211, 216
Quercia, Priamo della **216**

R

Raffael (Raffaello Sanzio) 67, **127**, **230**
Raffaellino del Colle 191, 194
Rainaldo 147
Redi, Francesco 44
Reinhard, Kommissar 41
Reni, Guido 221
Ricasoli, Bettino 42, 178, 206
Ricci, Leonardo 82, 83
Ricci, Scipione de', Bischof 40
Riccomanni, Lorenzo 172
Richard, Augusto 49
Ridolfi, Carlo 42
Rilke, Reiner Maria 100
Robbia, Andrea della 157, 178, 195, 222, 227
Robbia, Giovanni della 142, 143
Robbia, Luca della 119, 120, 133, 136, 180, 182
Romano, Marco 227
Romualdo, Hl.195
Rosai, Ottone 96
Rossellino, Antonio 138, 175
Rossellino, Bernardo 66, 69, 136, 138, 155, 179, **233**
Rosso Fiorentino (Giovanni Battista di Jacopo) 132, 194, **238**, 239
Rucellai, Giovanni 129, 130
Ruskin, John 92

S

Sabatier, Paul 194
Saint Phalle, Niki de 259
Salerno di Coppo 179
Salimbeni 217
Salvani, Sapia 225
Salvi d'Andrea 129
Salviati, Leonardo 44
San Bernardino da Siena 220, 222
San Donato 33
San Jacopo (Giacomo Maggiore) 179
Sangallo, Antonio il Vecchio da 233, 249
Sangallo, Giuliano da 68, 142, 178, 180, 188, 190, 206, 225
Sanminiatelli, Bino 89, 105
Sano di Pietro 88, 209, 217, 260
Sansovino (Jacopo Tatti) 168
Sant'Ambrogio (hl. Ambrosios) 121

Santa Caterina da Siena (Caterina Benincasa) 220
Santi di Tito 138
Santini, Nicolao 160
Sarrocchi, Tito 210
Sassetta (Stefano di Giovanni) 194, 217, 253
Savioli, Leonardo 82, 83
Savonarola, Girolamo 36, **118**, 131
Scalza, Ippolito 233
Schifardini, Damiano 221
Seghi, Celina 182
Segna di Bonaventura 242
Serao, Matilde 195
Severini, Gino 200
Shelley, Mary 196
Shelley, Percy Bysshe 161
Signorelli, Luca 175, 198, 200, 217, 229, **230**, 239
Signorini, Telemaco 164, 224
Silvani, Gherardo 203
Simon, Louis 157
Simone da Firenze 212
Sismondi, Chinsica dei 153
Soderini, Pietro 36
Sodoma (Giovanni Antonio Bazzi) 217, 220, 221, 229, **230**, **231**
Sorel, Jean 239
Sozzo di Rustichino 253
Spector **176**
Spinello Aretino (Spinello di Luca Spinello) 148, **188**, 194, 211
Staccioli, Mauro **176**
Stendhal (Henri Beyle) 99-100

T

Taddeo di Bartolo 88, 212, 226, 233, 239
Taine, Hippolyte 209
Talenti, Francesco 119
Tarlati, Guido 188
Tasca, Angelo 247
Tasso, Torquato 46
Tazzini, Luigi 49
Theoderich, König 33
Tino di Camaino 148, 149
Tintoretto (Jacopo Robusti) 158
Tolomei, Bernardo 229, 230
Tolomei, Jacopo 66
Tolomei, Nello di Mino de' 226
Tolomei, Tolomeo 66
Tommaseo, Niccolò 42
Tommaso Paleologo 233
Tribolo (Niccolò Pericoli) 75, 138

U

Ugolino della Gherardesca 149, 246
Urbano da Cortona 220
Utens, Justus van 72, 75, **133**, 137

321

◆ REGISTER

V

Vanni, Andrea 220
Vanni, Francesco 90, 217, 229, 232
Vanni Fucci 179
Vanni, Lippo 222
Vanvitelli, Luigi 217
Vasari, Giorgio 37, 39, 65, 75, 118, 123, 132, 143, 148, 149, 152, 180, 184, 189, 194
Vecchi, Giovanni de' 194
Vecchietta (Lorenzo di Pietro) 213, **216**, 233, 234
Venturini, Venturino 181
Verrazzano, Giovanni da 204
Verrocchio, Andrea del 122, **126**, **127**, 133, 155, 179
Viani, Lorenzo 95, 153, 159
Viesseux, Giampiero 42
Vignola (Jacopo Barozzi) 233
Viligiardi, Arturo 234
Visconti, Luchino 239
Viti, Benedetto Giuseppe 239
Vittorio Emanuele II., König von Italien 42, 212
Volpi, Elia 122
Volterrano (Baldassarre Franceschini) 138

W-X-Z

Wetmore Story, William 196
Wharton, Edith 196
Wilhelm, hl. 253
Ximenes, Leonardo 84
Zanuso, Marco 75

ORTE

A

Abbadia Isola 225
Abbadia San Salvatore 232
Abetone (Wald) 174, 182
Alberese 255
Altissimo, Monte 168
Amiata, Monte 26, 58, 199, 212, 224, 232, 259
Amiens 197
Anghiari 190
Ansedonia **257**, 258, 259
Antignano 250
Apenninen 22, 146
Apuanische Alpen 16, 17, 59, 146, 164, 168, 169, 170
Arbia-Tal 205, 212, 224
Arceno 206
Arcidosso 232
Arcipelago toscano siehe Toscanische Inseln
Ardenza 250
Arezzo 30, 32, 33, **53**, 65, 78, 133, 184, **185-189**, 190, **192**, 200, 208, 239
Argentario, Monte 16, 24, 255, **258**, 259
Arno (Fluss und Tal) 16, 27, 32 43, 53, 79, 84, 87, 117, 124, 140, 141, 142, 146, 152, 154, 155, 172, 184, 194, 196, 204
Asciano 228
Aulella (Fluss) 167
Aulla 167

B

Badia a Coneo 227
Badia Fiesolana 77
Bagni di Lucca 146, 161
Baratti, Golf von 236, 243, 245
Barberino Val d'Elsa 144
Barbischio 236
Bardone Monte 168
Barga 146, 162
Belforte 228
Benevento 33, 34
Bibbiena 195
Bibbona 246
Bisenzio (Fluss) 175, 178
Bolgheri 246
Borgo a Mozzano 161
Borgotaro 26
Brolio, Castello 206
Buonconvento 229
Burano 258
Buriano 253, 254
Buti **50**

C

Cafaggiolo 48, 134, 137
Cala delle Cannelle (Bucht) 259
Calci 80, 146, 154
Camaiore **50**, **51**, 172
Camaldoli 17, 77, 194, 195
Camigliano 159, 160
Campese 259
Campi Bisenzio 82
Campiglia Marittima 245
Campo Cecina 169
Camporgiano **51**
Canossa 33, 34
Canova 167
Capalbio 259
Capanne Monte 244
Capoliveri 244
Capraia, Insel 245
Capriola, Colle di 222
Carmignano 140, 142, 143
Carrara 72, 164, 166, 169, 170
Casa Buonarroti 136
Casale Marittimo 246
Cascia 197
Càscina 146, 155
Casentino 17, 22, 73, 184, 194, 195
Casino di San Marco 49
Casole d'Elsa 227
Castagneto Carducci 245, 246
Castel del Piano 232
Castel di Pietra 254
Castelfiorentino 144
Castelfranco di Sopra 197
Castell'Ottieri 260
Castellina 198
Castellina in Chianti 205
Castello di Belcaro 222
Castello di Brolio 206
Castello di Meleto 206
Castello di Volpaia 205
Castelnuovo Berardenga 206
Castelnuovo di Garfagnana 146, 162
Castelvecchio Pascoli 162
Castiglion Fiorentino 198, 200
Castiglionalto 225
Castiglioncello 246
Castiglione **167**
Castiglione della Pescaia 255
Cavo 244
Cecina 246
Cecina (Fluss u. Tal) 27, 236, 246
Cerfone (Tal) 190
Cerreto Guidi 142
Cerreto, Passo del 167
Certaldo 144
Certaldo, Straße nach 144
Certosa del Galluzzo 143
Certosa di Pontignano 222
Cerveteri 32
Cetona 234
Chiana (Fluss) 133
Chianciano 133
Chianciano Terme 234
Chianti 16, 143, **202-206**
Chiusdino 228
Chiusi 32, 133, 234
Cinquale (Mündung) 169
Cisa (Pass) 166, 168
Ciuffenna (Bach) 197
Civitella 198
Colle di Val d'Elsa 225, 227
Collodi 74, 75, 181
Colonna 254
Colonnata 59, 166, 169
Coltibuono, Abtei 205
Comeana 143
Commenda di Sant'Eufrosino 205
Convento dell'Osservanza (Siena) 222
Corchia, Antro del 170
Coreglia Antelminelli 162
Cornia, Val di 245
Corsignano 69, **233**
Cortona 184, 198, **199-200**, 234
Cosa **256**, **257**, 259
Costa degli Etruschi 236, 245
Crete Senesi 16, 87, 203, 205, 224, 228, 234
Cuna 229
Cutigliano 182

D

Diecimo 161
Doccia 48
Donoratico, Torre di 246

E

Elba 24, 83, 244
Elsa, Val d' 144, 205, 225
Empoli 140, 141
Eremo di Lecceto 222
Esse, Val d' 198

F

Fabbrica di Careggine 162, 182
Falterona, Monte 196
Fantiscritti, Marmorbrüche 166
Farneta 198
Fiesole 33, 137, 253
Filetto **167**
Fivizzano 167

Florenz 18, 33, 34, 35, 36, 37, 38, 40, 41, 42, 43, 48, 49, **52**, **53**, 76, 87, **116-138**, 147, 159, 167, 174, 184, 190, 202, 203, 205, 225, 228, 239, 245
- Badia Fiorentina 133
- Bahnhof Santa Maria Novella 82, 130
- Battistero di San Giovanni 77, 118, 120, 137
- Biblioteca Laurenziana 121
- Campanile von Giotto 79, 119
- Cappella Brancacci 126, **129**
- Cappella dei Principi 122
- Cappella Pazzi 136
- Casa Buonarroti 136
- Casino dei Cavalieri 128
- Cenacolo di Sant' Apollonia 133
- Convento delle Oblate 133
- Dom (Duomo Santa Maria del Fiore) 49, **50**, 79, 117, 118, **119**, 130
- Forte di Belvedere 125, 128
- Galleria d'Arte Moderna (Pal. Pitti) 128
- Galleria degli Uffizi (Uffizien) 37, 39, 43, 117, 118, 123, **124**, 125, **126-127**, 129
- Galleria dell'Accademia 116, **131**, 132
- Galleria Palatina (Pal. Pitti) 128
- Giardino di Boboli 75, 125, 128
- Loggia del Bigallo 118
- Loggia della Signoria 124
- Lungarno Guicciardini 128
- Medici-Kapellen 122
- Medici-Villa in Careggi **138**
- Medici-Villa in Castello 75, 127, **138**
- Medici-Villa in Marignolle **138**
- Monterinaldi 83
- Museo Archeologico 132, 133
- Museo Archeologico Comunale 143
- Museo degli Argenti (Pal. Pitti) 128
- Museo dell'Opera del Duomo 120
- Museo dell'Opera di Santa Croce 136
- Museo della Casa Fiorentina 122

REGISTER

- Museo delle Carrozze (Pal. Pitti) 128
- Museo delle Porcellane (Pal. Pitti) 128
- Museo di Orsanmichele 122
- Museo di San Marco 87, **131**
- Museo Marino Marini 129
- Museo Nazionale del Bargello 133, **134-135**
- Opificio delle Pietre dure 122, 132
- Orsanmichele alle Arti 122
- Ospedale degli Innocenti 122
- Ospedale di Santa Maria Nuova 48
- Palazzina del Belvedere 125, 128
- Palazzina della Meridiana 125
- Palazzo Castellani 133
- Palazzo Davanzati 122
- Palazzo del Bargello 133
- Palazzo della Signoria 37, 117
- Palazzo Medici-Riccardi 67, 121
- Palazzo Nonfinito 67
- Palazzo Pitti 123, 125, 128
- Palazzo Rucellai 66, 129
- Palazzo Strozzi 129
- Palazzo Uguccioni 67
- Palazzo Vecchio 39, 65, 117, 118, 123, 125, 133
- Piazza della Repubblica 122
- Piazza della Signoria 36, 64, 118, 123, 124, 125
- Piazza San Firenze 133
- Piazzale Michelangiolo 137
- Ponte Vecchio 43, 125
- Sagrestia Nuova **122**
- Sagrestia Vecchia 81
- San Frediano 128
- San Frediano (Viertel) 128
- San Jacopo (Viertel) 128
- San Lorenzo 49, 81, **121**, 122
- San Marco (Kloster) **131**
- San Miniato al Monte 71, 77, 137
- San Pancrazio 129
- San Salvatore al Monte **137**
- Santa Croce (Kirche) 79, 136
- Santa Felicita **142**
- Santa Maria degli Angeli 81
- Santa Maria del Carmine 63, 128, 129
- Santa Maria Novella (Kirche) 79, 80, **130**
- Santa Trinita 81, 129
- Santissima Annunziata 132
- Santo Spirito 125, **128**
- Städtisches Stadion 83
- Teatro Comunale 130
- Torri dei Foresi 122
- Uffizien siehe Galleria degli Uffizi
- Via de' Calzaiuoli 118, 122
- Via de' Tornabuoni 129
- Via degli Alfani 132
- Via Ghibellina 136
- Via Maggio 128
- Villa del Poggio Imperiale 137
- Villa Gamberaia in Settignano 75, **138**

Fòiano 198
Follonica 254
Fonterutoli 205
Fornacette 155
Fornoli 162
Fornovalasco 162
Forte dei Marmi 83, 164, 168, 169
Fosdinovo 166
Fucecchio 142

G

Gaiole in Chianti 205
Galluzzo, Certosa di 143
Garavicchio 259
Garfagnana 27, 43, 58, 146, 159, 162
Gargonza 63, 198
Gavinana 182
Gavorrano 254
Genova (Genua) 146, 147
Giannutri, Insel 258
Giglio Castello 259
Giglio Porto 259
Giglio, Isola del 258, **259**
Golfolina (Schlucht) 141
Gorgona (Insel) 24
Greve (Fluss) 143
Greve in Chianti 60, 204
Grosseto 20, 60, 70, 94, 252-253, 254
Guamoi 160
Guardistallo 246

I-L

Impruneta 144
La Verna 17, 194, 195
Lacona 244
Larderello 43
Lastra a Signa 141
Le Cortine 203
Levane 198
Levanella 197
Lima (Fluss) 43, 161, 174, 182
Livorno 24, 40, 42, 43, 56, 68, 69, 94, 246, 247
Loro Ciuffenna 197
Lucardo 144
Lucca 27, 33, 36, 37, 50, 51, 60, 70, 71, 73, 76, 77, 146, **156-159**, 164, 166, 169
Lucca, Ebene von 159
Lucignano 198
Luna, Alpe della 190
Lunéville 41
Luni 166
Lunigiana 164, 166, 167

M-N

Magra (Fluss) 166, 167, 168

Maiano 137
Mailand 230
Malgrate **167**
Mammiano 182
Manciano 259
Marciana 244
Marciano 198
Maremma 16, 20, 21, 40, 42, 59, 94, 224, 228, 236, 247, 252, 254, **255**, **256**
Maresca 182
Marina di Alberese 255
Marina di Campo 244
Marina di Pisa 154
Marlia 159, 160
Massa 164, 168, 170
Massa Marittima 222
Massaciuccoli, Lago di 154, 164, 169, 172
Masse di Siena 222
Matraia 160
Medici-Villa in Artimino (La Ferdinanda) 72, **138**, 143
Medici-Villa in Cafaggiolo 138
Medici-Villa in Careggi 138
Medici-Villa in Poggio a Caiano 72, **138**
Medici-Villa in Pratolino 37
Meleto, Castello 206
Meloria 33, 146, 147, 149, 246
Mensano 228
Migliarino, Macchia 154, 172
Montagna 58
Montagnola (Siena) 222, 224
Montalcino 29, 60, 209, 229
Montanara 41
Montaperti 33, 34, 35, 142, 209
Monte Oliveto Maggiore (Abtei) 209, **230**, **231**
Monte San Savino 198
Montecatini Terme 181
Montecatini Val di Nievole 181
Montecristo, Isola di 42
Montefioralle 204
Montelupo Fiorentino 48, 134, 141
Montemerano 27, 260
Montepulciano 29, 52, 81, 233
Monterchi **190**, **193**
Monteriggioni 68, 164, 225
Montescudaio 246
Montevarchi 197
Montone, Valle di 211
Montorio 260
Mugello 16, 26
Mugnone (Fluss) 117
Murlo 229
Museo della Vita e del Lavoro della Maremma settentrionale 246

O

Ombrone (Fluss) 16, 20, 21
Oppio (Pass) 182
Orbetello 30, 59, 254, 255
Orcia, Val d' 212, 234

P

Pacina 206
Paglia, Valle del 232
Pallerone 167
Palude della Trappola 255
Panzano 204, 205
Paradisino, Il (Einsiedelei) 196
Parco archeologico-minerario di San Silvestro 245
Parco archeologico-naturalistico di Baratti-Populonia 243
Parco Naturale della Maremma 255
Parco naturale delle Alpi Apuane 162, 171
Parco Nazionale dell'Arcipelago toscano 24, 245
Parco Nazionale della Maremma 20
Paris 197
Parma 26, 168
Passignano 204
Passignano (Abtei) **141**, 203
Perugia 32, 234
Pesa (Fluss und Tal) 140, 143, 144, 204, 205
Pescia 181
Piagnaro, Poggio del 168
Pian della Fioba 168
Piancastagnaio 26, 232
Pienza 58, 68, 69, 230, **233**
Pietrabuona 181
Pietrasanta 170, 172
Pieve di San Giorgio di Brancoli 161
Piombino 37, 41, 243
Pisa 30, 32, 33, 37, 41, 42, 43, 48, **50**, **51**, **52**, **53**, 65, 76, 79, 80, 87, **128**, **146-154**, 171, 245, 246
Pisanino, Monte 170
Pistoia 27, 33, **53**, 65, **151**, **174**, 178
Pitigliano 27, **51**, 260
Poggibonsi 225, 227
Poggio a Caiano 140, 142, 143
Poggio Felceto 260
Poggio Imperiale 68, 144, 225
Pondedera 83, 146, 155
Pontremoli 26, 164, 166, 168
Poppi 73, 196
Populonia 32, 243, 253
Porto Azzurro 244
Porto Ercole **51**, 70, 258
Porto Santo Stefano **52**, 258
Portoferraio 244, 245
Prato 33, 40, 42, 43, 60, 73, 174, 175, **176**, 178
Pratomagno 16
Pratovecchio 196
Principina a Mare 255
Procchio 245
Provence 167
Punta Ala 254, 255

Q-R

Quercianella 246
Radda in Chianti 205

◆ REGISTER

Radicofani 164
Radicondoli 228
Reggello 197
Rio Marina 244
Rio nell'Elba 244
Roccastrada 228
Rom 230
Roselle 32, 253, 254, **257**
Rosignano Marittimo 245, 246

S

Sala, Colle del 172
Saltino 196
San Casciano in Val di Pesa 143
San Cresci (Pfarrkirche) 204
San Felice a Ema 144
San Gaggio 82
San Galgano (Abtei) 228
San Gimignano 63, 88, **225-226**
San Giovanni d'Asso 228
San Giovanni in Sugana 144
San Giovanni Valdarno 197
San Giovenale (Pfarrkirche) 197
San Giusto (Abtei) **141**
San Gusmè 206
San Lazzaro (Pfarrkirche) 144
San Leolino (Pfarrkirche) 204
San Leonardo (Pfarrkirche) 143
San Leonardo al Lago 222
San Marcello Pistoiese 182
San Martino a Gangalandi (Pfarrkirche) **141**
San Martino a Lucardo (Pfarrkirche) 144
San Miniato 146, 155
San Pancrazio 160
San Pancrazio a Lucardo (Pfarrkirche) 144
San Pietro (Siedlung) 198
San Pietro a Cascia (Pfarrkirche) 197
San Pietro a Gropina (Pfarrkirche) 197
San Pietro in Palazzi 246
San Pietro a Ripoli (Pfarrkirche) **141**
San Quirico d'Orcia 164, 232
San Rabano (Abtei) 255
San Rocco 161
San Salvatore (Abtei) **141**
San Salvatore a Soffena (Pfarrkirche) 197
San Sano 206
San Vincenzino 246
San Vincenzo 245
Sansepolcro 184, **190-194**
Sant'Agata in Arfoli 197
Sant'Andrea in Percussina 144
Sant'Anna di Stazzema 43
Sant'Anna in Camprena (Kloster) 230, 233
Sant'Ansano a Dofana 206
Sant'Antimo (Abtei) 77, 229
Sant'Appiano (Pfarrkirche) 144
Santa Maria a Diecimo (Pfarrkirche) 161
Santa Maria a Spaltenna (Pfarrkirche) 206
Santa Maria Novella (Pfarrkirche) 205
Santiago de Compostela 179
Santissima Annunziata (in Pontremoli) 168
Santo Stefano (Pfarrkirche) 194
Santuario del Romituzzo 225
Santuario di Montenero 247
Sarteano 234
Saturnia 260
Scansano 29
Seggiano 26
Segromigno 159, 160
Seravezza 168
Serchio (Fluss) 146, 154, 159, 160, 161, 162, 172
Serra, Monte 154
Settignano 137, 138
Settimo 141
Settimo (Abtei) 141
Siena 30, 33, 36, 37, 48, 49, **52**, 59, 60, 68, 87, 90, 123, 126, 164, 198, 202, 205, 206, **208-222**, 224, 225, 228, 229, 230, 232, 254
- Accademia dei Rozzi 220
- Baptisterium 216
- Campo (Piazza del) 64, 208, 210, **211**, 212, **214**, 221
- Cappella dei Signori 211, 212
- Cappella di Piazza 212
- Casino dei Nobili 210
- Croce del Travaglio 212
- Dom 78, 208, 213
- Duomo Nuovo 213
- Fonte Branda 220
- Fonte Gaia 210
- Loggia della Mercanzia 212
- Museo Archeologico 216
- Museo Civico 211
- Museo dell'Opera Metropolitana 216
- Museo della Società di Esecutori di Pie Disposizioni 221
- Oratorio di San Bernardino 221
- Palazzo Chigi Saracini 212
- Palazzo Chigi Zondadari 210
- Palazzo d'Elci 210
- Palazzo del Magnifico 217
- Palazzo delle Papesse 213
- Palazzo di San Galgano 221
- Palazzo Marsili 213
- Palazzo Piccolomini 221
- Palazzo Piccolomini Patrizi 212
- Palazzo Pubblico 62, 88, 208, 211, 212
- Palazzo Reale 216
- Palazzo Sansedoni 210
- Pinacoteca Nazionale 217
- Porta Camollia 220
- Porta Romana 221
- San Domenico (Basilika) 220
- San Francesco (Basilika) 220
- San Giorgio (Kirche) 221
- San Martino (Kirche) 221
- San Niccolò al Carmine 217
- San Pietro alla Magione (Kirche) 220
- San Raimondo del Refugio (Kirche) 221
- Sant'Agostino 217
- Santa Barbara (Festung) 220
- Santa Caterina 220
- Santa Maria dei Servi (Kirche) 221
- Santa Maria della Scala (Hospiz) 91, 211, **216**, 229
- Santa Maria di Provenzano (Kirche) 221
- Santa Maria in Fontegiusta Kirche 90, 220
- Santissima Annunziata (Kirche) 216
- Terzo di Camollia 208, 220
- Terzo di Città 208, 210
- Terzo di San Martino 208, 221
- Torre del Mangia, 64, 211, 212
- Via Banchi di Sopra 220
- Via della Galluzza 220
- Via di Camollia 220
- Via di Città 212, 213
- Via di Pantaneto 221

Siepi, Monte 228
Sorano 27, 260
Sovana 257, 260
Spanien 37, 167, 252
Spoleto 33
Staggia 225
Stazzema 168
Stia 196
Strada del Vino 245, 246
Suvereto 245

T

Tagliacozzo 34
Tagliata Etrusca 259
Talamone 253, 255, **256**
Tarquinia 32
Tavarnelle in Val di Pesa 144
Tenuta di San Rossore 146, 154, 172
Terra del Sole 68
Tiber (Fluss und Tal) 16, 32, 190, 194
Tirli 255
Tolfa-Berge 32
Tombolo (Pinienwald) 154
Tombolo della Feniglia 255, 259
Tombolo della Giannella 255
Torre del Lago Puccini 172
Torrite 162
Toscanische Inseln 24, 236, **244-245**, 258, 259
Trappola-Sumpf 20, 21, 255
Trasimeno, Lago 199
Trebbio 137
Tressa 229
Tuscia 32
Tyrrhenisches Meer 16, 32, 146, 154, 168, 259

U

Uccellina, Monti dell' 16, 20, 255
Uzzano 203

V

Vada 237
Vagli (Stausee) 162
Vagli di sotto 162
Val d'Elsa 88, 144, 205
Valdambra 198
Valdichiana 184, 198, 199, 224, 234
Valdinievole 60, 174, 181
Valgraziosa (Tal) 154
Vallombrosa 194, 196
Valtiberina 184, 194
Vasari-Haus 189
Veio 32
Vercelli 230
Verde (Fluss) 168
Versailles 160
Versilia 16, 43, 164, 168, 169, 170, 172
Vetulonia 32, 253, 254, **257**
Via Aurelia 20, 247
Via Bolgherese 246
Via Cassia 68, 185, 225, 229
Via Chiantigiana 203, 204
Via Francigena 63, 142, 144, 164, 166, 167, 172, 209, 210, 212, 220, 225, 229, 232
Viareggio **52**, 56, 60, 164, 169, 172
Vicchiomaggio 203
Vicopisano 146, 155
Vignamaggio 203
Villa Torrigiani 160
Villafranca in Lunigiana 167
Vinchiana 161
Vinci 140, 142
Vitozza 260
Volsinii 32
Volterra 32, 236, **237-241**, 253
Volterraio 244
Vulci 32

Reiseatlas

- **A FLORENZ**
- **B NÖRDLICHE TOSCANA**
- **C ZENTRALE TOSCANA**
- **D SÜDLICHE TOSCANA UND TOSCANISCHE INSE**
- 334 **ORTSVERZEICHNIS**
- 336 **STRASSENVERZEICHNIS FÜR FLORENZ**

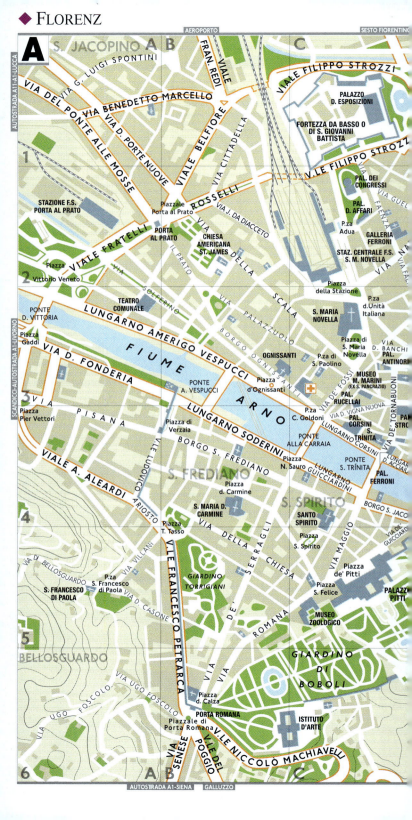

Nördliche Toscana

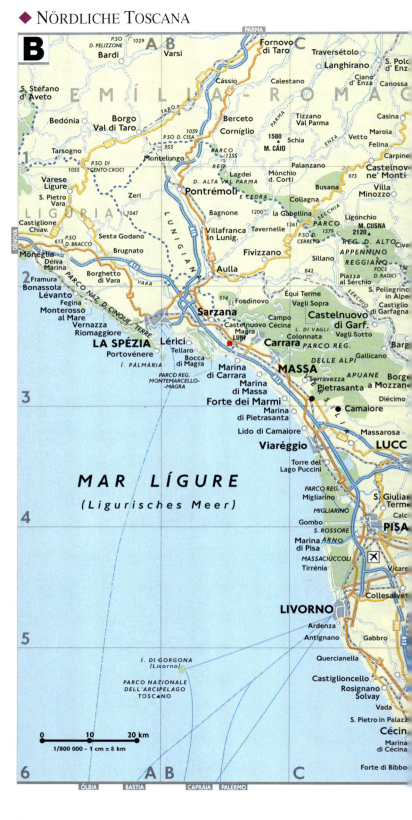

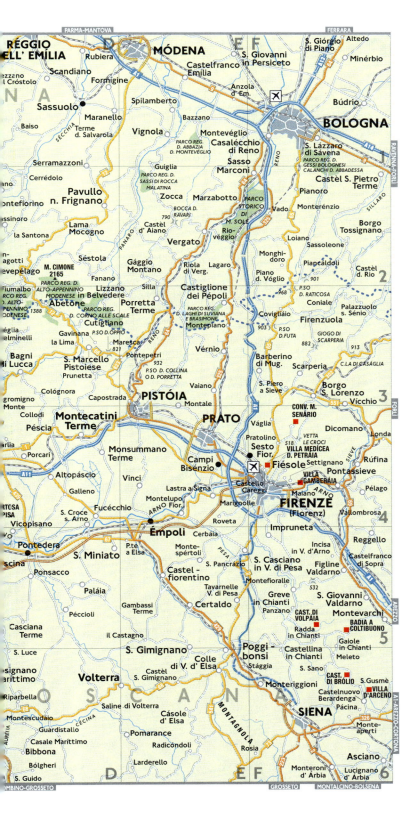

◆ ZENTRALE TOSCANA

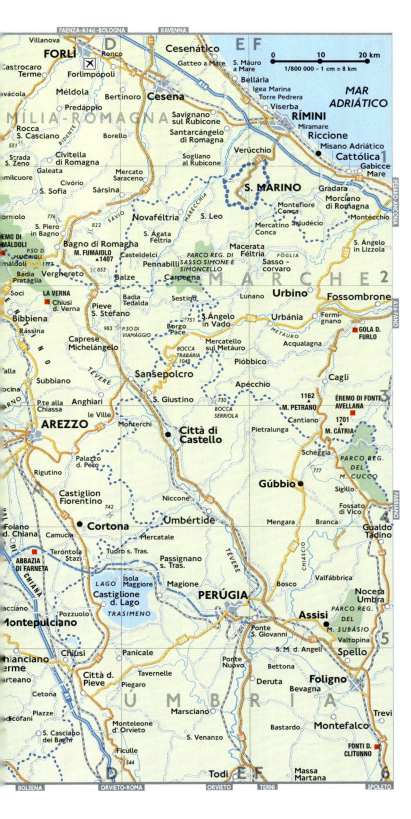

Südliche Toscana und Toscanische Inseln

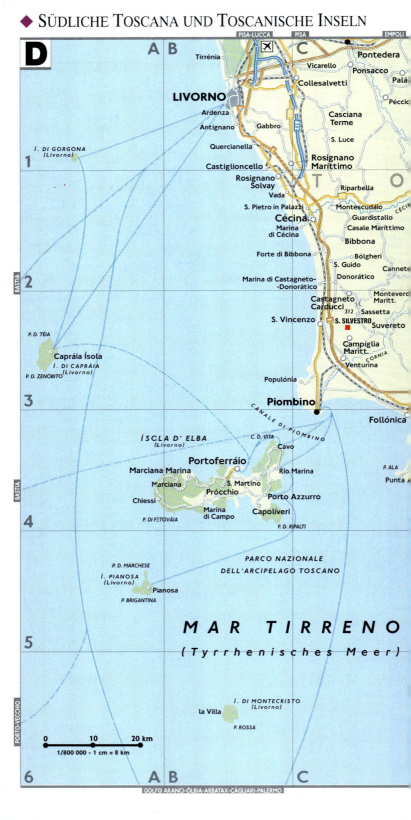

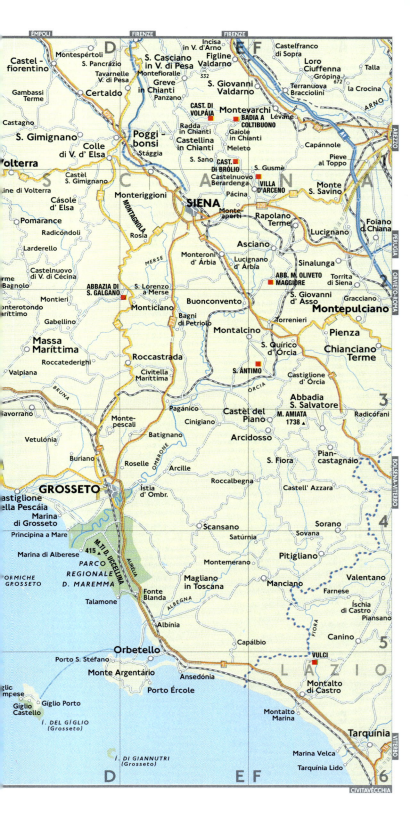

◆ ORTSVERZEICHNIS

A

Abbadia San Salvatore **C** C6
Abbazia di Montéveglio, Parcc Regionale dell'- **B** E1
Abetone **B** D3
Acqualagna **C** F3
Adriatischers Meer **C** F1
Ala, Punta - **D** C4
Albegna, Fiume - **D** E5
Albinia **D** E5
Alpi Apuane, Parco Regionale delle - **B** C3
Alta Val Parma e Cedra, Parco Regionale dell' - **B** B1-2
Altedo **B** F1
Alto Appennino Modenese, Parco Regionale dell' - **B** D2-3
Alto Appennino Reggiano, Parco Regionale dell' - **B** C2
Altopáscio **B** D4
Amiata, Monte - **C** C6
Anghiari **D** D3
Ansedónia **D** E6
Antignano **C** A5
Anzola dell'Emilia **B** E1
Apécchio **C** E3
Arceno **C** C4
Archipelago Toscano, Parco Nazionale dell' - **D** B-C5
Arcidosso **C** C6
Arcille **C** B6
Ardenza **C** A5
Arezzo **C** D4
Arno, Fiume - **B** D5
Asciano **C** B6
Assisi **C** F6
Aulla **B** B2
Aurélia, Via - **B** D6

B

Badia Pratáglia **C** D2
Badia Tedalda **C** E3
Bagni di Lucca **B** D3
Bagno di Romagna **C** D2
Bagnolo, Terme del - **C** A5
Bagnone **B** B2
Baiso **B** D1
Balze **C** D2
Barberino di Mugello **B** F3
Bardi **B** A1
Barga **B** C3
Bastardo **C** F6
Batignano **B** B6
Bazzano **B** E1
Bedónia **B** A1
Bellária **C** E1
Berceto **B** B1
Bertinoro **C** E1
Bettona **C** F6
Bevagna **C** F6
Bibbiena **D** D3
Bibbona **B** D6
Bidente, Fiume - **C** D1
Bocca di Magra **B** B3
Bólgheri **B** D6
Bologna **B** F1
Bonassola **B** A2-3
Borello **C** E1
Borghetto di Vara **B** A2
Borgo alla Collina **C** C3
Borgo a Mozzano **B** C3
Borgo Pace **C** E3
Borgo San Lorenzo **B** F3
Borgo Tossignano **B** F2
Borgo Val di Taro **B** A1
Borgonuovo **B** D4
Bosco **C** F5
Bracco, Passo del - **B** A2
Branca **C** F4
Brigantina, Punta - **D** A5
Brisighella **C** C1
Brólio, Castello di - **C** C4
Brugnato **B** A2
Bruna, Fiume - **C** A6
Búdrio **B** F1
Buonconvento **C** C5
Buriano **D** D4
Busana **B** C2

C

Cagli **C** F3
Cáio, Monte - **B** B1
Calci **B** C4
Calestano **B** B1
Camaiore **B** C4
Camáldoli **C** D2
Camáldoli, Éremo di - **C** D2
Campi Bisénzio **B** E4
Campíglia Marittima **D** C3
Campigna **C** C2
Campo Cécina **B** B3
Camucia **C** C4
Canino **D** F5
Canneto **C** A5
Canossa **B** C1
Cantiano **C** F4
Capálbio **D** F5
Capánnole **C** C4
Capoliveri **D** B4
Capostrada **B** E3
Capráia, Ísola di - **D** A3
Capráia Ísola **D** A3
Caprese Michelángelo **C** D3
Careggi **B** F4
Carpegna **C** E2
Carpineti **B** C1
Carrara **B** B3
Caságlia, Ccilla - **B** F3
Casale Marittimo **D** C2
Casalécchio di Reno **B** F1
Casciana Terme **B** D5
Cáscina **B** D4
Casentino **C** C-D2-3
Casina **B** C1
Cásola Valsénio **C** C1
Cásole d'Elsa **B** E6
Cássio **B** B1
Castagneto Carducci **D** C2-3
Castagno, il - **B** E5
Castèl d'Aiano **B** E2
Castèl del Piano **C** C6
Castèl del Rio **B** F2
Castèl San Gimignano **B** E6
Castèl San Pietro Terme **B** F2
Casteldelci **C** E2
Castelfiorentino **B** E5
Castelfranco di Sopra **C** C3
Castelfranco Emilia **B** E1
Castell'Azzara **D** F4
Castellina in Chianti **B** F6
Castello **B** F4
Castelnovo ne' Monti **B** C1-2
Castelnuovo Berardenga **B** F6
Castelnuovo di Garfagnana **B** C3
Castelnuovo di Val di Cécina **C** A5
Castelnuovo Magra **B** B3
Castelvécchio Páscoli **B** C3
Castiglion Fiorentino **C** D4
Castiglioncello **B** C6
Castiglione Chiavarese **B** A2
Castiglione dei Pépoli **B** E3
Castiglione del Lago **C** D5
Castiglione della Pescáia **D** D4
Castiglione di Garfagnana **B** C3
Castiglione d'Órcia **C** C6
Castrocaro Terme **C** D1
Cátria, Monte - **C** F4
Cattólica **C** F2
Cavo **D** B4
Cécina **B** C6
Cécina, Fiume - **B** D6
Cento Croci, Passo di - **B** A1-2
Cerbáia **B** E5
Cerrédolo **B** D2
Cerreto, Passo del - **B** C2
Certaldo **B** E5
Cesena **C** E1
Cesenático **C** E1
Cetona **C** D6
Chianciano Terme **C** D5-6
Chiáscio, Fiume - **C** F5
Chiessi **D** A4
Chiusi **C** D6
Chiusi della Verna **C** D3
Ciano d'Enza **B** C1
Cimone, Monte - **B** D2
Cinigiano **C** B5
Cinque Terre, Parco Regionale delle - **B** A2-3
Cisa, Passo della - **B** B1
Città della Pieve **C** D6
Città di Castello **C** E4
Civago **B** C2
Civitella di Romagna **C** D1
Civitella Maríttima **C** B6
Civório **C** D2
Clitunno, Fonti del - **C** F6
Collagna **C** C2
Colle di Val d'Elsa **B** E6
Collesalvetti **B** C5
Collina o della Porretta, Passo della - **B** E3
Collodi **B** D4
Cológnora **B** D3
Colonnata **B** B3
Coltibuono, Badia a - **C** C4
Coniale **B** F3
Consuma **C** C2
Coréglia Antelminelli **B** D3
Córnia, Fiume - **D** C3
Corníglio **B** B1
Corniolo **C** D2
Corno alle Scale, Parco Regionale del - **B** D-E3
Cortona **C** D4-5
Covigliáio **B** F3
Croci, Vetta le - **B** F4
Crocina, la - **C** C3
Cusna, Monte - **B** C2
Cutigliano **B** D3

D

Déiva Marina **B** A2
Deruta **C** F6
Dicomano **B** F4
Diécimo **B** D3
Donorático **D** C2
Dovádola **C** D1

E

Elba, Ísola d' - **D** A-B4
Emilia Romagna **B** A-D1
Émpoli **B** E5
Enza, Torrente - **B** C1
Équi Terme **B** B3

F

Falterona, Monte - **C** C2
Fanano **B** D2
Farnese **D** F5
Farneta, Abbazia di - **C** D5
Fegina **B** A3
Felina **B** C1
Fermignano **C** F3
Fetováia, Punta di - **D** A5
Ficulle **C** D6
Fiésole **B** F4
Figline Valdarno **B** F5
Fiora, Fiume - **D** F5
Firenze **B** E-F4
Firenzuola **B** F3
Fiumalbo **B** D3
Fivizzano **B** B2
Florenz s. Firenze
Foce delle Radici **B** C2
Fóglia, Fiume - **C** F2
Foiano della Chiana **C** D5
Foligno **C** F6
Follónica **C** A6
Fonte Avellana, Éremo di - **C** F4
Fonteblanda **D** E5
Foreste Casentinesi-Monte Falterona-Campigna, Parco Nazionale delle - **C** C3
Forlí **C** D1
Forlimpópoli **C** D1
Formiche di Grosseto **D** D5
Formígine **B** D1
Fornovo di Taro **B** B1
Forte dei Marmi **B** C4
Forte di Bibbona **B** C-D6
Fosdinovo **B** B3
Fossato di Vico **C** F4
Fossombrone **C** F3
Framura **B** A2
Frassinoro **B** D2
Fucécchio **B** D4
Fumaiolo, Monte - **C** D2
Furlo, Gola del - **C** F3
Futa, Passo della - **B** F3

G

Gabbro **B** C5
Gabellina, la - **B** B2
Gabellino **C** A5
Gabicce Mare **C** F2
Gággio Montano **B** E2
Gaiole in Chianti **B** F5-6
Galeata **C** D1-2
Galleno **B** D4
Gallicano **B** C3
Gambassi Terme **B** E5
Gargonza **C** C4
Gatteo a Mare **C** E1
Gavinana **B** D3
Gavorrano **C** A6
Gessi Bolognesi e Calanchi dell'Abbadessa, Parco Regionale del - **B** F1-2
Giannutri, Ísola di - **D** D6
Gíglio, Ísola del - **D** D6
Gíglio Campese **D** D6
Gíglio Castello **D** D6
Giglio Porto **D** D6
Gombo **B** C4
Gorgona, Ísola di - **D** A1
Gracciano **C** D5
Gradara **C** F2
Greve in Chianti **B** F5
Grópina **C** C3
Grosseto **D** D4
Gualdo Tadino **C** F5
Guardistallo **D** C2
Gúbbio **C** F4
Guiglia **B** E1

I

Igea Marina **C** E-F1
Imprunetta **B** F5
Incisa in Val d'Arno **B** F5
Íschia di Castro **D** F5
Ístia d'Ombrone **D** E4

L

Lagaro **B** E2
Lagdei **B** B2
Laghi di Suviana e Brasimone, Parco Regionale del - **B** E3
Lama Mocogno **B** D2
Lamone, Fiume - **C** C1
Langhirano **B** B1
Larderello **B** E6
La Spézia **B** A3
Lastra a Signa **B** E4
Lázio **B** F6
Lérici **B** B3
Lévane **C** C4
Lévanto **B** A3
Lido di Camaiore **B** C4
Ligónchio **B** C2
Ligure, Mar - **B** A-B4
Ligúria **B** A2
Lima, la - **B** D3
Livorno **B** C5
Lizzano in Belvedere **B** E3
Loiano **B** F2
Londa **C** C2
Loro Ciuffenna **C** C3
Lucca **B** C4
Lucignano **B** F6
Lucignano d'Árbia **C** C5
Lunano **C** E3
Luni **B** B3
Lunigiana **B** B2

M

Macerata Féltria **C** E2
Maggiore, Ísola - **C** E5
Magione **C** E5
Magliano in Toscana **D** E5
Maiano **C** B2
Manciano **D** F5
Mandrioli, Passo dei - **C** D2
Maranello **B** D1
Marchese, Punta del - **D** A5
Marciana **D** B4
Marciana Marina **D** B4
Marécchia, Fiume - **C** E2
Maremma, Parco Regionale della - **D** D5
Maresca **B** D3
Marignolle **B** F4
Marina di Alberese **D** D5
Marina di Campo **D** B4
Marina di Carrara **B** B3
Marina di Castagneto-Donorático **D** C2
Marina di Cécina **B** C6
Marina di Grosseto **D** D4
Marina di Massa **B** B3
Marina di Pietrasanta **B** C4
Marina di Pisa **B** C5
Marina Velca **D** F6
Márlia **B** D4
Marradi **C** D1
Marsciano **C** E6
Marzabotto **B** E2
Massa **B** B3
Massa Maríttima **C** A6
Massa Martana **C** F6
Massarosa **B** C4
Méldola **C** D1
Meleto **C** B-C4
Mengara **C** F4
Mercatale **C** E5
Mercatello sul Metáuro **C** E3

ORTSVERZEICHNIS ◆

Mercatino Conca **C** F2
Mercato Saraceno **C** E2
Metáuro, Fiume - **C** F3
Migliarino **B** C4
Migliarino-San Rossore-Massaciúccoli, Parco Regionale - **B** C4-5
Minérbio **B** F1
Miramare **C** F1
Misano Adriático **C** F1
Módena **B** F2
Modigliana **C** C1
Mónchio delle Corti **B** B2
Monéglia **B** A2
Monghidoro **B** F2
Monsummano Terme **B** D4
Montagnola **B** A4-5
Montalcino **C** C5
Montale **B** E3-4
Montalto di Castro **D** F6
Montalto Marina **D** F6
Monte Argentário **D** D-E6
Monte Cucco, Parco Regionale del - **C** F4
Monte Oliveto Maggiore, Abtei - **C** C5
Monte San Savino **C** C4
Monte Senário, Convento - **B** F4
Monte Sole, Parco Storico di - **B** E-F2
Monte Subásio, Parco Regionale del - **C** F5
Monteaperti **C** C4
Montecatini Terme **B** D4
Montécchio **C** F2
Montecristo, Ísola di - **D** B6
Montefalco **C** F6
Montefiorálle **B** B3
Montefiore Conca **C** F2
Montefiorino **B** D2
Monteleone d'Orviéto **C** D6
Montelungo **B** B1
Montelupo Fiorentino **B** E4
Montemarcello-Magra, Parco Regionale - **B** A-B3
Montemerano **D** F5
Montepescali **C** B6
Montepiano **B** E3
Montepulciano **C** D5
Monterchi **C** D4
Monterénzio **B** F2
Monteriggioni **B** F5
Monteroni d'Árbia **B** F6
Monterosso al Mare **B** A3
Monterotondo Marittimo **C** A5
Montescudáio **D** C2
Montespértoli **B** E5
Montevarchi **B** F5
Montevéglio **B** E1
Monteverdi Marittimo **D** C2-3
Monticiano **B** C5
Montieri **C** A5
Montone, Fiume - **C** C1-2
Morciano di Romagna **C** F2
Muraglione, Passo del - **C** C2

N

Niccone **C** E4
Nocera Umbra **C** F5
Novaféltria **C** E2

O

Ombrone, Fiume - **C** B6
Óppio, Passo di - **B** D3
Orbetello **D** E6
Órcia, Fiume - **C** C6

P

Pácina **C** C4
Pagánico **C** B6
Paláia **B** D5
Palanzano **B** B-C1
Palazzo del Pero **C** D4
Palazzuolo sul Sénio **B** F3
Palmária, Ísola - **B** A-B3
Panaro, Fiume - **B** D-E2
Panicale **C** D-E6
Panzano **B** B3
Parma, Torrente - **B** B1
Passignano sul Trasimeno **C** E5
Pavullo nel Frignano **B** D2
Péccioli **B** D5
Pélago **B** F4
Pelizzone, Passo del - **B** A1
Pennabilli **C** E2
Perúgia **C** E5

Pesa, Torrente - **B** E5
Péscia **B** D4
Petrano, Monte - **C** F3-4
Petriolo, Bagni di - **C** B5
Piancáldoli **B** F2
Piancastagnáio **C** C6
Piandelagotti **B** C-D2
Piano del Vóglio **B** F2
Pianoro **B** F2
Pianosa **D** A5
Pianosa, Ísola - **D** A5
Piansano **D** F5
Piazza al Sérchio **B** C3
Piazze **C** D6
Piegaro **C** D6
Pienza **C** C5
Pietralunga **C** E-F4
Pietrasanta **B** C3
Pieve al Toppo **C** D4
Pieve Santo Stéfano **C** D3
Pievepélago **B** D2
Pióbbico **C** F3
Piombino **D** C3-4
Piombino, Canale di - **D** B-C3-4
Pisa **B** C4-5
Pisa, Certosa di - **B** D4
Pistóia **B** F1
Pitigliano **D** F5
Poggibonsi **B** F5-6
Pomarance **B** E6
Ponsacco **B** D5
Pontassieve **B** F4
Ponte a Elsa **B** E5
Ponte alla Chiassa **C** D3
Ponte Nuovo **C** E6
Ponte San Giovanni **C** F5
Pontedera **B** D5
Pontepetri **B** D-E3
Pontrémoli **B** B2
Poppi **C** C3
Populónia **C** C3
Porcari **B** D4
Porretta Terme **B** E3
Pórtico di Romagna **C** C1
Porto Azzurro **D** B4
Porto Ércole **D** E6
Porto Santo Stéfano **D** D6
Portoferráio **B** B4
Portovénere **B** A3
Pozzuolo **C** D5
Prato **B** E4
Pratolino **B** F4
Pratovécchio **C** C2
Predáppio **D** D1
Premilcuore **C** C2
Principina a Mare **D** D4-5
Prócchio **B** B4
Prunetta **B** D3
Punta Ala **C** B4

Q-R

Querciánella **B** C6
Radda in Chianti **B** F5
Radicófani **C** D6
Radicóndoli **B** E6
Rapolano Terme **C** C4-5
Rássina **C** D3
Raticosa, Passo della - **B** F3
Ravari, Bocca dei - **B** E2
Reggello **B** F5
Réggio nell'Emilia **B** D1
Reno, Fiume - **B** F1
Riccione **C** F1
Rigutino **C** D4
Rímini **C** F1
Riola di Vergato **B** E2
Riomaggiore **B** A3
Rio Marina **D** B4
Riovéggio **B** E2
Ripalti, Punta dei - **D** B-C4
Riparbella **B** D5
Rocca San Casciano **C** D1
Roccalbegna **D** F4
Roccastrada **C** B6
Roccatederighi **C** A6
Ronco **C** D1
Roselle **D** D4
Rosia **B** F6
Rosignano Marittimo **B** C6
Rosignano Solvay **B** C6
Rossa, Punta - **D** B6
Roveta **B** F4
Rubiera **B** D1
Rúfina **B** F4

S

Saline di Volterra **B** D6
Salvarola, Terme della - **B** D1

San Benedetto in Alpe **C** C2
San Casciano dei Bagni **C** D6
San Casciano in Val di Pesa **B** E5
San Galgano **C** B5
San Galgano, Abbazia di - **C** B5
San Gimignano **B** E5-6
San Giórgio di Piano **B** F1
San Giovanni d'Asso **C** C5
San Giovanni in Persiceto **B** E1
San Giovanni Valdarno **B** F5
San Giuliano Terme **B** C4
San Giustino **C** E3
San Godenzo **C** C2
San Guido **B** D6
San Gusmè **C** C4
San Lázzaro di Sávena **B** F1
San Leo, Rocca di - **C** E2
San Lorenzo a Merse **C** B5
San Marcello Pistoiese **B** D3
San Marino, Repúbblica di - **C** E2
San Martino **B** B4
San Máuro a Mare **C** E1
San Miniato **B** D5
San Pancrázio **C** B3
San Pellegrino in Alpe **B** C2-3
San Piero a Sieve **B** F3
San Piero in Bagno **C** D2
San Pietro in Palazzi **B** C6
San Pietro Vara **B** A2
San Polo d'Enza **B** C1
San Quirico **C** C5
San Sano **C** B4
San Silvestro **C** C3
San Venanzo **C** E6
San Vincenzo **D** C3
Sansepolcro **C** E3
Santa Croce sull'Arno **B** D4
Santa Fiora **C** C6
Sant'Ágata Féltria **C** E2
Santa Luce **B** D6
Santa Maria degli Ángeli **C** F5
Sant'Ángelo in Lizzola **C** F2
Sant'Ángelo in Vado **C** F3
Sant'Ántimo **D** F3
Santarcángelo di Romagna **C** E1
Santa Sofia **C** D2
Santona, la - **B** D2
Santo Stéfano d'Aveto **B** A1
Sársina **C** D-E1
Sarteano **C** D6
Sarzana **B** B3
Sassetta **D** C3
Sassi di Rocca Malatina, Parco Regionale dei - **B** E2
Sasso Marconi **B** F2
Sasso Simone e Simoncello, Parco Regionale - **C** E3
Sassocorvaro **C** F2
Sassoleone **B** F2
Sassuolo **B** D1
Satúrnia **D** F5
Savignano sul Rubicone **C** E1
Sávio **C** E1
Sávio, Fiume - **C** D-E1
Scandiano **B** D1
Scansano **D** E4
Scarperia **B** F3
Scarperia, Giogo di - **B** F3
Schéggia **C** F4
Schia **B** B1
Sécchia, Fiume - **B** D1
Segromigno in Monte **B** D4
Sérchio, Fiume - **B** C3
Serramazzoni **B** D1-2
Serravezza **B** C3
Serriola, Bocca - **C** E3
Sesta Godano **B** A2
Sestino **C** E3
Sesto Fiorentino **B** E-F4
Séstola **B** D2
Settignano **B** F4
Siena **B** F6
Sieve, Fiume - **B** F4
Sigillo **C** F4
Silla **B** E2-3
Sillano **B** C2
Sillaro, Torrente **B** F2
Sinalunga **C** C5
Soci **C** D3
Sogliano al Rubicone **C** E1
Sorano **D** F4-5
Sovana **D** F5
Spello **C** F6
Spilamberto **B** E1
Stággia **B** E6
Stia **C** C2
Strada San Zeno **C** D1

Subbiano **C** D3
Suvereto **D** C3

T

Talamone **D** D5
Talla **C** D3
Taro, Fiume - **B** B1
Tarquínia **D** F6
Tarquínia Lido **D** F6
Tarsogno **B** A1
Tavarnelle Val di Pesa **B** E5
Tavernelle (MS) **B** B2
Tavernelle (PG) **C** E6
Téia, Punta della - **D** A3
Tellaro **B** B3
Teróntola, Stazione - **C** D5
Terranuova Bracciolini **C** C4
Tévere, Fiume - **C** E5
Tirrénia **B** C5
Tirreno, Mar - **B** B-C5
Tizzano Val Parma **B** C1
Toano **B** D2
Todi **C** E6
Torre del Lago Puccini **B** C4
Torre Pedrera **C** F1
Torrenieri **C** C5
Torrita di Siena **C** C-D5
Toscana **B** D-F6
Trabária, Bocca - **C** E3
Trasimeno, Lago - **C** D-E5
Traversétolo **B** C1
Tredózio **C** C1
Trevi **C** F6
Tuoro sul Trasimeno **C** D5

U

Uccellina, Monti dell' - **D** D-E5
Umbértide **C** E4
Úmbria **C** E-F6
Urbánia **C** F3
Urbino **C** F3

V

Vada **B** C6
Vado **B** F2
Váglia **B** F4
Vagli, Lago di - **B** C3
Vagli Sopra **B** C3
Vagli Sotto **B** C3
Vaiano **B** E3
Val di Chiana **C** D4-5
Valentano **D** F5
Valfábbrica **C** F5
Vallombrosa **B** F4
Valpiana **C** A6
Valtopina **C** F5
Vara, Fiume - **B** A2
Varese Lígure **B** A2
Venturina **C** C3
Vergato **B** E2
Verghereto **C** D2
Verna, la - **C** D3
Vernazza **B** A3
Versília **B** C3-4
Vérnio **B** E3
Verúcchio **C** E1
Vetto **B** C1
Vetulónia **C** A6
Vezzano sul Cróstolo **B** D1
Viamággio, Passo di - **C** D-E3
Viaréggio **B** C4
Vicarello **B** C5
Vícchio **B** F3-4
Vicopisano **B** D5
Vignola **B** E1
Villa, la **B** D6
Villa Gamberáia **C** B2
Villa Medícea della Petráia **B** F4
Villa Minozzo **B** C2
Villafranca in Lunigiana **B** B2
Villanova **C** D1
Ville, le - **C** D4
Vinci **B** E4
Viserba **C** F1
Vita, Capo della - **D** B4
Volpáia, Castello di - **C** B4
Volterra **B** D-E6
Vulci **D** F6

Z

Zenóbito, Punta dello - **D** A3
Zeri **B** A2
Zocca **B** E2

◆ STRASSENVERZEICHNIS FÜR FLORENZ

A

Accadémia, Galleria dell'- **A** D-E2
Acciaiuoli, Lungarno degli- **A** C4
Ádua, Piazza- **A** C2
Affari, Palazzo degli- **A** C2
Aleardi Aleardo, Viale- **A** A4
Alfani, Via degli- **A** D-E2-3
Améndola Giovanni, Viale- **A** F4
Antinori, Palazzo- **A** C3
Archeológico, Museo- **A** E2
Arcispedale di Santa Maria Nuova **A** E3
Arcivescovado, Palazzo dell'- **A** D3
Ariosto Ludovico, Viale- **A** A4
Arno, Fiume- **A** A-B3-4
Artisti, Via degli- **A** F1-2
Assise e d'Appello, Corte d'- **A** D-E2

B

Badia Fiorentina **A** D4
Banchi, Via dei- **A** C3
Bardi, Via de'- **A** D5
Bargello, Palazzo del- **A** D4
Bartolommeo Fra', Via- **A** E-F1
Basso o di San Giovanni Battista, Fortezza da- **A** C1
Battistero **A** C-D3
Battisti Césare, Via- **A** E2
Beccaria Césare, Piazza- **A** F4
Belfiore, Viale- **A** B1-2
Bellosguardo **A** A6
Bellosguardo, Via di- **A** A5
Belvedere, Via di- **A** D-E5-6
Belvedere o di San Giórgio, Forte di- **A** D5-6
Benci, Via de'- **A** E4-5
Biblioteca Nazionale **A** E4
Bóboli, Giardino di- **A** C6
Borghese, Palazzo- **A** E4
Borgo degli Albizi, Corso- **A** D-E3-4
Botánico, Museo- **A** E2
Brunelleschi, Rotonda del- **A** E3
Brunelleschi Filippo, Piazza- **A** E3

C

Calimala, Via- **A** D4
Calza, Piazza della- **A** B6
Calzaiuoli, Via de'- **A** D3-4
Capponi Gino, Via- **A** E3
Capponi Pier, Via- **A** E-F1-2
Cármine, Piazza del- **A** B4
Carráia, Ponte alla- **A** C4
Casone, Via del- **A** A-B5
Cavalleggeri, Piazza dei- **A** E5
Cavour, Via- **A** D-E1-3
Cellini Benvenuto, Lungarno- **A** F5
Cenácolo di Sant'Apollónia- **A** D2
Chiesa, Via della- **A** B-C4-5
Cimitero degli Inglesi **A** F2
Cimitero della Misericórdia- **A** F2
Ciompi, Piazza dei- **A** E-F4
Cittadella, Via- **A** B1-2
Congressi, Palazzo dei- **A** C2
Corsi, Galleria- **A** D5
Corsini, Lungarno- **A** C4
Corsini, Palazzo- **A** C4
Croce, Porta alla- **A** F4

D

D'Azéglio Mássimo, Piazza- **A** F3
Del Lungo Isidoro, Piazza- **A** E-F1
Della Róbbia, Via dei- **A** F1-2
Diacceto Jácopo da, Via- **A** B2
Donatello, Piazzale- **A** F2
Duomo, Piazza del- **A** D3

E

Esposizioni, Palazzo delle- **A** C1

F

Faenza, Via- **A** C1-3
Ferroni, Galleria- **A** C2
Ferroni, Palazzo- **A** C4
Ferrucci Francesco, Piazza- **A** F5
Fiorentina, Badia- **A** D4
Firenze, Museo di- **A** E3
Fonderia, Via della- **A** A3
Fóscolo Ugo, Via- **A** A-B6
Fossi, Via de'- **A** C3-4
Fra' Bartolommeo, Via- **A** E-F1
Fra' Girólamo Savonarola, Piazza- **A** F1
Fratelli Rosselli, Viale- **A** A-B2

G

Gaddi Taddeo, Piazza- **A** A3
Galilei Galileo, Viale- **A** E6
Galleria Corsi **A** D5
Galleria degli Uffizi **A** D4
Galleria dell'Accadémia- **A** D-E2
Galleria Ferroni **A** C2
Generale Diaz, Lungarno- **A** D-E4-5
Gherardesca, Giardino della- **A** E-F2
Ghibellina, Via- **A** D-F4
Ghiberti, Piazza- **A** F4
Gióvine Itália, Viale della- **A** F4-5
Giúdici, Piazza dei- **A** D4
Giusti Giuseppe, Via- **A** E-F2-3
Goldoni Carlo, Piazza- **A** C4
Gondi, Palazzo- **A** D4
Gramsci António, Viale- **A** F2-3
Grázie, Ponte alle- **A** D-E5
Guelfa, Via- **A** C-D2
Guicciardini, Lungarno- **A** C4
Guicciardini, Via de'- **A** C4-5

I

Indipendenza, Piazza della- **A** D1-2
Inglesi, Cimitero degli- **A** F2
Innocenti, Spedale degli- **A** E2-3
Istituto d'Arte **A** B-C6

L

La Farina Giuseppe, Via- **A** F2
La Pira Giórgio, Via- **A** E2
Lamarmora Alfonso, Via- **A** E1-2
Lanzi, Lóggia dei- **A** D4
Lavagnini Spartaco, Viale- **A** D-E1
Libertà, Piazza della- **A** E1
Lorenzo il Magnífico, Via- **A** D-E1

M

Machiavelli Niccoló, Viale- **A** B-C6
Mággio, Via- **A** C4-5
Marini M. (ex San Pancrazio), Museo- **A** C3
Martelli, Via de'- **A** D3
Masáccio, Via- **A** F1
Matteotti Giácomo, Viale- **A** E-F1-2
Mattonáia, Via della- **A** F3
Médici Riccardi, Palazzo- (Prefettura) **A** D3
Mentana, Piazza- **A** D4
Mercato Centrale **A** D2
Mercato Centrale, Piazza del- **A** D2
Mercato Nuovo, Lóggia del- **A** D4
Michelángiolo, Piazzale- **A** E-F5-6
Michelángiolo, Viale- **A** F6
Micheli Pier António, Via- **A** E1-2
Misericórdia, Cimitero della- **A** F2
Mozzi, Piazza de'- **A** D5
Museo Archeológico **A** E2
Museo Botánico- **A** E2
Museo delle Porcellane- **A** C-D6
Museo di Firenze **A** E3
Museo di San Marco **A** E2
Museo M. Marini (ex San Pancrazio) **A** C3
Museo Zoológico **A** C5

N

Nazionale, Biblioteca- **A** E4
Nazionale, Via- **A** C-D2
Niccolini, Teatro- **A** D3

O

Ognissanti, Borgo- **A** B-C3
Ognissanti, Chiesa- **A** B3
Ognissanti, Palazzo- **A** B3
Oriuolo, Via dell'- **A** D-E3

P

Palazzuolo, Via- **A** B-C3
Pazzi, Cappella de'- **A** E4
Pecori Giraldi Guglielmo, Lungarno- **A** F5
Pérgola, Teatro della- **A** E3
Pesce, Lóggia del- **A** E-F4
Petrarca Francesco **A** B5-6
Piave, Piazza- **A** F5
Pier Capponi, Via- **A** E-F1-2
Pier Vettori, Piazza- **A** A4
Pilastri, Via de'- **A** E-F3
Pinti, Borgo- **A** E-F2-3
Pisana, Via- **A** A3-4
Pitti, Palazzo- **A** C5
Pitti, Piazza de'- **A** C5
Poggi Giuseppe, Piazza- **A** E-F5
Póggio, Viale del- **A** B6
Ponte alle Mosse, Via del- **A** A1-2
Por Santa Maria, Via- **A** D4
Porcellane, Museo delle- **A** C-D6
Porta al Prato- **A** A-B2
Porta al Prato, Piazzale- **A** A-B2
Porta al Prato, Stazione Ferrovie dello Stato- **A** A2
Porta alla Croce **A** F4
Porte Nuove, Viale delle- **A** A-B1-2
Porta Romana **A** B6
Porta Romana, Piazzale di- **A** B6
Porta San Niccoló **A** E-F5
Poste e Telégrafi **A** D4
Prato, Porta al- **A** A-B2
Prato il, **A** B2
Procónsolo, Via del- **A** D3-4
Pucci, Palazzo- **A** D3

Q-R

Questura **A** E1
Redi Francesco, Viale- **A** B1
Repúbblica, Piazza della- **A** D3
Roma, Via- **A** D3
Romana, Porta- **A** B6
Romana, Via- **A** B5-6
Rosselli Fratelli, Viale- **A** A-B2
Rucellai, Palazzo- **A** C3-4
Russa Ortodossa, Chiesa- **A** D1

S

Saint James, Chiesa Americana- **A** B2
Salvémini Gaetano, Piazza- **A** E3-4
San Felice, Piazza- **A** C5
San Firenze, Piazza- **A** D4
San Francesco di Páola, Chiesa- **A** A5
San Francesco di Páola, Piazza- **A** A5
San Frediano **A** B4
San Frediano, Borgo- **A** B4
San Gaetano, Chiesa- **A** C-D3
San Gallo, Porta- **A** E1
San Giórgio, Costa di- **A** D5
San Giórgio, Porta- **A** D5-6
San Giórgio o di Belvedere, Forte di- **A** D5-6
San Giovanni, Piazza di- **A** D3
San Giovanni Battista o da Basso, Fortezza di- **A** C1
San Jacopino **A** A1
San Jácopo, Borgo- **A** C4
San Leonardo, Via di- **A** D6
San Leonardo in Arcetri, Chiesa- **A** D6
San Lorenzo, Basílica- **A** D3
San Marco, Museo di- **A** E2
San Marco, Piazza- **A** D-E2
San Miniato al Monte, Chiesa- **A** E-F6
San Niccoló **A** D-E5
San Niccoló, Ponte- **A** F5
San Niccoló, Porta- **A** E-F5
San Paolino, Piazza di- **A** C3
San Salvatore al Monte, Chiesa- **A** F6
Sant'Ambrógio, Chiesa- **A** F3
Sant'Ambrógio, Piazza- **A** F3-4
Sant'Apollónia, Cenácolo di- **A** D2
Santa Caterina d'Alessándria, Via- **A** D1
Santa Croce, Basílica- **A** E4
Santa Croce, Piazza di- **A** E4
Santa Felicita, Chiesa- **A** C-D5
Santa Maria del Cármine, Chiesa- **A** B4
Santa Maria del Fiore, Duomo- **A** D3
Santa Maria Novella, Chiesa- **A** C3
Santa Maria Novella, Piazza- **A** C3
Santa Maria Novella, Stazione Centrale Ferrovie dello Stato- **A** C2
Santa Maria Nuova, Arcispedale di- **A** E3
Santa Maria Soprarno, Piazza di- **A** D4
Santa Trinita, Chiesa- **A** C4
Santa Trinita, Ponte- **A** C4
Santi Apóstoli, Chiesa- **A** C-D4
Santissima Annunziata, Chiesa- **A** E2
Santissima Annunziata, Piazza della- **A** E2
Santo Spirito **A** B-C4
Santo Spirito, Chiesa- **A** C4-5
Santo Spirito, Piazza- **A** C5
Santo Stéfano, Chiesa- **A** D4
Sáuro Nazário, Piazza- **A** B-C4
Savonarola Fra' Girólamo, Piazza- **A** F1
Scala, Via della- **A** B-C2-3
Sémplici, Giardino dei- **A** E2
Senese, Via- **A** B6
Serragli, Via de'- **A** B4-6
Serristori, Lungarno- **A** E5
Serristori, Palazzo- **A** E5
Servi, Via de'- **A** D-E3
Signoria, Piazza della- **A** D4
Sinagoga **A** F3
Soderini, Lungarno- **A** B3-4
Solferino, Via- **A** A-B2-3
Spedale degli Innocenti **A** E2-3
Spontini Gian Luigi, Via- **A** A1
Stazione, Piazza della- **A** C2-3
Strozzi, Palazzo- **A** C4
Strozzi Filippo, Viale- **A** B-C1-2

T

Tasso Torquato, Piazza- **A** B4-5
Teatro Comunale **A** A3
Tornabuoni, Via de'- **A** C3-4
Torrigiani, Giardino- **A** B5
Torrigiani, Lungarno- **A** D5
Torrigiani, Palazzo- **A** D5
Trípoli, Via- **A** E-F5

U

Uffizi, Galleria degli- **A** D4
Unità Italiana, Piazza dell'- **A** C3
Universität **A** E2

V

Vasari Giorgio, Piazza- **A** F1
Vécchio, Palazzo- (Municipio) **A** D4
Vécchio, Ponte- **A** D4
Venézia, Via- **A** E1-2
Ventisette Aprile, Via- **A** D2
Verdi, Teatro- **A** E4
Verzáia, Piazza di- **A** B4
Vespucci Amerigo, Lungarno- **A** A-B3
Vespucci Amerigo, Ponte- **A** B3
Vigna Nuova, Via della- **A** C3-4
Villani, Via- **A** A5
Vittória, Ponte della- **A** A3
Vittório Véneto, Piazza- **A** A2

Z

Zecca, Torre della- **A** F5
Zecca Vécchia, Lungarno della- **A** E-F5
Zoológico, Museo- **A** C5

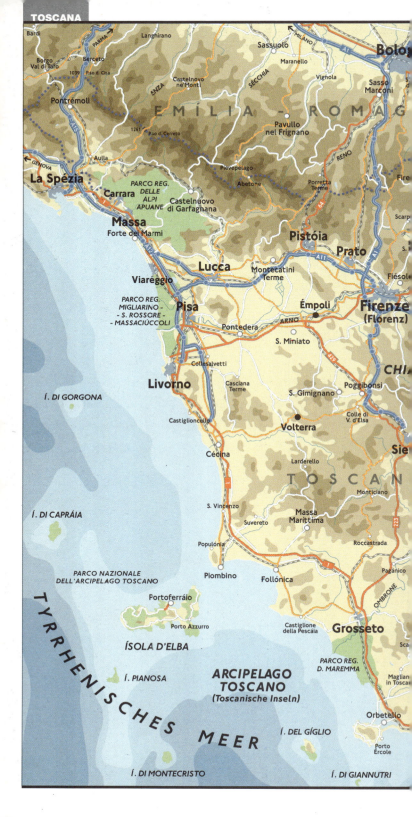